Veröffentlichungen
des Max-Planck-Instituts für Geschichte
147

V&R

VERÖFFENTLICHUNGEN
DES MAX-PLANCK-INSTITUTS FÜR GESCHICHTE
147

Political Thought and the Realities of Power in the Middle Ages

Politisches Denken und die Wirklichkeit der Macht im Mittelalter

Edited by
Herausgegeben von

Joseph Canning

Otto Gerhard Oexle

VANDENHOECK & RUPRECHT
GÖTTINGEN · 1998

Die Deutsche Bibliothek – CIP-Einheitsaufnahme

Political Thought and the Realities of Power in the Middle Ages/Politisches Denken und die Wirklichkeit der Macht im Mittelalter:
ed. by Joseph Canning ; Otto Gerhard Oexle. –
Göttingen : Vandenhoeck und Ruprecht, 1998
(Veröffentlichungen des Max-Planck-Instituts für Geschichte ; 147)
ISBN 3-525-35462-2

Gesamtherstellung: Hubert & Co., Göttingen

Contents/Inhalt

Preface

From 26 to 27 September 1996 a colloquium was held at the Max-Planck-Institut für Geschichte, Göttingen. The present volume contains the papers presented then. The idea behind the colloquium was to bring together British and German medievalists to explore the interface between political ideas and political reality in the Middle Ages. This theme, because it lay on the borderlands between theory and practice, provided the participants (who were both historians and political scientists) with particularly difficult questions. The papers given and the accompanying discussions showed the fruitfulness of this approach.

The colloquium was the first organized by the British Centre for Historical Research in Germany in collaboration with the Max-Planck-Institut für Geschichte in Göttingen. The British Centre - validated and recognized as an institute by the University of Wales - is the first British historical research institute on the mainland of Europe and is located within the Max-Planck-Institut für Geschichte. The Centre's mission is to develop British-German as well as European understanding through historical research.

The organizers would like to thank the Fritz-Thyssen-Stiftung for financial support which made this colloquium possible. Thanks are also due to participants who chaired sessions but did not give papers: John Gillingham (London), Dieter Girgensohn (Göttingen) and Rosamond McKitterick (Cambridge).

Joseph Canning　　　　Otto Gerhard Oexle

Mündlichkeit, Erinnerung und Herrschaft

Zugleich zum Modus ‚De Heinrico'

von

Johannes Fried

Kaiser Otto empfing Herzog Heinrich von Bayern. Freundlich begrüßten die Herren einander, besuchten die Messe, pflegten gemeinsam Rat und hielten Gericht. Stets empfahl der Herzog, was zu tun sei, während der Kaiser ihm folgte. *Stetit al diu sprakha sub firmo Heinrico. // Quicquid Otdo fecit, al gerïed iz Heinrih, // quicquid ac amisit,*[1] *ouch gerïed iz Heinrihc.* So etwa nimmt sich der Hauptinhalt des Gedichtes ‚De Heinrico' aus, das zu den bekanntesten poetischen Zeugnissen ottonischer Zeit gehört. Es überließ dem Herzog bis auf das Königtum alles königliche Handeln; ‚Rede' und ‚Rat', auch ‚Gericht' und ‚Gerechtigkeit' lagen bei ihm. Die Verse evozierten einen Herrschaftsakt, ihr gegenwärtiger Sprecher schaute in die Vergangenheit, aktualisierte also Erinnerung, und diese konzentrierte sich auf die Rede, *al diu sprakha*. Herrschaft und Rede waren innig miteinander verschränkt. Doch eigentümlich: Das Gedicht[2] zerfällt in zwei Hälften, eine erste, die dem Begrüßungszeremoniell gilt und sich durch wörtliche Rede auszeichnet, obwohl sie offenkundig rituelles Handeln zur Darstellung bringt, und eine zweite, die sich ohne jede Rede ganz aufs Erzählen verlegt, obwohl hier eine Serie von (gleichfalls rituellen) Redegelegenheiten angesprochen wird: *responsum, oramen, concilium, al thiu sprakha*. Die Erinnerung systematisierte

[1] Text: Die Cambridger Lieder, hg. v. Karl Strecker (MGH SS rer. Germ. 40) Hannover 1926, S. 57–60, Nr. 19, dazu ebd., nach S. 138; Carmina Cantabrigiensia, hg. v. Walther Bulst (Editiones Heidelbergenses 17) Heidelberg 1950, S. 45 f., Nr. 19. Zu *amisit* vgl. unten Anm. 39 sowie Anhang.

[2] Es handelt sich wohl nicht um ein Sagelied. Zu Begriff und Sache ‚Sagelied' vgl. Markus Diebold, Das Sagelied. Die aktuelle deutsche Heldendichtung der Nachvölkerwanderungszeit (Europäische Hochschulschriften. Abt. I 94) Bern/Frankfurt am Main 1974, bes. S. 110; zu ‚De Heinrico' vgl. ebd., S. 16–18. Die Zweifel, die Diebold hegte, werden durch die unten vorgeschlagene Interpretation weiter verstärkt.

offenkundig Ritual, Rede und Handeln. Es geschah unter Menschen, die auf das gesprochene Wort angewiesen waren. Denn ihr Herrschen vollzog sich jenseits aller Schrift.

Was ging hier vor? Und wie wurde es erinnert? Trat Heinrich nur als Ratgeber und Urteiler im Königsgericht in Erscheinung? War er mehr? Warum schwieg der Kaiser beim Herrschen und hatte sich zu einem Ausführungsorgan des Herzogs degradiert? Delegierte Sprache? Verstummte Herrschaft? Erinnerte Wirklichkeit? „Die führenden Schichten der Gesellschaft", so registrierte einst Erich Auerbach im Blick auf die hier fragliche Zeit, besaßen „keine Bildung [...], auch keine Bücher, ja nicht einmal eine Sprache, in der sich eine ihnen angemessene Bildung hätte ausdrücken können".[3] Tatsächlich überstieg solche Sprachlosigkeit die literarische Bildung, berührte das ganze Sein, formte Wissen, Denken und Tun, Leben und Kultur und eben auch die Herrschaft, die ohne eine spezifische Sprache, ohne ein auf sie gestütztes Erinnern und Wissen auskommen mußte.[4] Was also hieß *al diu sprakha*? Wie wurde Herrschaft im Zeitalter überwiegender Mündlichkeit und einer ganz esoterischen Schriftkultur erinnert? Welche Folgerungen hat der Historiker daraus zu ziehen? Zeit und Gelegenheit verbieten, das Gesamtphänomen des Gedächtnisses an Herrschaft zu erörtern. Weite Bereiche derselben – wie etwa Glauben und Kulte, die Welt der Zeichen, das Haus des Herrschers und seine Ordnung oder das Beratungswesen – bleiben im folgenden unbeachtet. Eine einzige Frage sei herausgegriffen: Welche Rolle spielte die Rede? Die Antwort wirft Licht auch auf den noch immer dunklen Modus ‚De Heinrico'.

Dieser eigentümliche Rhythmus stimmte erinnerte Rede und erinnertes Handeln fein aufeinander ab. Das eine war vom anderen klar geschieden; und dennoch bildeten beide eine in der Abfolge von Ritualen manifestierte Einheit.[5] Erinnerte Herrschaft war ins Ritual transformiert, das sich symbo-

---

[3] Erich Auerbach, Literatursprache und Publikum in der lateinischen Spätantike und im Mittelalter, Berlin 1958, S. 191 f.

[4] Ich habe wiederholt derartige Fragen erörtert; vgl. Johannes Fried, Der karolingische Herrschaftsverband im 9. Jahrhundert zwischen ‚Kirche' und ‚Königshaus', in: Historische Zeitschrift 235 (1982) S. 1–43; ders., Gens und Regnum. Wahrnehmungs- und Deutungskategorien politischen Wandels im früheren Mittelalter. Bemerkungen zur doppelten Theoriebildung des Historikers, in: Sozialer Wandel im Mittelalter. Wahrnehmungsformen, Erklärungsmuster, Regelungsmechanismen, hg. v. Jürgen Miethke und Klaus Schreiner, Sigmaringen 1994, S. 73–104; knapp auch Johannes Fried, Der Weg in die Geschichte. Die Ursprünge Deutschlands bis 1024 (Propyläen Geschichte Deutschlands 1) Berlin 1994, S. 133 ff.

[5] Zum Zusammenhang von Ritual und Herrschaft in mediävistischer Sicht findet sich Grundlegendes bei Geoffrey Koziol, Begging Pardon and Favor: Ritual and Political Order in Early Medieval France, Ithaca, NY/London 1992, bes. S. 289 ff.; vgl. auch ders., England, France

lischer Rede und symbolischer Handlungen bediente. Rede wie Handlung besaßen jeweils ihre Zeit, die insgesamt Ritualzeit war. Diese aber lag außerhalb und jenseits aller Kalenderzeit.[6] Frühmittelalterliche Quellen bedienten sich derselben Mittel. Sie erinnerten immer wieder an gesprochene Herrschaftsakte und daran, daß Herrscher bei mancherlei Gelegenheit das Wort ergriffen.[7] Nahezu jeder Geschichtsschreiber (von den bloßen Annalisten abgesehen) wußte seine Hörer mit wörtlich stilisierten Ansprachen, Wechselreden oder Dialogen zu fesseln, gleichgültig, ob beispielsweise der Augenblick vor der Schlacht, der Höhepunkt während der Kämpfe oder friedliches Thronen, Ordnen des Reichs und Rechtsprechen vergegenwärtigt werden sollte. Die Reden ergänzten die Taten der Herrscher und Helden, ja, sie ersetzten dieselben oft genug. In Ritualzeit flossen Rede und Tat offenbar in eins.

Derartige Reden gelten der modernen Geschichtsforschung gewöhnlich als literarisch exquisite, bald volkssprachlich geprägte, bald biblisch getönte oder antikisierende, stets dramatisierende Stilmittel ihrer Autoren zur Verwirklichung der auf politische oder gesellschaftliche Wirkung, nicht bloß auf ästhetische Ziele gerichteten Darstellungsabsichten.[8] Gegen eine solche Beurteilung ist an sich nichts einzuwenden. Doch sind die Intentionen frühmittelalterlicher Geschichtsschreiber ohne eindringliche Kenntnis des individuellen, kollektiven und kulturellen Gedächtnisses, der Erinnerungsweisen der sie umgebenden, weithin mündlichen Kultur einschließlich ihres Verges-

---

and the Problem of Sacrality in Twelfth-century Ritual, in: Cultures of Power. Lordship, Status, and Process in Twelfth-Century Europe, hg. v. Thomas N. Bisson, Philadelphia 1995, S. 125–148. – Vgl. weiter Jean-Claude Schmitt, La raison des gestes dans l'Occident médiéval, Paris 1990. – Zur Erinnerung als Zelebration eines Rituals vgl. Paul Connerton, How Societies Remember, Cambridge u. a. 1989, bes. S. 41 ff.

[6] Zum Unterschied vgl. Maurice Bloch, Ritual, History and Power: Selected Papers in Anthropology, London/Atlantic Highlands, NJ 1989, S. 1–18.

[7] Die beste mir bekannte Zusammenfassung ist noch immer Helmut Beumann, Widukind von Korvei. Untersuchungen zur Geschichtsschreibung und Ideengeschichte des 10. Jahrhunderts (Veröffentlichungen der Historischen Kommission für Westfalen 10 = Abhandlungen zur Corveyer Geschichtsschreibung 3) Weimar 1950, S. 68–87. Doch geht auch Beumann nicht auf das Problem von Ritual und Gedächtnis ein.

[8] Vgl. bes. Beumann, Widukind (wie Anm. 7) passim; Ernst Karpf, Herrscherlegitimation und Reichsbegriff in der ottonischen Geschichtsschreibung des 10. Jahrhunderts (Historische Forschungen 10) Wiesbaden 1985, passim; vgl. zum allgemeinen Kontext weiter Nikolaus Staubach, Graecae gloriae. Die Rezeption des Griechischen als Element spätkarolingisch-ottonischer Hofkultur, in: Kaiserin Theophanu. Begegnung des Ostens und Westens um die Wende des ersten Jahrtausends, Bd. I, hg. v. Anton von Euw und Peter Schreiner, Köln 1991, S. 343–367; Hagen Keller, Widukinds Bericht über die Aachener Wahl und Krönung Ottos I., in: Frühmittelalterliche Studien 29 (1995) S. 390–453.

sens, mithin ohne Kenntnis des jeweiligen Wissens und seiner Aktualisierungsbedingungen schlechthin nicht erkennbar. Ich betrachte die Reden deshalb im folgenden primär funktional als Element und Ausdruck, als Modus erinnerter Herrschaft. Erst in zweiter Linie begreife ich sie intentional als erzählerisches Mittel der Autoren, ihre gewöhnlich nicht explizierten, somit nur interpretatorisch von Historikern deduzierbaren Absichten darzustellen.

Ritualisierte Rede spielte in der schriftarmen Gesellschaft des europäischen Mittelalters bis weit in die Neuzeit hinein eine hervorragende Rolle. Nicht einmal als die Schriftlichkeit zunahm, änderte sich die Funktion des rituell gesprochenen Wortes auf Anhieb. Lehr- und Glaubensverkündungen ‚ex cathedra' oder die Figur des ‚King in Parliament' verdeutlichen diesen Umstand zur Genüge; und selbst heute geht von einer raffiniert inszenierten, ritualisierten Rede ein besonderer Zauber, mitunter Unheil aus. Von mittelalterlichen Rechts-‚Texten' ist bekannt, daß sie öffentlich laut rezitiert, daß Königsbriefe, Urkunden, Gerichtsurteile ‚gehört' wurden und man sie verkündet ‚sah'.[9] Rede war inszeniert und dadurch sichtbar gemacht. Derartiges geschah nicht beiläufig, sondern unter Beachtung von festen, sich im Laufe der Zeit wandelnden Formen, die dem gesprochenen Wort eine über den Tag hinausweisende Bedeutung verleihen sollten.[10] Seine schriftliche Fixierung war auf lange Zeit verschriftete Rede, nicht literarischer Text (trotz aller literaturkundiger Stilisierung, die sie im Laufe der Zeit erfahren mochte). Die Aufzeichnung sollte an die gesprochene Rede, nicht an Schriftwerk erinnern. Haben es die Geschichtsschreiber prinzipiell anders gehalten, wenn sie ihre Helden das Wort ergreifen ließen? Oder schalteten sie Reden in ihre Texte ein, weil die Rede zum Herrschen gehörte? Weil Rede Herrschaft schlechthin bedeutete und erinnerte Herrschaft erinnerte Rede insinuierte? Und folgte die Stilisierung der Rede erst dann? Wenn dem so war (und ich zweifle nicht, daß die Funktion der Rede ihrer Stilisierung vorausging), wurden Reden dann anders erinnert als sonstige Geschehnisse?

Wir werden im folgenden einige mehr oder weniger zufällig herausgegriffene frühmittelalterliche Beispiele solcher erinnerter Reden daraufhin betrachten, dabei ihren lebensweltlichen und innertextlichen Kontext, ihren Erinnerungs- und Quellenwert für den modernen Historiker ins Auge fassen, bevor wir uns wieder dem ottonischen Poem ‚De Heinrico' zuwenden, um seinen Redepart genauer zu betrachten. Literate Schulung der Autoren und intertextuelle Zusammenhänge zwischen literarisch überlieferten Redeauf-

---

[9] Vgl. dazu mit reichen Belegen PATRICK GEARY, Oblivion between orality and textuality in the tenth century, Vortrag, gehalten in Heidelberg am 5. September 1996.

[10] Grundlegend zum ‚Verbum regis' ist noch immer AUGUSTE DUMAS, La parole et l'écriture dans les capitulaires carolingiennes, in: Mélanges Louis Halphen, Paris 1951, S. 209–216.

tritten setze ich dabei voraus, ohne sie im folgenden eigens zu thematisieren. Immerhin sei angemerkt, daß ein Autor wie Einhard in der ,Vita Karoli', seinem Muster Sueton getreu, ohne eine einzige Rede seines Helden auskam, während Alkuin in seiner Rhetorik für denselben König es wegen der Bedürfnisse von Reich und Hof für lächerlich erklärte, die Gebote der Redekunst nicht zu beherrschen.[11] Einhard selbst huldigte übrigens in der erzählerisch eigenständigeren ,Translatio ss. Marcellini et Petri' durchaus dem Redebedürfnis seiner Zeitgenossen.[12]

Doch achten wir nun auf die Reden selbst und darauf, wie mit ihnen Herrschaft erinnert wurde. Der Geschichtsschreiber der Franken, Gregor von Tours, wußte von König Theudebald zu berichten:

> Er war, wie man sagt, schlimmen Sinnes. Als er einem zürnte, weil er argwöhnte, er habe sich an seinem Gute bereichert, erfand er folgende Fabel und erzählte sie ihm: „Eine Schlange fand eine Flasche voll Wein. Da kroch sie durch die Öffnung hinein und soff voll Gier, was drinnen war. Von dem Wein schwoll sie so auf, daß sie durch das Loch, das sie hatte hereinschlüpfen lassen, nicht wieder herauskriechen konnte. Da kam der Herr des Weines, als sie entweichen wollte und nicht konnte, und befahl der Schlange: ,Erst gib von dir, was du verschluckt hast, dann kannst du frei verschwinden.'" Durch diese Fabel erregte der König große Furcht und großen Haß gegen sich.[13]

Verse schimmern noch durch die Prosaerzählung Gregors von Tours hindurch. Die Fabel war also ursprünglich gleichfalls ein Poem.

Das Königswort ein Märlein? Der König ein Dichter? Ein höfischer Geschichtenerzähler? Erfinder der Fabliaux? Nicht, daß es unmöglich wäre. Die Merowinger waren gebildete Leute.[14] Gleichwohl sind Zweifel ange-

---

[11] Vgl. The Rhetoric of Alcuin and Charlemagne. A Translation with an Introduction, the Latin Text, and Notes, hg. v. Wilbur Samuel Howell, New York 1965, S. 66. Karl spricht zu Alkuin: *Sed ut optime nosti propter occupationes regni et curas palatii in huiuscemodi quaestionibus assidue nos versari solere, et ridiculum videtur eius artis nescisse praecepta, cuius cotidie occupationes involvi necesse est.*

[12] Gleichwohl registrierte Einhard in der ,Vita Karoli' Karls Redegewandtheit; vgl. ,Vita Karoli Magni', hg. v. Oswald Holder-Egger (MGH SS rer. Germ. 25) Hannover 1911, cap. 25, S. 30. Auch Sueton erwähnte eine Rede des Augustus vor den Soldaten; vgl. Vita Augusti, in: Suetonius, Bd. I, hg. v. John C. Rolfe (The Loeb Classical Library) London 1960, cap. 27, S. 162.

[13] Gregorii episcopi Turonensis Libri historiarum X, hg. v. Bruno Krusch und Wilhelm Levison (MGH SS rer. Merov. 1) Hannover 1937–1951, lib. IV, cap. 9, S. 140 f.; vgl. Fried, Weg (wie Anm. 4) S. 109.

[14] Zur literaten Bildung der Franken und ihrer Könige zuletzt zusammenfassend Jean Vezin, Schrifttum und Schriftgebrauch in der Merowingerzeit, in: Die Franken. Wegbereiter Europas. Vor 1500 Jahren: König Chlodwig und seine Erben [Katalog-Handbuch], 2 Bde., hg. v. Alfried Wiczorek, 2. Aufl., Mainz 1997, hier: Bd. I, S. 553–558.

bracht. Theudebald regierte von 548 bis 555, als das fränkische Königtum sich noch auf Reste römischer Staatsverwaltung stützen konnte, zu denen unzweifelhaft auch der Einsatz der Schrift gehörte. Doch sank die Literalität, und eine Epoche zog herauf, in der Mündlichkeit wieder zu dominieren begann. Sie führte einen Stilwandel der Kommunikation, der Öffentlichkeit und der Herrschaft herauf und bewirkte eine andere Denk- und Handlungsweise. Gregor von Tours läßt es erkennen. Durch die Fabel wurde Herrschaft erinnert. Theudebalds Mär folgten, so der Geschichtsschreiber, Furcht und Haß. Sie sollte warnen und wurde entsprechend verstanden. Des Königs Worte waren Drohgebärde, zugleich Informationsstil und – im Blick auf den König sowie für die Hörer von Gregors Frankengeschichte – Erinnerungsmodus.

Doch warum eine Fabel? Warum keine Anklage? Die Antwort ist beim zeitgenössischen Gedächtniswesen zu suchen. Das Rechtsverfahren beispielsweise wurde – anders als der Vollzug der Strafe – nicht erinnert. Es besaß offenkundig für das mittelalterliche Königtum keinen Symbol- und Repräsentationswert. Trotz aller Forderung nach Gerechtigkeit, welche die Paränetiker immer wieder erhoben, blieben der Verfahrensgang und mit ihm die Praxis der Herrschaft aus der Erinnerung ausgeklammert. Selbst die heute berühmtesten Prozesse des frühen und hohen Mittelalters – die Vorgehensweisen gegen den Bayernherzog Tassilo, Heinrich den Löwen oder König Johann ohne Land – sind ausgesprochen schlecht dokumentiert und nicht erinnert.[15] An ‚Justitia' wurde appelliert, nicht aber beschrieben, wie man zu ihr gelangte. Das ‚Richten' des frühmittelalterlichen Königs war keine Beteiligung am Prozeß.[16] Das ist ein bemerkenswerter Umstand. Er schlägt sich auch in der Fabel des Merowingers nieder. Die Eigenart der literarischen Gattung entkleidete Theudebalds Geschichte aller Präzision des erinnerten Geschehens. Keine Details wurden memoriert, lediglich die allgemeine Konstellation haftete im Gedächtnis; keine Namen wurden genannt, keine Zeiten oder Orte fixiert, allein das ‚malum ingenium' des Königs sah sich festgehalten.

[15] Allgemein Heinrich Mitteis, Politische Prozesse des früheren Mittelalters in Deutschland und Frankreich (Sitzungsberichte der Heidelberger Akademie der Wissenschaften. Phil.-hist. Klasse 1926/27, 3) Heidelberg 1927; vgl. dazu den Beitrag von Hanna Vollrath in diesem Band; zu Tassilo vgl. Matthias Becher, Eid und Herrschaft. Untersuchungen zum Herrscherethos Karls des Großen (Vorträge und Forschungen. Sonderband 39) Sigmaringen 1993, S. 21–77.

[16] Von ganz anderem Untersuchungsmaterial ausgehend hat Gerhard Köbler, Richten – Richter – Gericht, in: Zeitschrift der Savigny-Stiftung für Rechtsgeschichte. Germ. Abt. 87 (1979) S. 57–113, auf dasselbe Phänomen verwiesen.

Mündliche Herrschaft protokollierte nicht, sie griff gleichwohl zum Wort. Ja, der Bischof von Tours wußte neben dieser Fabel von deren Erzähler, eben dem König Theudebald, nahezu nichts zu berichten; nur, daß er der Sohn Theudeberts I. von einer verstoßenen Gemahlin gewesen sei (III,27 und 37), daß er die Vuldedrada geehelicht habe und daß er starb. Allein, daß dieser Theudebald vier Jahre vor seinem Tod noch ein kleines Kind, ein *parvulus*, war, läßt sich aus Gregors Angaben darüber hinaus erschließen (IV,6). So mag es fraglich erscheinen, ob dieser Knabe tatsächlich der Erfinder jener Drohgebärde war. Hatte er sie von seinen Lehrern gelernt? Oder war sie auf ihn übertragen worden? Wie auch immer, allein die als Königswort verbreitete Fabel grub ihn ins Gedächtnis der Franken ein und machte ihn damit zu etwas, was er im Leben nicht gewesen war. Die erinnerte Rede war poetisch in elaborierte Mündlichkeit verpackt, dadurch konservierbar geworden, resistent gegen das Vergessen, aber auch befähigt, Fremdes anzuziehen und aufzusaugen, sich zu wandeln und zu verformen. Es war des Königs Rede, die das Erinnern lenkte, nicht sein herrschaftliches Handeln. Dasselbe war zur Rede geronnen, welche ihrerseits sich aus Zeit und Raum gelöst hatte. Sie abstrahierte von allen Ereignissen, war – ähnlich dem göttlichen Wort – der Kalenderzeit entrückt und in Ritualzeit transformiert, für ewig gültig und wahr. So konnte sie zum Kristallisationskern ganz neuer Geschichten werden. Ihr datenmäßige, ‚faktische' Genauigkeit abzuverlangen, hieße die Erinnerung überzustrapazieren.

Wie die Mär von der trunkenen Schlange unterlagen zahlreiche andere Erinnerungen an politisches Geschehen dem Denkstil der Fabel, der Legende und des Rituals. Bekannt und viel erörtert sind beispielsweise Notkers von St. Gallen ‚Gesta Karoli Magni', die man als eine politische Orientierungshilfe für Karl den Dicken hat ansprechen können.[17] Im Unterschied zu Einhard streute der alemannische Mönch zahlreiche Reden in seinen Tatenbericht ein. Sie erscheinen als unentbehrliches Element von Herrschaft. Indem Karl das Wort zu ergreifen verstand, bestätigte er seine Eignung und Durchsetzungsfähigkeit als Herrscher. Sein Tun glich abermals der Allmacht Gottes, dessen Wort die Welt erschaffen hatte und am Leben hielt. „Da nahm" – so Notker –

> der weise Karl nach dem Vorbild des ewigen Richters die Schüler, die gut gearbeitet hatten, auf seine rechte Seite und sprach zu ihnen: „Habt Dank, meine Söhne" etc. Dann wandte er sich mit großer Strenge denen zu seiner Linken zu und, ihr Gewissen

---

[17] Vgl. Heinz Löwe, Das Karlsbuch Notkers von St. Gallen und sein zeitgeschichtlicher Hintergrund, in: Schweizerische Zeitschrift für Geschichte 20 (1970) S. 269–302, wieder in: ders., Von Cassiodor zu Dante. Ausgewählte Aufsätze zur Geschichtsschreibung und politischen Ideenwelt des Mittelalters, Berlin/New York 1973, S. 123–148.

mit flammenden Blicken durchbohrend, schleuderte er gegen sie mehr donnernd als redend diese schrecklichen Worte: „Ihr Vornehmen, ihr Fürstensöhne, ihr Verzogenen und Verzärtelten“ etc.[18]

Die einen wurden erhöht, die anderen erniedrigt – in der Rede, durch die Rede, die des ausführenden Herrschaftsaktes kaum mehr bedurfte. Machtvoll ertönte das Wort, um die Welt zu ordnen und zu lenken. So wurde Herrschaft erinnert. Sie aber war eingefügt in Ritual-, nicht in Kalenderzeit.

Als ein weiteres, illustratives Beispiel einer karlischen Herrscherrede bietet sich die Mitkaiserkrönung Ludwigs des Frommen an, die gemäß den sogenannten Weißenburger Annalen am 11. September 813 in Aachen erfolgt sein soll.[19] Je jünger die Quelle ist, die von ihr berichtet, desto ausführlicher wird die Rede, die Karl dem Großen dabei in den Mund gelegt wird. Die beiden ältesten Zeugnisse, die Reichsannalen[20] und die kurze Lorscher Chronik,[21] enthalten nichts als den bloßen Hinweis auf die Krönung; nicht die Spur einer Rede. Der nächstälteste Text, das ‚Chronicon Moissiacense‘, erwähnt immerhin den Umstand einer Ansprache Karls und deutet topische Lehren an: *Docuit autem eum pater, ut in omnibus praeceptum Domini custodiret.*[22] Ausführlicher wurde dann Ermoldus Nigellus um 826–29, der Karl gleich zweimal das Wort ergreifen ließ, zunächst an die Franken, sodann an seinen Sohn gerichtet. Doch war auch diese zweite Rede topisch: *Diligat ut Christum, ecclesiamque colat.*[23] Das nächste Dokument, von dem wir Kenntnis haben, ist nicht erhalten, doch seinem Inhalt nach bekannt. Es war jene ‚cartula‘ voll schlimmer Selbstbezichtigungen, die Ludwig im Jahre 833 zu bekennen gezwungen worden war. Sie gipfelten im Eingeständnis, die Ermahnungen des Vaters und seine ‚schreckliche Beschwörung‘, *paterna admonitio et terribilis contestatio*, versprechenswidrig mißachtet zu haben (*secundum suam*

---

[18] Notker der Stammler, Taten Kaiser Karls des Großen, hg. v. Hans F. Haefele (MGH SS rer. Germ. NS 12) Berlin 1959, lib. I, cap. 3, S. 4 f.

[19] Vgl. Weissenburger Aufzeichnungen vom Ende des 8. und Anfang des 9. Jahrhunderts, hg. von Adolf Hofmeister, in: Zeitschrift für die Geschichte des Oberrheins 73 (1919) S. 401–421, hier: S. 419. – Zum Problem der Mitkaiserkrönung Ludwigs des Frommen Johannes Fried, Eliten und Ideologien oder die Nachfolgeordnung Karls des Großen vom Jahre 813, in: La royauté et les élites dans l'Europe Carolingienne, hg. v. Régine Le Jan, Lille 1998, S. 71–109.

[20] Vgl. Annales regni Francorum, hg. v. Friedrich Kurze (MGH SS rer. Germ. 6) Hannover 1895, S. 138. – Ihre überlieferte Fassung ist freilich jünger als das Chron. Moissiacense.

[21] Vgl. H. Schnorr von Carolsfeld, Das Chronicon Laurissense breve, in: Neues Archiv 36 (1911) S. 13–39.

[22] MGH SS 1, Hannover 1926, S. 311, 2; vgl. MGH SS 2, Hannover 1929, S. 259, 31.

[23] Ermoldus Nigellus, In honorem Hludowici, vv. 668 ff. und vv. 716 ff.: Ermold le Noir, Poème sur Louis le Pieux et épîtres au roi Pépin, hg. v. Edmond Faral, Paris 1932, S. 52–54.

promissionem non conservaverit[24]). Der Name Ebos von Reims ist mit diesem Schriftstück verbunden. Dasselbe hielt anscheinend auch Ludwigs erster Biograph in Händen, der Trierer Chorbischof Thegan, der seinen Tenor abzumildern suchte, es aber nicht mehr aus der Welt zu schaffen vermochte. Thegan ließ den alten Kaiser einen ganzen Fürstenspiegel verkünden, der bis in Einzelheiten die geistlichen Mahnungen spiegelte, die in den Jahren um 830 an die Adresse Ludwigs des Frommen gerichtet wurden.[25] Die Erinnerung an Herrschaft, so ergibt diese Übersicht, artikulierte sich als aktualisierende Rede. Jeder Chronist gestaltete eine solche nach dem ihm vorschwebenden Grundmuster ganz eigenständig.[26] Das Gedächtnis blähte das Erinnerte auf und konstruierte auf diese Weise eine Vergangenheit, die sich am Herrschaftsritual orientierte, nicht an dem, was sich tatsächlich ereignet hatte. Wieder, wie schon im Modus ‚De Heinrico', driftete die Erinnerung aus der Kalender- in die Ritualzeit hinüber. Dem Ergebnis Hinweise auf reales Geschehen zu entnehmen, ist zumindest riskant.[27]

Bekannt ist die Ansprache, die Widukind von Corvey Otto dem Großen während der Schlacht auf dem Lechfeld in den Mund legte, inmitten des Kampfgetümmels, so als hätten die anstürmenden Ungarn dem König die Muße gegönnt, seine Mannen um sich zu sammeln, um die schon halb Geschlagenen wieder aufzurüsten.[28] Das war keine erinnerte Wirklichkeit, viel-

---

24 MGH Capitularia 2, Hannover 1897, S. 54,.1, Nr. 197 und das folgende cap. 1.

25 Die Quellen finden sich bei JOHANN FRIEDRICH BÖHMER, Regesta Imperii. Die Regesten des Kaiserreichs unter den Karolingern 751–918, Bd. I, nach Johann Friedrich Böhmer neubearbeitet v. ENGELBERT MÜHLBACHER, nach Mühlbachers Tode vollendet v. JOHANN LECHNER mit einem Geleitwort von LEO SANTIFALLER sowie einem Vorwort, Konkordanztabellen und Ergänzungen von CARLRICHARD BRÜHL und HANS H. KAMINSKY, Hildesheim 1966, Nr. 479 a–b. – Zur Sache zusammenfassend vgl. zuletzt WOLFGANG WENDLING, Die Erhebung Ludwigs des Frommen zum Mitkaiser im Jahre 813 und ihre Bedeutung für die Verfassungsgeschichte des Frankenreiches, in: Frühmittelalterliche Studien 19 (1985) S. 201–238. Im Ergebnis stimme ich mit dieser Studie (soweit sie Ludwigs Kaiserkrönung im Jahr 813 betrifft) nicht überein. Ich halte das Verfahren der Addition der verschiedenen, durch Jahrzehnte gestreuten Quellen zu einem Gesamtvorgang für überaus problematisch. Zudem hege ich Zweifel, ob die fraglichen Einträge der ‚Annales regni Francorum', des ‚Chronicon Laurissense breve' und des ‚Chronicon Moissiacense' ursprünglich sind.

26 Allein der Hinweis auf die Sorge für die jüngeren Halbbrüder findet sich sowohl im Chronicon Moissiacense (wie Anm. 22) S. 311, 3 f. als auch bei THEGAN, Die Taten Kaiser Ludwigs. Gesta Hludowici imperatoris, hg. v. ERNST TREMP (MGH SS rer. Germ. 64) Hannover 1995, cap. 6, S. 182, 14, angesprochen; doch ist der jeweilige Kontext durchaus verschieden.

27 Ich teile ganz und gar nicht die Beurteilung des letzten Herausgebers der Thegan-Biographie, Ernst Tremp [THEGAN, Taten Ludwigs (wie Anm. 26) S. 183, Anm. 36]: „im Kern wohl authentische Ermahnungen". Tremp hat den Zusammenhang mit 833 nicht beachtet.

28 Vgl. Die Sachsengeschichte des Widukind von Korvei, in Verbindung mit H.-E. LOHMANN neu bearbeitet von PAUL HIRSCH (MGH SS rer. Germ. 60) Hannover 1935, III,46, S. 126–128.

mehr ein von Herrschaftsritualen geformtes und entsprechend stilisiertes Gedenken. Der Geschichtsschreiber, der auf mündliche Erinnerung angewiesen war und dem keine gleichzeitige Aufzeichnung als Quelle zur Verfügung stand, wechselte, als die Schlacht ihrem Höhepunkt zustrebte, plötzlich und unmittelbar vor Ottos Ansprache den Schauplatz, blickte nach Sachsen, schaltete Kämpfe gegen die Slawen ein, ließ schlimme Unwetter Kirchen zerstören, Blitze ‚Priester beiderlei Geschlechts' (*utriusque sexus sacerdotes*) erschlagen und das Volk in Angst und Schrecken versetzen, bevor er endlich Otto auf dem Lechfeld das Wort und die Heilige Lanze ergreifen, gegen die Feinde anstürmen, siegen und durch derlei Rede und Tat die erschütterte Weltordnung wiederherstellen ließ. Widukind hob mit solchen Mitteln Raum und Zeit auf, besann sich auf Rituale und wechselte unversehens aus der Kalenderzeit in die Ritualzeit hinüber. Erinnerte Herrschaft war Erinnerung an ritualisierte Rede, und ritualisiertes Handeln war in Wirklichkeit transponiertes Ritual. Sie unterlag anderen Zeitvorstellungen als die erinnernde Gegenwart und das Wissen um den gleichmäßigen Fluß von Tag und Nacht, Monden und Jahren. Wie der Dichter des Modus ‚De Heinrico', so vereinte auch der Geschichtsschreiber Ritualzeit mit Kalenderzeit.

Die Präsentation weiterer Beispiele mag hier auf sich beruhen. Verwiesen sei lediglich auf die Dichtung. Der ‚Roman de Renart' und seine erschließbaren Vorstufen seit etwa der Jahrtausendwende oder die ‚Ecbasis captivi' aus dem 11. Jahrhundert ließen sich beispielsweise auf die Funktion der Reden hin genauer betrachten. Politische Fabeln für eine „wissende" Öffentlichkeit, wurden sie (unter Verwertung schriftlicher Quellen) gedichtet, als die Schriftkultur eben wieder sich auszubreiten begann, noch vor dem Zeitalter des heraufziehenden „Investiturstreites" und der Anfänge „staatlicher Propaganda" (C. Erdmann). Sie verstanden, ihr adeliges, illiterates Publikum zu informieren und erlaubten demselben sich in der zugehörigen politischen Landschaft zu orientieren.[29] Die Rede gehörte auch für die Tierfabel zum allbekannten Herrschaftsritual. Gerade hier wurde ihr ritueller, Herrschaft

---

Die ganze Schlacht wird ebd., III,44–9 (S. 123–129) dargestellt. Zur Analyse der Schlachtdarstellungen mit dem Ergebnis eines zeitlich und räumlich gestreckten Vorgangs, den allein die Berichte zu einem einzelnen Ereignis machten, vgl. Beumann, Widukind (wie Anm. 7) S. 83 ff.; Karpf, Herrscherlegitimation (wie Anm. 8) bes. S. 618 ff. (jeweils mit Zusammenfassung der älteren Literatur); vgl. ferner Maximilian Georg Kellner, Die Ungarneinfälle im Bild der Quellen bis 1150. Von der „Gens detestanda" zur „Gens ad fidem Christi conversa" (Studia Hungarica 46) München 1997, S. 161–173. – Das Problem der Mündlichkeit ist in diesem Zusammenhang nirgends erörtert.

[29] Mit überzeugender Lokalisierung und Datierung des ‚Roman de Renart': Karl Ferdinand Werner, Reineke Fuchs. Burgundischer Ursprung eines europäischen Tierepos, in: Zeitschrift

symbolisierender und repräsentierender Charakter vorbildlich, geradezu archetypisch, für die an Mündlichkeit gewöhnte Gesellschaft einprägsam vorgestellt. Etwa zur nämlichen Zeit begannen zahlreiche Klöster in Südfrankreich, fabelhafte Gründungslegenden zu konzipieren und zu verbreiten und mit ihnen politisch zu operieren. Zwar stilisierten sie keine Reden, aber diese Legenden waren in den Kontext der ,Chanson de Gestes' eingebettet und wiesen damit über sich selbst hinaus auf ein von Herrschaftsreden geprägtes Gedächtnis.[30] Wie war solche Poesie in der Politik möglich? Welche Art Kommunikation setzte sie voraus? Und wie hat, ich wiederhole die Frage, der Historiker - auf dergleichen aufmerksam geworden - zu reagieren?

Festen Boden betreten wir mit den ,Adnuntiationes', den förmlichen mündlichen Abkündigungen der merowingischen und karolingischen Könige bei wichtiger Gelegenheit, etwa bei ihren zahlreichen Herrschertreffen.[31] Die erhaltenen Texte werden freilich zumeist Kapitularienhandschriften verdankt[32] und damit einem Medium, das gerade der Flüchtigkeit mündlicher Erinnerung von Herrschaft zu entkommen trachtete. Überliefert sind sie durchweg auf Latein, als Ansprachen an das Heer aber in den Volkssprachen vorgetragen worden, wie beispielsweise die berühmten Straßburger Eide und ihre Begleittexte belegen.[33] Sie bieten zahlreiche Hinweise auf die Praxis der

---

für deutsches Altertum und deutsche Literatur 124 (1995) S. 375–435, dort auch S. 426–429 zum politischen Hintergrund und der Datierung der ,Ecbasis captivi'.

[30] Vgl. SHARON FARMER, Communities of Saint Martin: Legend and Ritual in Medieval Tours, Ithaca, NY 1991; AMY G. REMENSNYDER, Remembering Kings Past: Monastic Foundation Legends in Medieval Southern France, Ithaca, NY/London 1995.

[31] Zu den Treffen und Abkündigungen vgl. PETER CLASSEN, Die Verträge von Verdun und Coulaines 843 als politische Grundlagen des westfränkischen Reiches, in: Historische Zeitschrift 196 (1963) S. 1–35, wieder in: DERS., Ausgewählte Aufsätze (Vorträge und Forschungen 28) Sigmaringen 1983, S. 249–277; INGRID VOSS, Herrschertreffen im frühen und hohen Mittelalter. Untersuchungen zu den Begegnungen der ostfränkischen und westfränkischen Herrscher im 9. und 10. Jahrhundert sowie der deutschen und französischen Könige vom 11. bis 13. Jahrhundert (Beihefte zum Archiv für Kulturgeschichte 26) Köln/Wien 1987.

[32] Vgl. FRANÇOIS LOUIS GANSHOF, Was waren die Kapitularien?, Weimar 1961, bes. S. 36–39; REINHARD SCHNEIDER, Zur rechtlichen Bedeutung der Kapitularientexte, in: Deutsches Archiv 23 (1967) S. 273–294; DERS., Schriftlichkeit und Mündlichkeit im Bereich der Kapitularien, in: Recht und Schrift im Mittelalter, hg. v. PETER CLASSEN (Vorträge und Forschungen 23) Sigmaringen 1977, S. 257–279; HUBERT MORDEK, Bibliotheca capitularium regum Francorum manuscripta. Überlieferung und Traditionszusammenhang der fränkischen Herrschererlasse (MGH Hilfsmittel 15) München 1995; DERS., Kapitularien und Schriftlichkeit, in: Schriftkultur und Reichsverwaltung unter den Karolingern, hg. v. RUDOLF SCHIEFFER (Nordrhein-Westfälische Akademie der Wissenschaften. Abhandlungen 97) Opladen 1996, S. 34–66 (jeweils mit älterer Lit.).

[33] Vgl. Nithardi Historiarum libri IV, hg. v. ERNST MÜLLER (MGH SS rer. Germ. 44) Hannover 1907, lib. III, cap. 5, S. 35 ff.

Mündlichkeit; so wurden sie *alta, excelsiori voce*, rituell also verkündet. Erinnerungen flossen nicht in sie ein. In Straßburg verwiesen die Könige Ludwig der Deutsche und Karl der Kahle nur ganz allgemein auf das vorausgegangene Geschehen: „Wie oft Lothar mich und diesen meinen Bruder nach dem Tod unseres Vaters durch Verfolgung bis auf den Tod auszulöschen suchte, das wißt ihr". Man wolle wie früher Gerechtigkeit walten lassen. An mehr erinnerten sie nicht. Wie aber war das früher gewesen? Wer wußte es wirklich? Ebenso lakonisch hörte es sich bei dem Vertrag von Koblenz im Jahre 860 an: „Ihr wißt, was in diesem Reich geschehen ist".[34] Wußten ‚sie' es tatsächlich? Was? Wieviel? Wie genau? Offenbar kam es darauf gar nicht an. Was geschehen war, war nebensächlich, in einem verallgemeinernden ‚ihr wißt es' aufgegangen; was in Zukunft getan werden sollte, war entscheidend. Es wurde *alta voce* verkündet. Der Erinnerungswert der Vergangenheit war eben nicht an faktisches Geschehen gebunden, sondern an Rituale.

Diese Reden erinnerten überhaupt nicht. Sie schweiften in keine Vergangenheit, auch in keine noch so kurz zurückliegende; sie blieben ihrer Gegenwart verhaftet. Sie appellierten an die Zukunft und wurden deshalb aufgeschrieben. Sie trugen ihre Legitimation in sich und bedurften keiner legitimierenden und historisierenden Erinnerung, wobei in diesem Zusammenhang nebensächlich ist, wie ihr Wortlaut zustande kam. Durch ihre bloße Verkündung sollten sie die Welt ordnen. Mit all dem waren sie selbst ein hervorragender Teil des Herrschaftsrituals. Als Redner ließ sich der Herrscher erinnern, was auch immer er gesagt haben mochte. Literarisch und historiographisch stilisierte Reden sehen gewöhnlich anders aus als diese Ansprachen. Rückbesinnende, erinnerungsverpflichtete Geschichtsschreibung, die nicht ältere Texte kompilierte, überging, von wenigen Ausnahmen abgesehen, derartige ‚Adnuntiationes' denn auch. Doch verharrte sie bei Ritualen. Einige der wichtigsten erzählenden Quellen der Zeit, Nithards ‚Vier Bücher Geschichten' oder Hinkmars ‚Annalen' beispielsweise, gaben sich nicht anders. Sie memorierten nicht detailgenau vergangenes Geschehen, sondern hielten gegenwärtiges für die Zukunft fest. Es ist ihnen gelungen. Die Bruderkriege widerstanden dem Vergessen, weil und soweit ihr Geschehen von gelehrten Autoren schriftlich fixiert worden war. Wo allein mündliches Erinnern waltete oder die Schrift wie das gesprochene Wort behandelt wurde, blieb selbst von diesen aufwühlenden Ereignissen wenig und dieses Wenige ungenau im Gedächtnis bewahrt.

---

[34] MGH Capit. 2 (wie Anm. 24) Nr. 242, cap. 1: *Adnuntiatio domni Hludowici* [...] *lingua Theodisca* (überliefert allein auf Latein).

In der Tat, auch schriftgestützte Erinnerung unterlag im früheren Mittelalter den Bedingungen der Mündlichkeit, eben weil Geschriebenes als Gesprochenes wahrgenommen und verstanden wurde. Grundherrschaft und Lehnswesen waren beispielsweise betroffen. Bekannt sind die Gedächtnisprobleme, die den Abt Caesarius von Prüm im Hofgericht plagten. Er hatte zusammengetragen, wessen er habhaft werden konnte: Urkunden aus dem Klosterarchiv, zumal das Urbar vom Jahre 893, das mündliche Wissen seiner Mitbrüder und Herren, die eigenen Erinnerungen an die ihm bekannte bäuerliche Wirklichkeit. Visitierte er seine Bauern, dann jonglierte er im Gericht raffiniert zwischen mündlicher Erinnerung und schriftlich fixiertem Urbar. Zunächst sollten sich die Leute der Kirchenrechte erinnern (also eine Art Weistum über ihre Leistungspflichten abgeben). „Denn nichts ist in jeder Hinsicht vollkommen. Einiges wurde recht nachlässig behandelt und findet sich nicht in diesem Buche [dem Urbar] festgeschrieben, [...] dennoch erbringen die Leute [die Leistungen]". Eindringlich sollten die Bauern inquiriert und gehört werden, um dann endlich - in der Rede des Herrn - mit dem konfrontiert zu werden, was im Urbar verzeichnet stand. So würden sie sich besser in acht nehmen. Das Buch repräsentierte für die mündliche Welt der Bauern das machtvolle Herrenwort. Aber die Schrift ersetzte das gesprochene Wort nicht. Für den Herrn indessen klafften schriftlich fixierte und mündlich erinnerte Rechte deutlich auseinander. Caesarius klagte wiederholt, daß den Leistungen des Urbars keine Wirklichkeit entspreche; die Leute erinnerten sich an mehr und anderes, auch an weniger als das Buch verzeichne. Das Geschriebene konnte den Wandel nicht registrieren, der seit seiner Niederschrift die Grundherrschaft Prüm ergriffen hatte.[35] Herrschaft ließ sich, wie es schien, mit Hilfe der Schrift nur bedingt kontrollieren; sie blieb auf das Wort angewiesen und inszenierte es selbst dann, wenn sie sich im Besitz schriftlicher Beweise glaubte. Dabei befand sich das Eifelkloster mit seinem Urbar noch in einer weit günstigeren Lage als die meisten anderen Grundherren, die ohne jegliche Verzeichnisse auskommen mußten. Sie

---

[35] Vgl. Urkundenbuch zur Geschichte der jetzt die Preussischen Regierungsbezirke Coblenz und Trier bildenden mittelrheinischen Territorien, Bd. I, hg. v. Heinrich Beyer, Coblenz 1860, S. 150; neue Edition: Das Prümer Urbar, zu c.ix, hg. v. Ingo Schwab (Rheinische Urbare 5) Düsseldorf 1983, S. 175, Anm. 6. Zur Sache vgl. Hanna Vollrath, Herrschaft und Genossenschaft im Kontext frühmittelalterlicher Rechtsbeziehungen, in: Historisches Jahrbuch 102 (1982) S. 33–71; Ludolf Kuchenbuch, Verrechtlichung von Erinnerung im Medium der Schrift (9. Jahrhundert), in: Mnemosyne. Formen und Funktionen der kulturellen Erinnerung, hg. v. Aleida Assmann und Dietrich Harth, Frankfurt am Main 1991, S. 36–47; Ludolf Kuchenbuch, Die Achtung vor dem alten Buch und die Furcht vor dem neuen. Cesarius von Milendonk erstellt 1222 eine Abschrift des Prümer Urbars von 893, in: Historische Anthropologie 3 (1995) S. 175–202.

waren ganz auf das Gedächtnis ihrer Bauern und Mitlandleute (‚comprovinciales') angewiesen.[36] Herrschaft kam also ohne spezialisiertes Erinnern aus. Ihr Gedächtnis ruhte allein in ihrer institutionellen Stabilität, deren einer Brennpunkt die Herrenrede war.

Es wäre ein leichtes, weitere Reden vorzustellen. Das Ergebnis sähe mehr oder weniger gleich aus. Entscheidend war stets die Funktion der Rede als Ausdruck von Herrschaft und ihrer Durchsetzungsfähigkeit. Sie war Teil eines Rituals und wurde als Pars pro toto zum erinnernden Inbegriff ritualisierter Herrschaft. Auf diese Einsicht gestützt kehren wir abschließend zu dem Text zurück, mit dem hier eingeleitet wurde und der, zwar vielfach erörtert, noch immer einer allseits anerkannten Deutung harrt: zu dem lateinisch-althochdeutschen Modus ‚De Heinrico'. Er illustriert in selten klarer Weise, wie das kollektive Gedächtnis im früheren Mittelalter mit Herrschaft umsprang, und welche Rolle dabei die Herrscherrede spielte. Das Gedicht wird sich als Schlüsselzeugnis für den Historiker der Mündlichkeit entpuppen. Überliefert ist es inmitten der ‚Carmina Cantabrigiensia', deren einzige Handschrift freilich in undefinierbarem Ausmaß verderbt, an einer besonders delikaten Stelle sogar durch Reagenzien unwiederbringlich zerstört ist.[37] Ohne Emendationen ist in keinem Falle auszukommen. Die Verse haben mehrfach sprachliche Überschichtung erfahren, die jede Sicherheit in der Rekonstruktion ihres ursprünglichen Wort- und Lautstands auszuschließen scheint. Die Heimat des Dichters bleibt mithin ungewiß, da mittel- und rheinfränkische sowie sächsische Elemente sich mischen, auch bayerischer Einfluß greifbar zu sein scheint, und selbst thüringische Provenienz angenommen wurde. Die vorauszusetzenden Zwischenstufen zwischen Entstehung und Niederschrift hüllen sich in Dunkelheit; und vollends verwischte der angelsächsische Kopist in Canterbury, dem wir immerhin die Rettung des Gedichts verdanken, die Herkunftsspuren des Liedes. Doch wird neuerdings erwogen, seine lateinisch-deutsche Sprachmischung durch eine altsächsisch-althochdeutsche zu ergänzen.[38] Das Lied bedient sich der Formen der Sequenz; sein Autor war also ein Mensch mit geistlicher Bildung.

---

[36] Vgl. dazu Helmut Maurer, Bäuerliches Gedächtnis und Landesherrschaft im 15. Jahrhundert. Zu einer oberschwäbischen ‚Kundschaft' von 1484, in: Recht und Reich im Zeitalter der Reformation. Festschrift für Horst Rabe, hg. v. Christine Roll, Frankfurt am Main u.a. 1996, S. 179–198.

[37] Betroffen ist das *bri*[*ngit*] in v. 2, 3.

[38] Vgl. Helgard Christensen, Das ahd. Gedicht ‚De Heinrico', in: Kopenhagener Beiträge zur germanistischen Linguistik 10 (1978) S. 18–32, bes. S. 21–23, hatte ausschließlich an nordmittelfränkische Herkunft gedacht. Dagegen argumentiert mit durchschlagenden Gründen Thomas Klein, ‚De Heinrico' und die altsächsische Sentenz Leos von Vercelli. Altsächsisch in

Ich referiere (Wiederholungen vermeidend) kurz den Inhalt der Verse. Sie beginnen mit einer Invokation Christi und einer Absichtserklärung des Dichters, *de quodam duce themo heron Heinriche// qui cum dignitate thero Beiaro riche bevvarode* zu erzählen. Einst, so beginnt dann die Handlung, trat ein Bote vor Kaiser Otto und meldete ihm die Ankunft Heinrichs; die Botenrede wird wörtlich wiedergegeben. Otto bricht alsbald auf, reitet Heinrich entgegen und empfängt ihn, einen Namensvetter und das Gefolge mit großen Ehren. Auch die Begrüßungsworte sind in wörtlicher Rede stilisiert. Nach geziemender Antwort *coniunxerunt manus*. Dem Handschlag folgen Kirchgang und Gebet, ein zweiter Empfang durch den Kaiser, der Heinrich in die Ratsversammlung führt und ihm dort „alles übertrug, was er hatte, mit Ausnahme des Königtums, das Heinrich auch nicht begehrte“,[39] *et amisit illi so vvaz so her thar hafode // preter quod regale, thes thir Heinrich ni gerade*. Da lenkte Heinrich alles kaiserliche Tun und sprach Recht. Niemand war da, dem Heinrich nicht Gerechtigkeit widerfahren ließ.

Gefangen von mittelalterlich-personalistischem Denken konzentrierte sich das überwiegende Forschungsinteresse moderner Interpreten auf die handelnden Personen. „Wer war der bayerische Herzog Heinrich des Liedes? Wer Otto, *ther unsar keisar guodo*?“[40] In Frage kamen drei Kaiser und vier Herzöge, wobei Historiker[41] und Literaturhistoriker sich vor allem von Ottos des Großen Begegnung mit seinem Bruder Heinrich im Jahre 941 (so erstmals K. Lachmann), von Heinrichs des Zänkers Unterwerfung unter den

---

der Ottonenzeit, in: Architectura Poetica. Festschrift für Johannes Rathofer zum 65. Geburtstag, hg. v. Ulrich Ernst und Bernhard Sowinski, Köln/Wien 1990, S. 45–66, bes. S. 64 ff.

39 Marie-Luise Dittrich, De Heinrico, in: Zeitschrift für deutsches Altertum und deutsche Literatur 84 (1952/53) S. 274–308, hier: S. 275 mit Anm. 3, hat zu Recht das ‚amisit‘ der Handschrift gegen die Konjektur Wackernagels und Streckers verteidigt. Doch geht ‚schenken‘ zu weit – vielmehr: ‚überlassen‘, ‚übertragen‘.

40 Wolfgang Haubrichs, Geschichte der deutschen Literatur von den Anfängen bis zum Beginn der Neuzeit, Bd. I/1: Die Anfänge. Versuche volkssprachiger Schriftlichkeit im frühen Mittelalter, 2. Aufl., Tübingen 1995, S. 149.

41 Vgl. Mathilde Uhlirz, Der Modus ‚de Heinrico‘ und sein geschichtlicher Inhalt, in: Deutsche Vierteljahrsschrift für Literaturwissenschaft und Geistesgeschichte 26 (1952) S. 153–161; zustimmend Kurt Reindel, Die bayerischen Luitpoldinger 893–989. Sammlung und Erläuterung der Quellen (Quellen und Erörterungen zur bayerischen Geschichte. NF 11) München 1953, S. 251 f.; Karl Ferdinand Werner, Die Nachkommen Karls des Großen bis um das Jahr 1000 (1.–8. Generation), in: Karl der Große. Lebenswerk und Nachleben, Bd. IV: Das Nachleben, hg. v. Wolfgang Braunfels und Percy Ernst Schramm, Düsseldorf 1967, S. 403–482, hier: S. 464. – Dagegen Lothar Bornscheuer, Miseriae Regum. Untersuchungen zum Krisen- und Todesgedanken in den herrschaftstheologischen Vorstellungen der ottonisch-salischen Zeit, Berlin 1968, S. 81–85 (u. ö.); noch anders Fried, Weg (wie Anm. 4) S. 853 (allerdings noch ohne Emendation in v. 2, 3).

kindlichen Otto III. im Jahre 985 (so erstmals L. Uhland[42]) und von desselben Otto Treffen mit dem Zänker (und vielleicht seinem gleichnamigen Sohn) im Jahre 995 in Magdeburg (so M.-L. Dittrich) fesseln ließen.[43] Realismus, gar Naturalismus wurde den Versen attestiert (G. Ehrismann). Alsbald war man überzeugt, der Dichter sei Augenzeuge des Geschehens gewesen, sein Poem für „einen ganz bestimmten Anlaß, Tag und Hörerkreis geschaffen" worden,[44] ein Memorialgedicht auf den toten Bayernherzog, zu Lebzeiten des Kaisers Otto vorgetragen.[45] Der Modus selbst bietet für nichts dergleichen einen zwingenden Grund. Es waren vielmehr die Interpretationen und Identifikationen moderner Leser, die über Tod und Leben der Lied-Heroen und über die Intention des Dichters entschieden.

Im blinden Vertrauen auf das Interpretationsmodell ‚Geschichts- und Ereignisdichtung' siedelte man das ganze Gedicht in der Welt der Regesta Imperii an, versuchte, es in die Kalenderzeit zu datieren, und hielt dort nach dem Hoftag Ausschau, an den sich die Verse anschließen sollten. Die vom Dichter erfaßte Szene trat bei all dem merklich zurück; schien sie doch über jeden Zweifel erhaben und keiner weiteren Ausführungen zu bedürfen. Das Problem der Ritualzeit wurde gar nicht gesehen. „Kern der Begegnung zwischen Kaiser und Herzog ist", so lautet etwa in den Worten Wolfgang Haubrichs die communis opinio, „die Einführung in den Rat der Fürsten und die öffentliche Belehnung mit seiner Herrschaft (wohl mit dem bayerischen Herzogtum), wobei der Belehnte offensichtlich auf den Anspruch königlicher Rechte in seinem Herrschaftsbereich verzichtete".[46] Die These gilt es im folgenden zu überprüfen.

Offenkundig handelt das Gedicht von Herrschaft. Es geschieht rückblikkend, wie die Tempora der Verben eindeutig verraten. Indes, auf welcher Zeitebene? In der Kalenderzeit oder in Ritualzeit? Das Gedicht ist ein mündlicher Erinnerungsakt, der in Versen festgehalten wurde, was beides bei der Interpretation nach Berücksichtigung verlangt. Es ist daraufhin zu verstehen und zu deuten. Seine lateinisch-deutsche Mischsprache korrespondiert zudem mit der Semiliteralität der Epoche, die an ‚historische', d.h. er-

---

[42] Neuerlich begründet durch Uhlirz, Modus (wie Anm. 41) passim.

[43] Zur älteren Deutungsgeschichte vgl. die zusammenfassende Notiz Streckers in seiner MGH-Edition der Cambridger Lieder (wie Anm. 1) S. 116–119; Dittrich, De Heinrico (wie Anm. 39) S. 282; ferner den Überblick bei Willy Sanders, Imperator ore iucundo saxonizans. Die altsächsischen Begrüßungsworte des Kaisers Otto in ‚De Heinrico', in: Zeitschrift für deutsches Altertum und deutsche Literatur 98 (1969) S. 13–28.

[44] So die ältere Literatur zusammenfassend und ihr zustimmend Sanders, Imperator (wie Anm. 43) S. 18 f. (mit den Hinweisen auch auf Ehrismann).

[45] Vgl. vor allem Dittrich, De Heinrico (wie Anm. 39) bes. S. 284 ff.

[46] Haubrichs, Geschichte (wie Anm. 40) S. 148.

innernde Dichtung andere Anforderungen stellte als der kritische Forscher von heute. Der Rhythmus verspricht somit bei allen Rätseln, die er aufgibt, einigen Aufschluß über die Mündlichkeit von Herrschaft in der langgestreckten Phase des Übergangs zur Schriftlichkeit, über das Erinnern von Herrschaft und über die Funktion derartiger Erinnerung in ihrem sozialen und politischen Kontext. Der Historiker des früheren Mittelalters kommt also gar nicht umhin, sich auf die Interpretation der Verse einzulassen. Doch stolpert er - wie der Altgermanist - gerade über den entscheidenden Augenblick der Handlung, die Ankunft des Herzogs, die textlich entstellt zu sein scheint.

Unklar ist vor allem, was Heinrich ‚bringt'. Das ahd. ‚hera' bedeutet „Ehrfurcht", „Ehrerbietung";[47] entsprechend wurde der Vers wiedergegeben: „Heinrich ist hier, er entbietet dir den königlichen Gruß".[48] Manche Interpreten lasen statt dessen ‚hera' = ‚here' = ‚exercitus' und ließen den Bayernherzog mit einem Heer oder mit heergleichem Gefolge anrücken.[49] Die rätselhafteste Zeile steht mitten im Lied: da verdoppelt sich plötzlich für einen Augenblick Heinrich, um einem *equivocus*, einem Doppelgänger, Platz zu machen, der alsbald wieder im Singular, sprich in der Versenkung, verschwindet. Das „ist unverständlich", befand der Editor Karl Strecker kurz und bündig und referierte damit die allgemeine Meinung, die sich bis heute nicht geändert hat, auch wenn man sich wiederholt bemühte, einen zum ersten passenden zweiten Heinrich zu finden.

Könnte indessen der überlieferte Text nicht brauchbarer sein, als er gilt? Könnten jene Unverständlichkeiten nicht ihm, sondern dem verfassungsgeschichtlichen, kalenderzeitlichen und entritualisierten Vorverständnis moderner Interpreten anzulasten sein? Gewiß, das Lied setzt ein „sachverständiges Publikum"[50] voraus; doch mittelalterlicher Sachverstand unterscheidet sich tief vom modernen. Haben wir es wirklich mit Belehnung zu tun? Sollten die Historiker und Textdeuter, unvertraut mit Einsichten in den mündlichen, allein auf das natürliche Gedächtnis gestützten Herrschaftsvollzug, die Szene in Textwelten plaziert haben, die sie ihres eigentlichen Sinnes beraubten? Will und muß eben gerade der Unterschied zwischen Ritualzeit und Kalenderzeit beachtet sein? Was wollte der Dichter seinem Publikum vor Augen führen? Und für wen reimte er seine Verse?

---

[47] Rudolf Schützeichel, Althochdeutsches Wörterbuch, 3. Aufl., Tübingen 1981, S. 81; Gerhard Köbler, Wörterbuch des althochdeutschen Sprachschatzes, Paderborn 1993, S. 536.

[48] Horst Dieter Schlosser, Althochdeutsche Literatur mit Proben aus dem Altniederdeutschen. Ausgewählte Texte mit Übertragungen, Frankfurt am Main 1989, S. 279, übernommen von Fried, Weg (wie Anm. 4) S. 853.

[49] Vgl. Haubrichs, Geschichte (wie Anm. 40) S. 148.

[50] Sanders, Imperator (wie Anm. 43) S. 19.

Wir wollen uns vorsichtig an sein Lied herantasten. Man glaubte auf die großen Versöhnungsszenen des 10. Jahrhunderts verweisen zu müssen, um die Verse in einen historischen Kontext einzubetten.[51] Doch mangelt ihnen jeder dezidierte Hinweis auf einen früheren Waffengang zwischen Kaiser und Herzog oder zwischen den beiden Heinrichen. Keine Versöhnungs- und Friedensfeier wird hier besungen. Man hielt die Verse 5, 21–3, die dem Herzog königliche Rechte in der Ratsversammlung anvertrauten, vielleicht auch das *coniunxere manus* (5, 2) für eine Bestätigung, meinte mit ihnen eine lehnsrechtliche Investitur ausfindig machen zu können, wie sie für den Zänker im Jahr 985 vorausgesetzt werden darf. Doch von Lehen fehlt jede Andeutung und ein Handschlag ist vom ‚Homagium', dem Handgang, klar zu unterscheiden. Er begegnet beispielsweise auch im ‚Waltharius'-Epos v.3, 6–7 im Zusammenhang mit dem Abschluß eines Freundschaftbundes: *foedus debere precari* [...] *et dextras* [...] *coniungere dextris*.[52] Sich die Hand zu reichen, ist ein Zeichen von Partnerschaft, eine Geste der Freundschaft, der prinzipiellen Gleichheit, die keine lehnsrechtliche Unterordnung signalisierte.[53] Im Gegenteil, sie implizierte gerade keine herrschaftliche Unterwerfung. Was aber dann?

Die eingangs bereits erwähnte Zweiteilung des Gedichts in ‚Redeteil' und ‚Erzählteil' wurde bislang gleichfalls, sehe ich recht, nirgends beachtet und erörtert. Sie aber liefert einen entscheidenden Hinweis auf die Komposition des Gedichtes und damit auf seine Aussage; sie dürfte damit zugleich helfen, die verderbten Stellen mit größerer Sicherheit als bisher zu rekonstruieren. Das alles rechtfertigt, ein wenig auszuholen. Wörtliche Rede ist ein literarisches Mittel zur Hervorhebung und Auszeichnung. Zwei Stellen sind es, die so beim Hörer gesteigerte Aufmerksamkeit wecken sollten: Die Ankündigung Herzog Heinrichs und seiner Begleitung durch einen Boten: *Cur sedes, infit, Otdo, ther unsar keisar guodo? // hic adest Heinrich, bringit her hera kuniglich. // dignum tibi fore thir selvemo ze sine* (2, 2–4); sowie der Willkommensgruß des Kaisers: *vvillicumo Heinrich, // ambo uos equivoci, bethiu goda endi mi,// nec non et sotii, vvillicumo sid gi mi* (4, 1–3). Gleich zweimal ‚Willkommen'! Betont, hervorgehoben und in besonderer Weise ausgezeichnet ist somit gerade der problematischste Vers des gesamten Gedichts, das plötzliche Auftreten eines zweiten Heinrich. Manch ein Interpret wollte die Zeile

---

[51] Vgl. oben S. 23 f.

[52] Waltharius, hg. v. KARL STRECKER (MGH Poetae 4, 1) Weimar 1951, S. 25; allgemein JACOB GRIMM, Deutsche Rechtsaltertümer, Bd. I, 4. Aufl., Leipzig 1899, S. 191.

[53] Zusammenfassend MÜLLER-BERGSTRÖM, Art. Handschlag, in: Handwörterbuch des deutschen Aberglaubens 3 (1930/31) S. 1401–1404; ADALBERT ERLER, Art. Handschlag, in: Handwörterbuch zur deutschen Rechtsgeschichte 1 (1971) Sp. 1974 f.

ganz verwerfen; andere halfen sich mit abenteuerlichen Emendationen. Ich scheue mich, ohne wirkliche Not in den überlieferten Text einzugreifen. Statt dessen lasse ich mich auf die Hervorhebungen des Dichters ein.

Zwei Heinriche also! Und beide von Bedeutung. Doch woher der zweite? Wo war er zuvor? Was geschah mit ihm nach der Begrüßung durch den Kaiser? Verschwand er so plötzlich, wie er anscheinend aufgetaucht war? Sollte er bleiben? Unheilbare Textlücken mithin? Auch diese Fragen wurden, sehe ich recht, bislang nicht gestellt, obwohl doch offenkundig ist, daß die Antwort auf sie größte Bedeutung besitzt. Wenn der Kaiser indessen einen zweiten Heinrich begrüßt, dann sollte derselbe vom Dichter schon zuvor eingeführt worden sein. Wann also betrat er die Szene und warum? Wenn beide Heinriche zu akzeptieren sind, welcher von ihnen stand dann im Mittelpunkt des Geschehens? Der dem Kaiser zuerst angekündigte oder sein zu (einstweilen) unbekanntem Zeitpunkt auftretender Namensvetter? Könnte mitten im Gedicht ein Wechsel der Personen stattgefunden haben? Machte ein solcher Sinn?

Auch die erste Rede scheint voller Verderbnis zu stecken. Zumal an dem *bringit her hera kuniglich* wurde wieder und wieder herumemendiert. Doch die gemeinsame Auszeichnung der beiden Versgruppen durch wörtliche Rede dürfte den Schlüssel zu ihrem Verständnis liefern und zeigen, daß ihre Texte so verderbt gar nicht sind. Die Rede verbindet beide Stellen und nötigt, sie gemeinsam, als innere Einheit ins Auge zu fassen. Der Dichter wollte offenbar diese beiden Aussagen hervorheben: daß Herzog Heinrich nicht allein kam, und daß der Kaiser auch Heinrichs gleichnamigen Begleiter (mit Gefolge) begrüßte. Ist dem so, dann darf die zweite Rede herangezogen werden, um die erste zu deuten und ihren Wortlaut - so behutsam wie möglich - zu verbessern. Die Konsequenz liegt auf der Hand: Wenn die zweite Rede zwei Heinriche kennt, sollten beide auch bereits in der ersten in Erscheinung treten, und die Botenrede dem Kaiser Anlaß bieten, gerade auch den zweiten Heinrich so feierlich zu begrüßen. Möglich wird es durch einen winzigen, paläographisch harmlosen Eingriff in den überlieferten Text von Vers 2, 3, der, wie ich meine, an der strittigsten Stelle des ganzen Liedes vorgenommen, jede weitere Konjektur erübrigt.

Der Verderbnisverdacht fällt ohnehin auf diese Zeile 2, 3; denn allein dort tritt ein Heinrich auf, der etwas, nämlich *hera kuniglich* (so die Handschrift), bringt. Doch was ist ‚hera'? Ein konjiziertes ‚heri/here', ein „königliches Heer"[54] paßt zur Not zwar zum letzten Halbvers der Strophe, aber nicht zum zweiten Heinrich. Das überlieferte ‚hera', die dem Kaiser erwie-

[54] Vgl. Cambridger Lieder (wie Anm. 1) S. 58 zu v. 2, 3. Die Konjektur paßt zum Abvers von v. 6, 4.

sene ‚königliche Ehrerbietung',[55] läßt über jenen Halbvers stolpern. Die beiden heute üblichen Deutungen sind also problematisch. Käme eine dritte Lösung in Betracht, eine, die alles klärt?

Das überlieferte Wort kann durch einen bloßen Kürzungsstrich zu dem Akkusativ ‚heran' = ‚heron/herron', „den Herrn", ergänzt werden.[56] Der Dativ Singular ‚heron' – mit einem *r* – ist dem Dichter oder Kopisten vertraut (v.1, 3); das unbetonte *a* begegnet im Engrisch-Ostfälischen häufig anstelle des Nebensilben-*o*.[57] Die Passage lautet also: *Heinrich bringit her heran*. ‚Dignum' bezieht sich dann auf diesen ‚Herrn' im Akkusativ, ‚kuniglich' desgleichen. Die Adjektive eilen – Vaticinium ex eventu – dem tatsächlichen Geschehen voraus; ‚fore' ist, wie von anderer Seite schon vorgeschlagen, althochdeutsch, meint: ‚vor, für, statt'.[58] Der Vers besagt dann: „Heinrich ist da; er bringt einen königlichen Herrn, der deiner würdig ist, um vor dir selbst (oder: an deiner Statt?) zu sein".[59] Der von dem Boten gemeldete Bayernherzog erweist dem Kaiser keine Ehrerbietung, bringt ihm auch kein Heer, sondern, so ergibt die zweite Rede, seinen Namensvetter, jenen nämlich, der dann Ottos Vorsprecher und – Nachfolger werden kann. Das noble Geleit – eben durch den Bayernherzog! – verrät die Hochrangigkeit des dem Kaiser zugeführten Mannes. Diesem, nicht dem Geleitsherrn, gilt fortan Ottos ganze Aufmerksamkeit. Ihm zieht er entgegen; ihn empfängt er *mid mihilon eron* (3, 3). Der Dichter springt tatsächlich von Heinrich zu Heinrich. Der Kaiser bricht auf, um diesen zweiten Heinrich, den ‚königlichen', ‚kaiser-würdigen' Herrn, zu empfangen. Zwar begrüßt er beide; aber seine Zuwendung gilt nun gemäß der Ankündigung in 2, 3 nur noch dem zweiten Heinrich; der erste hat mit dem Geleit seine Rolle beendet. „Der königliche Herr" reicht wie von gleich zu gleich dem Kaiser die Hand. Die Geste ruft in Erinnerung, was von ihm dem

---

55 Vgl. Schützeichel, Wörterbuch (wie Anm. 47) S. 81, s.v. (DH). Das überlieferte ‚hera' paßt schlecht zum Abvers in v. 6, 4.

56 Vgl. v. 1, 3 ‚heron'. Auslautendes ‚m' wird vom Schreiber wiederholt durch einen Kürzungsstrich ersetzt; vgl. z. B. die Abbildung Cambridger Lieder (wie Anm. 1) S. 139; auch ‚n' wird (im Wort) durch den Kürzungsstrich ersetzt. Zu ‚heron' vgl. Klein, ‚De Heinrico' (wie Anm. 38) S. 58. – Der Kürzungsstrich könnte schon in der Vorlage gefehlt haben.

57 Vgl. Klein, ‚De Heinrico' (wie Anm. 38) S. 57 (mit weiterer Literatur). ‚hera[n]' wäre demnach unter die nach Sachsen verweisenden Sprachkriterien zu rechnen.

58 Zur Bedeutung von ahd. ‚fore' vgl. Schützeichel, Wörterbuch (wie Anm. 47) S. 56; Köbler, Wörterbuch (wie Anm. 47) S. 312 f. (‚fora' [1]). Vgl. außerdem Cambridger Lieder (wie Anm. 1) S. 58 zur Stelle.

59 Der Sprachwechsel in der Zeile begegnet auch in v. 1, 1 oder in v. 7, 1. Zum unflektierten nachgestellten Adjektiv vgl. Wilhelm Williams, Deutsche Grammatik. Gotisch, Alt-, Mittel- und Neuhochdeutsch, Straßburg 1909, Dritte Abteilung „Flexion", S. 735: „Die flexionslose Form breitete sich infolgedessen weit über ihre natürlichen Grenzen aus, über alle Kasus und auch neben Substantiven mit dem Artikel".

Kaiser verheißen worden war. Sie ist die kaiserliche Bekräftigung der Prophetie, welche das Gedicht von Anfang bis Ende durchzieht: *kuniglich, dignum tibi fore thir selvemo ze sine,* schließlich *regale* (6, 4).

Es bedarf keiner Worte, welcher Otto und welche Heinriche hier die Erinnerungsbühne betraten, Otto III., Heinrich der Zänker und sein glücklicherer Sohn, der spätere Kaiser Heinrich II. Schon Monate vor seines Vaters Tod im Jahr 995 handelte der jüngere Heinrich bereits als ‚Mitherzog' in Bayern (seit 994).[60] Jetzt, im Gedicht, wuchs er zum ‚Sprecher' des Kaisers, ja, zu dessen Nachfolger heran, der, wie es sich geziemte, nicht vorzeitig (wie sein Vater) nach dem ‚regale' trachtete (6, 4). Die Verse feierten keine Versöhnung im Liudolfingerhaus, sie gedachten keiner Toten, auch wenn sie Tote erwähnten, sie manifestierten über Stufenfolgen erinnerter Rede eine Nachfolgeregelung im Reich. Heinrich der Zänker war, als die Verse erklangen, zwar ebenso tot wie Otto III.; sein Sohn, der zweite Heinrich des Gedichts, aber lebte, war, so ergeben ‚regale' (v. 6, 4) und ‚kuniglich' (v. 2, 3), bereits König oder schickte sich an, es zu werden. Das Lied gehörte offenbar in den Kontext der umstrittenen Königserhebung Heinrichs II. im Jahr 1002 oder ihrer Durchsetzung.[61] Es warb – seiner Sprache nach – gerade in Sach-

---

[60] Zu Kaiser Heinrich II. als (Mit-)Herzog vgl. STEPHAN WEINFURTER, Die Zentralisierung der Herrschaftsgewalt im Reich durch Kaiser Heinrich II., in: Historisches Jahrbuch 106 (1986) S. 241–297, hier: S. 266 f. zu ‚De Heinrico'.

[61] Darauf hatte bereits – mit unzureichenden Gründen und in Kombination mit der Erinnerung an Otto I. und seinen Bruder Heinrich im Jahre 941 – GUSTAV EHRISMANN, Geschichte der deutschen Literatur bis zum Ausgang des Mittelalters, Bd. I (Handbuch des deutschen Unterrichts an höheren Schulen 6, 1) 2. Aufl., München 1932, S. 238 f., hingewiesen, sich damit aber nicht durchsetzen können; ohne weitere Begründung auch bei HELMUT DE BOOR, Geschichte der deutschen Literatur von den Anfängen bis zur Gegenwart, begründet v. HELMUT DE BOOR und RICHARD NEWALD, Bd. I: Die deutsche Literatur von Karl dem Großen bis zum Beginn der höfischen Dichtung 770–1170, 9. Aufl., bearbeitet v. HERBERT KOLB, München 1979, S. 101. – Daß mit der vorgeschlagenen Emendation von ‚De Heinrico' zugleich eine bemerkenswerte Quelle zur Königserhebung Heinrichs II. wiedergewonnen ist, kann hier nur festgestellt, aber nicht vertieft werden; zu dieser Erhebung und ihrer Anerkennung in Sachsen vgl. REINHARD SCHNEIDER, Die Königserhebung Heinrichs II. im Jahre 1002, in: Deutsches Archiv 28 (1972) S. 74–104; WALTER SCHLESINGER, Die sogenannte Nachwahl Heinrichs II. in Merseburg, in: Geschichte in der Gesellschaft. Festschrift für Karl Bosl zum 65. Geburtstag, hg. v. FRIEDRICH PRINZ, FRANZ-JOSEF SCHMALE und FERDINAND SEIBT, Stuttgart 1974, S. 350–369, wieder in: DERS., Ausgewählte Aufsätze 1965–1979 (Vorträge und Forschungen 34) Sigmaringen 1987, S. 255–271; EDUARD HLAWITSCHKA, Untersuchungen zu den Thronwechseln der ersten Hälfte des 11. Jahrhunderts und zur Adelsgeschichte Süddeutschlands (Vorträge und Forschungen. Sonderband 35) Sigmaringen 1987; ARMIN WOLF, Quasi hereditatem inter filios. Zur Kontroverse über das Königswahlrecht im Jahre 1002 und die Genealogie der Konradiner, in: Zeitschrift der Savigny-Stiftung für Rechtsgeschichte. Germ. Abt. 112 (1995) S. 64–157; THOMAS ZOTZ, Der Breisgau und das alemannische Herzogtum. Zur Verfassungs- und Besitzgeschichte im 10. und beginnenden

sen für den Liudolfinger, wo dessen Königtum anfangs besonders lebhaft umstritten war, ließ ihn als den von seinem Vater, dem gescheiterten König, dem Kaiser präsentierten, von Otto III. empfangenen, akzeptierten und per Handschlag bekräftigten Nachfolger erscheinen, als frommen Beter, gerechten Richter, demütigen Herzog, der die ihm bestimmte Erhöhung geduldig abzuwarten wußte, der den früheren Thronstreit im Königshaus völlig vergessen machte, doch den gegenwärtigen für sich zu entscheiden verstand.[62] Der Modus ‚De Heinrico' legitimierte den umstrittenen König durch den toten Kaiser. Der Dichter sollte in Sachsen zu suchen sein, wohin die Sprache durchaus verweist und wo gleichartige Vaticinien auf Heinrich kursierten,[63] unter den Anhängern des Bayern, dessen Einfluß sich im Rhythmus auch sprachlich niedergeschlagen haben könnte. Dort, in Sachsen, hatte man noch die Spottverse im Ohr, die auf den Zänker gedichtet worden waren; Thietmar von Merseburg zitierte daraus.[64] Nun sollten neue Verse die früheren verdrängen. Darf für ihre Entstehung an das Umfeld der in den Thronstreit hineingerissenen ‚kaiserlichen Damen' Sophia von Gandersheim und Adelheid von Quedlinburg, zweier Schwestern Ottos III., gedacht werden;

11. Jahrhundert (Vorträge und Forschungen. Sonderband 15) Sigmaringen 1974, S. 173 ff.; Matthias Becher, Rex, Dux und Gens. Untersuchungen zur Entstehung des sächsischen Herzogtums im 9. und 10. Jahrhundert, Husum 1996, S. 224 (jeweils mit älterer Literatur). Vgl. auch die folgende Anm.

[62] Vgl. Thietmar von Merseburg, Chronica, hg. v. Robert Holtzmann (MGH SS rer. Germ. NS 9) Berlin 1935, S. 154 f.: Als Heinrich der Zänker ans Sterben kam: *Tunc vocans ad se equivocum eius talibus instruit: „Vade celeriter ad patriam ac dispone regnum ac numquam regi ac domino resistas tuo* ". Die Szene spielt bei Thietmar gleich nach dem Hoftag Ottos III. in Magdeburg (vgl. Johann Friedrich Böhmer, Regesta Imperii. Die Regesten des Kaiserreichs unter Otto III., Bd. II,3, nach dems. neubearbeitet v. Mathilde Uhlirz, Graz/Köln 1956, Nr. 1143), auf dem der Zänker ein letztes Mal Otto III. aufgesucht hatte. Es mag sein, daß dieser Hoftag dem Dichter vor Augen schwebte, was gleichwohl nicht heißt, daß er das dort Geschehene besang. Eine Abhängigkeit kann gut und gerne auch im umgekehrten Sinne vorliegen: daß nämlich Thietmar, der ja lange nach den Ereignissen und zur Zeit unangefochtener Herrschaft Kaiser Heinrichs II. schrieb, noch die Werbeverse für den einstigen Bayernherzog von 1002 im Ohr hatte, als er seinen Bericht zu 995 komponierte. – Weitere Hinweise auf sprachliche Anklänge vgl. Bornscheuer, Miseriae (wie Anm. 41) S. 82 f. – Zur Konfrontation des zupackenden Heinrich und seines zaudernden, demütigen Gegenspielers Hermann von Schwaben vgl. Hagen Keller, Schwäbische Herzöge als Thronbewerber: Hermann II. (1002), Rudolf von Rheinfelden (1077), Friedrich von Staufen (1125). Zur Entwicklung von Reichsidee und Fürstenverantwortung, Wahlverständnis und Wahlverfahren im 11. und 12. Jahrhundert, in: Zeitschrift für die Geschichte des Oberrheins 131 (1983) S. 123–62, hier S. 133 ff.

[63] Vgl. Thietmar, Chronica (wie Anm 62) S. 222: die Vision eines sächsischen Klerikers von Heinrichs Erhebung gleich nach Ottos III. Tod. Vgl. ferner Bornscheuer, Miseriae (wie Anm. 41) S. 82.

[64] Vgl. die vorige Anm.

vielleicht sogar - warum nicht? - an die lateinkundigen, gelehrten, geschichtsschreibenden Kanonissen von Quedlinburg selbst?[65]

Zu datieren ist das hier besungene Geschehen freilich nicht, auch wenn Anklänge an diesen oder jenen Hoftag Ottos III. entdeckt werden können.[66] Es schildert komplexe Verhältnisse, kein einzelnes Ereignis. Es spielt in Ritualzeit, nicht in Kalenderzeit. ‚De Heinrico' ist keine Geschichtsdichtung, schon gar kein Ereignisprotokoll in Versen, gleichwohl ein Werk aktualisierender Erinnerung. Was es darstellt, ist in einem präzisen Sinne überhaupt nicht historisch, unterliegt vielmehr ganz den Bedingungen mündlicher Überlieferung, die für ihre Gegenwart bedeutsam sein will - nicht für uns Historiker und Positivisten. Es kontaminiert die Zeiten und Ereignisse, Vergangenheit und Gegenwart, faßt in einen Augenblick, das Jetzt nämlich, zusammen, was sich über Jahre hinweg zugetragen, was sich daraus ergeben, und was sich nun offenbart hatte. Eben auf diese Weise illustriert es die herrschaftsstützende Funktion der Erinnerung in der Zeit der Mündlichkeit. Es mag in unserem Verständnis inkorrekt sein, in einem höheren, allgemeinen Sinne aber war es wahr.

Erinnerung, auch wenn sie Herrschaftsgeschehen memoriert, abstrahiert von den Einzelereignissen und faßt raum- und zeitübergreifend ganze Geschehensbündel zusammen, als seien sie eins. Sie deduziert aus dem Wahrgenommenen und konkludiert aus verfügbaren Wirklichkeitssplittern. Alles aber nimmt die Gestalt wirklicher Erinnerung an, formt sich, als sei es ein wirkliches Ereignis gewesen. Der moderne Historiker, der wissen will, ‚wie es eigentlich gewesen', steht damit vor den allergrößten Schwierigkeiten und muß oft resignieren. Denn er weiß keine Antwort. Er sieht sich nicht oder selten in der Lage, die Zeitebenen und Wirklichkeiten klar voneinander zu scheiden: die Aufhebung der Zeit und die erinnernde Ordnung derselben, die wahrgenommenen und gedachten Wirklichkeiten, die geglaubten, gewünschten, erfundenen oder geschehenen, die im Gedächtnis eins werden können. Er, der Historiker, schwimmt inmitten des Stromes sich fortgesetzt verändernder Erinnerungen, wobei er das Fließen erkennt, aber kaum mehr das Ufer, das sich im Wasser spiegelt.

---

[65] Die ‚Annales Quedlinburgenses' zu 1002 attestieren dem Bayernherzog und künftigen König bereits vor seiner Wahl die *summa imperii* (MGH SS 3 S. 78, 17). Das entspricht durchaus den königlichen Aktivitäten Heinrichs im Modus ‚De Heinrico'. Als Beweis für die oben im Text ins Auge gefaßte Möglichkeit ist das freilich nicht zu werten.

[66] Man hat davon auszugehen, daß der jüngere Heinrich von seinem Vater dem jugendlichen Kaiser Otto III. als ‚Mitherzog'/*condux* (zuerst DOIII.155 von 994 November 23, Bruchsal) präsentiert wurde und wohl auch von diesem in irgendeiner Form als solcher investiert oder bestätigt wurde. Von einem solchen Hoftag, der vor dem Magdeburger Tag im August 995 (vgl. Anm. 62) anzusetzen ist, fehlt aber jede Spur; vgl. Böhmer und Uhlirz, Regesta Imperii. Otto III., Bd. II,3 (wie Anm. 62) Nr. 1122 a.

Anhang[67]

De Heinrico

1 Nunc almus thero euuigero assis thiernun filius
benignus fautor mihi, thaz ig iz cosan muozi
de quodam duce, themo heron Heinriche,
qui cum dignitate thero Beiaro riche beuuarode.

2 Intrans nempe nuntius then keisar namoda her thus:
‚cur sedes‘, infit ‚Otdo, ther unsar keisar guodo?
hic adest Heinrich, br*ingit* her heran kuniglich,
dignum tibi fore thir seluemo ze sine‘.

3 Tunc surrexit Otdo, ther unsar keisar guodo,
perrexit illi obuiam inde uilo manig man
et excepit illum mid mihilon eron.

4 Primitus quoque dixit ‚uuillicumo, Heinrich,
ambo uos equiuoci, bethiu goda endi mi,
nec non et sotii, uuillicumo si*d* gi mi‘.

5 Dato responso fane Heinriche so scon*o*
coniunxere manus her leida ina in thaz godeshus,
petierunt ambo thero godes genatheno.

6 Oramine facto int*f*ieg ina auer Otdo,
du*x*it in concilium mit michelon eron
et *com*misit illi so uuaz so her þar hafode,
preter quod regale, thes thir Heinrih nigerade.

7 Tunc stetit al thiu sprakha sub firmo Heinricho
quicquid Otdo fecit, al geried iz Heinrih,
quicquid ac *a*misit, ouch geried iz Heinrihc.

8 Hic non fuit ullus, thes hafon ig guoda fulleist
nobili*bus* ac liberis, thaz t*h*id allaz uuar is,
cui non fecisset Heinrich allero rehto gilich.

1 1 unc *C* 2 igiz *C* 2 1 thuf *C* 3 bri:::: *C* 4 selue moze *C* 4 3 sidigimi *C* 5 1 scone *C* 6 1 intsiegina *C* 2 ducxit *C* 6 4 Heinrih *C!* 8 2 nobilis *C* 8 2 tid *C* 3 reh to *C*

[67] Der Abdruck erfolgt auf der Textbasis der Carmina Cantabrigiensia (wie Anm. 1) S. 45 f., Nr. XIX. – Zu *heran* in v. 2,3 vgl. oben S. 28.

Politische Ordnungsvorstellungen und politisches Handeln im Vergleich

Philipp II. August von Frankreich und Friedrich Barbarossa im Konflikt mit ihren mächtigsten Fürsten

von

Hanna Vollrath

Im Jahre 1180 wurden Heinrich dem Löwen, dem Herzog von Sachsen und Bayern, vom Königsgericht Friedrich Barbarossas alle seine Reichslehen abgesprochen.[1] Im Jahre 1202 verfuhr Philipp II. von Frankreich ganz ähnlich mit Johann Ohneland, seit 1199 König von England und als Herzog der Normandie und von Aquitanien und Graf von Anjou, Maine und Touraine Vasall des französischen Königs: König Johann verlor den größten Teil des angevinischen Festlandsbesitzes.[2] Es gibt große Gemeinsamkeiten zwischen

---

[1] Die Entmachtung Heinrichs des Löwen gehört zu den am häufigsten behandelten Themen der mittelalterlichen deutschen Geschichte. Zuletzt mit einer deutlichen Uminterpretation der politischen Hintergründe und mit Verweis auf die reiche Literatur Stefan Weinfurter, Erzbischof Philipp von Köln und der Sturz Heinrichs des Löwen, in: Köln. Stadt und Bistum in Kirche und Reich des Mittelalters. Festschrift für Odilo Engels zum 65. Geburtstag, hg. v. Hanna Vollrath und Stefan Weinfurter (Kölner Historische Abhandlungen 39) Köln 1993, S. 455–481.

[2] Die Quellen zu diesem politischen Prozeß sind so unklar und widersprüchlich, daß das Procedere des französischen Königs, seine Motive und sein juristisches Vorgehen Anlaß zu wissenschaftlichen Kontroversen gegeben haben. Eine Darstellung mit minutiösem Auswerten und Abwägen der schriftlichen Quellen gibt Alexander Cartellieri, Philipp II. August, König von Frankreich, 5 Bde., Leipzig 1899–1922, hier: Bd. IV; für einen Überblick über das Verhältnis Philipps II. zu den Anjou-Plantagenêts vgl. Jacques Boussard, Philippe Auguste et les Plantagenêts, in: La France de Philippe Auguste. Le temps des mutations, hg. v. Robert-Henri Bautier, Paris 1982, S. 263–287; aus englischer Perspektive Frank Barlow, The Feudal Kingdom of England 1042–1216, 3. Aufl. London 1972, und Maurice Powicke, The Loss of Normandy 1189–1204, 1913 (Nachdruck: Manchester 1960). Ich habe die beiden politischen Prozesse in Auseinandersetzung mit den Thesen von Heinrich Mitteis, Politische Prozesse des früheren Mittelalters in Deutschland und Frankreich, Heidelberg 1926 (Nachdruck: Darmstadt 1974), vergleichend analysiert: Hanna Vollrath, Rebels and rituals. From demonstrations of enmity

beiden Fällen: Beide Verlierer waren die mächtigsten Kronvasallen ihrer Könige; ihre Lehnsherren, Friedrich Barbarossa und Philipp II. August, griffen Klagen anderer Kronvasallen auf und erklärten jeweils beide durch Urteile ihres Königsgerichts für schuldig, ihre Vasallenpflichten in vielfältiger Weise verletzt und damit ihre Lehen verwirkt zu haben. Beide führten Krieg gegen die Verurteilten, um das Urteil durchzusetzen und waren darin erfolgreich. Aber das Ergebnis war sehr unterschiedlich: Während Philipp II. die Normandie seiner Krondomäne hinzufügte und so als der große Gewinner aus dem Kampf hervorging, gewann Barbarossa eigentlich nichts. Mit Ausnahme Lübecks, das Reichsstadt wurde, gingen alle Lehen des Besiegten an andere Reichsfürsten zu Lehen. Warum war das so?

Mit Verweis auf entsprechende Abschnitte des Sachsenspiegels ist zunächst eine juristische Erklärung versucht worden: Barbarossa sei durch den Rechtsgrundsatz des „Leihezwanges" verpflichtet gewesen, den Lehnsbesitz Heinrichs des Löwen wieder auszugeben.[3] Diese Erklärung impliziert die Leugnung jedweden politischen Handlungsspielraums. Sie ist widerlegt.[4] Eine neuere, durchaus plausible Deutung sieht im Erzbischof Philipp von Köln die treibende Kraft bei der Entmachtung des Löwen; er habe sich entsprechend auch den besten Teil der Beute sichern können,[5] nämlich die Gebiete, in denen er schon über einen längeren Zeitraum hinweg Herrenrechte akkumuliert hatte. So wichtig die Analyse der ereignisgeschichtlichen Konstellationen auch ist, für die Erklärung des Gesamtphänomens stellt sie nur eines von mehreren Momenten dar, zu denen die strukturellen Gegebenheiten genauso gehören wie die politischen Handlungen; Politik aber ist ihrerseits rückgebunden an handlungsleitende Ideen und Vorstellungen. Das gilt allgemein, mithin auch dann, wenn Einzelne oder Gruppen vorgegebenen Handlungsmustern folgen, ohne über Alternativen nachzudenken und ohne wahrzunehmen, daß es mehrere Entscheidungsmöglichkeiten gibt. Es gilt

---

to criminal justice, in: Imaginations, Ritual, Memory, Historiography: Concepts of the Past, hg. v. Johannes Fried und Patrick Geary [im Druck].

[3] Vgl. Heinrich Mitteis, Lehnrecht und Staatsgewalt, Weimar 1933 (Nachdruck: Darmstadt 1958) S. 692 ff.

[4] Vgl. dazu Karl-Friedrich Krieger, Die Lehnshoheit der deutschen Könige im Spätmittelalter (ca. 1200–1437), Aalen 1976, bes. S. 376 ff., mit ausführlicher Darlegung des Forschungsgangs; zuletzt H. Leppin, Untersuchungen zum Leihezwang, in: Zeitschrift für Rechtsgeschichte. Germanistische Abteilung 105 (1988) S. 239–252, der nach einer Darlegung des Forschungsganges die These vertritt, daß Eike von Repgow den Satz vom Leihezwang selbst entwickelt hat.

[5] Vgl. Stefan Weinfurter, Erzbischof Philipp von Köln (wie Anm. 1), und ders., Die Entmachtung Heinrichs des Löwen, in: Heinrich der Löwe und seine Zeit. Katalog der Ausstellung Braunschweig 1995, Bd. 2, München 1995, S. 180–189.

aber insbesondere dann, wenn Politik im engeren Sinne als bewußtes Entscheiden verstanden wird. Zwei Formen von Politik unterscheiden zu wollen heißt nicht, sie als unverbundene Gegensätze einander gegenüberzustellen. Bis heute ist Politik beides, unbewußte Ausrichtung an Traditionen und zugleich bewußtes Entscheiden zwischen Alternativen. Es scheint aber, daß im Frühmittelalter nicht nur im Bereich der Schriftkultur, sondern auch im Bereich der Politik die als verpflichtend angesehene Ausrichtung an der Tradition breitesten Raum einnahm und zur „Renaissance des 12. Jahrhunderts" die zunehmende Wahrnehmung von Entscheidungsspielräumen gehört, die man als „Entstehung des Politischen"[6] im Mittelalter bezeichnen könnte. Wenn das stimmt, dann hat ‚Politik' seit dem 12. Jahrhundert eine ganz andere Dimension als in den Zeiten davor, denn dann ging es für die Könige damals nicht um Behauptung und Verteidigung immer schon existierender Handlungskompetenzen (etwa gegen fürstliche ‚Usurpation'), sondern um die Besetzung neu entstehender Politikfelder.

Beim Vergleich der unterschiedlichen Ergebnisse der Konflikte um Heinrich den Löwen einerseits und um Johann Ohneland andererseits geht es mir darum, über die jeweilige ereignisgeschichtliche Konstellation hinaus auf die strukturellen Gegebenheiten wie auch auf die – bewußten oder unbewußten – handlungsleitenden Ideen vergleichend einzugehen. Das schließt die Frage ein, ob und gegebenenfalls wie weit die Handelnden das Geschehen der Zeit „aus intentionalem politischen Handeln und aus der Kontingenz seines Aufeinandertreffens, aus den darin fallenden Entscheidungen"[7] hervorgehen sahen, ob sich Unterschiede im „Bewußtsein menschlichen Könnens"[8] erkennen lassen, oder anders ausgedrückt: ob der Vorsprung Frankreichs in Intellektualität und Wissenschaft eine Entsprechung in der politischen Mentalität hatte.

Historiker sind sich ziemlich einig, daß die Entwicklung Frankreichs zu einem vereinigten, zentral regierten Königreich von Philipp II. August und seiner Ausweitung der Krondomäne in ganz entscheidender Weise gefördert wurde; dabei wird dem Erwerb der Normandie eine große Bedeutung beigemessen.[9] Es wird also ein Zusammenhang gesehen zwischen der Entwicklung

---

[6] Das ist der Titel eines Buches von CHRISTIAN MEIER, Die Entstehung des Politischen bei den Griechen, Frankfurt 1980, aus dem sich – ungeachtet der ungeheuren strukturellen Unterschiede zwischen der von Meier analysierten athenischen Polis des fünften Jahrhunderts vor Christus und einem hochmittelalterlichen Regnum – Anregungen für das Verständnis der Wandlungen im zwölften Jahrhundert gewinnen lassen.

[7] Ebd., S. 43 f.

[8] Ebd., S. 45.

[9] Zur Einordnung der Herrschaft Philipps II. in die Geschichte des französischen Königreichs vgl. JEAN FAVIER, Le temps des principautés de l'an mil à 1515 (Histoire de France 2) Paris

einer königsstaatlichen Zentralregierung und der Enteignung Johann Ohnelands. Daß diese Entwicklung in Deutschland nicht einsetzte, wird aber nicht zu den Ereignissen von 1180 in Beziehung gesetzt, sondern zur Doppelwahl von 1198 und dem folgenden Thronstreit: erst dieser habe es den Fürsten erlaubt, ihre jeweiligen Territorien landesherrlich auszubauen und zu verfestigen. Es ist also ein unvorhersehbares und unvermeidbares Ereignis – der unzeitgemäße Tod Kaiser Heinrich VI. –, dem große politische Auswirkungen zugeschrieben werden. Längerfristige strukturelle Voraussetzungen im Reich Barbarossas kommen selten in den Blick.[10] Allerdings gelten außer Doppelwahl und Thronstreit auch das beträchtliche Erstarken der Fürstenmacht im Investiturstreit als „feststehende Gegebenheit" und damit als Grenze für Barbarossas politisches Handeln.[11] Die deutschen Könige und allen voran Friedrich Barbarossa – das impliziert diese Ansicht – hätten eigentlich in gleicher Weise königsstaatliche Strukturen entwickeln wollen wie ihre westlichen Kollegen, sie seien genauso ‚modern' gewesen wie diese, hätten aber, gleichsam eingekeilt zwischen den Ergebnissen des Investiturstreits und dem Bürgerkrieg nach 1198, durch die Macht der Verhältnisse keine Chance dazu gehabt. Gewiß sind die Zufälligkeiten von Geburt und Tod im Königshaus von eminenter Bedeutung für ein Königreich. Auch in England hat z.B. der unzeitgemäße Unfalltod des Thronerben im Jahre 1120 dem Land eine Phase des Bürgerkriegs gebracht, die ‚Anarchie', von 1135, dem Tod Heinrichs I., bis zum Jahr 1154, dem Regierungsantritt Heinrichs II., des Sohnes von Heinrichs I. Tochter Mathilde. Nichtsdestoweniger war es unbestritten eben dieser Heinrich II., der die englische Königsherrschaft wie kein Herrscher vor ihm durch modern-staatliche Verwaltungsorgane untermauerte. Ein Thronstreit mußte also nicht unabänderlich die Fürstenmacht stärken. Warum hat er es in Deutschland getan? Genausowenig mußten starke Fürsten immer eine „feststehende Gegebenheit" für die Könige sein, wie der Blick nach Frankreich lehrt: dort waren zur Zeit der ersten Kapetingerkönige die Fürsten ungleich unabhängiger, agierten wesentlich selbstverständlicher ohne jede Rücksichtnahme auf den König der *Francia,* als ihre Standesgenossen östlich des Rheins es je getan hatten. Und doch

---

1984 (in deutscher Übersetzung: Frankreich im Zeitalter der Lehnsherrschaft 1000–1515, Stuttgart 1988), und JOACHIM EHLERS, Geschichte Frankreichs im Mittelalter, Stuttgart 1987.

[10] Die kontroversen Einschätzungen diskutiert KARL LEYSER, Friedrich Barbarossa – Hof und Land, in: Friedrich Barbarossa. Handlungsspielräume und Wirkungsweisen des staufischen Kaisers, hg. v. ALFRED HAVERKAMP, Sigmaringen 1992, S. 519–530.

[11] Vgl. BERNHARD TÖPFER, Kaiser Friedrich Barbarossa – Grundlinien seiner Politik, in: Kaiser Friedrich Barbarossa. Landesausbau – Aspekte seiner Politik – Wirkung, hg. v. EVAMARIA ENGEL und BERNHARD TÖPFER, Weimar 1994, S. 9–30, Zitat S. 11.

begann seit Philipp I. (1060–1108), dem unmittelbaren Zeitgenossen des deutschen Königs Heinrich IV., eine Phase, in der die französischen Könige ihre Zuständigkeit und Bedeutung für das gesamte Königreich kontinuierlich zu steigern wußten, so daß Philipp II. nach etwa 100 Jahren als der ‚mächtigste' König ganz Westeuropas gelten konnte. So warnt der Blick über die Grenzen davor, in der Stärke der deutschen Fürsten eine „feststehende Gegebenheit" zu sehen. Vielmehr führt der Vergleich zu der Frage, ob wirklich das Verhältnis und Zusammenspiel von Fürstenherrschaft und Königtum zu Beginn des 12. Jahrhunderts in Deutschland stärker fixiert war als in Frankreich, und wenn ja, warum das so war.

Ein Vergleich aber ist schwierig, weil Frageansätze und Forschungen aus verschiedenen Wissenschaftskulturen verglichen werden müssen: der englischen mit ihren grundlegenden Forschungen zu den Anjou-Plantagenêts als englischen Königen und zu ihrem Festlandsbesitz, der französischen und der deutschen.[12] Diese Forschungen spiegeln nicht nur die unterschiedlichen politischen Kulturen wieder, was beim Vergleichen sehr deutlich wird, sondern sind in ihren Fragen auch vom jeweiligen Quellenbestand abhängig, und der ist nun in der Tat sehr unterschiedlich: Für das Jahr 1131 und dann kontinuierlich für die Zeit seit dem Regierungsantritt Heinrichs II. (1154) geben die Abrechnungslisten des Exchequer und anderer königlicher Institutionen Jahr für Jahr Auskunft über die Einnahmen und Ausgaben der Herrscher sowohl in England wie in der Normandie. Auch wenn sie nicht absolut zuverlässig sind, weil die Majestäten selbst sich nur widerwillig der Verwaltungsroutine ihres Hofes unterordneten und manches in standesgemäßer Willkür persönlich verfügten, so stellen diese serienmäßig vorliegenden Abrechnungslisten doch eine außerordentlich aussagekräftige Basis für Berechnungen des königlichen Finanzgebarens dar.[13] Für das französische Königtum ist die Quellenlage deutlich schlechter. Allerdings erlauben die für die Jahre 1202–1203 und 1221 erhaltenen Abrechnungen die Einschätzung, daß das königliche Rechnungswesen einschließlich der entsprechenden Verwaltungsschriftstücke wohl etabliert war.[14] So gibt es eine Quellenbasis für die

---

[12] Ein aus dem Vergleich insbesondere mit den englischen Verhältnissen formuliertes Barbarossa-Bild gibt KARL LEYSER, Friedrich Barbarossa (wie Anm. 10).

[13] Vgl. ROBERT LANE POOLE, The Exchequer in the Twelfth Century, Oxford 1912; Edition von Richard fitz Nigels zeitgenössischer Abhandlung über die Funktionsweise des Exchequer: RICHARD VON ELY, Dialog über das Schatzamt - Dialogus de Scaccario, eingeleitet, übersetzt und erläutert v. MARIANNE SIEGRIST (Bibliothek der Alten Welt. Reihe Antike und Humanismus) Zürich u. a. 1963; für die Festlandsbesitzungen JACQUES BOUSSARD, Le gouvernement d'Henri II Plantagenêt, Paris 1956.

[14] Vgl. Le premier budget de la Monarchie Française: Le Compte général de 1202–1203, hg. v. FERDINAND LOT und ROBERT FAWTIER, Paris 1932; dazu JOHN W. BALDWIN, The Government

Diskussion der Frage, welche Rolle die Finanzen beim Sieg Philipps II. über Johann Ohneland gespielt haben,[15] während sich für Barbarossa und Heinrich den Löwen die Frage schlechterdings nicht stellen läßt, weil weder Barbarossa noch Heinrich der Löwe für irgendeine Phase ihrer Regierung und für irgendeinen Teil ihrer Gebiete Exchequer Rolls bzw. Comptes hinterlassen haben.[16] Man ist um so mehr den Historiographen mit ihren Topoi über kaiserliche Macht ausgeliefert, je weniger Zahlen zur Verfügung stehen, um diese Angaben auf ihre materielle Basis hin zu überprüfen. Nichtsdestoweniger läßt sich auch hier aus dem Vergleich eine Frage formulieren: Ist das Nicht-Vorhandensein von mehr oder weniger kontinuierlich geführten Abrechnungslisten über das Fehlen der entsprechenden Informationen hinaus nicht auch eine Quellenaussage über die Politik der jeweiligen Könige? Setzt nicht vielmehr die Einbeziehung finanzieller Möglichkeiten in die politischen Überlegungen voraus, daß sich berechnen und im vorhinein wissen läßt, worüber man verfügen kann, und ist das nicht wiederum an schriftliche Abrechnungsverfahren gebunden? Gewiß, die Quellenlage in diesem Sinne in die Interpretation einbeziehen zu wollen setzt voraus, daß es Friedrich Barbarossa im Gegensatz zu seinen westlichen Kollegen unterlassen hat, in Deutschland eine königliche Finanzbehörde mit dem entsprechenden schriftlichen Abrechnungsverfahren aufzubauen.[17] Da man in Deutschland mit besonders großen Quellenverlusten rechnen muß, weil das Wahlkönigtum des Spätmittelalters der Kontinuität, räumlichen Stabilität und damit

---

of Philip Augustus. Foundations of French Royal Power in the Middle Ages, Berkeley 1986, bes. S. 144 ff. und S. 405 ff.; Michel Nortier und John W. Baldwin, Contributions à l'étude des finances de Philippe Auguste, in: Bibliothèque de l'Ecole des Chartes 138 (1980) S. 5–33; Robert-Henri Bautier, Préface zu: John Baldwin u. a., Les Registres de Philippe Auguste, Paris 1992.

15 Dies ist besonders von James Clark Holt, The end of the Anglo-Norman realm, in: Proceedings of the British Academy 61 (1975) S. 233–265, sowie Ferdinand Lot und Robert Fawtier, Histoire des institutions françaises au moyen âge, 2 Bde., Paris 1957–1958, hier: Bd. II: Institutions royales, thematisiert worden.

16 Vgl. als Überblick zur mittelalterlichen Finanzgeschichte allgemein Bruce Lyon und Adriaan E. Verhulst, Medieval Finance. A Comparison of Financial Institutions in Northwestern Europe, 1967.

17 Für das Mailänder Gebiet ist die Anlage eines Steuerkatasters überliefert – vgl. Alfred Haverkamp, Herrschaftsformen der Frühstaufer in Reichsitalien, 2 Teile, München 1970, hier: Teil 2, S. 726 ff. –, so daß Haverkamp „kräftige Ansätze zu einer Schriftlichkeit der Finanzverwaltung" erkennen kann. Schon deshalb ist es nicht möglich, das Problem auf ein persönliches Defizit Barbarossas zu reduzieren. Geht man davon aus, daß Verwaltungsneuerungen sowie alle anderen Innovationen neben dem Ingenium einzelner vor allem einer gesellschaftlichen Basis bedürfen, dann läßt sich aus der Mailänder Liste nicht auf entsprechende Maßnahmen in Deutschland schließen.

auch der Archivierung königlichen Verwaltungsschrifttums gewiß nicht förderlich war, wird man eine solche Aussage sehr genau überprüfen müssen.[18] Aber auch da hilft wiederum der Vergleich weiter, wie mir scheint. So läßt sich etwa fragen, welchen Niederschlag die Tätigkeit der königlichen Finanzbehörden außer in ihrem eigenen Verwaltungsschriftgut, den Exchequer Rolls und den Comptes, in den anderen Quellen der Zeit gefunden haben; die Ergebnisse könnten mit dem deutschen Quellenbefund verglichen werden. Im Vorgriff auf eine detaillierte Untersuchung läßt sich feststellen, daß der in manchen Bereichen an Verwaltungsroutine heranreichende Regierungsstil Heinrichs II. von England[19] Geschichtsschreiber wie z. B. Roger von Howden animiert hat, sich dafür zu interessieren und darüber zu schreiben.[20] Aber ich würde mich nicht trauen, daraus die allgemeine Schlußfolgerung zu ziehen, daß Geschichtsschreibung in einiger Regelmäßigkeit den Regierungsstil spiegelt. Es gibt, soweit ich sehe, bisher keine Untersuchung, die die schriftliche Gesamtproduktion – dokumentarische Quellen und Geschichtsschreiber – in verschiedenen politischen Räumen zum politischen Handeln seiner Herrscher vergleichend in den Blick nimmt und zu den Handlungsformen und den Strukturen dieser Räume in Beziehung setzt. All das erschwert einen Vergleich. Deshalb kann ich hier nur vorläufige Überlegungen formulieren. Sie beruhen auf der Prämisse, daß die allgemeinen Wandlungen des 12. Jahrhunderts für alle Herrscher der westeuropäischen Königreiche vergleichbare Herausforderungen darstellten, auf die sie zu reagieren hatten. Eine der Herausforderungen war das Verhältnis von Königsherrschaft und Fürstenmacht. Stimmt die Ansicht, daß die „Renaissance des

---

[18] Zur Verwaltungsschriftlichkeit der deutschen Könige im Spätmittelalter vgl. PETER MORAW, Die Verwaltung des Königtums und des Reiches und ihre Rahmenbedingungen, in: Deutsche Verwaltungsgeschichte, Bd. I: Vom Spätmittelalter bis zum Ende des Reiches, hg. v. KURT G.A. JESERICH u. a., Stuttgart 1983, S. 21–31, bes. S. 30 ff.; CAROLINE GÖLDEL, Servitium Regis und Tafelgüterverzeichnis, Sigmaringen 1997, versucht aus der Neuzuordnung des sog. ‚Tafelgüterverzeichnisses' die Schlußfolgerung zu untermauern, daß die Verwaltung der königlichen Einkünfte im Deutschen Reich im Sinne eines funktionierenden Finanzwesens durchaus professionell erfolgt sei und hinter England und Sizilien nicht zurückgestanden habe. Ich bezweifle aber, daß ihre ansprechende Textzuordnung so weitreichende Schlußfolgerungen zuläßt. Vgl. allgemein zu den Zufälligkeiten und phänomenfremden Bedingtheiten von Quellenüberlieferungen und ihren Einflüssen auf die historische Urteilsbildung ARNOLD ESCH, Überlieferungs-Chance und Überlieferungs-Zufall als methodisches Problem des Historikers, in: Historische Zeitschrift 240 (1985) S. 529–570.

[19] Vgl. JACQUES BOUSSARD, Le Gouvernement d'Henri II Plantagenêt, Paris 1956, und WILFRIED LEWIS WARREN, The Governance of Norman and Angevin England 1086–1272, London 1987, S. 105 ff.

[20] Zu Rogers Interesse an der Organisation und dem Funktionieren der königlichen Verwaltung vgl. ANTONIA GRANSDEN, Historical Writing in England, London 1974, bes. S. 220 ff.

12. Jahrhunderts" einen Zuwachs an intentionalem politischen Handeln brachte, dann bedeutete das zugleich einen Zuwachs an Konfliktpotential. Wie stellte sich das in der Politik der einzelnen Königreiche dar?

Dazu ist zunächst ein kurzer Blick auf die Verfassungsstrukturen Deutschlands und Frankreichs im Hochmittelalter nötig.[21]

Das französische und das deutsche Reich sind bekanntlich beide als Nachfolger aus dem karolingischen Imperium hervorgegangen. Es war lange eine wissenschaftliche communis opinio, daß beide schon bald ganz unterschiedliche Wege in ihrer Verfassungsentwicklung auf Fürstenebene gingen. In den Quellen beider Reiche tauchen gegen Ende des 9. Jahrhunderts Herzöge – *duces* – auf, im deutschen Reich durchgängig verbunden mit Stammesnamen aus der Völkerwanderungszeit: *dux Francorum, dux Saxonum* usw., mit Ausnahme des *dux Lotharingiorum*, für dessen Titel König Lothar II. namengebend wurde. Schon zu Beginn des 10. Jahrhundert sind sie als oberste Adelsschicht erkennbar als diejenigen, die vornehmlich mit dem König handeln. In Frankreich gibt es das auch, z. B. den *dux Burgundionum* oder den *dux Normannorum*, aber daneben gibt es *duces* ohne Stammesnamen und *comites* gleichen Ranges. Aus diesem Quellenbefund haben viele deutsche Historiker den Schluß gezogen, daß die Herzöge im deutschen Reich in vorköniglichen, gleichsam natürlichen Einheiten, den Stämmen, verankert waren und deshalb von vornherein den Königen mit einer sehr starken eigenen Legitimation gegenüberstanden;[22] dagegen seien in Frankreich die *duces* und die ihnen ranggleichen Großgrafen Männer gewesen, die den Zerfall karolingischer Strukturen nutzten, um eigene Herrschaftskomplexe aufzubauen. Insbesondere Karl Ferdinand Werner vertritt dagegen seit langem die These, daß die deutschen wie die französischen Herzogtümer auf gleichen Strukturelementen beruhten, nämlich auf karolingischen Unterkönigreichen, und daß die jüngeren Bildungen wie die der Grafen von Troyes, von der Champagne usw. als Nachbildungen in Orientierung an diesen Vorbildern anzusehen seien.[23] Seine These ist, daß in nachkarolingischer Zeit mächtige Män-

---

[21] Da Bezugspunkt für die hier formulierten Überlegungen die Konflikte um Heinrich den Löwen und Johann Ohneland sind, gehe ich vornehmlich auf Deutschland und Frankreich ein; die Verhältnisse in England, die in einer solchen vergleichenden Analyse unbedingt mitberücksichtigt werden müssen, werden deshalb an dieser Stelle nur am Rande erwähnt; für eine vergleichende Behandlung zentraler Themenbereiche vgl. England and Germany in the High Middle Ages, hg. v. ALFRED HAVERKAMP und HANNA VOLLRATH, Oxford 1996.

[22] Eine Einführung in die Forschungsdiskussion mit Literaturhinweisen gibt HANS-WERNER GOETZ, Art. Herzog, Herzogtum, in: Lexikon des Mittelalters 4 (1989) Sp. 2189–2193.

[23] Vgl. KARL FERDINAND WERNER, La genèse des duchés en France et en Allemagne, in: Nascità dell'Europa ed Europa carolingia: un'equazione da verificare (Settimane di studio del Centro italiano di studi sull'alto medioevo 27) Spoleto 1981, S. 175–207, wieder in: DERS., Vom Fran-

ner sich westlich wie östlich des Rheins vizekönigliche Stellungen aufzubauen wußten. Die Debatte flammt immer wieder auf. Zur Zeit scheint auch in der deutschen Forschung die Ansicht zu überwiegen, daß die deutschen Fürsten keine wesentlich andere, nämlich ethnische Legitimation hatten als die französischen und daß sie deshalb den Königen auch nicht mit einer wesentlich stärkeren und für die Könige nur schwer zu überwindenden Legitimation gegenübertraten. Gegen die Vorstellung starker, ethnisch fundierter deutscher Herzogtümer - die für die Bildung des wissenschaftlichen Ordnungsbegriffs ‚Stammesherzogtum' verantwortlich ist - spricht nicht zuletzt, daß es schon in der 2. Hälfte des 10. Jahrhunderts zu Neubildungen kam. Große erstrebten den Herzogstitel, weil er Kennzeichen eines besonderen Ranges war und die Gewähr dafür bot, daß der Inhaber zur allerhöchsten Adelsschicht gehörte, denn kein Herzog konnte einem anderen Herzog untergeordnet sein.[24] Die Feststellung von Jean Dunbabin in bezug auf Frankreich dürfte auch für das ostfränkisch-deutsche Reich stimmen: „Although ethnic consciousness played its part in the process of disintegration, in the sense that the units into which the kingdom split preserved traditional names and tradition bolstered the claim of their princes, the actual shape of those units was clearly determined by political rather than ethnic factors".[25] Deshalb scheint es mir nicht angemessen zu sein, eine ursprüngliche stammesmäßige Verankerung der Herzogtümer Heinrichs des Löwen anzunehmen und daraus eine so starke Kohärenz abzuleiten, daß Friedrich Barbarossa sie im Gegensatz zu Philipp II. nicht hätte der Krondomäne hinzufügen können.

Es gab aber auch Unterschiede zwischen Ost und West: Im Osten waren die Könige an der Herausbildung dieser neuen Einheiten beteiligt. Es war wohl mit einiger Regelmäßigkeit die Belehnung durch den König, die Herzogsrang verlieh. Im Westen vollzogen sich die Neubildungen königsfern als Ergebnis lokaler und regionaler Adelskonstellationen. Auch daraus hat man

---

kenreich zur Entfaltung Deutschlands und Frankreichs, Sigmaringen 1984, dort ein Nachtrag mit umfassenden Literaturhinweisen.

24 Daß der im Titel verbürgte Rang ausschlaggebend war, hat schon Hans Werle, Titelherzogtum und Herzogsherrschaft. Verfassungsgeschichtliche Untersuchungen über die Frühformen des Territorialstaats, in: Zeitschrift für Rechtsgeschichte. Germanistische Abteilung 73 (1956) S. 225–299, am Beispiel einiger Herzogsernennungen des zehnten und elften Jahrhunderts herausgearbeitet; für das Beispiel der Herzöge von Zähringen vgl. Thomas Zotz, Dux de Zaringen - dux Zaringiae. Zum zeitgenössischen Verständnis eines neuen Herzogtums im 12. Jahrhundert, in: Zeitschrift für die Geschichte des Oberrheins 139 (1991) S. 1–44.

25 Jean Dunbabin, France in the Making, Oxford 1985, S. 89; zu ähnlichen Ergebnissen kommt in bezug auf Schwaben auch Helmut Maurer, Der Herzog von Schwaben. Grundlagen, Wirkungen und Wesen seiner Herrschaft in ottonischer, salischer und staufischer Zeit, Sigmaringen 1978.

weitgehende Schlußfolgerungen gezogen und den deutschen Königen weitgehende Verfügungsmacht über die Herzogtümer zugesprochen. Nun ist es weder zu leugnen noch zu unterschätzen, daß sich das deutsche Regnum mit und um den König darstellte, daß also „the kingdom as community", um mit Susan Reynolds zu sprechen,[26] am Königshof real wurde – was in Frankreich ja nicht der Fall war. Die unbestritten akzeptierte Zuständigkeit der Könige für das Ritual der Investituren der geistlichen wie der weltlichen Fürsten machte einen personalen Zusammenhang immer von neuem sichtbar, eine personal verankerte Zentralität, die nicht zu unterschätzen ist.[27] Aber Rituale sind kontextgebunden und der Kontext des 10./11. Jahrhunderts war der einer stark – nicht ausschließlich – auf personale Bindungen gegründeten Adelswelt, die eben aus diesem Grunde nach persönlicher Präsenz in der Manifestation des Herrendaseins verlangte. Da die Könige aber nur sporadisch vor Ort in Erscheinung traten,[28] bedeutet dies zugleich, daß das Rang- und Herrschaftsgefüge sich im wesentlichen aus lokalen und regionalen Konstellationen speiste und daß das dem König vorbehaltene Ritual häufig nachvollzog, was das Ranggeschiebe fern vom König ergeben hatte, auch wenn die spezifische Perspektive unserer Quellen davon wenig direkt erkennen läßt.

Hier treffen sich meine Überlegungen zu den weltlichen Fürsten mit denen, die Timothy Reuter 1982 in seinem Aufsatz über das Reichskirchensystem der Ottonen und Salier[29] für die Ernennung der Reichsbischöfe und Reichsäbte vorgetragen hat. Timothy Reuters Aufsatz zog in Zweifel, was

---

[26] Susan Reynolds, Kingdoms and Communities in Western Europe 900–1300, 2. Aufl., Oxford 1987, bes. Kapitel 8, S. 250 ff.

[27] Auch in ihrem zweiten großen Buch über diesen Themenkomplex, dies., Fiefs and Vassals, Oxford 1994, betont die Autorin die Bindekraft des Regnum als eines gemeinsamen Ganzen gegenüber der als vertikaler Individualbindung verstandenen Lehnsbeziehung. Sie sieht die gesellschaftsintegrierenden und -stabilisierenden Werte vor allem in der Zugehörigkeit zu einer „community", sei es des Königreichs oder einer anderen Herrschaft („lordship"). Die Auseinandersetzungen um die Rezeption des Buches in Deutschland scheinen mir auch damit zusammenzuhängen, daß die deutschen Begriffe ‚Gemeinschaft' und ‚Kollektiv' Konnotationen haben, die dem englischen ‚community' und ‚collective activity' fehlen. Das erschwert die Verständigung über das, was Susan Reynolds ausdrücken will.

[28] Königliche Handlungsspielräume nach Maßgabe königlicher Präsenz und adeliger Einbindung loten Eckhard Müller-Mertens und seine Schüler aus: Die Reichsstruktur im Spiegel der Herrschaftspraxis Ottos des Großen, Berlin 1980; ders., Reich und Hauptorte der Salier: Probleme und Fragen, in: Die Salier und das Reich, Bd. I, Sigmaringen 1991, S. 139–158; Eckhard Müller-Mertens und Wolfgang Huschner, Reichsintegration im Spiegel der Herrschaftspraxis Kaiser Konrads II., Weimar 1992.

[29] Vgl. Timothy Reuter, The imperial church system of the Ottonian and Salian rulers: a reconsideration, in: The Journal of Ecclesiastical History 33 (1982) S. 347–374.

Handbuchwissen war. Bis zum Investiturstreit, so lautete die communis opinio, hätten die deutschen Könige die Bischöfe und Äbte im wesentlichen aus ihrer Hofkapelle rekrutiert und das Recht der Investitur ganz zweckrational als Herrschaftsinstrument genutzt. Timothy Reuter wies nun auf eine Reihe - im Prinzip bekannter - Beispiele hin, bei denen der König mit seiner Investitur das Ergebnis lokaler Machtkonstellationen nachvollzog und rief im übrigen in Erinnerung, daß die Königsperspektive der meisten Quellen gerade der Ottonenzeit es verbietet, königliche Einflußnahmen auf die Auswahl des zu Investierenden - die es fraglos gab - als Regel anzunehmen. Er scheint mir recht zu haben, was den königlichen Einfluß auf die Auswahl anbelangt, den Entscheidungsprozeß also, wer Bischof oder Abt werden sollte. Er scheint mir aber die Zuständigkeit des Königs für das Ritual der Investitur zu unterschätzen, das Hagen Keller gerade noch einmal einer eindringlichen Analyse unterzogen hat.[30] Wir müssen annehmen, denke ich, daß der deutsche König realiter nicht immer alle Bischöfe im ottonisch-salischen Reich bei ihrem Amtsantritt investierte. Aber anders als in Frankreich war es sein nach Gewohnheit unbestrittenes Recht, das zu tun. Rituale sind, wie schon erwähnt, kontextgebunden. Je mehr sich die Bischöfe im Laufe des Investiturstreits als eigener, von der Welt ihrer adeligen Verwandten abgehobener Stand mit eigener Würdigkeit zu begreifen lernten, desto mehr mußte ihnen die königliche Investitur bedeuten, denn sie konnten sie zu einer gewissen Emanzipation von lokalen Adelskonstellationen nutzen. So ergibt sich das Paradox, daß dem König einerseits das Recht der Investitur mit Ring und Stab bestritten wurde, die Bischöfe aber andererseits höchstes Interesse an einem Ritual entwickeln mußten, das ihrer Formierung als *corpus episcoporum* zuarbeitete. Darin scheint mir die Bedeutung der Regalieninvestitur des Wormser Konkordats zu liegen.

Gemeinhin wird die Entstehung des Reichsfürstenstandes mit der Entmachtung Heinrichs des Löwen in Verbindung gebracht. Peter Classen und jetzt noch einmal Karl Heinemeyer haben ihn mit dem Wormser Konkordat und den Ergebnissen des Investiturstreits sich etablieren sehen.[31] In der Tat hatten unter den Hochadeligen mit ihrem Streben nach vizeköniglicher Stel-

---

30 Vgl. Hagen Keller, Die Investitur. Ein Beitrag zum Problem der „Staatssymbolik" im Hochmittelalter, in: Frühmittelalterliche Studien 77 (1993) S. 51–86

31 Vgl. Peter Classen, Das Wormser Konkordat in der deutschen Verfassungsgeschichte, in: Investiturstreit und Reichsverfassung, hg. v. Josef Fleckenstein, Sigmaringen 1973, S. 411–460; Karl Heinemeyer, König und Reichsfürsten in der späten Salier- und frühen Stauferzeit, in: Blätter für deutsche Landesgeschichte 122 (1986) S. 1–39; vgl. zum Gang der Forschungsdiskussion Bernhard Schimmelpfennig, Könige und Fürsten, Kaiser und Papst nach dem Wormser Konkordat (Enzyklopädie deutscher Geschichte 37) München 1996, S. 101 ff.

lung die Erzbischöfe, Bischöfe und Reichsäbte eben durch die Regalieninvestitur einen großen Vorsprung. Daher könnte man sogar sagen, daß die ottonisch-salische Reichskirche erst nach ihrem Ende, nämlich seit der Stauferzeit, ihre eigentliche verfassungsgeschichtliche Bedeutung entfaltete. Die Regaliendiskussion im Vorfeld des Wormser Konkordats[32] kann nicht ohne Auswirkungen auf die Frage gewesen sein, was denn den Laien, den Herzögen und den herzogsgleichen Gewalten, durch die königliche Investitur übertragen wurde. Man kann davon ausgehen, daß bei den Regalien wie bei vielen anderen Rechtsphänomenen Klärungsprozesse in der Kirche den Anstoß zu einem präzisierenden Bedeutungswandel auch für die Rechtsverhältnisse unter den Laien gegeben haben, auch wenn in diesem speziellen Fall der Terminus ‚regalia' in Deutschland nicht vor dem 14. Jahrhundert in Zusammenhang mit weltlichen Fürsten nachweisbar ist.[33] Daß aber der König durch das Ritual der Investitur das, was dem Reich gehörte, einem Fürsten übertrug, dürfte irgendwie als Vorstellung präsent gewesen sein. Wurde dadurch aber das Erstarken der Fürstenmacht nicht auch institutionell verbürgt? Muß man sie also nicht doch als eine „feststehende Gegebenheit" in der Politik Barbarossas ansehen?[34] Man wird diese Frage verneinen können, wenn man die eigentümliche Art und Weise in die Überlegungen mit einbezieht, durch die Rituale Bedeutung vermitteln.[35] Rituale definieren nicht, sondern sie inszenieren, d. h. sie vermitteln Bedeutung durch eine gespielte Szene, in der die Abfolge der Gesten, überhaupt die Körper-‚Sprache' weitgehend vorgegeben oder vorab geklärt ist. Für unser definitionsgewohntes Sprachverständnis ist eine solche Art der Kommunikation interpretationsbedürftig, es scheint aber, daß man es im Hochmittelalter eher bei der unmittelbaren Wirkung der szenischen Darstellung beließ, die Bedeutung also nicht analysierte, sondern in der Wechselwirkung von Akteuren und Publikum er-lebte.[36] Das Publikum und sein Verständnis der Gesamtsituation bildeten den Kontext für die Rituale. Es verlieh ihnen Sinn und Bedeutung.[37]

---

32 Vgl. dazu Johannes Fried, Der Regalienbegriff im 11. und 12. Jahrhundert, in: Deutsches Archiv zur Erforschung des Mittelalters 29 (1973) S. 450–528; Paul Millotat, Transpersonale Staatsvorstellungen in den Beziehungen zwischen Kirchen und Königtum der ausgehenden Salierzeit, Rheinfelden 1989.

33 Vgl. Karl-Friedrich Krieger, Die Lehnshoheit der deutschen Könige im Spätmittelalter, Aalen 1979, S. 240.

34 Vgl. oben S. 43 mit Anm. 30.

35 Jeffrey Koziol, Begging Pardon and Favor. Ritual and Political Order in Early Medieval France, Ithaca 1992, hat der Frage „How does a ritual mean?" (ebd., S. 189 ff.) einer eindringlichen Analyse unterzogen.

36 Das Bedürfnis nach Klärung der juristischen Implikationen eines Rituals konnte auch im Hochmittelalter aufkommen. Ein bekanntes Beispiel ist die Frage nach der Bedeutung der Abso-

Auf das Ritual der Fahnenleihe bei Fürstenlehen angewandt, heißt das, daß die politische Situation als das Vorverständnis, das Handelnde und Öffentlichkeit mitbrachten, seine Bedeutung mit formte. Der Bogen war weit gespannt: Die Fahnenleihe konnte so verstanden werden, daß der König durch die Investitur mit dem Fürstenlehen auch alle Hoheitsrechte dem Empfänger übertrug in dem Sinne, daß er sich dadurch seiner Rechte - theoretisch auf Zeit - entledigte; sie konnte andererseits sinnfällig machen, daß der Belehnte nicht aus eigenem Recht, sondern in Form der Delegation, der Beauftragung durch den eigentlichen Inhaber, Rechte ausübte.[38] Als Ritual ließ die Fahneninvestitur beide Deutungen zu; sie waren ja auch keine sich ausschließenden Gegensätze. Es war der politische Kontext, aus dem sich ergab, was bei der jeweiligen Inszenierung präsentiert und wahrgenommen wurde. Der Kontext aber war nicht abgeschlossen-statisch, sondern wurde kontinuierlich neu geschaffen durch die Politik der Akteure, durch die Art und Weise, wie sie Einzelkonflikte im Sinne allgemeinerer Zielvorstellungen zu lösen sich bemühten, ob sie für ihre Zielvorstellungen Zustimmung einwerben konnten oder nicht, ob sie Erfolg hatten oder ob sie mit ihren Konzeptionen unterlagen und die Definitionsmacht anderer anerkennen mußten.[39]

Von welchen Zielvorstellungen ließen sich aber Friedrich Barbarossa und Philipp II. August in ihren Auseinandersetzungen mit ihren mächtigsten Vasallen leiten? Vermag der Vergleich zur Klärung ihrer Herrschaftskonzeptionen beizutragen? Erlaubt der Vergleich Aussagen über ihr politisches Denken, die der Einzeldarstellung womöglich verborgen bleiben?

---

lution Heinrichs IV. durch Gregor VII. 1077 in Canossa in bezug auf das Königtum des Saliers. Es ist aber bezeichnend, daß das definitorische Klärungsbedürfnis erst im nachhinein einsetzte. Vgl. zum Gang der Forschungsdiskussion Wilfried Hartmann, Der Investiturstreit (Enzyklopädie deutscher Geschichte 21) München 1993, S. 80 f.

[37] Vgl. dazu den Umgang mit kirchlichen Ritualen im Spannungsfeld von Volksfrömmigkeit und Theologie, wie ihn Aaron Gurjewitsch, Stumme Zeugen des Mittelalters. Weltbild und Kultur der einfachen Menschen, Weimar/Köln/Wien 1997, bes. S. 235 ff., darstellt.

[38] Vgl. Wilhelm Ebel, Über den Leihegedanken in der deutschen Rechtsgeschichte, in: Studien zum mittelalterlichen Lehnswesen (Vorträge und Forschungen 5) Sigmaringen 1972, S. 11-36.

[39] Die gerade in der deutschen Diskussion immer noch verbreitete Vorstellung einer klaren Unterscheidbarkeit von Macht und Recht unterbewertet das Dynamische in der Rechtsentwicklung und den Zusammenhang von Rechtsüberzeugungen und Politik; vgl. für diesen Denkansatz in bezug auf die Stauferzeit Gerhard Baaken, Recht und Macht in der Politik der Staufer, in: Historische Zeitschrift 221 (1975) S. 553-570; das dynamische Wechselspiel dagegen betont Rosalyn Higgins, Introduction, in: International Law and the Avoidance, Containment and Resolution of Disputes, hg. v. ders., Dordrecht 1993, S. 23-41.

Wieder beginne ich mit Susan Reynolds und ihrer Warnung, das politische Denken des Mittelalters allein den gelehrten Traktaten entnehmen zu wollen: „Political thought is not the prerogative of political philosophers, jurists, or theologians. Kings, barons, and even commoners [...] thought too, though less systematically. They learned ideas (perhaps just in the form of assumptions) about rights and duties from those who brought them up – as did the intellectuals too, presumably".[40] Aber wie kann man wissen, was sie dachten? Den Charakter- und Intentionszuschreibungen der Geschichtsschreiber kann man gewiß nicht vertrauen.[41]

Bei der Verfassungsgeschichte gibt es noch ein besonderes Problem: Verfassungshistoriker stellen eine der jeweiligen Epoche eigentümliche Tendenz der Verfassungsentwicklung fest, im 12. Jahrhundert z. B. die Tendenz zur Territorialisierung und damit verbunden die Tendenz zur Institutionalisierung von Herrschaft bei Königen und Adel. Weil die zeitgenössischen Quellen aber über Intentionen und Motive der handelnden Personen über moralisierende Topoi hinaus in aller Regel schweigen, wird den Königen und Fürsten in der wissenschaftlichen Analyse nur allzu oft Zweckrationalität im Verfolg der schließlich siegreichen strukturellen Entwicklungen zugeschrieben.[42] Barbarossa ist ein gutes Beispiel dafür, wie dergestalt aus einem mittelalterlichen König ein stets kühl kalkulierender Kabinettspolitiker wird. Nun ist nicht zu bestreiten, daß kalkulierte Machtpolitik auch zum Repertoire eines hochmittelalterlichen Königs gehörte, aber man kann sogar bei Philipp II. sehen, daß das nicht der einzige und vielleicht noch nicht einmal der wichtigste Zug seines Königseins war.[43] Insgesamt dürfte zutreffen, was J.C. Holt in bezug auf King John formuliert hat: „It is both highly selective and anachronistic to attribute uniformity of opinion and consistency of action to the king and his government".[44]

---

[40] REYNOLDS, Kingdoms (wie Anm. 26) S. 4

[41] Für den deutschen König Heinrich IV. hat das GERD TELLENBACH, Der Charakter Heinrichs IV. Zugleich ein Versuch über die Erkennbarkeit menschlicher Individualität im hohen Mittelalter, in: Person und Gemeinschaft. Festschrift für Karl Schmid, hg. v. GERD ALTHOFF u. a., Sigmaringen 1988, S. 345–367, diskutiert; für Johann Ohneland konfrontiert JAMES CLARK HOLT, King John, London 1963, die Schlußfolgerungen, die aus den Verwaltungsschriftstücken gezogen werden können, mit den Urteilen der Geschichtsschreiber; vgl. ferner GEORGES MINOIS, La légende noire de Jean sans Terre, in: Histoire 164 (1993) S. 24–31.

[42] Vgl. BENJAMIN ARNOLD, Princes and Territories in Medieval Germany, Cambridge 1991.

[43] Vgl. ROBERT-HENRI BAUTIER, Philippe Auguste: La personnalité du roi, in: La France de Philippe Auguste (wie Anm. 2) S. 32–57. Dabei kann man vielleicht Philipp noch am ehesten den konsequenten Verfolg politischer Zielvorstellungen zuschreiben, hat Bautier doch bei ihm eine „vollständige Identifikation seiner Person mit der Krone und dem Königreich" (ebd., S. 37) konstatiert.

[44] HOLT, King John (wie Anm. 41) S. 10.

Man braucht aber nicht beim rein Individuellen zu bleiben. Es gibt noch einen generelleren Zug hochmittelalterlichen Herr-Seins, der zwar auch etwas mit Macht zu tun hat, aber nicht im zweckrationalen Sinne und der mir in der Darstellung von Adels- und Königspolitik unterbewertet zu sein scheint, nämlich der von Rang und Ehre.[45] In dieser Hinsicht war das Königtum der Kapetinger ein anormales Königtum. Sie waren weder materiell noch rituell die Ersten in ihrem Königreich, denn ihre angevinischen Vasallen waren reicher an Land, Gefolgsleuten und Städten und sie waren ihnen rangmäßig ebenbürtig. Haben die französischen Könige nicht auch deshalb eine Konzeption ihres Königtums entwickelt, während man in Deutschland tradierte Muster fortsetzte?

Die wohlbekannte Schilderung, die Otto von Freising von der Königswahl Barbarossas gibt, läßt sich auf die Königsvorstellungen im Umkreis des Staufers hin befragen.[46] Nach dem Tod Konrads III. „konnte der bedeutendste Teil der Fürsten trotz der riesigen Ausdehnung des transalpinen Reiches auf wunderbare Weise - *mirum dictu* - zu einem Leib vereint in Frankfurt zusammenkommen, ja, selbst von den Baronen Italiens waren einige erschienen".[47] Alle wichtigen Fürsten, so heißt das, hielten die Königswahl für so wichtig, daß sie trotz widriger Verkehrsverhältnisse von überall her herbeiströmten - und das kommt für Otto einem Wunder gleich. Voll Stolz ist denn auch der nächste Satz: „denn die Erhabenheit des römischen Reiches schreibt es sich als ein ganz besonderes Vorrecht zu, daß seine Könige nicht durch Abstammung, sondern durch die Wahl der Fürsten gemacht werden". Abgesehen davon, daß Otto hier ein ungewohntes Procedere legitimieren mußte - man hatte schließlich den (wenn auch minderjährigen) Sohn des Vorgängers übergangen -, sieht er in dieser Wahl keine Abhängigkeit von der Entscheidung der Fürsten, sondern ein Zeichen der Akzeptanz des Königtums durch die Fürsten. Schaut man nach Frankreich und nicht auf das, was später aus der Fürstenwahl wurde, dann hatte Otto völlig Recht: Als sein etwas älterer Zeitgenosse Ludwig VII. 1137 König wurde, kümmerte das die französischen Fürsten herzlich wenig. Der König war eine Größe der Île de

---

45 Vgl. dazu die These von TIMOTHY REUTER, The medieval German *Sonderweg*? The Empire and its rulers in the High Middle Ages, in: Kings and Kingship in Medieval Europe, hg. v. ANNE J. DUGGAN, London 1993, S. 179–211, der die Bedeutung von „honour and status" als Orientierung für politisches Handeln im Reich des zwölften Jahrhunderts wesentlich stärker ausgeprägt sieht als in den administrativ verfestigten Königsherrschaften Westeuropas.

46 Vgl. zum ereignisgeschichtlichen Kontext ODILO ENGELS, Die Staufer, 7. Aufl., Stuttgart 1998, S. 55 ff.

47 BISCHOF OTTO VON FREISING und RAHEWINUS, Die Taten Friedrichs oder richtiger Cronica, Bd. II,1, hg. v. FRANZ-JOSEF SCHMALE (Ausgewählte Quellen zur deutschen Geschichte des Mittelalters 17) Darmstadt 1965, S. 284.

France, umgab sich mit einigen Bischöfen und mit Grafen und Kastellanen vor allem aus dem Dreieck Amiens, Orléans, Châlons. Mit diesen Herren schlug er sich auch in vielen lokalen und regionalen Konflikten, „fût-ce aux niveaux les plus bas".[48] Die großen Fürsten hielten es in aller Regel nicht für nötig, ihren König zu wählen.[49]

Was das im politischen Denken der Zeitgenossen bedeutet haben muß, möchte ich an der bekannten Stelle des Sachsenspiegels über die Lehnsordnung im deutschen Reich deutlich machen. Von einem ‚Praktiker' verfaßt, ist er eine Mischung aus Beschreibung und Idealbild, und so kann man auch die Sätze über das Lehnrecht im deutschen Reich charakterisieren: Sieben Zeitalter gibt es, stellt Eike fest, vom ersten, das mit Adam begann, bis zum gegenwärtigen. „Auf die gleiche Weise gibt es auch die Heerschilde, von denen der König den ersten hat; die Bischöfe, Äbte und Äbtissinnen den zweiten, die Laienfürsten den dritten" usw. Und dann erklärt Eike etwas weiter unten, warum in dieser Ordnung die Laienfürsten unter den geistlichen Fürsten stehen. Ursprünglich, so Eikes Erklärung, gab es nur sechs Heerschilde. „Die Laienfürsten haben aber den 6. Schild in den 7. gebracht, weil sie Mannen - Vasallen - der Bischöfe geworden sind, was ursprünglich nicht der Fall war".[50] In der deutschen Forschung heißt das die Lehnspyramide. Die Grundvorstellung Eikes lautet: Lehnrecht schafft Ordnung - ordo. Ein Gleichrangiger kann nicht ein Lehnsmann seiner pares/peers sein. Wo das doch vorkommt, gerät die Ordnung durcheinander; es muß also eigens legitimiert werden. Eike versucht also, die Unterschiede gleichsam reichsübergreifend zu erfassen, also das Modell einer sozialen Schichtung zu entwerfen, das jenseits aller partikularen und regionalen Manifestationen von Herr-Sein - die natürlich fortbestanden - die Gesamtgesellschaft des Reiches als geordnetes Ganzes begriff. Das ist genausowenig ein Abbild der sozialen Wirklichkeit wie fast 200 Jahre vorher die Lehre von den drei Ordines, sondern ein soziales Deutungsschema. Es hängt aufs engste mit der stärker juristischen Erfassung und Kategorisierung sozialer Phänomene zusammen, die ich oben erwähnt habe.

Diese Tendenz zeigt sich im 12. Jahrhundert natürlich noch viel mehr und viel früher in England und Frankreich als in Deutschland. Entsprechend läßt sich auch die Grundvorstellung einer hierarchisch gegliederten Feudalgesell-

---

[48] JEAN-FRANÇOIS LEMARIGNIER, Le gouvernement royal aux premiers temps capétiens (987–1108), Paris 1965, S. 53.

[49] Die Vorzüge einer die Fürsten bindenden Königswahl betont JOHN GILLINGHAM, Elective kingship and the unity of medieval Germany, in: German History 9 (1991) S. 124–135.

[50] Sachsenspiegel. Land- und Lehnrecht, hg. v. KARL AUGUST ECKHARDT (MGH Fontes iuris Germanici antiqui NS 1) Hannover 1933, hier: Landrecht I, 3, § 1 f.

schaft schon bei Suger von St. Denis fassen, und zwar mit der Auffassung, daß der König als alleroberster Lehnsherr niemandes Mann sein könne. Schon Ludwig VII. und erst recht Philipp II. haben sich davon auch in ihren Handlungen leiten lassen, denn Philipp II. z. B. verweigerte auch Bischöfen den Lehnseid, selbst wenn ihm dadurch Besitz entging.[51] Damit machte Philipp II. ein soziales Deutungsschema zur Maxime politischen Handelns; das hat weder Friedrich Barbarossa noch haben es seine Nachfolger getan.

Aber die Vorstellung einer Lehnshierarchie bedeutet auch, daß ein Vasall nicht ranggleich mit seinem Herrn sein durfte. In Frankreich aber waren Könige Vasallen eines Königs. Im 11. Jahrhundert, z. Zt. des Norman Conquest, muß das weit weniger anstößig gewesen sein als am Ende des 12. Jahrhunderts, als das Bedürfnis nach juristisch verbürgter Ordnung größer geworden war. Die englischen Könige als Vasallen der Kapetinger verkörperten für das politische Denken der Zeitgenossen eine Störung der Ordnung. Das heißt nun nicht, daß Philipp II. und seine Vorgänger zielgerichtet ihre ganze Politik auf ihre Eliminierung ausgerichtet hätten. Um noch einmal den Satz von J. C. Holt zu zitieren: „It is both highly selective and anachronistic to attribute uniformity of opinion and consistency of action to the king and his government". Aber diese Vorstellung beförderte fraglos ein Handeln, das sich auf Beendigung des unnatürlichen Zustandes richtete.

Dagegen gab es für Friedrich Barbarossa und seinen Adel gar keinen Grund, sich besondere Gedanken über die Ordnung des Reiches zu machen.[52] Im Glanze seiner Fürsten, die sich um den König versammelten, stellte sich das Reich als geordnetes Ganzes dar.[53] Die Stellung der geistlichen Reichsfürsten war seit dem Investiturstreit fest etabliert. In bezug auf die weltlichen Fürstentümer stellt sich die Frage, ob Friedrich Barbarossa einen Zuwachs der Krondomäne etwa um größere Teile der Herzogtümer Heinrichs des Löwen überhaupt zur Stärkung königlicher Handlungskompetenz hätte nutzen können. Der Compte général von 1202/03 ist nicht nur eine Quelle, aus der sich Kenntnisse über die fiskalische Erfassung der französischen Kronländer schöpfen lassen, sondern vor allem Ausdruck einer

---

51 Vgl. Jean-Pierre Poly und Eric Bournazel, Couronne et mouvance. Institutions et représentations mentales, in: La France de Philippe Auguste (wie Anm. 2) S. 217–236.

52 Zu einem ähnlichen Schluß kommt Karl Leyser, Friedrich Barbarossa (wie Anm. 10) S. 530, in bezug auf die Person Friedrichs, wenn er bei ihm „die Ausstrahlung der Autorität" feststellt: „Er hat nicht versucht, diese Autorität – jedenfalls nicht in Deutschland – auf Dauer zu institutionalisieren. Sie genügte, wie sie war."

53 Karl Friedrich Krieger, Lehnsherrschaft (wie Anm. 4) bes. S. 584 ff., der die Reichslehnverfassung als ein bewährtes, die divergierenden Kräfte integrierendes Konzept beurteilt, dürfte das Selbstverständnis Barbarossas ausdrücken.

sich professionalisierenden Verwaltungstätigkeit. Mag sein, daß es Methoden routinemäßiger fiskalischer Güternutzung gab, die keinen schriftlichen Niederschlag gefunden haben. Ich halte das allerdings für sehr unwahrscheinlich und bezweifle daher, daß die Einbehaltung eines Herzogtums Friedrich Barbarossa viel an nutzbaren Rechten eingebracht hätte, so wie überhaupt die Fiskalisierung von Königsrechten, etwa im Bereich des Lehnrechts, im deutschen Reich nicht systematisch vorangetrieben und weiterentwickelt wurde.[54]

Das heißt nicht, daß das Reich grundsätzlich zurückgeblieben und ‚archaischer' gewesen wäre als seine westlichen Nachbarn. Auch auf dem Boden des Reichs gab es Tendenzen zur ‚Versachlichung' von Herrschaft,[55] allerdings wohl kaum, wie es scheint, auf der Ebene des Königtums, soweit sie die Zuständigkeit für das gesamte Reich betraf. Eine Sicht, die in der Verwirklichung des Nationalstaats das am meisten zu erstrebende Ziel menschlicher Vergesellschaftung sieht und von dieser Prämisse her zwischen modern und altmodisch unterscheidet, muß darin ein Versagen sehen. Aber war es wirklich ein Scheitern, war es ein Unglück? Gewiß bedeutete es, daß „das Reich viel mehr ein defensiv-reagierendes als ein aktiv-agierendes Gebilde"[56] war. Aber sind nicht große politische Einheiten, in denen im Sinne der oben formulierten Bestimmung von Politik Optionen zentral formuliert und Willensentscheidungen von der Spitze her durchgesetzt werden, wesentlich anfälliger als kleinräumige politische Ordnungen? Es dürfte heute eine communis opinio sein, daß das nationalstaatliche Beurteilungskriterium den mittelalterlichen Gegebenheiten nicht angemessen ist. Aber wird nicht die Leistung von Herrschern nach wie vor daran gemessen, ob und wieweit es ihnen gelang, das Königtum durch Machterhalt und Machtzuwachs im Sinne der Durchsetzung von Willensentscheidungen zu stärken?[57] Müßte man nicht eher die Beurteilungskriterien aus der Frage gewinnen, welche politische

---

[54] Das bedeutet nicht, daß Friedrich Barbarossa keinen Sinn für die finanzielle Seite seiner Herrschaft gehabt hätte. Ein „Interesse am Geldwesen" ist kaum zu übersehen, wie noch einmal Ulf Dirlmeier, Friedrich Barbarossa – auch ein Wirtschaftspolitiker?, in: Handlungsspielräume (wie Anm. 10) S. 501–518, dargelegt hat. Es geht um die Systematik und – von seiten der Betroffenen – um die Berechenbarkeit königlichen Tuns.

[55] Der Begriff der ‚Versachlichung' ist von Otto Hintze, Wesen und Verbreitung des Feudalismus, 1929, wieder in: ders., Staat und Verfassung. Gesammelte Abhandlungen zur allgemeinen Verfassungsgeschichte, Bd. I, 3. Aufl., Göttingen 1970, S. 84–119, übernommen, für den sie den rationalistischen Anstaltsstaat bedeutet im Gegensatz zur Verdinglichung, die den traditionalistischen Patrimonialstaat meint.

[56] Peter Moraw, Von offener Verfassung zu gestalteter Verdichtung. Das Reich im späten Mittelalter (Propyläen Geschichte Deutschlands 3) Berlin 1985, Zitat S. 164.

[57] Vgl. dazu Timothy Reuter, *Sonderweg* (wie Anm. 45) bes. S. 204 ff.

Ordnung, auch welche Größe des politischen Raums unter den Bedingungen der jeweiligen Zeit am ehesten geeignet ist, das Wohl der darin lebenden Menschen zu befördern? Zu diesem Wohl wird man auch den Schutz vor inneren und äußeren Gefahren zählen. Deshalb kann die Frage der politischen Macht nicht ausgeklammert werden. Aber sie scheint mir ergänzungsbedürftig durch Überlegungen, die auf menschliches Leben, Denken und Empfinden in all seinem Facettenreichtum gerichtet sind.

The roots of Magna Carta

Opposition to the Plantagenets

by

NATALIE M. FRYDE

In an undated sermon, apparently preached not long after his election to the see of Canterbury, which king John had bitterly opposed, Stephen Langton compared his election and fate, that is life in exile, with that of his illustrious predecessor, Thomas Becket.* Langton had consciously chosen to spend his exile in the Cistercian monastery of Pontigny in the diocese of Auxerre, which Becket had also chosen as his refuge. In his sermon, which was subsequently distributed amongst his friends and flock in England, Langton expressed his responsibility not only for the church but for the kingdom. In this letter, in which he pointedly stated that he was continuing Becket's struggle but that it had now become much more difficult, since John was a far more recalcitrant man than his father, he managed to simultaneously justify the opposition of his supporters and to deliver a clear warning to the king. He stressed that just as an oath of allegiance is usually sworn, saving loyalty to the king, so fealty is promised or sworn to kings, "saving loyalty to the superior lord, the eternal king who is king of kings and lord of lords." Service rendered to the temporal king to the prejudice of the eternal king undoubtedly constitutes an act of treachery and men are absolved from the fealty which they owe the secular lord in such a case. In addition, Langton reminded the knights of the realm in more than one letter that, if necessary, they should defend the church with their swords.[1] This letter can be read dif-

---

* For criticism of this article the author is indebted to Professor Michael Th. Greven (University of Hamburg).

1 See FREDERICK MAURICE POWICKE, Stephen Langton, London 1965, pp. 94–97 as well as Fragmentary chronicle, with appendix of letters, relating to the events connected with the election of Archbishop Langton to the see of Canterbury, in: The Historical Works of Gervase of Canterbury, vol. II ed. WILLIAM STUBBS (Rerum Britannicarum medii aevi scriptores = Rolls Series [73, 2]) London 1880, pp. lxivff. and, as cited by Powicke, p. lxxxii.

ferently from Powicke's mild interpretation.[2] The sermon represents nothing less than a plain and straightforward threat of withdrawal of allegiance and added to this a veiled – but not very – threat of deposition and death, for that was the current punishment for treachery. We are here back in late 1206 before the baronial opposition to John had ultimately formed itself or evolved a programme.

The general direction of research has been to examine the Magna Carta as the "product of a peculiar political situation",[3] the victory of a particular group of magnates against the evil rule of king John.[4] This concept presupposes – consciously or unconsciously – that the Angevin Empire under John's predecessors, that is under his father Henry II (1154–1189) and his elder brother Richard Lionheart (1189–1199), was stable and that Angevin rule was chiefly undermined by John's evil character and incompetence. More than a generation ago, Doris M. Stenton made an attempt to correct this thesis, in which she maintained that John was an innovative and successful lawgiver.[5] Subsequent historians have managed to weave this corrective successfully into the conventional historiographical picture.[6] The modified accepted view has become one of John as not only evil in character but extremely ruthless and effective.[7] Thanks to his exploitation of the Angevin administrative machine set up by his father, he was able to develop a bureau-

---

[2] See Powicke, Stephen Langton (as in note 1) pp. 96 f.

[3] J. A. P. Jones, King John and Magna Carta (Seminar Studies in History) London 1971, p. 109.

[4] See James Clarke Holt, The Northerners. A Study in the Reign of King John, Oxford 1961 (reprint: 1981).

[5] See Doris Mary Stenton, English Justice between the Norman Conquest and the Great Charter, 1066–1215, London 1965, pp. 113 f.: "In the long view it may well appear that in the matter of judicial administration King John deserves credit rather than blame. He should be credited with readiness to allow litigants access to the benefits of his court and the wisdom of his judges even if their pleas did not conform precisely with established rules. In this way the common law grew in volume and strength. He should be given credit for his readiness to fulfil his royal duty of ameliorating the rigour of the law for the helpless, women, children, the poor, and the idiot. He should be given credit for the real efforts made between 1209 and 1212 to create with a few judges the illusion of a stable court at Westminster and an itinerant court taking justice to the shires."

[6] Useful historiographical surveys of John's character appear in James Clarke Holt, King John, in: idem, Magna Carta and Medieval Government (Studies presented to the International Commission for the History of Representative and Parliamentary Opinion 68 = History Series 38) London 1985, pp. 85–109 and, most recently, in Ralph V. Turner, King John (The Medieval World) London 1994, pp. 1–19.

[7] The last attempt has been made by Turner with his highly anachronistic comparison of King John with the US President Richard Nixon; see Turner, King John (as in note 6) pp. 264 f.

cratic government which would inevitably provoke a feudal reaction on the part of the magnates. We are a step further here and have approximately reached the present state of research dominated by Sir James Holt. Holt – the leading historian of Magna Carta, who wrote the extremely detailed standard work about it and has devoted much of his life's work to this important topic[8] – has removed it from the heroic, national historical plain. It has been his achievement to research the political background pragmatically and thoroughly. Both the newest works on the Angevin era, that of Ralph V. Turner and that of Richard Mortimer, follow the same line. Turner, primarily a legal historian, writes: "The barons sought to restore the 'good old law' of their grandfather's time as they understood it. They had some notion of the principles of good government, a desire for a king who would rule per *concilium* et *iudicium*".[9] On the next page he continues: "The 1215 version of Magna Carta consists of 63 chapters ranging over a wide number of topics. It is a practical, detailed document, aimed at remedying specific problems, not at applying philosophical principles."[10] This is taking Anglo-Saxon pragmatism too far: Magna Carta was not merely a pragmatic attempt to correct the evil rule of John but a fundamental challenge to Angevin rule with a long ideological prehistory. Its opening demand alone, "that the English church shall be free and shall have its rights undiminished and its liberties unimpaired" represents a stage in a bitter ideological struggle, which had been fought between the church and secular power throughout Europe since the Investiture Contest.[11] As far as England was concerned, this demand was in the best traditions of Anselm and Becket.[12]

Without stating it clearly as such, an even more important idea lying behind Magna Carta is the implicit belief expressed in the charter that customary law has a higher standing than royal law: Magna Carta was an attempt to protect the king's subjects from misrule by remedying abuses accompanying Angevin government and using the shield of customary law to protect the subject against the misuse of royal prerogative. This idea may have been a long accepted but not fully articulated notion in the heads of the Anglo-Nor-

[8] See JAMES CLARKE HOLT, Magna Carta, 2nd ed., Cambridge 1992.

[9] TURNER, King John (as in note 6) p. 239.

[10] Ibid., p. 240. See also RICHARD MORTIMER, Angevin England, 1154–1258 (A History of Medieval Britain) Oxford etc. 1994.

[11] The most accessible text is that in HOLT, Magna Carta (as in note 8) p. 441–461, here: p. 449.

[12] The best narrative which follows this question through the epoch remains ZACHARY NUGENT BROOKE, The English Church and the Papacy. From the Conquest to the Reign of John, Cambridge 1931.

man aristocracy.[13] In his sermon of 1206 Langton transformed this notion into a war-cry, which had a far greater appeal for the Anglo-Norman aristocracy than that of the "freedom of the church". Without this idea that there is a higher authority than the king and that when the king abuses his authority he can be resisted Magna Carta is unthinkable. The idea lies behind clause 39 and its fundamental idea that all free men are entitled to justice before the king. The famous security clause towards the end of the charter which sets up a Council of Twenty-Five to see that the king abided by the provisions was not just a political expedient to control a tricky opponent or, as Painter put it, of "purely temporary interest".[14] Here historiography has long been influenced by A.L. Poole's classic description of the Council of Twenty-Five in the Oxford History of England as "a crude but probably the only form of sanction conceivable at the time."[15] The Council should rather be seen as a revolutionary attempt to institutionalize this idea that the king was not the highest authority but that, when he disobeyed the law, he could and should be brought to book.[16]

Both because Sir Maurice Powicke in his readable biography of Langton played down his role as the ideologist behind Magna Carta[17] and also because research more recently has been concentrated on Magna Carta as the

---

13 See GEORGE L. HASKINS, The Growth of English Representative Government, Philadelphia 1948, pp. 21–44.

14 SIDNEY PAINTER, The Rise of the Feudal Monarchies (The Development of Western Civilization) Ithaca 1951, p. 69.

15 AUSTIN LANE POOLE, From Domesday Book to Magna Carta, 1087–1216 (The Oxford History of England 3) Oxford 1951, p. 476.

16 See HOLT, Magna Carta (as in note 8) p. 461, § 39: "No free man shall be taken or imprisoned or disseised or outlawed or exiled or in any way ruined, nor will we go or send against him, except by the lawful judgement of his peers or by the law of the land." To assure that the judgement was competent clause 45 laid down that no justice unacquainted with the law was to be appointed.

17 Powicke's chapter on Langton and the Magna Carta reads like an attempt by the author to convince himself that Langton was not the driving force behind the charter despite citing sources – Gervase of Canterbury, Coggeshall, and Wendover – who explicitely state that he was; see POWICKE, Stephen Langton (as in note 1) pp. 125 f., n. 2 and pp. 127 f.: "[...] in general we can learn enough to be satisfied that the spirit which animated the baronial party was not the spirit which animated the archbishop". Here PAINTER, Feudal Monarchies (as in note 14) p. 68 was nearer the mark: "[...] there lay at first their weakness. It was hard to get the baronage as a whole excited about the grievances of the leaders. The solution was supplied by the new archbishop of Canterbury, Stephen Langton.[...] He believed that both clerical and lay society should be governed by orderly recognized systems of law. He persuaded the leaders of the rebellious barons to draw up a list of general demands that would benefit the feudal class as a whole."

reflexion of concrete baronial interests,[18] the role of the church in the opposition to king John and the ideas which it was most capable of expressing have been played down. The church as leader of opposition in England was not an entirely new political constellation. Although untouched by the Gregorian Reform movement at the beginning of his primacy, Anselm of Bec came into contact with it during his exile from England, although his reaction to reform remained equivocal. The issues were very similar to those under Henry II: free election to bishoprics and freedom of contact with Rome, whether freedom to travel or for legates to visit England.[19] That is to say, the issues were the same as those which opened the Investiture Contest in Germany.

A new dimension in the nature, direction and implications characterized ecclesiastical opposition to the Angevin rulers. Anselm had never challenged royal authority in general or royal jurisdiction over the king's subjects in particular. William the Conqueror's separation of the ecclesiastical from the secular courts had perhaps helped to prevent this.[20] This changed under Henry II. As the conflict between him and his archbishop of Canterbury, Thomas Becket, broke out, a new element crept in.[21]In his demand for clerical immunity from royal arrest and punishment Becket was attempting to remove a large, important and vociferous group of royal subjects from the king's jurisdiction. It is possible that the arrival of Roman law in England helped to push the struggle in this direction. Books on Roman law existed at the court of Theobald, Archbishop of Canterbury, where Becket spent formative years. King Stephen saw the danger of them and banned them, incidently perhaps one of the earliest cases of books being banned in England.[22] Becket, however, never appealed himself to Roman law in the question and

---

18 See Holt, The Northerners (as in note 4) p. 17–35.

19 See Richard William Southern, Saint Anselm. A Portrait in a Landscape, Cambridge etc. 1990, pp. 278–303.

20 See Brooke, The English Church (as in note 12) p. 136.

21 Becket used Anselm's prayers and as early as 1162 pleaded for Anselm's canonization, which was naturally also a provocation to Henry. Pope Alexander III initially took the diplomatic way out and referred the matter to a provincial council; see Epistolae ad historiam Thomae Cantuariensis archiepiscopi pertinentes, in: Materials for the History of Thomas Becket, vols V–VII ed. James Craigie Robertson and J. Brigstocke Sheppard [VII] (Rolls Series [67, 5–7]) London 1881, 1882, and 1885, here: vol. V, ep. XXIII, p. 35.

22 See Joannis Saresberiensis Episcopi Carnotensis Policratici sive de nugis curialium et vestigiis philosophorum libri viii, 2 vols ed. Clement Charles Julian Webb, Oxford 1909, here: vol. II, lib. VIII, cap. XXII, p. 399: *Tempore regis Stephani a regno iussae sunt leges Romanae, quas in Britanniam domus uenerabilis patris Theodbaldi Britanniarum primatis asciuerat. Ne quis etiam libros retineret edicto regio prohibitum est et Vacario nostro indictum silentium* [...].

could extract sufficient back-up for his demand for the immunity of clerks from traditional English law.[23] It was rather Henry II who tried to use canon law to justify himself.[24] English churchmen were a bit equivocal about Roman law. John of Salisbury reproved Becket for spending too much time studying it instead of devoting himself to theology.[25] Ralph Niger, another ally and friend of both, while accepting it in principle, found its propagators repulsive and corrupt.[26] There was also the fact that Pope Alexander III, one of the most famous Roman lawyers of his day, was trying to affect a compromise between Becket and Henry II disregardless of the principles of Roman law which he himself had taught.[27] The implication of Becket's stand was clear enough, that a church which could remove its members from royal jurisdiction stood apart from and above the king. The Becket conflict is important as one of the roots of Magna Carta, not only since it revived the cry for the freedom of the church, for which Anselm had fought but which had been entirely stifled by the Norman kings, but because it employed the supremacy of the law as a weapon against the king.

This was, however, not all. Becket's criticism, or better said, his attacks, which began in a traditional and restrained manner restricted to the issues in question, developed into a major attack on Henry's character and thus his moral authority as a ruler.[28] From 1167 Becket was describing Henry as a tyrant and comparing him with the evil Pharaohs of the Old Testament. Numerous uncomplimentary personal insults followed. Henry was usually nicknamed "Proteus" and constant aspersions on his integrity were made.[29] His mother Mathilda was described as belonging to "a race of tyrants".[30] No prelate or magnate had ever until this point dared to write letters to the king and about the king with such brutal and critical openness.

---

[23] In the laws of Ethelred and Cnut criminous clerks were unequivocably protected from the royal hand; see DAVID KNOWLES, Thomas Becket, London 1970, pp. 84 f.

[24] See Vita sancti Thomae, archiepiscopi et martyris, auctore Herberto de Boseham, in: Materials for the History of Thomas Becket, vol. III ed. JAMES CRAIGIE ROBERTSON (Rolls Series [67, 3]) London 1877, lib. III, cap. 23, pp. 266 f.: [...] *rex quorumdam fretus consilio utriusque juris se habere peritiam ostentantium*.

[25] See Epistolae (as in note 21) vol. V, ep. LXXXV, p. 163: *Quis a lectione legum, aut etiam canonum, compunctus surgit?* also quoted in KNOWLES, Thomas Becket (as in note 23) p. 108, n. 3.

[26] Mentioned with an incorrect footnote in HERMANN KANTOROWICZ and BERYL SMALLEY, An English theologian's view of Roman law: Pepo, Irnerius, Ralph Niger, in: Medieval and Renaissance Studies 1 (1941, recte 1943) pp. 237–252, here: p. 247.

[27] See KNOWLES, Thomas Becket (as in note 23) p. 86.

[28] Compare the relatively polite letter of 1166 Epistolae (as in note 21) vol. V, ep. CLII, pp. 266–268 with what came later.

[29] See ibid., vol. VII, ep. DCXLIV, pp. 245–252 for repeated diatribes against Henry.

[30] Ibid., vol. V, ep. LXXVI, p. 149.

The implications of this extremely important break through all previous restraints were incredibly destructive of royal authority. Contemporaries on both sides of the fence saw the dangers for the king: not only John of Salisbury but the royalist author of the *Draco Normannicus* writing about events at the time thought that it was a case either of Henry II restoring Becket or of Becket dethroning him.[31] Passages about the divine origin of royal authority read like excerpts from the *Policraticus*.[32]

Written attacks were the natural product of a powerful, determined and temperamental man like Becket – who on a number of occasions threatened his opponents with physical violence.[33] His old friend, the great scholar John of Salisbury, a much cooler and more careful character, rather nervously criticized him for his temperament.[34] Violent as they read, Becket's letters were far from spontaneous. Spontaneity was scarcely to be expected from such a learned man. It is also very questionable as to whether Becket was a man of original ideas. The idea of criminous clerks, which so quickly after his election to Canterbury caused the quarrel between him and his former master, also appears in the *Policraticus* of John of Salisbury.[35] It is ironic but not untypical that the same man who criticized Becket's temperament, John of Salisbury, should have furnished him with ideas. John's long and brilliant political tractate, the *Policraticus*, had been dedicated to Becket. The book was composed long before Becket became archbishop and opponent of Henry II, as early as 1156, and presented to Becket as chancellor in 1159.[36] He had had plenty of time to take it to heart. In it John also recommended the murder of tyrants, stressed the supremacy of the law over the ruler and developed a concept of public welfare. Academic research has chiefly interested itself for the dramatic theme of the murder of tyrants. Sensational as this was

---

31 See Stephani Rothomagensis monachi Beccensis poema, cui titulus "Draco Normannicus", in: Chronicles of the Reigns of Stephen, Henry II, and Richard I, vol. II ed. Richard Howlett (Rolls Series [82, 2]) London 1885, lib. II, cap. VIII, vv. 463 f., p. 677.

32 Very striking in Epistolae (as in note 21) vol. V, epp. CLIII f., pp. 269–282 and ep. C[C]XXIV, pp. 512–520.

33 As at Northampton in 1163, his threat to the king's illegitimate half-brother, Hamelin, politely translated by Knowles, Thomas Becket (as in note 23) p. 99 as "Bastard Lout! If I were not a priest, my right hand would give you the lie [...]".

34 For John's reproval of his provocative behaviour with the knights who had come to murder him see ibid., p. 143 and Introduction, in: Materials for the History of Thomas Becket, vol. II ed. James Craigie Robertson (Rolls Series [67, 2]) London 1876, pp. xix–xlvii, here: pp. xli f. and xli, n. 6. One can almost say that John nagged Becket.

35 Noticed by C. Duggan, The Becket dispute and the criminous clerks, in: Bulletin of the Institute of Historical Research 35 (1962) pp. 1–28.

36 See Giles Constable, The alleged disgrace of John of Salisbury in 1156, in: English Historical Review 69 (1954) pp. 67–77, here: p. 72.

and potentially threatening for any monarch, the fundamental idea presented in Book IV that the difference between a prince and a tyrant is that the prince also subjects himself to the law had a greater future ahead of it.[37]

John wrote his pamphlet in 1156, significantly in spare time made available to him by the king who had sent him into exile. It is very probable, however, that Henry, who knew John well as the administrator of the see of Canterbury during the long, last illness of Becket's predecessor Theobald, had discovered the contents of John's book and correctly interpreted it as an attack on royal authority. John may have composed a second book where he concentrated himself on his favourite theme. It was called *On the End of Tyrants*. Unfortunately, the text of this one is missing.[38] The fact that John had to go into exile once again in 1164 as the result of his "evil influence" on Becket underlines perhaps the part played by his ideas in the conflict between the archbishop and the king.[39] He criticized Becket for his style and supported him with a strong theoretical framework of ideas.[40]

---

[37] See Joannis Saresberiensis Policratici libri (as in note 22) vol. I, lib. IV, capp. I–XII, pp. 234–279, here: capp. I–II, pp. 235–237: *Est ergo tiranni et principis haec differentia sola uel maxima, quod hic legi obtemperat et eius arbitrio populum regit cuius se credit ministrum* [...]. *Omnis etenim potestas a Domino Deo est, et cum illo fuit semper, et est ante euum. Quod igitur princeps potest, ita a Deo est, ut potestas a Domino non recedat, sed ea utitur per subpositam manum, in omnibus doctrinam faciens clementiae aut iustitiae suae.* [...] *Cap. 2. Quid lex; et quod princeps, licet sit legis nexibus absolutus, legis tamen seruus est et aequitatis, geritque personam publicam, et innocenter sanguinem fundit*. A useful introductory translation of some sections is provided in John of Salisbury, Policraticus. Of the Frivolities of Courtiers and the Footprints of Philosophers ed. and transl. by Cary J. Nederman (Cambridge Texts in the History of Political Thought) Cambridge etc. 1990, pp. xv-xxvi. Out of the mountain of publications on this aspect of John of Salisbury's ideas, one of the most recent is Cary J. Nederman and Catherine Campbell, Priests, kings, and tyrants: spiritual and temporal power in John of Salisbury's Policraticus, in: Speculum 66 (1991) pp. 572–590. See also David Luscombe, Bibliography, in: The World of John of Salisbury ed. Michael Wilks (Studies in Church History. Subsidia 3) Oxford etc. 1994, pp. 445–458 and David Luscombe's forthcoming article in the New Dictionary of National Biography; the author is indebted to Professor Luscombe for putting the unprinted manuscript of this article at her disposal.

[38] Mentioned, alas, without a footnote and perhaps the result of a misunderstanding in Reginald Lane Poole, Illustrations of the History of Medieval Thought and Learning, 2nd ed., London 1920, p 208.

[39] See The Letters of John of Salisbury, vol. II ed. William James Millor and Harold Edgeworth Butler, rev. by Christopher Nugent Lawrence Brooke (Medieval Texts) London etc. 1979, p. xxii.

[40] In a recent article Cary Nederman and Arlene Feldwick have explored the relationship between John of Salisbury and Becket on the basis of another work, the *Entheticus*, which John dedicated to Becket, and, as a result, they "cast doubt upon a close or deep friendship between the pair [...]. Only in the later moments of the Becket conflict does John seem to have shrugged off his ambivalence and supported the archbishop without qualification." The presumption that

In fact, until very recently scholars regarded the *Policraticus* as entirely theoretical removed from any influence on contemporary politics.[41] More recently, the few scholars who have attempted to relate the *Policraticus* to current events have been more interested in the influence of events on John of Salisbury than the impact of his work on the politicians of the day. The chief preoccupation has been whether its criticism of rulers referred to Stephen's or Henry II's reign. The older generation of historians had been inclined to regard its criticism as primarily directed against Stephen and to see him as the prototype tyrannical ruler.[42] Since Stephen was notoriously weak in character this caused some difficulties but there seems little alternative since the *Policraticus* was completed only a few years after the young king Henry II had come to power. This interpretation, however, disregards the fact that John of Salisbury was politically as at home in Normandy as in England, had witnessed Henry's rigorous policy as duke of Normandy, his bloody attempt to overrun Brittany and his ruthless treatment of his brother Geoffrey. This is quite apart from the evil nature of his rule after his accession in England where his seizure of power included the devastation of the Midlands. Seen in the light of new research on the terrible dimensions of Henry's accession and early rule, the *Policraticus* seems like the response to a reign of terror.[43]

Its place as one of the foundations of political theory has long been recognized but its contemporary impact has been ignored. We can presume that Becket read it and that he discussed it with John. The excellent edition by Webb, who was, however, uninterested in this aspect of the work, has meant

---

friends must always be in agreement and unqualified in their acceptance of each other is unreal. See Cary J. Nederman and Arlene Feldwick, To the court and back again: the origins and dating of the *Entheticus de Dogmate Philosophorum* of John of Salisbury, in: The Journal of Medieval and Renaissance Studies 21 (1991) pp. 129–145, here: p. 144. A far more detailed, satisfactory all round picture of the solidarity between the two appears in Anne Duggan, John of Salisbury and Thomas Becket, in: The World of John of Salisbury ed. Wilks (as in note 37) pp. 427–438, who, however, does not go into a possible influence of the *Policraticus* on Becket.

41 Hans Liebeschütz, Mediaeval Humanism in the Life and Writings of John of Salisbury (Studies of the Warburg Institute 17) London 1950, p. 95 regarded him as "a man without direct political responsibility".

42 See Cary J. Nederman, The changing face of tyranny. The reign of King Stephen in John of Salisbury's political thought, in: Nottingham Medieval Studies 33 (1989) pp. 3–20, here: p. 20: "It seems most sensible to reaffirm the view suggested by Liebeschütz that the theories of the Policraticus were more or less equally determined by experiences of the two periods, namely the Anarchy under Stephen and the Angevin Monarchy of Henry."

43 See Emily Amt, The Accession of Henry II in England. Royal Government Restored, London 1993, esp. pp. 32 f. for the destruction in Gloucester and p. 52 for the depredations in Oxfordshire.

that even specialist scholars have failed to return to the sole surviving manuscript, which originally belonged to Becket, and thereby discover the contemporary annotations and numerous marked passages. These reveal that the reception of the manuscript was not solely "theoretical" or philosophical and that the annotator, naturally possibly Becket himself, was as fascinated as we are by the themes of *Tyrannenmord* and the supremacy of the law over the ruler.[44] The full dimension of its influence in undermining royal authority in England has perhaps therefore been overlooked. There can also be little doubt that John of Salisbury and Becket discussed the work extensively and that their discussions influenced their behaviour in the battle with Henry II. John of Salisbury's own necessary discretion and obscurity within the work, where in the text he occasionally throws in a word of praise for the king, cannot disguise his fear of the king which appears in his letters. John, however, was perfectly well aware of the implications of his advice. At one point during the conflict he wrote that Becket's enemies warned the king that "the increase in power of the archbishop would lead to the ruin of royal authority".[45] John of Salisbury critized Becket for his style but supported him with a mighty framework of theoretical ideas.

But what of the link with Magna Carta? The end of the Becket story is famous. Becket was murdered by four knights at Christmas 1170. Perhaps they were instigated by the king, perhaps not. Henry atoned publicly, won on most points and managed to die in his bed - just about, since his sons were hot on his heels. The *Policraticus*, however, survived. Becket's many letters containing points of its lore and lives of the saint and martyr including the same texts were circulated very quickly.[46] Not only was the reputation of Henry II ruined but implicitly the foundation of his monarchy called in

---

[44] See Corpus Christi College, Cambridge Ms 46. There are three sets of annotations, one clearly identifiable as those of Archbishop Parker, one in a later medieval hand and contemporary annotations and markings. I shall analyse these elsewhere. K.S.B. Keats-Rohan, Textual tradition of John of Salisbury's Metalogicon, in: Revue d'histoire des textes 16 (1986) pp. 242–246, here: pp. 245 f. doubts that this manuscript was the original copy presented to Becket without giving convincing evidence for her opinion. The author of this article is indebted to David Luscombe for this reference.

[45] Vita Sancti Thomae Cantuariensis archiepiscopi et martyris, auctoribus Joanne Saresberiensi et Alano abbate Tewkesberiensi, in: Materials (as in note 34) vol. II, cap. 13, p. 310: [...] *si archiepiscopi potestas procederet, regia dignitas esset proculdubio peritura; et nisi sibi et haeredibus suis prospiceret, is demum futurus esset rex, quem clerus eligeret, et quamdiu placeret archiepiscopo, regnaturus.*

[46] For the circulation see Introduction, in: Materials for the History of Thomas Becket, vol. I ed. James Craigie Robertson (Rolls Series [67, 1]) London 1875, pp. xxv-xxxiv, here: pp. xxviiff.

question. This opposition went underground during Richard I's reign thanks to the king's participation in the Third Crusade. It revived under John. The chronicler Ralph Coggeshalle is only one contemporary whose remarks serve to remind us of the continuity of opposition to Angevin abuses: He wrote that Magna Carta was intended to put an end "to the evil customs which the father and brother of the king had created to the detriment of the church and kingdom, along with those abuses which the king had added".[47]

Becket's copy of the *Policaticus* exists today in Corpus Christi College Library, Cambridge. At the time of Magna Carta it was still in Canterbury, where it remained as part of a bequest of valuable books left by Thomas Becket.[48] Stephen Langton had certainly read the *Lives* of Becket, including that by Hubert of Bosham, which cites some of Becket's most radical statements about the king and royal authority.[49] They were widely circulated and regarded as essential reading for a cleric of the day. In all probability after 1213 Langton had access to some of Becket's and John of Salisbury's letters in Canterbury. It would be strange if he had not also read the *Policraticus*. Powicke saw the resemblance between Langton's appeal to the knights to protect the church and similar passages in the *Policraticus* but made no more out of this than a footnote and, in his brief reference to John of Salisbury's possible influence on Langton, played it down throughly.[50]

The obvious author of the idea inherent in Magna Carta that the king stands below the law is Stephen Langton, Archbishop of Canterbury. His call to arms to the knights is taken almost word for word from John of Salisbury's text.[51] In his biography Powicke is inclined to play down Langton's role and point out the fact that, because he could not accept the baronial call to arms against the ruler, he veered towards the king's party in the spring before Runneymede.[52] His vacillatory behaviour in the face of a political emer-

---

[47] Quoted in JONES, King John (as in note 3) p. 101, n. 3.

[48] See MONTAGUE RHODES JAMES, The Ancient Libraries of Canterbury and Dover. The Catalogues of the Libraries of Christ Church Priory and St. Augustine's Abbey at Canterbury and of St. Martin's Priory at Dover, Cambridge 1903, p. lxii. The *Metalogicon* was also part of the bequest.

[49] The notion of the consent of the 'peers' also appears in John of Salisbury's writings: *Cum vero post innumeras vexationes et injurias tandem apud Clarendonam regia voluntate episcopi et proceres convenissent, exegit rex instantius ut regni consuetudines, quas secundum assentationem procerum avus suus observasse videbatur* [...] [Vita Sancti Thome, auctoribus Joanne et Alano (as in note 45) cap. 15, p. 311] overlooked by HOLT, Magna Carta (as in note 8) pp. 75–77 in his list of mentions of the term.

[50] See POWICKE, Stephen Langton (as in note 1) p. 94.

[51] See Joannis Saresberiensis Policratici libri (as in note 22) vol. II, lib. I, cap. IV, pp. 24 f.

[52] See POWICKE, Stephen Langton (as in note 1) pp. 94–96 and 125 f.

gency and the threat of violence does not necessarily mean that he had not earlier furnished the barons with one of their fundamental ideas that the law stood above the king. It was he who had earlier in 1213 come up with the idea of controlling John by forcing him to repeat Henry I's coronation oath.[53] It was not merely vague praise when a contemporary like Gerald of Wales, no friend of the Angevins, spoke of Langton as the true successor to Becket.[54] As an eye-witness to the dramatic polarization in relations between church and monarchy under the Angevins and as a friend of Langton, Gerald, with his notoriusly pugnacious character, may also have influenced Langton's role in the opposition.[55]

Langton's ideas will have found ready acceptance under the barons for two specific reasons. Since the excesses of William Rufus criticism of the character of the king was usual in England, if Norman chroniclers come anywhere near to reflecting public opinion. An element of consent is detectable in Norman kingship and the king promised in his coronation oath to abide by good laws.[56] Under the Angevins the criticism of the person and policies of the king became more drastic, a matter not only of whispered speculation at court or limited and dignified criticism in church councils but a matter of heated public debate. Contemporary works on law like Glanville or on the financial offices of state such as FitzNigel's *Dialogus de Scaccario* all open with definitions of royal authority which amount to being standpoints in an ideological debate. After all, FitzNigel, John of Salisbury, Glanville, Gerald of Wales, and, for that matter, the scurrilous Walter Map with his denunciation of the court all belonged to a relatively small and extremely exclusive group of intellectuals who knew each other: What they wrote was probably only a pale reflexion of a heated debate taking place in the 'political circles' of the day. Increasingly, the character of the king was linked with the exercise of the royal office and through the Becket conflict the criticism of the character of the king and the expectation of what a king should be became public, controversial and politically instrumentalized. It is the last two elements which are important here, since the basic question of royal legitimation from God is ancient, preceding even the German Investiture Contest,

---

53 See HOLT, Magna Carta (as in note 8) pp. 371 f.

54 See Giraldi Cambrensis de jure et statu Menevensis ecclesiae distinctiones VII, in: [...] opera, vol III ed. JOHN SHERREN BREWER (Rolls Series [21, 3]) London 1863, I. dist., pp. 125–127 and Giraldi Cambrensis speculum ecclesiae, in: [...] opera, vol. IV ed. JOHN SHERREN BREWER (Rolls Series [21, 4]) London 1873, II. dist., cap. XXV, p. 77.

55 Also not really taken seriously by POWICKE, Stephen Langton (as in note 1) pp. 132–134.

56 See HASKINS, Representative Government (as in note 13) pp. 30 ff.

where it had last been the cause of major political conflict.[57] Until the middle of the twelfth century it had not had much influence in England. This was not for lack of political crises under the Norman kings and during the Anarchy but the result of the fact that the politically aware intellectual elite that should instrumentalize a dangerous idea did not yet exist. Becket, John of Salisbury, and Stephen Langton had all studied in the schools of Paris where from such teachers as Abelard they had learnt that intellectual questions could produce political dynamite. John of Salisbury in his *Policraticus* made the idea that the king is subject to the law accessible and Becket publicized his ideas. There is usually a certain time gap between the circulation of new ideas and attempts to make political reality out of them. Already acclaimed as the greatest mind of his day and as the father of Western Political Theory John of Salisbury's ideas also inspired the Magna Carta.

57 The question is, of course, how far John of Salisbury was acquainted with the pamphlet literature of the Investiture Contest. We have the problem that medieval writers in general and John in particular usually only cited ancient and particularly respected authorities.

Legitimation, Repräsentation, Schriftlichkeit

Gedankliche Begründungen und symbolische Formen mittelalterlicher Abtsherrschaft

von

Klaus Schreiner

Herrschaft, die Menschen über Menschen ausüben, bedarf, um wirksam zu sein, der Rechtfertigung. Glauben an die Rechtmäßigkeit von Herrschaft kommt aber nicht allein dadurch zustande, daß Herrschaftsträger ihren Herrschaftsbefohlenen immer wieder die legitimationsstiftende Kraft religiös begründeter Ordnungsmodelle, die Heiligkeit historisch gewachsener Rechte und den Geltungsanspruch rechtlich verbriefter Vereinbarungen zur Kenntnis und zum Bewußtsein bringen. Begründungen, die sich auf juristische Satzungen, theologische Theoreme und geschichtliche Traditionen stützen, reichen allein nicht aus, um Herrschaft für eine breitere Öffentlichkeit annehmbar zu machen. Es bedarf überdies symbolischer Formen und Mittel, mit deren Hilfe Herrschaftsträger ihren Anspruch auf Herrschaft zeichenhaft zur Anschauung bringen, um ihre Untertanen zu gehorsamsbereiter Fügsamkeit zu bewegen.

Dies trifft nicht nur auf rituelle Praktiken zu, von denen Könige des Mittelalters Gebrauch machten, um ihren Aufgaben als Rechts- und Friedenswahrer gerecht zu werden. Auch in der Praxis klösterlicher Herrschaft spielte das symbolische Bedeutungspotential von Zeichen, Texten und rituellen Handlungen eine wichtige herrschaftsbildende Rolle. Wie aber sahen die gedanklichen Legitimationsmuster und symbolischen Instrumentarien konkret aus, deren sich Äbte als Träger klösterlicher Herrschaftsrechte bedienten, um ihre Herrschaftsansprüche zu begründen und durchzusetzen? Auf diese Frage Antworten zu suchen, ist Gegenstand und Ziel der folgenden Abhandlung. Untersucht und dargestellt werden sollen Deutungsmuster, die zur Bestandssicherung klösterlicher Herrschaftsverhältnisse beitrugen, sowie Zeichen, die Äbte benutzten, um ihre Ansprüche auf Herrschaft und Gehorsam sicht- und erfahrbar zu machen. Nicht zuletzt geht es um die Herrschaftsfunktion von Sprache, die in verschriftlichter Form als Herrschaftsmittel eingesetzt wurde, wenn aufbegehrende Bauern von herrschaftsbewußten Äbten einklagten, was ihrer Auffassung nach Recht und Gewohnheit war.

Die Herrschaft des Abtes als Herrschaft Christi: spirituelles Ideal und soziale Wirklichkeit

Klösterliche Gemeinschaften suchten und fanden ihre Identität in Norm- und Wertsystemen, die mit Herrschaft, wie sie von adligen Herren ausgeübt wurde, nichts gemein hatten. Die klösterliche *lex fraternitatis*, das Gesetz der Bruderschaft, stand in schroffem Widerspruch zu den Konstitutionsprinzipien des Adels – dem Anspruch auf standesgemäße Lebensführung, dem ererbten Recht zur Ausübung von Herrschaft, der Vorstellung naturgegebener und gottgewollter sozialer Ungleichheit. Die monastische Regel der Demut war mit dem adligen Verlangen nach Repräsentation, die Ehrfurcht gebietet und Gehorsam einfordert, nicht zu vereinbaren.[1]

Zwischen monastischer Spiritualität, die keine Kompromisse mit ständischen Wertvorstellungen zuließ, und klösterlicher Lebenspraxis, die dem Erwartungsdruck adliger Gruppen ausgesetzt war, bestanden erhebliche Diskrepanzen. Das gemeinsame Leben klösterlicher Gemeinschaften war hierarchisch strukturiert.[2] Äbte des frühen Mittelalters wollten oftmals mehr gefürchtet als geliebt werden. Die Profeß der Mönche wurde gelegentlich mit dem Treueid verglichen, den weltliche Vasallen ihren Lehnsherren schulden.[3] In ihrer Eigenschaft als Leib-, Grund- und Gerichtsherren über abhän-

---

[1] Vgl. dazu Klaus Schreiner, Mönchsein in der Adelsgesellschaft des hohen und späten Mittelalters. Klösterliche Gemeinschaftsbildung zwischen spiritueller Selbstbehauptung und sozialer Anpassung (Schriften des Historischen Kollegs. Vorträge 20) München 1989.

[2] Dem Verhältnis zwischen Abt und Konvent widmete Joachim Wollasch, Mönchtum des Mittelalters (Münstersche Mittelalter-Schriften 7) München 1973, ein eigenes Kapitel. Es trägt die Überschrift „Die Herrschaft der Äbte" (ebd., S. 9–52). Über deren herrschaftlichen Anspruch und deren herrschaftliches Handeln in klösterlichen Gemeinschaften hat Franz J. Felten, Herrschaft des Abtes, in: Herrschaft und Kirche. Beiträge zur Entstehung und Wirkungsweise episkopaler und monastischer Organisationsformen, hg. v. Friedrich Prinz (Monographien zur Geschichte des Mittelalters 33) Stuttgart 1988, S. 147–296, eine ausnehmend material- und gedankenreiche Studie vorgelegt. Die Stellung des Abtes innerhalb der von ihm geleiteten Kommunität ist jedoch nicht das eigentliche Thema der folgenden Untersuchung. Es wird nur knapp gestreift und mit groben Strichen skizziert. Mein Erkenntnisinteresse richtet sich insbesondere auf das von Äbten ausgeübte *regimen* über Laien, dessen Legitimation und Symbolik.

[3] Vgl. Giles Constable, The Reformation of the Twelfth Century, Cambridge 1996, S. 182.

gige Bauern begaben sich Äbte in die Rolle weltlicher Herren, die – wie diese auch – mit Herrengewalt ihre Rechte durchsetzten. Sind sich mittelalterliche Äbte und Mönche dieses Widerspruchs zwischen Spiritualität und Herrschaft bewußt geworden? Welcher Begrifflichkeit bedienten sich Mönchstheologen und Klosterchronisten, um den Herrschaftscharakter der Sozialform Kloster sprachlich zu benennen und zu erfassen?

Abbas, schreibt Tertullian († um 230) in seinem ‚Apologeticum', sei ein *nomen pietatis*, ein Name, der Ehrfurcht, Fürsorglichkeit und Freundlichkeit zum Ausdruck bringt, *dominus* hingegen sei ein *nomen potestatis*, ein Name, der seinen Inhaber als Träger von Gewalt kenntlich macht.[4] Bereits im spätantiken Mönchtum von Lérins wurde der Leiter der Gemeinschaft als *dominus et pater* bezeichnet,[5] dessen Amt dazu verpflichtete, „eher mit Liebe zu regieren, als mit Schrecken zu herrschen".[6] „Der Abt", heißt es im Abtsspiegel der Benediktsregel, „wird Herr (*dominus*) und Abt (*abbas*) genannt", weil er im klösterlichen Gemeinschaftsleben als Stellvertreter Christi entscheidet und handelt (Reg. Ben. 63, 13). Deshalb soll er darauf bedacht sein, „mehr geliebt als gefürchtet zu werden" (Reg. Ben. 64, 15); er soll mehr helfen als befehlen (Reg. Ben. 64, 8: *prodesse magis quam praeesse*) und sich überdies bewußt bleiben, „daß er die Sorge für kranke Seelen, nicht die Gewaltherrschaft (*tyrannis*) über Gesunde übernommen hat" (Reg. Ben. 27, 6). Dasselbe dürfte auch für die Äbtissinnen von Frauenklöstern gegolten haben, die in analoger Weise als *domina et mater* angesprochen wurden.

Die Leitungsvollmacht, die ein Abt über die ihm anvertrauten Mönche ausübte, hatte eine christologische Dimension. Die Gemeinschaft der Mönche, wie sie von Benedikt und spätantiken Mönchstheologen gedeutet wurde, steht „in erster Linie unter der *paternitas*, dem *dominium Christi*. Christus ist der eigentliche *pater et dominus*. Seine Eigenschaften sind die, die den Oberen als *vicarius Christi* zieren und dessen Vaterschaft begründen".[7] Das „Urbild der Gemeinschaft Christi mit seiner Kirche" findet in der „Gemeinschaft des an Christi Stelle stehenden Abtes mit seinen Brüdern, die ihm *in spiritu adoptionis filiorum* gehorchten, und für die er verantwortlich ist",[8] ein getreues Abbild. In mittelalterlichen *Consuetudines* ist, einer bis in spätantike Zeit zurückreichenden Tradition folgend, vom *dominus abbas* die Re-

4 Vgl. Felten, Herrschaft des Abtes (wie Anm. 2) S. 296.

5 Vgl. Clemens M. Kasper, Theologie und Askese. Die Spiritualität des Inselmönchtums von Lérins im 5. Jahrhundert (Beiträge zur Geschichte des alten Mönchtums und des Benediktinertums 40) Münster 1991, S. 21 und S. 56.

6 Ebd., S. 53.

7 Ebd., S. 57.

8 Wollasch, Mönchtum des Mittelalters (wie Anm. 2) S. 50.

de. Die Wortverbindung erinnert an eine Norm, die Äbte von alters her dazu anhielt, geistliche Vaterschaft auf der einen, gehorsamsgebietende Leitungs-, Gebots- und Strafgewalt auf der anderen Seite miteinander in Einklang zu bringen.

Die Bezeichnung *dominus et pater* entstammt der sozialen Begrifflichkeit der römischen Gesellschaft. „Herr und Vater" zählte zu den Titulaturen des römischen *paterfamilias*; die beiden Wörter verknüpften Fürsorge mit Autorität, menschenfreundliche Zuwendung (*humanitas*) mit gehorsamspflichtiger Befehlsgewalt (*potestas*).[9] Theologen der Alten Kirche verwandelten die Titulaturen des römischen Haus- und Familienvaters in Gottes- und Christusprädikate. Gleich dem römischen *paterfamilias*, einem Herrn und Vater, herrschen Gottvater und sein Sohn im Himmel und auf Erden. Die Verfasser von Klosterregeln benutzten die römische *paterfamilias*-Vorstellung als Rollenbeschreibung für das Verhalten des Abtes gegenüber den seiner Leitung unterstellten Mönchen.

Um den Abt einer klösterlichen Gemeinschaft nicht als bloßes Imitat des römischen *paterfamilias* erscheinen zu lassen, haben Mönchstheologen den sozialen Bedeutungsgehalt von *dominus et pater* durch christologische Bezüge erweitert und vertieft. Daß letztere im Laufe des frühen, hohen und späten Mittelalters an Bedeutung verloren und zunehmend ausgeblendet wurden, beweist der Sprachgebrauch. Die Herrengewalt des Abtes nach innen und nach außen als *imperium, iussio, dominatio, potestas* oder sogar als *potestas dominativa* zu charakterisieren, wurde im Kontext veränderter Interessen und Strukturen Brauch und selbstverständliche Praxis.[10] Äbte karolingischer Reichsabteien werden in frühmittelalterlichen Quellen als „Männer von großer Macht" (*magnae potestatis viri*)[11] beschrieben, die aufgrund ihrer Herrschaft über Land und Leute zur Schicht der *potentes* gehören. *Die closter sein mechtig*, behauptet der Verfasser der 1439 in Basel verfaßten ‚Reformatio Sigismundi'; *was sye gewalts haben, das haben sye von den bebsten*.[12] Als Inhaber ökonomisch nutzbarer Herrschaftsrechte, kritisiert der reformbewußte Anonymus an anderer Stelle, verfehlen Benediktiner und Zisterzienser ihren religiösen Beruf. Sie *haben an ettlichen stetten zwing und benne und slosser; man soll in es alles nemen und sich haissen mit got bekummernn*.[13] In der zweiten Hälfte des 15. Jahrhunderts bezeichneten sich Äbte selber als *Obrig-*

---

9 Vgl. Kasper, Theologie und Askese (wie Anm. 5) S. 56.

10 Vgl. Felten, Herrschaft des Abtes (wie Anm. 2) S. 181–192.

11 Reformation Kaiser Sigmunds, hg. v. Heinrich Koller (MGH Staatsschriften des späteren Mittelalters 6) Stuttgart 1964, S. 107.

12 Ebd., S. 98–100.

13 Ebd., S. 200.

keit und Herrschaft.[14] Zur „Besserung" ihrer Untertanen erließen sie Satzungen und Statuten *kraft der oberkeit und unsers regiment.*[15]

Ihrer Rechtsnatur nach war die so ausgeübte Herrschaft mittelalterlicher Äbte ein *imperium compositum*, eine aus unterschiedlichen Rechten zusammengesetzte Gewalt. Sie bezog sich sowohl auf die Gemeinschaft der Mönche als auch auf die *familia* der Laien, den Verband der zu Diensten und Abgaben verpflichteten Ministerialen, Hörigen und Leibeigenen.

In Zeiten der Reform regte sich Widerspruch im Namen eines Mönchsideals, das die Wahrnehmung von Herrenrechten durch Männer und Gemeinschaften, die den Gottesdienst zu ihrem einzigen Beruf gemacht hatten, als reformbedürftigen „Formverlust" (*deformatio*) empfand. Reformstreben sollte von neuem jenen Normen Geltung verschaffen, die Benedikt in seiner Regel verankert hatte, um die Herrschaft Christi zum Maßstab für die Herrschaft eines Abtes zu machen. Bernhard von Clairvaux (1090–1153) erinnerte daran, daß die Regel Benedikts einen Mönch nicht dazu verpflichte, einem Abt unumschränkten Gehorsam zu erweisen. Die Gebotsgewalt des Abtes finde ihre Grenze an den Bestimmungen der Regel.[16] Diese, so wurde im Spätmittelalter unter Berufung auf den heiligen Bernhard gesagt, unterwerfe einen Mönch nicht der „Gewalt eines Menschen" (*hominis potestas*).[17] Der ideale Abt, wie ihn sich Reformer des 11. und 12. Jahrhunderts vorstellten, verhielt sich nicht mehr wie ein Vorgesetzter von rigoristischer Strenge; er nahm mütterliche, warmherzige Züge an. Bernhard von Clairvaux nebst anderen Autoren des Zisterzienserordens bezeichneten den wahren Abt als „Bruder und Schwester" sowie als „Vater und Mutter".[18] Die Bezeichnung „Vater und Mutter" liest sich als Korrektur der herkömmlichen Benennung „Herr und Vater".

---

14 Hans Martin Maurer, Die Ausbildung der Territorialgewalt oberschwäbischer Klöster vom 14. bis zum 17. Jahrhundert, in: Blätter für deutsche Landesgeschichte 109 (1973) S. 172.

15 Ebd., S. 176.

16 Vgl. Bernhard von Clairvaux, Liber de praecepto et dispensatione, in: S. Bernardi opera, Bd. III, hg. v. J. Leclercq und H. Rochais, Rom 1963, IV,9, S. 259. – Zu den Grundsätzen von Bernhards Regelauslegung vgl. Klaus Schreiner, Puritas Regulae, Caritas und Necessitas. Leitbegriffe der Regelauslegung in der monastischen Theologie Bernhards von Clairvaux, in: Zisterziensische Spiritualität. Theologische Grundlagen, funktionale Voraussetzungen und bildhafte Ausprägungen im Mittelalter, hg. v. Clemens Kasper und Klaus Schreiner, St. Ottilien 1994, S. 75–100.

17 Barbara Frank, Das Erfurter Peterskloster im 15. Jahrhundert. Studien zur Geschichte der Klosterreform und der Bursfelder Union (Veröffentlichungen des Max-Planck-Instituts für Geschichte 34 = Studien zur Germania Sacra 11) Göttingen 1973, S. 371 f.

18 Constable, The Reformation of the Twelfth Century (wie Anm. 3) S. 183.

Auf Kritik stieß insbesondere die Herrschaft, die Äbte über landbebauende und abgabenpflichtige Laien ausübten. Robert von Molesme (um 1028–1111) machte seinen benediktinischen Mitbrüdern zum Vorwurf, daß sie, weil sie nicht arbeiten, sondern nur beten und studieren, gehalten sind, sich „mit List und Gewalt" (*ingenio et violentia*) Zehntleistungen anzueignen, die ihnen rechtens gar nicht zukommen. Wir ernähren uns vom Blut der Menschen (*sanguine hominum vescimur*), schärfte er seinen Mitbrüdern ein, und haben so Anteil an der Sünde (*peccatis participamur*).[19] Robert wollte, wenn Ordericus Vitalis (1075-nach 1143) die Gründungsgeschichte des Zisterzienserordens wirklichkeitsgetreu wiedergibt, im Kloster eine Lebensordnung verwirklichen, die nicht durch Herrschaft über andere getrübt war. Über- und Unterordnung wurzelte nach Auffassung mittelalterlicher Bibelausleger im Sündenfall Adams und Evas.[20] Das Selbstverständnis spirituell denkender Mönche schloß es aus, in ihrem Verhalten den Folgelasten der Sünde Rechnung zu tragen. Die reformunwilligen Mönche hingegen betrachteten ständische Ungleichheit, die Herrschaft und Arbeitsteilung erforderlich machte, als eine von Gott gewollte soziale Tatsache. Sie hielten es für eine Umkehr der von Gott geheiligten Ständeordnung, wenn sich Edelleute und studierte Männer mit niedriger Knechtsarbeit befassen sollen, die zu verrichten „angeborene Bestimmung" (*sors ingenuina*) der Bauern sei.

Bernhard von Clairvaux beharrte auf der Unvereinbarkeit zwischen apostelgleicher Lebensführung und adelsgleicher Herrschaftspraxis. Jesus, argumentierte Bernhard, habe den Aposteln die Ausübung von Herrschaft verboten (*apostolis interdicitur dominatus*). Halte man sich an die Weisungen der Heiligen Schrift, müsse die *forma apostolica* folgendermaßen aussehen: *dominatio interdicitur, indicitur ministratio* („Herrschaft wird untersagt, geboten wird Dienst").[21] Bernhard und seine frühen Weggefährten waren der Überzeugung, daß die Ausübung von Herrschaft (*dominatio*) adligen Laien zukomme, nicht aber Mönchen, die für sich in Anspruch nehmen, so zu leben wie die Apostel. Herrschaftsausübung diskreditiere das von Mönchen abgelegte Bekenntnis zur Armut. „Arbeit, Leben in der Einsamkeit, Armut" be-

---

[19] Vgl. dazu und zum Folgenden KLAUS SCHREINER, Zisterziensisches Mönchtum und soziale Umwelt. Wirtschaftlicher und sozialer Strukturwandel in hoch- und spätmittelalterlichen Zisterzienserkonventen, in: Die Zisterzienser. Ordensleben zwischen Ideal und Wirklichkeit, Ergänzungsbd., hg. v. KASPAR ELM unter Mitarbeit v. PETER JOERISSEN (Schriften des Rheinischen Museumsamtes 18) Köln 1982, S. 83f.

[20] Vgl. WOLFGANG STÜRNER, Peccatum und Potestas. Der Sündenfall und die Entstehung der herrscherlichen Gewalt im mittelalterlichen Staatsdenken (Beiträge zur Geschichte und Quellenkunde des Mittelalters 11) Sigmaringen 1987.

[21] BERNHARD VON CLAIRVAUX, De consideratio ad Eugenium papam, in: S. Bernardi opera III (wie Anm. 16) VI,10f., S. 418.

zeichnete der heilige Bernhard als die wahren Adelstitel zisterziensischen Mönchtums.[22] Reichtumsbildung mit Hilfe von Herrschaftsrechten stand in schroffem Widerspruch zu seinem Verständnis von monastischer Armut.

Alle Formen eines arbeitslosen, durch feudale Herrschaftsmechanismen vermittelten Einkommens haben die frühen Zisterzienser strikt abgelehnt. Ihren Mitmenschen Leistungen und Güter abzuverlangen, empfanden sie als Verstoß gegen das Gesetz der Liebe. Eigene Arbeit erübrigte das zwanghafte „Einfordern zeitlicher Güter" (*exactio bonorum temporalium*). Als „Arme Christi" (*pauperes Christi*) sahen sie auch keinen Grund, sich „mit Reichtum und Gewalt" (*divitiis vel potentia*) gegen ihre Widersacher verteidigen zu sollen.[23]

Auf die Frage, weshalb Zisterzienser arbeiten und deshalb auf „Herrschaft und Gewalt" (*arbitrium et imperium*) verzichten, antwortete Isaak von Stella (ca. 1100 bis nach 1167), Abt der Zisterze de l'Etoile in der Diözese Poitiers, mit der Einfalt eines zu radikaler Christusnachfolge entschlossenen Christen: „Weil wir in diesem Punkt zweifelsohne Nachahmer Christi sind" (*Quia in hoc nimirum imitatores sumus Christi*). Von „fremden Händen" (*alienis manibus*) zu leben, widerspreche sowohl dem Vorbild der alten Mönchsväter als auch den Weisungen der Heiligen Schrift. Der biblische Grundsatz, es sei seliger zu geben als zu nehmen (Apg. 22, 35), gelte auch für das zisterziensische Mönchtum. Nur was mit eigenem Schweiß erarbeitet worden sei, könne auch in Liebe verschenkt werden. Deshalb seine Aufforderung: „Bauen wir Gott einen Tempel lieber aus eigener Anstrengung (*de nostro [labore]*) als aus fremder (*de alieno*)".[24]

Als „fremde Arbeit" wurden von Zisterziensern jene Leistungen charakterisiert, in denen sich die grund- und leibherrliche Gebundenheit abhängiger Leute realisierte. Die Aneignung „fremder Arbeit" vollzog sich im Rahmen von Herrschaft. Arbeit kraft eigener Anstrengung ermöglichte den Verzicht auf die Wahrnehmung feudaler Herrschaftsrechte, verbürgte wirtschaftliche Unabhängigkeit und begründete eine bis in apostolische Zeiten zurückreichende Kontinuität. Arbeit wurde im zeitgeschichtlichen Kontext des 12. Jahrhunderts zum Kennzeichen und Prüfstein wahrer Apostolizität. Zwischen eigener und fremder Arbeit zu unterscheiden gehörte zum Reformprogramm jener, die das zeitgenössische Mönchtum von seinen Verstrickungen in unreine, regelwidrige Weltlichkeit befreien wollten. Mönche, betonte Peter Abaelard (1079–1142), die mehr von fremder Arbeit (*de alieno labore*) le-

---

22 Vgl. DERS., Epistola 42 ad Henricum Senonensem archiepiscopum (circa 1127–1128), in: S. Bernardi opera, Bd. VII, 1, hg. v. J. LECLERCQ und H. ROCHAIS, Rom 1974, S. 130.

23 Vgl. dazu SCHREINER, Zisterziensisches Mönchtum (wie Anm. 19) S. 84.

24 Ebd.

ben als von eigener (*de proprio labore*), verspielen die ihnen von Gott geschenkte Freiheit.[25] Wahre Eremiten lehnten es ab, sich *de stipe aliena* zu ernähren; sie wollten sich keine fremden Reichtümer (*alienas divitias*) schenken lassen.[26]

Labor proprius und *labor alienus* bildeten Trennungslinien zwischen Herrschaftsträgern, die das „Brot arbeitsfreien Müßigganges" (*panis otiosus*) aßen, und machtlosen religiösen Gemeinschaften, die in der Nachfolge der Apostel für ihren Lebensunterhalt selbst aufkamen und deshalb auf Herrschaft, die Aneignung fremder Arbeit, verzichten konnten. Bernhards Entwurf einer herrschaftsfreien Klosterverfassung scheiterte nicht allein an nachlassendem Erneuerungswillen, an dem Übergang von einer enthusiastischen Mentalität des Aufbruchs zu einer Gesinnung getreuer Sorge für *observantia regularis* unter den Bedingungen eines glanzlosen Alltages, sondern auch und vor allem an der Widerständigkeit überkommener Verhältnisse und Strukturen. Wie sind diese, die der Vorstellungswelt und dem Erwartungshorizont von Regelautoren und Reformern fremd waren, schließlich von den Mönchen selbst legitimiert worden – sei es aus halbherzigem Opportunismus, sei es, der Not gehorchend, aus pragmatischen Zwängen?

Religiöse und soziale Legitimationsmuster: Anstrengungen und Versuche, ein Paradox zu rechtfertigen

Sich an kirchlichen und weltlichen Diskursen zu beteiligen, um Herrschaft über abgaben- und gehorsamspflichtige Laien explizit zu begründen, fühlten sich Äbte in der Zeit des späten Mittelalters nicht mehr herausgefordert und verpflichtet. Einen solchen Schluß legt das Schweigen der Quellen jedenfalls nahe. Diese Selbstgewißheit, mit der spätmittelalterliche Äbte von ihren Herrschaftsrechten Gebrauch machten, schließt es aus, auf die Frage nach Legitimationsmustern spätmittelalterlicher Abtsherrschaft quellengerechte Antworten zu finden. Obrigkeit und Regiment, die Äbte über bäuerliche Untertanen ausübten, besaßen Legitimität offenkundig durch ihr bloßes Vorhandensein. Herrschaft rechtfertigte sich kraft ihrer objektiven Faktizität.

Ihren ungefragt hingenommenen Gewißheitscharakter verlor die von Äbten ausgeübte Herrschaft stets dann, wenn Reformgeister die Vereinbarkeit zwischen apostolischem Lebensideal und weltlicher Herrschaftspraxis zu einer Identitätsfrage für observante monastische Lebensführung machten. Das

---

25 Vgl. dazu Constable, The Reformation of the Twelfth Century (wie Anm. 3) S. 211.

26 Vgl. ebd.

war im 11. und 12. Jahrhundert der Fall, als leidenschaftlich geführte Reformdiskurse auch Apologeten der überkommenen Ordnung auf den Plan riefen.

Bemerkenswert bleibt die Art und Weise ihrer Argumentation. Sie unternahmen keinen Versuch, Legitimationsformeln des klösterlichen Binnenbereichs, die im Abt einen „Stellvertreter Christi" (*vicarius Christi*) sahen, auf die klösterliche Außenwelt zu übertragen. Die Überzeugung, wonach der Abt innerhalb des Klosters *vices Christi* oder *loco Dei* regiert, gehörte nicht zu jenen Argumenten, die Äbte ins Feld führten, um ihrer Herrschaft über laikale Untertanen ein religiöses Fundament zu geben. Einem Abt, der Dienste und Abgaben einfordert, das Antlitz Christi aufzuprägen, wurde offenkundig als Unterfangen eingeschätzt, das bei seinen Adressaten keinen Glauben findet. Die Verfechter des Status quo stützten sich auf Erfahrungstatsachen und funktionale Konvenienzgründe.

Für den Verfasser des ‚Libellus de diversis ordinibus' verstand es sich nicht von selber, daß Mönche profane Geschäfte betreiben, Gericht halten und gleich weltlichen Richtern Streitfälle entscheiden, über unfreie Knechte und Mägde gebieten, den Söhnen von Unfreien als ihren künftigen Knechten Unterhalt gewähren, Land gegen Zins verleihen, Abgaben einfordern, Land und Leuten Gesetze auferlegen.[27] Mit den Grundsätzen monastischen Lebens schienen diese Verhaltensweisen nicht vereinbar zu sein. Der Anonymus gab sich jedoch Mühe, die Sequenz der aufgelisteten Einwände zu widerlegen. Klösterliche Herrschaftsausübung, beteuerte der Anonymus, der sich die klösterliche Lebenswelt nur als hierarchische Ordnung denken konnte, entspreche nicht der Habsucht, sondern geschehe zum Nutzen der Knechte und belehnten Hintersassen. Die Erfahrung lehre, daß viele Menschen aus der Gewalt tyrannischer Herren „unter die Herrschaft der Kirchen" (*sub dominio aecclesiarum*) flüchten. Schutz und Schirm würden die geistlichen Anstalten nicht aus Habsucht gewähren, sondern aus Barmherzigkeit. Mönchtum verpflichte zur Kontemplation; das schließe jedoch nicht aus, daß Mönche, wenn sie die Süße des beschaulichen Lebens gekostet hätten, im Interesse anderer zu den Werken des tätigen Lebens zurückkehren.

---

[27] Vgl. Libellus de diversis ordinibus qui sunt in aecclesia, hg. v. GILES CONSTABLE und B. SMITH, Oxford 1972, S. 40–42. Vgl. außerdem KLAUS SCHREINER, Mönchtum zwischen asketischem Anspruch und gesellschaftlicher Wirklichkeit. Spiritualität, Sozialverhalten und Sozialverfassung schwäbischer Reformmönche im Spiegel ihrer Geschichtsschreibung, in: Speculum Sueviae. Festschrift für Hansmartin Decker-Hauff zum 65. Geburtstag, Bd. II, hg. v. HANS-MARTIN MAURER und FRANZ QUARTHAL, Stuttgart 1982, S. 291 f.; CONSTABLE, The Reformation of the Twelfth Century (wie Anm. 3) S. 210.

Es beweise gleichermaßen Barmherzigkeit, wenn man Arme vor Bedrükkung schütze oder Hungrige sättige und bewirte. In der Herrschaft der Mönche erfülle sich das Herrenwort, demzufolge man dem Kaiser geben solle, was des Kaisers ist, und Gott, was Gottes ist (Mk 12, 17). Diejenigen nämlich, die aus der Herrschaft ihrer Herren flüchten, würden die Mönche zu „Kaisern" (*Caesares*) einsetzen. Herrschaftsbegründend wirke der Schutz, den Mönche bedrängten Schutzsuchenden sowie deren Frauen, Kindern und Besitzungen gewähren. Von Mönchen ausgeübte Herrschaft, suchte der Autor einsichtig zu machen, sei wesentlich sozialer Natur. Sie erfolge nicht aus egoistischen Antrieben, sondern geschehe bedrängten Weltleuten zuliebe, die von geistlichen Klosterleuten „Hilfe des Schutzes" (*auxilium protectionis*) erwarten.

Sei es auch gut und nützlich, daß Mönche schützen und ernähren, so bleibe dennoch die Frage zu beantworten, weshalb Mönche das Recht beanspruchen, ihre Schutzbefohlenen ins Gefängnis zu werfen und zu züchtigen, ihre Rechtsstellung mindern oder sogar ihren Besitz schmälern zu dürfen. Der Anonymus verlangt, daß das alles mit Maßen zu geschehen habe. Es dürfe nicht geschehen, daß Gezüchtigte an den Folgen ihrer Züchtigung sterben. Strafe müsse jedoch sein aus Gründen der Abschreckung, um bei den übrigen Unfreien und Pächtern Furcht zu erwecken.

Mit ähnlichen Argumenten suchte auch der Cluniazenserabt Petrus Venerabilis in der Mitte des 12. Jahrhunderts den Nachweis zu erbringen, daß Mönche Land und Leute „rechtmäßig besitzen" (*legitime possidere*).[28] Besitz und Herrschaftstitel würden nämlich, wenn sie in die Hände von Mönchen gelangen, eine neue Qualität annehmen. Eine den Mönchen übereignete Burg (*castrum*) würde sich in eine Stätte des Gebets (*oratorium*) verwandeln; Einrichtungen, die zuvor dem Teufel dienten, würden nunmehr in den Dienst Christi treten. Mit Recht würden Mönche auch Bauern, Knechte und Mägde ihr eigen nennen. Man brauche sich nur zu vergegenwärtigen, wie weltliche Herren (*saeculares domini*) mit ihren abhängigen Leuten verfahren. Wer zum weltlichen Herrenstand zähle, sei gemeinhin nicht zufrieden mit den Diensten, die ihm seine Leibeigenen und Grundholden kraft Herkommen schulden. Weltliche Potentaten würden willkürlich die Zinsen ihrer Hintersassen erhöhen, von ihnen ungemessene Dienste verlangen und ihnen schwere, kaum zu ertragende Lasten aufbürden. Herrschaftlicher Druck nötige abhängige Bauern vielfach zur Flucht. Weltliche Herren hätten auch

---

[28] The Letters of Peter the Venerable, Bd. I, hg. v. GILES CONSTABLE, Cambridge 1967, S. 86 f. (epist. 28 ad Dominum Bernardum). Vgl. SCHREINER, Mönchtum (wie Anm. 27); CONSTABLE, The Reformation of the Twelfth Century (wie Anm. 3) S. 210.

keine Skrupel, abhängige Leute, die Christus durch sein Blut erlöst habe, gegen Geld zu verkaufen.

Anders würden sich Mönche verhalten. Sie würden zwar auch von fremden Diensten und Abgaben ihren Lebensunterhalt bestreiten; sie würden ihre abhängigen Leute aber nicht mit erzwungenen Steuerleistungen ausbeuten und ihnen keine untragbaren Lasten auferlegen. Wenn Mönche sehen, daß ihre Leute Not leiden, würden sie ihnen helfen. Mönche würden ihre unfreien Knechte und Mägde nicht wie Knechte und Mägde behandeln, sondern wie Brüder und Schwestern. An Stelle von Willkür, die das Regiment weltlicher Herren kennzeichne, herrsche in Klöstern ein Geist der Brüderlichkeit und Nächstenliebe. Eine solche Deutung der klösterlichen Lebensordnung, die durch rechtliche und soziale Ungleichheit geprägt war, ließ kaum die Frage aufkommen, wie denn apostolisches Leben und die Ausübung von Herrschaft miteinander zu vereinbaren seien. Aus der Art und Weise, wie ein Problem wahrgenommen wurde, bestimmte sich auch dessen Lösung. Gottesdienst und materielle Subsistenzsicherung geboten nach Ansicht der Mönche Arbeitsteilung, die in der Welt des Mittelalters ohne Herrschaft nicht zu verwirklichen war.

Um auf wachsenden Legitimationsdruck zu reagieren, unterstellte der in den dreißiger Jahren des 12. Jahrhunderts schreibende Ortlieb von Zwiefalten, daß klösterliche Herrschaft nicht mit der Gewalttätigkeit weltlicher Herren gleichzusetzen sei.[29] Er verwies auf klösterliche Eigenleute, die sich von ihren weltlichen Herren losgekauft hatten, weil sie die Härte und Last ihrer Knechtschaft nicht mehr ertragen konnten. Weltliche Hörige, die sich klösterlichem Recht unterwürfen, würden auf diese Weise der Bedrückung durch ihre Herren entkommen und unter dem Schutz des Klosters die erstrebte Ruhe finden. Weil die Mönche von Zwiefalten ihre zinspflichtigen und leibeigenen Leute rücksichtsvoller behandelten, als das weltliche Herren zu tun beliebten, bräuchten sie auch keine Besorgnis zu haben, daß ihre Schutz- und Herrschaftsbefohlenen die Flucht ergriffen, um der Dienst- und Abgabeverpflichtungen gegenüber dem Kloster ledig zu sein. Die Regentschaft von Benediktineräbten, die sich, wie der Zwiefalter Chronist darlegt, durch Milde und Menschenfreundlichkeit auszeichne, schien wegen ihres humanen Charakters auch den Anspruch zu rechtfertigen, rechtens zu sein.

---

[29] Vgl. Ortliebi Chronicon, in: Zwiefalter Chroniken Ortliebs und Bertholds, 2. Aufl., neu hg. v. Luitpold Wallach, Erich König und Karl Otto Müller (Schwäbische Chroniken der Stauferzeit 2) Sigmaringen 1978, cap. 9, S. 44 f. – Zur Biographie Ortliebs, der im Jahre 1135 mit der Niederschrift seiner Chronik begann, vgl. Deutschlands Geschichtsquellen im Mittelalter vom Tode Heinrichs V. bis zum Ende des Interregnum, Bd. 1, hg. v. Franz-Joseph Schmale unter der Mitarbeit v. Irene Schmale-Ott und Dieter Berg, Darmstadt 1976, S. 312 ff.

Ein Gegensatz zwischen Weltentsagung und Herrschaftsausübung ist Ortlieb nicht bewußt geworden. Der zwischen 1120 und 1156 schreibende Chronist von Petershausen verweist als Indiz humaner Behandlung auf die Tatsache, daß die Hörigen und Knechte des Klosters keinen Todfall zu leisten brauchen.[30] Herrschaft über hörige und leibeigene Laien sicherte die eigene materielle Existenz. Dessen ungeachtet war Ortlieb von Zwiefalten bestrebt, seinen Lesern den Eindruck zu vermitteln, daß in Zwiefalten die ungeteilte Eintracht der christlichen Urgemeinde von neuem Wirklichkeit geworden sei. Mit den nämlichen Wendungen, mit denen in der Apostelgeschichte die urchristliche Gütergemeinschaft beschrieben wird, rühmte Ortlieb die von Zwiefalter Stiftern bewiesene Selbstlosigkeit. Wie die ersten Christen, die ihr gesamtes Eigentum veräußerten und den einzelnen Erlös den Leitern der Gemeinde zu Füßen legten, so hätten auch bei der Gründung Zwiefaltens begüterte Klosternachbarn gehandelt, indem sie gleichfalls ihre gesamte Habe verkauften, um sie den Mönchen vor die Füße zu legen. Was der Evangelist Lukas von der Urkirche berichte, gelte in der Gegenwart von den Mönchen: „Die Menge der Gläubigen war ein Herz und eine Seele. Niemand betrachtete etwas von seiner Habe als sein Eigentum; sie hatten alles miteinander gemeinsam" (Apg 4, 32f.).[31]

Die ‚Acta Murensia' beharrten darauf, daß sich die Herrschaft der Mönche von der Herrschaft machthungriger Edelleute grundsätzlich unterscheide.[32] Der Chronist von Muri, einem Kloster, das unter Mitwirkung der Äbte Wilhelm von Hirsau und Siegfried von Schaffhausen die monastischen Bräuche von St. Blasien übernommen hatte, veranschaulicht diesen Anspruch an einem eindrucksvollen Lehrstück. Ein mächtiger Edelmann namens Guntrannus in Wolen (nördlich von Muri), berichtet er, habe durch Unrecht, Raub, Gewalt und Unterdrückung aus Freien (*liberi homines*) hörige, zu umfangreichen Frondiensten verpflichtete Eigenleute (*mansionarii*) gemacht. In Wolen hätten sich erst dann gesicherte Rechtsverhältnisse herausgebildet, nachdem das Kloster den Ort erworben hatte. Rechtssichernd habe insbesondere die Tatsache gewirkt, daß sowohl im Interesse des Klosters als auch

---

30 Vgl. Casus monasterii Petrishusensis. Die Chronik des Klosters Petershausen, hg. v. OTTO FEGER (Schwäbische Chroniken der Stauferzeit 3) Lindau/Konstanz 1956, I,11, S. 50.

31 Ortliebi Chronicon (wie Anm. 29) cap. 10, S. 52. Vgl. SCHREINER, Mönchtum (wie Anm. 27) S. 290.

32 Acta Murensia oder Acta Fundationis, hg. v. MARTIN KIEM, in: Quellen zur Schweizer Geschichte, Bd. III, Basel 1883, S. 60ff. – Zur Deutung dieses Vorgangs vgl. THEODOR MAYER, Die Entstehung des ‚modernen' Staates im Mittelalter und die freien Bauern, in: Zeitschrift der Savigny-Stiftung für Rechtsgeschichte. Germ. Abt. 57 (1937) S. 247ff.; ERNST WERNER, Bemerkungen zur Hirsauer Bewegung, in: Wissenschaftliche Zeitschrift der Karl-Marx-Universität Leipzig 2 (1952/53) S. 12.

zum Nutzen der Betroffenen Pflichten und Rechte der zur Klosterfamilie gehörenden Freien (*liberi homines*), Zinser (*zensum dantes*) und Eigenleute (*servientes*) schriftlich aufgezeichnet worden seien. Das Kloster habe die durch Guntrannus ungerecht erworbenen Besitzungen wieder herausgegeben; desgleichen habe es die erzwungenen Dienstleistungen aufgehoben. Der Chronist wollte sagen: Das Kloster ist ein Ort des Rechts und humaner Rechtmäßigkeit.

Herrschaft und Spiritualität bildeten in der Vorstellungs- und Gedankenwelt schwäbischer Reformmönche des 11. und 12. Jahrhunderts getrennte Bereiche. In der Idee des apostolischen Lebens artikulierten sie ihr religiöses Selbstverständnis; strukturverändernde Kraft ging von der so verstandenen *vita apostolica* nicht aus. Standesgebundenes Recht (*lex cuiuscumque ordinis*) empfand Ortlieb von Zwiefalten nicht mehr als rechtfertigungsbedürftige Tatsache. Ordnung, argumentierte er mit unbekümmerter Selbstverständlichkeit, bedürfe auch in der Lebenswelt des Klosters der Anwendung von Gewalt, sei es zur „Unterwerfung und rechtlich gebotenen Pflichterfüllung" (*ad subiectionem ac ius faciendum*),[33] sei es zur Bestrafung von Vergehen, Frevel und Ungehorsam.[34] Der Chronist sah keinen Widerspruch darin, daß der seiner geistlichen Natur nach engel- und apostelgleiche Abt gerichtsherrliche Rechte ausübte, die ihn nicht als Nachfolger der Apostel, sondern als Mitglied des Herrenstandes erscheinen ließen.

Sorge für Ordnung in einer durch sündhafte Aggression gestörten Welt erforderte Herrschaft. Ob sich an deren Ausübung auch Klöster beteiligen sollten, war eine Grundsatzfrage, an deren Beantwortung abgelesen werden konnte, wie Mönche ihren Auftrag und ihre Stellung in der Welt definierten. Theologen, denen stärker bewußt wurde, daß eine von religiösen Reformidealen bewegte Zeit das mit Herrschaftsrechten ausgestattete Mönchtum Rechtfertigungszwängen aussetzte, argumentierten – wie Gerhoh von Reichersberg (1092/93–1169) – so: Es sei richtig, daß sich die ersten Christen, aus welchen Schichten sie auch immer kamen, wie Brüder in gegenseitiger Liebe geholfen hätten. Herrschaft über andere Leute sei der „apostolischen Kirche" (*apostolica ecclesia*) fremd gewesen. Erst der Wandel ihrer Rechtsverfassung unter Kaiser Konstantin habe aus der brüderlich verfaßten Urgemeinde eine hierarchisch strukturierte Herrschaftskirche gemacht.[35] Eine

---

33 Ortliebi Chronicon (wie Anm. 29) cap. 9, S. 50.

34 Vgl. ebd., S. 46. Vgl. dazu Wilfried Setzler, Kloster Zwiefalten. Eine schwäbische Benediktinerabtei zwischen Reichsfreiheit und Landsässigkeit. Studien zu ihrer Rechts- und Verfassungsgeschichte, Sigmaringen 1979, S. 22 f.

35 Vgl. Gerhoh praepositus Reichersbergensis, Opusculum de edificio Dei, in: MGH LdL 3, S. 155.

Lösung des Problems im Interesse der Mönche und Kanoniker suchte und fand Gerhoh in lebenspraktischen Bedürfnissen: Die mit Herrschaft verbundene *prosperitas temporalis* der Klöster stelle keinen Widerspruch zur *vita apostolica* dar, sondern bilde deren fundamentale Voraussetzung. Nur wenn Mönche und Kanoniker über einen gesicherten Lebensunterhalt verfügen, seien sie in der Lage, ihre geistlichen und karitativen Aufgaben im Interesse der Gesamtkirche zu erfüllen.[36]

Dieser Gedanke beherrschte allenthalben die Diskussion, wenn im 12. Jahrhundert die Frage beantwortet werden sollte, wie denn asketischer Anspruch und tatsächlicher Reichtum zu vereinbaren seien. Klöster, argumentierte zwischen 1180 und 1193 der Regularkanoniker Gauthier, der dem flandrischen Reformzentrum Arrouaise vorstand, bemühen sich um zeitliche Güter nicht aus Besitzgier und Herrschsucht, sondern ausschließlich ihrer materiellen Bedürfnisbefriedigung wegen.[37] Die Frage, inwieweit die Formen der Güteraneignung apostolischen Normen entsprachen, war in klösterlichen Gemeinschaften von zweitrangiger Bedeutung gegenüber der Tatsache, daß ökonomisch einträgliche Eigentums- und Herrschaftsrechte unabdingbare Voraussetzungen für den Vollzug eines kontemplativen Lebens bildeten. Die biblisch bezeugte höhere Wertschätzung der *Rahel contemplativa* gegenüber der *Lia laboriosa* sowie der beschaulichen Maria gegenüber der tätigen Martha schien die Überzeugung zu rechtfertigen, daß mönchische Kontemplation die höchste Form christlicher Vollkommenheit darstelle.[38] Um das höchste Ziel christlichen Strebens zu erreichen, schien es für Mönche rechtens zu sein, Besitz zu erwerben und diesen gegen die Habsucht weltlicher Herren zu behaupten. Von Mönchen wahrgenommene Herrschaft legitimierte sich aus deren materiellem Nutzen, der spirituelles Leben überhaupt möglich machte. Das Ideal der *vita apostolica* hörte auf, ein ganzheitliches Prinzip christlicher Lebensgestaltung zu sein. Der Rückzug auf eine reine *vita contemplativa* trug dazu bei, Herrschaftsstrukturen, die der mate-

---

[36] Vgl. dazu ANNA LAZZARINO DEL GROSSO, Armut und Reichtum im Denken Gerhohs von Reichersberg, München 1973, S. 49 f., S. 58–65 und S. 70.

[37] Vgl. GALTERUS ABBAS, Fundatio monasterii Arroasiensis, in: MGH SS 15, 2, S. 1118. Vgl. dazu JÖRG KASTNER, Historiae fundationum monasteriorum. Frühformen monastischer Institutionengeschichtsschreibung im Mittelalter (Münchener Beiträge zur Mediävistik und Renaissance-Forschung 7) München 1974, S. 73 ff.

[38] Zur Auslegung der biblischen Perikope vom Besuch Christi im Haus der meditierenden Maria und tätigen Martha (Luk. 10, 38–42) – die mit Rachel, Jakobs erster Liebe und zweiter Frau, und Lia, Jakobs erster Frau, die ihm sechs Söhne und eine Tochter gebar, verglichen wurden – vgl. GILES CONSTABLE, Three Studies in Medieval Religious and Social Thought, Cambridge 1995, S. 3–141.

riellen Existenzsicherung der Mönche dienten, als Erscheinungsformen einer von Gott geoffenbarten und gebilligten Weltordnung annehmbar zu machen.

Die Lebensform der Apostel, die nicht mehr allen Gliedern der Kirche als Normalverhalten zugemutet werden konnte, wurde zum Vorrecht der Mönche - einer Elite von geistlich, rechtlich und weitgehend auch sozial Gleichgestellten. Die Realisierung des apostolischen Lebensideals setzte arbeitsfreie Existenzsicherung voraus, die in der Welt des Mittelalters gleichbedeutend war mit Herrschaft.

In Theorie und Praxis des apostolischen Lebens spiegelten sich gesellschaftliche Spannungen und Brüche. Mönche des 11. und 12. Jahrhunderts empfanden die Widersprüchlichkeit zwischen Spiritualität und Herrschaft als Ausdrucksform eines ihre Gesamtexistenz prägenden Spannungsverhältnisses zwischen Weltabkehr und Weltzuwendung. Die Bereitschaft, diese unlösbare Spannung in den Ordnungen und Vollzügen alltäglichen Lebens durchzuhalten, bildete die geschichtsbildende Kraft des abendländischen Mönchtums. Mönchsein, das von dieser Spannung nicht mehr bedrängt und beunruhigt wurde, hörte auf, eine durch ursprüngliche Christlichkeit geprägte Lebensform zu sein.

Im späten Mittelalter waren es innerkirchliche Reformkräfte, die - von der Kirche gemeinhin als Häretiker und Irrlehrer gebrandmarkt - immer wieder den von Jesus geforderten Herrschaftsverzicht der Kleriker und Mönche einklagten. Nur im Kontext religiöser Reform und theologischer Radikalisierung ist damals die Rechtmäßigkeit der von Kirchen und Klöstern ausgeübten Herrschaft grundsätzlich in Frage gestellt worden. Die von John Ball erhobene Forderung, die Herrschaft des Adels abzuschaffen, um die paradiesische Gleichheit aller Menschen wiederherzustellen, betraf unmittelbar auch die Herrschaft der Äbte. Der Benediktiner Thomas Walsingham († um 1422) sieht das jedenfalls so, wenn er die Freiheitsforderungen der Bauern von St. Albans, seinem Profeßkloster, in einen ursächlichen Zusammenhang mit der Predigt John Balls bringt.[39] John Ball, berichtet Thomas in seiner ‚Historia Anglicana',

„habe mit der rhetorischen Frage angefangen, wer der Edelmann war, als Adam grub und Eva spann, habe dann gepredigt, daß von Natur aus alle gleich geboren, die Unfreiheit durch unrechte Gewalt eingeführt worden sei, nicht durch Gott. Es sei nun bereits die Zeit gekommen, in der sie die Knechtschaft abschütteln und die langersehnte Freiheit genießen könnten. Er habe zum Morden aufgerufen – nach Abschaf-

---

[39] Vgl. Thomas Walsingham, Historia Anglicana, Bd. II, hg. v. Henry Th. Riley (Rerum Britannicarum medii aevi scriptores [= Rolls Series] 28, 1) London 1864, S. 33; Thomas Walsingham, Chronicon Angliae, hg. v. Edward Maunde Thompson, London 1874, S. 321.

fung der Edlen werde es bei allen die gleiche Freiheit, den gleichen Adel, dieselbe Würde und Macht geben".[40]

Walsingham schildert das Aufbegehren der Bauern nicht als Streit um das bessere legitimatorische Argument, sondern als unrechtmäßige Revolte gegen die bestehende Ordnung, deren Geltungskraft für ihn nicht zur Disposition steht und deshalb auch keiner expliziten Rechtfertigung bedarf.

Nicht eigens erwähnt werden die Äbte in der Herrschaftslehre Wilhelms von Ockham, der unter Berufung auf die Bibel geistliche und weltliche Ordnung streng voneinander geschieden wissen wollte. Nachfolge Christi schließe weltliche Herrschaft (*regnum temporale*) aus. Christus, das Urbild christlicher Vollkommenheit, habe keine Herrschaft ausgeübt. Diese zu meiden und zu fliehen, sei ein Akt christlicher Vollkommenheit.[41] In Artikel 3 der vier hussitischen Prager Artikel vom Jahre 1420 heißt es,

„daß die weltliche Herrschaft über die zeitlichen Schätze und Güter der Priesterschaft, die sie entgegen dem Gebot Christi und zum Schaden der priesterlichen Würde und der weltlichen Herrschaft besitzt, genommen und befreit werde und daß das Priestertum zur Ordnung und zum Leben zurückgebracht werde".[42]

Johannes von Palomar, der als Berater Kardinals Cesarini auf dem Basler Konzil tätig war, suchte in einer ausführlichen Rede die Einwände der Hussiten zu widerlegen. Bemerkenswert bleibt, daß Palomar nur Klerikern ein Recht auf Eigentum und Herrschaft einräumt und dieses eingehend zu begründen sucht. Mit der Lebensform der Mönche, betont er, für welche der Rückzug aus der Welt grundlegend sei, sei die Ausübung von Herrschaft nicht zu vereinbaren.[43]

---

[40] Vgl. František Graus, ‚Freiheit' als soziale Forderung. Die Bauernbewegungen im Spätmittelalter, in: Die abendländische Freiheit vom 10. zum 14. Jahrhundert, hg. v. Johannes Fried (Vorträge und Forschungen 39) Sigmaringen 1991, S. 418. Vgl. auch Herbert Eiden, „In der Knechtschaft werdet ihr verharren ...". Ursachen und Verlauf des englischen Bauernaufstandes von 1381 (Trierer historische Forschungen 32) Trier 1995, S. 219 f.

[41] Vgl. Guillelmus de Ockham, Opus nonaginta dierum, in: Opera politica, Bd. II, Manchester 1963, c. 93, S. 689.

[42] Kirchen- und Theologiegeschichte in Quellen, Bd. II: Mittelalter, hg. v. Reinhold Mokrosch und Herbert Walz, Neukirchen-Vluyn 1980, S. 202 f.

[43] Vgl. Joannes de Polemar [sic], De civili dominio clericorum, in: Johannes Dominicus Mansi, Sacrorum conciliorum nova et amplissima collectio, Bd. XXIX, Graz 1961, Sp. 1105–1168, hier: Sp. 1154. – Zur Person Johanns von Palomar und seiner Rolle auf dem Basler Konzil vgl. Werner Krämer, Konsens und Rezeption. Verfassungsprinzipien der Kirche im Basler Konziliarismus, Münster 1980, S. 306–309; Johannes Helmrath, Das Basler Konzil 1431–1449. Forschungsstand und Probleme (Kölner Historische Abhandlungen 32) Köln 1987, S. 361 f.; Heribert Müller, Die Franzosen, Frankreich und das Basler Konzil (1431–1449), Bd. II, Paderborn/München/Wien/Zürich 1990, S. 554 und 569.

Zu einer existenzbedrohenden Gefahr für klösterliche Gemeinschaften wurde dieses Argument zu Anfang des 16. Jahrhunderts, als es theologischen Wortführern der Reformation gelang, für ihre Überzeugung, wonach weltliche Herrschaft von Geistlichen mit der Wahrheit des Evangeliums nicht zu vereinbaren sei, unter Bürgern und Bauern Anhänger zu finden. Aus *dem hällen wort gottes*, beteuerte Zwingli im Jahre 1523, sei zu erkennen, daß der *stand* der Bischöfe und Äbte *wider got* sei. *Were es nit wäger*, gab er zu bedenken,

> *man erledigte die äpt oder bischoff, die herschen wellend, von der kutten und klöstren und bistumben, und liesse sy herrschen; und bruchte man das zytlich gůt recht, das sy mißbruchend, und satzte man an der bischoffen statt wächter, nicht wolff, und machte man dannethin keine äpt me, denn daß man sy also můtwillen laßt mit verergernus aller menschen?*[44]

Das theologische Angebot der Reformatoren entsprach dem Freiheitsverlangen klösterlicher Untertanen.

Die St. Galler Gotteshausleute rechtfertigen 1525 ihre Beschwerden gegenüber dem Abt mit der Berufung auf die *gnad und hilf Gottes*. Die mit der Leibeigenschaft verknüpften Todfälle seien *wider die ler und das wort Gots und wider christenliche brüderliche liebe*; die Verlassenschaft unehelicher Kinder einzuziehen, sei *wider göttlich recht*; freie Jagd und freien Fischfang zu fordern, entspreche dem Willen Gottes, der alle Tiere auf Erden und alle Fische im Wasser zum Nutzen aller Menschen *gmein* geschaffen habe.[45]

Die neue Theologie, die Äbten keine weltlichen Herrschaftsrechte konzedieren wollte, prägte auch das Geschichtsbild neugläubig gesinnter Chronisten. Die Tatsache, daß der St. Galler Abt Bertholt von Falkenstein (1245–1271) ein ledig gewordenes Burglehen wiederum an sich zog, nahm Joachim von Watt, genannt Vadian (1484–1557), in seiner ‚Chronik der Äbte des Klosters St. Gallen' zum Anlaß, die Rechtmäßigkeit der von geistlichen Herren ausgeübten Herrschaft in Frage zu stellen. *Erst in den tagen der zůnemenden iertůmb und der blinthait, die dem wort Gottes widersait hat*, so sein Argument, seien die Ordensleute in den Besitz von Gerechtigkeiten gelangt, die sie *zů weltlichen herren* gemacht hätten. Der St. Galler Chronist und Bürgermeister erblickt in diesem Wandel eine Perversion des Mönchsberufs, der zur Spiritualität verpflichtet und Herrschaft über andere Menschen aus-

---

44 Huldreich Zwingli, Sämtliche Werke, Bd. II, hg. v. Emil Egli und Georg Finsler (Corpus Reformatorum 89) Zürich/Basel 1908, S. 303 f. Vgl. Kurt Spillmann, Zwingli und die Zürcherische Politik gegenüber der Abtei St. Gallen, St. Gallen 1965, S. 21 f.

45 Vgl. dazu Peter Blickle, Bäuerliche Rebellionen im Fürststift St. Gallen, in: ders., Peter Bierbrauer, Renate Blickle und Claudia Ulbrich, Aufruhr und Empörung? Studien zum bäuerlichen Widerstand im Alten Reich, München 1980, S. 280.

schließt. Wären die Mönche *gaistlich bliben* und hätten sich der Pflege *gaistlicher dingen* hingegeben, hätten sie *dahin nit trungen, daß si gricht und recht in der zit* [in zeitlichen Angelegenheiten] *versechend.*[46]

Dieser Auffassung war auch der St. Galler Chronist und Prediger Johannes Kessler (1502–1574), der sich als Wittenberger Student der Reformation Luthers angeschlossen hatte. Zürichs Bemühungen, die St. Galler Gotteshausleute zu bewegen, daß sie dem im März 1529 gewählten Abt Kilian German die Huldigung verweigern, rechtfertigte er folgendermaßen:

> *Die, so sich ainen abbt ze haben wegerend, vermainent, nachdem sy durch hailige geschrift die warhait erkänt, gebüre nit den gaistlich genannten, das sind diener und verkündiger des wort Gottes, das weltlich schwert und regiment, wie weltlichen fürsten und herren, über lüt und land ze füren, sunder das sy aitweders annemend und das ander faren lassend; zů dem das der stand der äbbten und clausterlüten uf falschen gotzdienst und gaistliche vermessenhait, und kaines wegs uf Gottes worts grund, erbuwen; derhalben inen schwär sije, füro ainen zů sollichem stand mit irer stim und bewilligung erkiesen, biß sy, die äbbt und clausterlüt, ires stands warhaften grund und rechenschaft uß warer hailiger gschrift erwisend.*[47]

Kessler läßt aber auch diejenigen zu Wort kommen, die bereit sind, dem Abt den Huldigungseid zu leisten. *Die anderen aber*, berichtet er,

> *erachtend nach alten und loblichen brüchen, ordnungen und verschribungen unsern älteren, die nit narren gewesen, füro als her ainen abbt setzen und wellen. Och sprechend der underthonen etlich, sy wellend lichter ainen gaistlichen vatter zum herren, dann ainen weltlichen thyrannen ertragen.*

Biblisch denkende Geschichtsschreiber und freiheitshungrige Bauern argumentierten theologisch. Im Namen des göttlichen Rechts kämpften sie für eine Ordnung, die der Wahrheit und den Freiheitsvorstellungen des Evangeliums Rechnung trug. Der St. Galler Abt hingegen beharrte auf seinem besseren Recht. Besseres Recht war für ihn gleichbedeutend mit verschriftetem Recht, wie es *des gotzhus sprüch, verträg, brief und sigel, och urbar und lehenbücher*[48] verbrieften. „‚Brief und Siegel' ist in der Auseinandersetzung von 1525 ein unschlagbares Argument, hinter dem Altes Herkommen und Billig-

---

[46] Joachim von Watt (Vadian), Chronik der Äbte des Klosters St. Gallen, 1. Hälfte, hg. v. Ernst Grötzinger (Deutsche Historische Schriften 1) St. Gallen 1875, S. 310.

[47] Johannes Kessler, Sabbata, mit kleineren Schriften und Briefen hg. v. Historischen Verein des Kantons St. Gallen 1902, S. 316.

[48] Walter Müller, Die Rechtsquellen des Kantons St. Gallen, 1. Teil: Die Rechtsquellen der Abtei St. Gallen, 2. Reihe, Bd. I: Die allgemeinen Rechtsquellen der Alten Landschaft (Sammlung schweizerischer Rechtsquellen 14) Aarau 1974, S. 169. Vgl. auch ebd., S. 167, S. 180, S. 193, S. 196 und S. 198.

keit, Kundschaft und Zeugenaussagen völlig verblassen".[49] Zur Rechtfertigung seiner Ansprüche stützte sich der St. Galler Abt auf die Geltungskraft schriftlicher Rechtsdokumente. In realistischer Einschätzung seiner Lage hat er offenkundig darauf verzichtet, auf theologische Rechtfertigungsgründe zurückzugreifen, mit denen die altkirchliche Lehrtradition die Notwendigkeit weltlicher Obrigkeit zu begründen pflegte.

Die Suche nach überzeugenden Legitimationsgründen für die Praxis der von Äbten ausgeübten Herrschaft erwies sich in konkreten Kontroversen und Konflikten als überaus schwierig. Im Kampf der widerstreitenden Interessen zählte gemeinhin nicht das bessere Argument, sondern die machtgestützte Fähigkeit, dem eigenen Standpunkt Geltung zu verschaffen. Begründete Zweifel an der theologischen Rechtmäßigkeit des von Äbten beanspruchten Regiments über gehorsams- und abgabepflichtige Laien konnten aber nicht verhindern, daß Äbte, wenn ihre Klöster nicht der Gewalt geistlicher und weltlicher Landesherren zum Opfer fielen, tatsächlich Herrschaft ausübten. Wie haben sie diese für andere sichtbar gemacht?

Repräsentationsformen: Herrschaft durch Zeichen und symbolische Handlungen

Die ehedem an den Universitäten Oxford und London lehrende Anthropologin Mary Douglas schrieb in ihrem 1966 erschienenen Buch ‚Purity and Danger': „Es ist nicht übertrieben, wenn man sagt, daß das Ritual für die Gesellschaft mehr ist, als es Worte für das Denken sind. Denn es ist durchaus möglich, etwas zu wissen und dann Worte dafür zu finden, aber es ist unmöglich, soziale Beziehungen herzustellen, ohne über symbolische Handlungsweisen zu verfügen".[50] Man „stiftet Gesellschaft, wenn man Zeichen austauscht", ist in einer Abhandlung von Umberto Eco nachzulesen.[51] Zeichen sind gleichermaßen Indikatoren und Faktoren sozialer Praxis. In der Bedeutung und im Gebrauch von Zeichen spiegeln sich nicht nur soziale Ordnungen von Gesellschaften; Zeichen sind selber eine gesellschaftsbildende Kraft.[52]

Im folgenden ist jedoch nicht beabsichtigt, die zahlreichen Zeichen und symbolischen Handlungen, derer sich Äbte bedienten, um ihren Status als

[49] Blickle, Bäuerliche Rebellionen (wie Anm. 45) S. 276.

[50] Mary Douglas, Purity and Danger, Harmondsworth 1970, S. 77 f.

[51] Vgl. Umberto Eco, Zeichen. Einführung in einen Begriff und seine Geschichte, Frankfurt am Main 1977, S. 108.

[52] Vgl. ebd., S. 189.

Herrschaftsträger sichtbar zu artikulieren, erschöpfend zu behandeln. Ich beschränke mich auf drei Beispiele: die Symbolik des Abtsstabes; die Kontroversen um die Sandalen des Reichenauer Abtes und den konfliktträchtigen Streit des Abtes von Fulda um einen standesgemäßen Sitzplatz im öffentlichen Raum; den politisch-sozialen Symbolwert des Pferdes, den sich Äbte nutzbar machten, wenn sie reitend über Land zogen.

Vom Hirtenstab zum Herrschaftsstab

Ein spanischer Ordo des 7. Jahrhunderts deutet den Abtsstab als sichtbaren Ansporn zu sittenreiner Lebensführung (*ad sustentationem tue honestissime vite*).[53] Bei der Weihe Abt Anselms von Nonantola zwischen 772 und 795 übergab ihm, wie seine Lebensbeschreibung aus dem 11. Jahrhundert versichert, Papst Hadrian I. als Zeichen seiner seelsorgerlichen Verantwortung für die ihm anvertrauten Mönche einen *baculus pastoralis*.[54] Der Abtsstab galt als „Zeichen der Hirtensorge", wie das Gerhard Otto Oexle am Beispiel des Abtsstabes Ratgers († 813), des dritten Abtes von Fulda, verdeutlicht hat.[55] Der dem 10. Jahrhundert entstammende Mainzer Ordo von St. Alban spricht vom *baculus pastoralitatis*, den der Abt der ihm anvertrauten Herde „zum Zeichen gerechter Strenge und Zurechtweisung" (*ad exemplum iuste severitatis et correptionis*) vorantragen soll. Eine Textvariante hierzu lautet: *praelationis virga pastoralis custodiae curam significans et diligentiam*. Dieser Deutung, die den Abtsstab zum Symbol hirtengemäßer Wachsamkeit und Aufsicht macht, folgt die Mahnung, der Abt möge sich durch den Stab immer daran erinnern lassen, daß er die irrenden Schafe der ihm anvertrauten Herde zurechtweist und in allen Dingen auf den Nutzen des Klosters bedacht ist.[56]

---

53 Vgl. Otto Gerhard Oexle, Memorialüberlieferung und Gebetsgedächtnis in Fulda vom 8. bis zum 11. Jahrhundert, in: Die Klostergemeinschaft von Fulda im früheren Mittelalter, Bd. 1: Grundlegung und Edition der Fuldischen Gedenküberlieferung, hg. v. Karl Schmid, München 1978, S. 175.

54 Vgl. ebd., S. 176 f.

55 Vgl. ebd., S. 163. Vgl. auch ebd., S. 162: „Der Stab nämlich gehörte mit Sicherheit zu den Würdezeichen fuldischer Äbte im 9. Jahrhundert". Weitere Belege aus dem 7. und 8. Jahrhundert bringt Odilo Engels, Der Pontifikalantritt und seine Zeichen, in: Segni e riti nella chiesa altomedievale occidentale, Bd. II (Settimane di studio del Centro Italiano di studi sull'alto medioevo 33) Spoleto 1987, S. 764.

56 Vgl. Romuald Bauerreiss, Abtsstab und Bischofsstab, in: Studien und Mitteilungen zur Geschichte des Benediktiner-Ordens 68 (1957) S. 222; Hubertus Seibert, Abtserhebungen zwi-

Der Abtsstab symbolisierte die innerklösterliche Disziplinar- und Leitungsgewalt des Abtes. Er verwies auf die einem Abt obliegende Pflicht, seinen Konvent hirtengemäß zu leiten. Folgt man den erklärenden Deutungen der frühmittelalterlichen Ordines, war der Abtsstab seinem Ursprung nach ein Sinn- und Würdezeichen, kein Rechts- und Herrschaftssymbol im strengen Sinne, dessen Besitz zum inner- und außerklösterlichen *regimen abbatis* legitimierte und für die Übernahme des äbtlichen Amtes eine unabdingbare Voraussetzung bildete.

Dieser Deutung blieb auch Bischof Sicard von Cremona (um 1160–1215) verpflichtet. In seinem ‚Mitrale', einem Handbuch ‚De officiis ecclesiasticis', beschrieb er die Weihe eines Abtes folgendermaßen: Nach der Wahl durch den Konvent wird der neugewählte Abt durch den Bischof bestätigt. Während Bischof und Abt vor dem Altar liegen, werden von den anwesenden Mönchen Litaneien gesungen und das Vaterunser gebetet. Dann spricht der Bischof über den Abt Bitten und Gebete. Danach übergibt er ihm Regel und Stab. Letzteren beschreibt Sicard als *baculus pastoralis officii*, als Zeichen also, mit dem ein Hirtenamt und – hält man sich an den Wortlaut des Textes – keine Herrschaftsrechte übertragen werden. Der Abt soll in dem Stab eine Aufforderung sehen, gleichermaßen Strenge und Barmherzigkeit walten zu lassen, wenn er Fehler und Laster der Mönche korrigiere. Zum einen erinnere der Abtsstab an den Stab des Moses, mit dessen Hilfe es diesem gelang, vom Himmel Brot zu beschaffen und aus der Erde Wasser zu gewinnen sowie sein Volk in ein Land zu führen, in dem Milch und Honig fließt. Zum anderen ruft er den Lebensstil und den Verkündigungsauftrag der Apostel und Jünger Jesu ins Gedächtnis zurück; waren doch diese, als sie ihre angestammte Heimat verließen, um aller Welt das Evangelium zu verkünden, mit einem Stab ausgestattet. Der Stab, betonte Sicard, verweise auf die Strenge des Gesetzes und die Milde des Evangeliums. Wer ihn trage, sei gehalten, Schwache aufzurichten, Aufsässige zurechtzuweisen und Irrende zur Buße zu rufen.[57]

Die Bedeutung, die liturgische Quellen des Mittelalters dem Abtsstab zuschreiben, verweist auf *auctoritas*, nicht auf *potestas* oder *dominatio*, auf die einem Abt obliegende Sorge um das Seelenheil der ihm zur Leitung anvertrauten Gemeinschaft, auf die *pastoralis custodiae cura*, auf ethische und geistliche Kompetenz in Fragen der Lebensführung. Diese Bedeutung ist auch an dem Investiturritual abzulesen, das der ‚Liber Tramitis' vorsieht.

---

schen Rechtsnorm und Rechtswirklichkeit. Formen der Nachfolgeregelungen in lothringischen und schwäbischen Klöstern der Salierzeit (1024–1125), Mainz 1995, S. 208, Anm. 913.

[57] Vgl. Sicardus Cremonensis episcopus, Mitrale seu de officiis ecclesiasticis summa, in: Migne PL 213, Sp. 79 f.

Wenn der Bischof dem geweihten Abt den Stab aushändigt, soll er sagen: „Empfange den Stab des Hirtenamtes, damit du streng bist beim Zurechtweisen von Lastern und dich der Barmherzigkeit erinnerst, wenn du in Zorn geraten bist" (*Accipe baculum pastoralis officii, ut sis in corrigendis uitiis seuiens et cum iratus fueris, misericordiae memor eris*).[58]

Das schloß aber nicht aus, daß sich langfristig – gleich der Bedeutung der Bischofsinsignien – auch die Bedeutung der von Äbten benutzten Insignien veränderte. Aus pastoralen Sinnzeichen wurden Zeichen legitimer Herrschaft. Wie der Bischofsstab zu einem „Abzeichen der Gewalt und der Jurisdiktion", einem „Macht- und Befehls-, einem Gerichts- und Züchtigungszeichen"[59] wurde, ist an folgender Geschichte abzulesen, die Bernhard von Clairvaux in seiner ‚Vita Sancti Malachiae episcopi' überliefert. Ein gewisser Nigellus, berichtet der Zisterzienserabt, habe widerrechtlich und mit Gewalt den Bischofsthron von Armagh an sich gerissen. Als Malachias in seiner Eigenschaft als legitim bestellter Bischof und Metropolit von ganz Irland 1134 in Armagh einzog, ergriff Nigellus die Flucht, brachte aber zuvor einige Insignien jenes Bischofsstuhls in seinen Besitz:

„so das Evangelienbuch des sel. Patricius und den in Gold gefaßten, mit den kostbarsten Steinen geschmückten Stab, den man deswegen ‚Stab Jesu' nennt, weil der Herr selbst ihn nach der allgemeinen Meinung verfertigt und in Händen getragen haben soll. Diese Gegenstände erfreuten sich bei jenem Volk größter Wertschätzung und höchster Verehrung. Denn sie sind sehr bekannt und berühmt im Volk und werden von allen so hoch verehrt, daß das einfältige und unverständige Volk nur den für den Bischof hält, der offensichtlich im Besitz dieser Kleinode ist. So zog der Vagabund, ein zweiter Satan, kreuz und quer im Lande umher und trug die heiligen Ehrenzeichen mit sich. Diese zeigte er überall vor, ihretwillen wurde er überall aufgenommen, durch sie gewann er die Herzen aller für sich und machte möglichst viele dem Malachias abtrünnig".[60]

Schließlich faßten die Anhänger von Bischof Malachias den Plan, dem abtrünnigen „Ketzer deswegen zu Leibe zu rücken, weil er mit den Insignien, die er (bei sich) trug, viele verführte und jedermann zu überzeugen suchte, daß er der Bischof sein sollte. Und so wiegelte er das Volk gegen Malachias und gegen die Einheit der Kirche auf". Als sie des Bösewichts habhaft wur-

---

58 Liber tramitis aevi Odilonis abbatis, hg. v. Petrus Dinter (Corpus consuetudinum monasticarum 10) Siegburg 1980, S. 210.

59 Pierre Salmon, Mitra und Stab. Die Pontifikalinsignien im römischen Ritus, Mainz 1960, S. 69 und S. 65.

60 Bernhard von Clairvaux, Vita Sancti Malachiae episcopi, in: S. Bernardi opera, Bd. I, hg. v. J. Leclerque und H. Rochais, Rom 1957, XII, 24, S. 334.

den, zwangen sie ihn, „die Insignien auszuliefern und sich fürderhin in aller Unterwürfigkeit ruhig zu verhalten".[61]

Bernhard wußte, wovon er schrieb. An die legitimationsstiftende Kraft von Insignien zu glauben war nicht allein Sache des einfachen, geistig unbedarften Volkes. Als Mitglied der 1129 in Châlons tagenden Kirchensynode war Abt Bernhard an der Absetzung Bischofs Heinrichs von Verdun unmittelbar beteiligt. Aus eigener Anschauung konnte Bernhard wissen, daß der abgesetzte Bischof gehalten war, zum Beweis seines Amtsverzichts seinen Bischofsstab dem päpstlichen Legaten auszuhändigen.[62] Nur ein regulär bestellter Amtsinhaber durfte Pontifikalinsignien rechtens tragen. In der Welt der Klöster war es nicht anders.

Seinen Charakter als sakrales Sinn- und Würdezeichen verlor der Abtsstab spätestens dann, als er seit dem 11. Jahrhundert für Zwecke der Investitur benutzt wurde. Mit Hilfe des Stabes - des *baculus*, der *virga* oder *ferula* - wurden seitdem zeichenhaft und rechtswirksam Herrschaftsrechte übertragen: Leitungsgewalt über den Konvent, Verfügungsgewalt über klösterliche Besitzungen, Gerichts-, Gebots- und Verbotsgewalt gegenüber einer abgabe- und dienstpflichtigen klösterlichen *familia*. Die Symbolkraft, die den Stäben und Zeptern weltlicher Herrschaftsträger eignete, wurde, bedingt durch veränderte Rechts- und Verfassungsverhältnisse, auch dem Abtsstab zugeschrieben. Die Überzeugung setzte sich durch, daß derjenige, der den Abtsstab besitzt, auch rechtmäßig im Besitz der äbtlichen Gewalt[63] ist. „Wer den Stab gibt, gibt die Herrschaft, wer den Stab hat, hat die Herrschaft".[64] Und: „Wer auf den Stab verzichtet, der verzichtet auf seine Abtswürde".[65] Seit dem 8. Jahrhundert ist urkundlich bezeugt, daß der Bischof bei der Abtsweihe die Stabübergabe vornimmt. Weltliche Klosterherren haben diesen Brauch, wie aus einer St. Galler Urkunde aus dem Jahre 958 hervorgeht, nachgeahmt und den neugewählten oder von ihnen bestimmten Abt durch die Übergabe des Stabes in sein Amt eingesetzt.[66] Das mittelalterliche Reformmönchtum beharrte auf dem Recht der Selbsteinsetzung, weshalb Äbte zum Zeichen ihrer Emanzipation von der weltlichen Gewalt selber zum Stab

---

[61] Ebd., S. 513.

[62] Vgl. Marlene Meyer-Gebel, Bischofsabsetzungen in der deutschen Reichskirche vom Wormser Konkordat (1122) bis zum Ausbruch des Alexandrinischen Schismas (1159) (Bonner Historische Forschungen 55) Siegburg 1992, S. 102. Amtsverzicht und Rückgabe des Bischofsstabes werden folgendermaßen beschrieben: *Inde baculum reddit et abrenuntiavit episcopatui.*

[63] Vgl. Kassius Hallinger, Cluniacensis ss. religionis ordinem elegimus. Zur Rechtslage der Anfänge des Klosters Hasungen, in: Jahrbuch für das Bistum Mainz 8 (1958–1960) S. 249.

[64] Ebd., S. 250.

[65] Ebd.

[66] Vgl. ebd., S. 249.

griffen. Die Stabübergabe, wie sie Bernhard von Cluny in seinen ‚Consuetudines' beschreibt, bezeichnete „die Legitimation des neugewählten Abtes durch dessen Wähler".[67] Überreicht wurde ihm der *baculus pastoralis* vom Klosterprior (*prior omnium aliorum*), der ihn vom Altar nahm und dem Neugewählten aushändigte.[68] Der Stab symbolisierte die dem Abt zukommende „neue Amtsgewalt und Würde" sowie die „ihm verliehene Gewere über alle Sachen und Personen seines Klosters".[69] Das ‚Hirsauer Formular' von 1075, die Magna Charta der Hirsauer Freiheiten, sah vor, daß der Dekan oder Prior des Klosters dem Abt den Stab überreicht. Die in Hirsau praktizierte Selbstinvestitur war ein „Symbol des überwundenen laikalen Eigenkirchenrechtes".[70] In den ‚Constitutiones Hirsaugienses' von 1079, die Abt Wilhelm abfaßte, um dem Hirsauer Reformmönchtum eine gemeinsame Lebensordnung zu geben, kommt jedoch Selbstinvestitur, wie sie das ‚Hirsauer Formular' verbrieft hatte, nicht mehr vor. Selbstinvestitur verstieß gegen geltendes Kirchenrecht, weswegen Abt Wilhelm in seinen Konstitutionen anordnete, daß die Übergabe des Stabes durch den zuständigen Ortsbischof erfolgen soll, wenn dieser dem neugewählten Abt die Weihe erteilt. Abt Wilhelm ist es aber nicht gelungen, das Verbot der Selbstinvestitur für alle Klöster des Hirsauer Reformkreises zu einer allgemein verbindlichen Norm zu machen. In Privilegien und Brauchtumstexten von Klöstern, die sich der Hirsauer Reformbewegung angeschlossen hatten, begegnet – ungeachtet der Bestimmung Abt Wilhelms – immer noch der Abt, der sich selber den „Stab der Herrschaft" (*virga regiminis*) vom Altar nimmt.[71] Die Stabübergabe durch den Bi-

---

[67] Joachim Wollasch, Zur Verschriftlichung der klösterlichen Lebensgewohnheiten unter Abt Hugo von Cluny, in: Frühmittelalterliche Studien 27 (1993) S. 328.

[68] Vgl. Dominique Iogna-Prat, Coutumes et statuts Clunisiens comme sources historiques (ca. 990-ca. 1200), in: Revue Mabillon NS 3 64 (1992) S. 47. Vgl. auch Hallinger, Cluniacensis ss. religionis ordinem elegimus (wie Anm. 63) S. 250.

[69] Seibert, Abtserhebungen (wie Anm. 56) S. 397.

[70] Hermann Jakobs, Die Hirsauer. Ihre Ausbreitung und Rechtsstellung im Zeitalter des Investiturstreites (Kölner Historische Abhandlungen 4) Köln/Graz 1961, S. 19. Zum Problem der in Hirsau ursprünglich praktizierten Selbstinvestitur und deren Abschaffung durch Abt Wilhelm vgl. auch ders., Das Hirsauer Formular und seine Papsturkunde, in: Hirsau St. Peter und Paul 1091–1991, Teil II: Geschichte, Lebens- und Verfassungsformen eines Reformklosters, bearb. v. Klaus Schreiner, Stuttgart 1991, S. 95 f. – Der entscheidende, die Selbstinvestitur regelnde Passus des Hirsauer Formulars lautet: Nach der Wahl sollen sich die Brüder zur Einsetzung des neugewählten Abtes „im Chor des Klosters zusammenfinden, und unter Anwesenheit von Klerus, Vogt und Volk im Presbyterium soll der Dekan oder wer immer der Rangälteste dieses Ortes sei den Abtsstab vom Altar des heiligen Aurelius nehmen und ohne jeden Widerspruch geradewegs in die Hand dessen übergeben, den sich die gesamte Gemeinschaft der Brüder erwählt hatte" (Übersetzung nach Hermann Jakobs, ebd., S. 98 f.).

[71] Vgl. Klaus Schreiner, Hirsau, Urban II. und Johannes Trithemius. Ein gefälschtes Papst-

schof bedeutete einen Verlust an sakraler Qualität, die der auf dem Altar liegende Abtsstab der Herrschaft vermittelt hatte. Christologische Bezüge wurden ersetzt durch den Geltungsanspruch des kirchlichen Rechts, das Klöstern die Freiheit von bischöflicher Untertänigkeit nicht gestatten wollte.

Nicht zu übersehen ist, daß die Übergabe des Abtsstabes eingebunden war in eine Sequenz symbolischer Handlungen. In Cluny nahm der neugewählte Abt - gleich der Inthronisation eines Herrschers - auf der *cathedra* seines Vorgängers Platz. Mönche brachten durch einen Kuß oder einen förmlichen Eid ihre Gehorsamsbereitschaft zum Ausdruck. Klösterliche Amtsträger legten ihre Schlüssel dem Abt zu Füßen, um sie dann von diesem von neuem zurückzuerhalten.[72] Klösterliche Lehns- und Dienstleute schwuren Treueide (*fidelitates*) und leisteten Mannschaft (*hominium*), um gegenseitigen rechtlichen Bindungen Dauer zu geben.[73]

Das Sich-Setzen oder Gesetzt-Werden auf die Cathedra im Chor der Kirche war neben der Übergabe des Abtsstabes der symbolstärkste Vorgang, durch den der Herrschaftsantritt des neuen Abtes dargestellt wurde. Zeitgenössische Quellen beschreiben ihn mit der Wendung *abbas intronizatur* oder *in sede abbatis statuere* oder *constituere*.[74] Die mit der Inthronisation verknüpften Rechtswirkungen werden in klösterlichen Brauchtumstexten als *introductio in corporalem possessionem* charakterisiert.

Die Bedeutung und rechtliche Wirksamkeit symbolischer Handlungen ist auch daran erkennbar, daß durch die Rückgabe oder die Zerstörung von Symbolen ein Abt seines Amtes enthoben oder der Amtsantritt eines Abtes verhindert werden konnte. Als Abt Robert von Reichenau im Jahre 1077 vom Papst abgesetzt wurde, weil er den „heiligen, engelhaften Stand der Mönche" durch Simonie entehrt, besudelt und geschändet hatte, gab er, „vom König gezwungen, aufs tiefste verbittert den Hirtenstab (*baculum pastoralem*) zurück, den er nicht wie ein Hirt, sondern wie ein Mietling an sich gebracht hatte".[75] Seinen Anspruch auf Kirchen- und Klosterhoheit brachte Heinrich II. dadurch zur Anschauung, daß er den Stab eines illegitim zur Regierung gelangten Abtes mit eigenen Händen zerbrach. Über die Umstände und Ursachen der Degradation, die der Kaiser vornahm, als er sich 1022

privileg als Quelle für das Geschichts-, Reform- und Rechtsbewußtsein des Klosters Hirsau im 12. Jahrhundert, in: Deutsches Archiv für Erforschung des Mittelalters 43 (1987) S. 509–513.

72 Vgl. Iogna-Prat, Coutumes (wie Anm. 68) S. 47.

73 Vgl. Seibert, Abtserhebungen (wie Anm. 56) S. 402.

74 Vgl. ebd., S. 399 f.

75 Lampert von Hersfeld, Annalen, neu übersetzt v. Adolf Schmidt (Ausgewählte Quellen zur Deutschen Geschichte des Mittelalters. Freiherr-vom-Stein-Gedächtnisausgabe 13) Darmstadt 1962, S. 147 und S. 163.

während seines dritten Italienzugs in Oberitalien aufhielt, berichtet die Chronik des in Piemont gelegenen Klosters Novalesa (‚Chronicon Novaliciense') folgendes: Ein Mönch namens Oddo hatte sich widerrechtlich zum Abt eines Priorates aufgeworfen, das vom Kloster Breme, einer in der Nähe von Turin gelegenen Benediktinerabtei, abhängig war. Nachdem der Kaiser von der Ruchlosigkeit des selbstherrlichen Emporkömmlings gehört hatte, „nahm er in Gegenwart aller anwesenden Bischöfe den verachtenswerten Sarabaiten (*detestabilem sarabaitam*) gefangen, zerbrach den Stab und setzte den Stolzen vom Abtsstuhl ab".[76] Unter einem Sarabaiten verstand der hl. Benedikt einen Mönch, der „sich nicht in der Zucht einer Regel" bewährt hatte (Reg. Ben. 1, 6). Das Brechen des Stabes bringt den Verlust des Amtes zu verstärktem Ausdruck.

Freundlicher ging Heinrich III. mit einem Abt um, der ihm ein gestohlenes Pferd geschenkt und ihn dadurch dem Gespött des Adels und des Volkes preisgegeben hatte. Rodulf Glaber († um 1047), der davon berichtet, meint, der Abt habe das in Unkenntnis des wahren Sachverhaltes getan. Als ein Ritter Heinrich beschuldigte, auf einem Pferd zu sitzen, das ihm gestohlen worden sei, zögerte der Kaiser keinen Augenblick und gab das Pferd dem rechtmäßigen Besitzer zurück. Den Abt ließ er zu sich kommen, um ihn für den Spott (*illusio*), den ihm die Rückgabe des gestohlenen Pferdes verursacht hatte, zu bestrafen. Er sagte deshalb zu ihm: „Lege den Stab des Hirtenamtes, den du auf Grund der Übergabe durch einen sterblichen Menschen tragen zu müssen glaubst, nieder" (*Depone baculum regiminis pastoralis, quem credis largitione mortalis hominis debere gestari*). Der Abt tat, wie ihm der Kaiser befohlen hatte. Dieser nahm den Stab und gab ihn in die Rechte der Skulptur des Erlösers. Dann gebot er dem Abt, er möge nunmehr den Stab

---

[76] Chronicon Novaliciense, Appendix, cap. 9: *Cognitis omnibus eius [Oddi monachi], cunctis videntibus episcopis qui aderant, detestabilem sarrabitam cepit, baculum fregit, atque superbum de sede deposuit; insuper ut nunquam de claustro exiret, firmiter precepit*. Vgl. dazu Ernst von Moeller, Die Rechtssitte des Stabbrechens, in: Zeitschrift der Savigny-Stiftung für Rechtsgeschichte. Germ. Abt. 21 (1900) S. 61; Jahrbücher des Deutschen Reichs unter Heinrich II., Bd. III von Siegfried Hirsch, hrsg. und vollendet von Harry Bresslau (Jahrbücher der Deutschen Geschichte 11, 3) Berlin 1875, S. 224 f. – Als Abt Rainald von Montecassino 1137 seines Amtes enthoben wurde, geschah dies in folgenden rituellen Formen: Kardinäle untersagten ihm im Auftrag des Papstes die Bekleidung der Abtswürde. Sie taten das mit der Begründung, daß es Exkommunizierte waren, die ihn zum Abt erhoben hatten und denen er die Leitungsgewalt über die Abtei verdankte. Die Absetzung ging folgendermaßen vonstatten: „In der Klosterkirche verkünden in Anwesenheit [Kaiser] Lothars und seiner Großen die Kardinäle Haimerich und Gerhard und Patriarch Peregrin von Aquileia die Absetzungssentenz, worauf Rainald Stab, Ring und Regelbuch auf das Grab Benedikts niederlegt" (I. F. Böhmer, Regesta Imperii IV, Erste Abt., Erster Teil: Lothar III. (1125 (1075)–1137), neubearb. von Wolfgang Petke, Köln - Weimar - Wien 1994, S. 392, Nr. 630).

aus der Hand des allmächtigen Königs nehmen (*suscipe illum de manu omnipotentis Regis*), um, wenn er ihn trägt, nicht mehr Schuldner eines sterblichen Menschen zu sein. Er möge ihn frei (*libere*) gebrauchen, wie es der Würde seines Amtes geziemt[77]. Voller Freude griff der Abt nach seinem Stab und versetzte die vielen, die Zeugen des Vorganges waren, in eine heitere Stimmung. Den strafenden Racheakt, den das Publikum erwartete, nahm der Kaiser nicht vor. Das Spiel, das er inszenierte, kam vielmehr einer Rangerhöhung des Abtes gleich. Der konnte fürderhin der Überzeugung sein, sein Amt ausschließlich einem Auftrag Christi zu verdanken und nicht der Investitur durch einen weltlichen Herrscher.

Der vom Reformadel und vom Reformmönchtum Schwabens unternommene Versuch, ihren Kandidaten als Abt in St. Gallen durchzusetzen, illustriert den umgekehrten Fall. Reformunwillige Mönche verhinderten durch eine symbolische Aktion den Amtsantritt eines reformbewußten Abtes. Als nämlich „der im April 1077 von Rudolf von Rheinfelden zum Abt von St. Gallen erhobene Mönch Lutold seinen ihm als Vorsteher gebührenden Platz im Chor einnehmen wollte, zerbrachen die Mönche [von St. Gallen] sein Herrschaftszeichen, den Abtsstab, und demonstrierten damit ihre Ablehnung seiner Leitungsgewalt“.[78] Aus Quellen des 9. und 10. Jahrhunderts geht hervor, daß über den Häuptern abgesetzter Bischöfe deren Stäbe zerbrochen wurden.[79] In Bischofsabsetzungen findet dieses Ritual eine Parallele. Bischöfe, die in der ersten Hälfte des 12. Jahrhunderts ihres Amtes enthoben wurden, mußten ihre *ornamenta episcopalia* zurückgeben – sei es an den Metropoliten, sei es an den mit der Absetzung betrauten päpstlichen Legaten.[80]

Der zerbrochene Abtsstab signalisierte Widerwillen und Widerstand. Nicht unumstritten war der Gebrauch von Pontifikalinsignien durch Äbte als solcher. Verstärktes Interesse an symbolischer Rangerhöhung gibt die Tatsache zu erkennen, daß während des 11. und 12. Jahrhunderts immer mehr Äbte vom römischen Stuhl das Recht erstrebten, eines oder mehrere jener Würdezeichen – ob Stab oder Mitra, ob Dalmatik, Handschuhe oder Sandalen – tragen zu dürfen, mit denen Bischöfe ihre geistliche und weltliche

---

[77] Vgl. Rodulfus Glaber, Historiarum libri V, in: MGH SS 7, S. 71.

[78] Seibert, Abtserhebungen (wie Anm. 56) S. 401.

[79] Vgl. von Moeller, Die Rechtssitte des Stabbrechens (wie Anm. 76) S. 60 f.

[80] Vgl. Meyer-Gebel, Bischofsabsetzungen (wie Anm. 62) S. 102, S. 105 und S. 291. Es kam allerdings auch vor, daß päpstliche Legaten einem abgesetzten Bischof „das weitere Tragen der *ornamenta episcopalia*“ (ebd., S. 246) gestatteten. „Bei Alexander von Lüttich, der Regularkanoniker wurde, heben die Quellen eine Bestattung *sine episcopalibus* hervor. Heinrich von Mainz soll sich geweigert haben, im Zisterzienserkloster Amelungsborn das Mönchsgewand anzulegen, und *in consueto habitu* seinen Lebensabend verbracht haben“ (ebd., S. 286).

Autorität auszudrücken pflegten. Widerstand regte sich insbesondere von seiten der Bischöfe, die das offenkundige Verlangen der Äbte nach Pontifikalien als Indiz für größere Unabhängigkeit, für kanonistisch widerrechtliche Emanzipation auslegten. „Ein Abt", erklärte Bischof Marbod von Rennes (um 1030–1123), „der die dem Bischofsamt vorbehaltenen Insignien trägt, das heißt Ring, Handschuhe, Sandalen und Mitra, ist, da er über den Abt hinausgeht und doch unter dem Bischof bleibt, weder das eine noch das andere: er ist eine Art Monstrum; er äfft den Bischof nach, bleibt aber trotzdem ein Abt".[81] Bischof Petrus von Blois ließ 1169 den Abt eines in Blois gelegenen Klosters wissen: „Die Zeichen der bischöflichen Würde (*insignia episcopalis eminentiae*) billige und akzeptiere ich an einem Abt nicht". Mitra, Ring und Sandalen zu tragen, lasse bei einem Abt auf stolze Überheblichkeit schließen; es sei für einen Abt ein anmaßendes Zeichen von Unabhängigkeit. In dem päpstlichen Privileg, das dem Abt den Gebrauch von Pontifikalien gestattet, witterte er eine *materia rebellionis*. Zum „Zeichen vollkommener Demut" (*in signum plenae humilitatis*) solle er deshalb auf die *pontificalia* verzichten.[82]

Auch innerhalb des Mönchtums regten sich Stimmen der Kritik. Ehrgeizige Äbte, schrieb Bernhard von Clairvaux an Erzbischof Heinrich von Sens (1122–1142), würden offen zeigen, „was sie denken, da sie mit viel Mühe und Geld apostolische Privilegien erwerben und durch sie die Würdezeichen eines Oberhirten beanspruchen, indem sie wie die Bischöfe selbst Mitra, Ring und Sandalen benutzen". Die Würde dieser Dinge (*rerum dignitas*) würde der Profeß eines Mönchs widersprechen; nur dem Dienst eines Bischofs seien sie angemessen. Im Bemühen von Äbten, sich durch die Aneignung bischöflicher Ehrenzeichen aus der Unterwerfung unter die bischöfliche Gewalt befreien zu wollen, erblickt Bernhard eine Verletzung der „Regel der Demut" (*humilitatis regula*). Die „Zeichen der Mönche" (*insignia monachorum*), die ihr gemeinschaftliches Leben adeln, seien Arbeit, Zurückgezogenheit und freiwillige Armut.[83] Bemerkenswert bleibt: Es sind die Mitra, Ring und Sandalen, die Widerspruch provozieren, nicht der Stab und auch nicht die Dalmatik und die Handschuhe.

Einen restriktiven Gebrauch des Abtsstabes sahen die älteren Consuetudines von Fleury vor. Ein *abbas baculatus* sollte nicht den Chor, den Kapitelsaal und das Refektorium betreten. Er sollte auch nicht „nach Art der Bischöfe einen Abtsstab mit einer Krümme" (*incurvus baculus*) benutzen, son-

---

[81] Salmon, Mitra und Stab (wie Anm. 59) S. 38.

[82] Vgl. ebd., S. 38 f.

[83] Vgl. Bernhard, Epistola 42 (wie Anm. 22) S. 130.

dern einen einfachen nach Art des Buchstabens Tau (*baculus paupertinus in modum Tau litterae*[84]) Der immer noch rätselhafte Honorius Augustodunensis betonte in seiner ‚Gemma animae' (vor 1130), die Krümme eines Abtsstabes dürfe nicht von weißer Farbe sein. Sie müsse schwarz sein, weil der Abt in dem ihm übertragenen Hirtenamt keinen weltlichen Ruhm suchen dürfe.[85] Eine unverkennbar herrschaftliche Deutung des Abtsstabes nahm der Benediktiner Placidus von Nonantola in seinem 1111–1112 verfaßten ‚Liber de honore ecclesiae' vor. Christus der Herr, argumentierte der Mönch von Nonantola, habe seinen Jüngern befohlen, einen Stab zu tragen, wenn sie predigend über Land ziehen. Der Stab sollte nach dem Willen Christi zum Ausdruck bringen, daß die Prediger seiner Botschaft Anspruch auf weltliche Hilfe (*subsidia temporalia*) haben. Bischöfe und Äbte würden aus der Hand des Bischofs den Stab empfangen, damit sie sich bewußt blieben, daß sie die Herrschaft über die weltlichen Besitzungen der Kirche aus der Hand des Herrn empfangen haben.[86] Der Stab symbolisierte nach Ansicht des Placidus von Nonantola die geistliche Legitimität der von Bischöfen und Äbten beanspruchten Verfügungsgewalt über weltliche Besitztümer.

In der ersten, von August 1415 bis Juli 1417 arbeitenden Reformkommission des Konstanzer Konzils schlug deren Präsident, der englische Bischof Nicholas Bubwith von Bath, vor, Äbten das Tragen von Pontifikalinsignien – wie Mitra, Sandalen und Rochett – zu verbieten.[87] Auch der anonyme Kanonist, der wohl gleichzeitig in Gestalt von Dekretalen einen Reformentwurf (*Decretales reformationis*) ausarbeitete, hielt es im Interesse wirksamer Reform für angebracht, die Privilegien, die Äbten das Tragen bischöflicher Insignien gestatteten, zu widerrufen. Allgemeine Geltung erlangten diese Vorschläge zur Reform des Ordenswesens nicht. Nur in das mit England geschlossene Konkordat fand die Bestimmung Aufnahme, wonach Äbte keine Pontifikalien tragen sollten.[88]

Die Orden selbst waren nicht gewillt oder sahen sich, den Zwängen des Faktischen gehorchend, nicht in der Lage, ihren Äbten den Gebrauch von

---

[84] Vgl. Consuetudinum saeculi X/XI/XII monumenta non-cluniacensia, hg. v. Kassius Hallinger (Corpus consuetudinum monasticarum 7) Siegburg 1984, S. 49.

[85] Honorius Augustodunensis, Gemma animae, in: Migne PL 193, 1,238, Sp. 615: *Hujus baculi flexura non ex albo, sed ex nigro debet esse, quia in commissa cura non debet mundi gloriam quaerere*.

[86] Vgl. Placidus monachus Nonantulanus, De honore ecclesiae, in: MGH LdL 2, cap. 55, S. 590.

[87] Vgl. Philip H. Stump, The Reforms of the Council of Constance (1414–1418) (Studies in the History of Christian Thought 53) Leiden/New York/Köln 1994, S. 148; 351.

[88] Vgl. ebd., S. 158 und S. 148.

Pontifikalien zu untersagen. Das zisterziensische Generalkapitel beschloß 1451, Äbte sollten in ihren Tochterklöstern, denen infulierte Äbte (*abbates mitrati*) vorstanden, in Erfahrung bringen, ob letztere zum Gebrauch von Pontifikalien autorisiert seien. Sollten sie über keine entsprechenden Privilegien verfügen, müßte die widerrechtliche Praxis unter Androhung von Strafe verboten werden.[89] Das 1496 tagende Generalkapitel der Bursfelder Kongregation kritisierte, daß Äbte, unzufrieden mit der Einfachheit ihrer Vorgänger, ihre schmucklosen Mitren und Stäbe überarbeiten lassen, um sie aufwendiger, kostbarer und neuartiger (*curiosius*) zu machen. Desgleichen würden sie auch keine Kosten scheuen, um sich prachtvolle Insignien ganz neu anfertigen zu lassen. Generell abschaffen wollte das Generalkapitel die Insignien der Äbte nicht. Die Äbte sollten sich aber mit den herkömmlichen bescheidenen Formen ihrer Pontifikalien begnügen.[90] Das Generalkapitel von 1497 verbot, an die Grenzen des Vertretbaren erinnernd, die *curiositates infularum et baculorum*.[91] Das Verlangen benediktinischer Klostervorsteher nach Repräsentation sollte gedämpft werden. Doch beugte sich das Generalkapitel der Bursfelder der Macht des Faktischen. Es sah sich offenkundig nicht in der Lage, Äbten zu verbieten, ihre obrigkeitliche Stellung innerhalb und außerhalb des Klosters sinnfällig zu inszenieren.

Pontifikalien, die von Äbten und Äbtissinnen bewußt gewollt wurden, unterstrichen herausragende Stellung und Würde. Das führte in Männer- und Frauenkonventen mitunter zu Spannungen - zumal dann, wenn Mönche und Nonnen der Auffassung waren, daß ihre Oberen mit Hilfe von Insignien ihre monarchische Gebotsgewalt zu dokumentieren suchten. Sensibilität für symbolisch verschleierte Machtverhältnisse weckte Skepsis und Widerspruch. Das zisterziensische Generalkapitel beschloß 1242, daß Äbtissinnen des Ordens ihren Stab nur bei Prozessionen benutzen dürfen. Papst Urban VI. gestattete 1384 dem Abt von Salem „den Gebrauch von Mitra, Ring und Stab in allen zu Salem gehörigen Klöstern und Kirchen“. Dessen Nachfolger mußte sich aber bei seiner Wahl am 15.6.1395 den Mönchen gegenüber verpflichten, „die Pontifikalien beim Gottesdienst nicht zu gebrauchen“. Aber bereits ein Jahr später ließ sich Salems Abt von Papst Bonifaz IX. von seinem Wahlversprechen entbinden.[92] Aus dem Gang der Dinge wird deutlich: Der

---

[89] Vgl. Statuta capitulorum generalium ordinis Cisterciensis ab anno 1116 ad annum 1786, Bd. IV (1401–1456), hg. v. Josephus-Maria Canivez, Louvain 1936, S. 652.

[90] Vgl. Die Generalkapitels-Rezesse der Bursfelder Kongregation, Bd. I (1458–1530), hg. v. Paulus Volk, Siegburg 1955, S. 294.

[91] Ebd., S. 301.

[92] Vgl. Gerhard Kaller, Salem, in: Die Zisterzienser und Zisterzienserinnen, die reformierten Bernhardinerinnen, die Trappisten und Trappistinnen und die Wilhelmiten in der Schweiz,

Abt ist am Gebrauch von Pontifikalien nachhaltig interessiert. Der Konvent sucht den Gebrauch von Zeichen, welche die hierarchische Gliederung des Konvents vor Augen führen, zu verhindern.

Repräsentation mit Hilfe von Amts- und Würdezeichen, die in Kirche und Kloster Widerstand hervorrief, war in der städtischen Öffentlichkeit hingegen gefragt. Als der Nürnberger Patrizier Konrad Groß 1340 eine Fronleichnamsprozession stiftete, legte er fest, daß der Abt von St. Egidien *mit seiner infeln* [Inful] *und mit seinem stabe und mit seiner* [sic] *pesten ornat* zum Hl. Geist-Spital kommen solle, um das heilige Sakrament in Empfang zu nehmen und unter dem Traghimmel durch die Stadt zu tragen.[93] Mitra, Stab und Ornat des Abtes steigerten die Festlichkeit des Umzugs.

Verlangen nach Ehre, Pracht und Herrlichkeit, das Rivalitäten und Konflikte erzeugte

Äbtliche Pontifikalien, die von Laien ausgesprochen erwünscht waren, weil sie Pracht und Herrlichkeit ihrer frommen Übungen vermehrten, erzeugten förmliche Konflikte, wenn sie von Bischöfen als Kränkung ihres Rangs und Schmälerung ihrer Vollmachten empfunden wurden. Papst Benedikt VII. hatte im Jahre 976 den Äbten von St. Pantaleon in Köln das Tragen der Dalmatik und der Sandalen gestattet. Erzbischof Anno von Köln wollte ihnen das im Jahre 1070 rundweg verbieten.[94] Papst Gregor V. verlieh den Äbten des Klosters Reichenau 998 das Recht, *episcopali more* die Messe zu feiern. Meßfeier nach bischöflicher Art beinhaltete für den Reichenauer Abt das Privileg, *secundum usum unius Romanae abbatiae* mit Dalmatik und Pontifikalschuhen an den Altar zu treten.[95] Abt Berno vom Kloster Reichenau (1008–1048) ließ sich dieses Privileg, das Gregor V. seinen Vorgängern erteilt hatte, von Papst Johannes XIX. bestätigen. Daß der Reichenauer Abt dies auch tatsächlich tat, betrachtete Bischof Warmann von Konstanz als Schmälerung seiner bischöflichen Standesvorrechte. Unterstellte er doch

---

redigiert v. Cécile Sommer-Ramer und Patrick Braun (Helvetia Sacra. Abt. 3: Die Orden mit Benediktinerregel 3, 1) Bern 1982, S. 357.

93 Vgl. Nürnberg, Stadtarchiv D2/II, Nr. 1, fol. 125 v. Vgl. Andrea Löther, Prozessionen in Nürnberg und Erfurt vom 14. bis zum 16. Jahrhundert. Partizipation, obrigkeitliche Inszenierung und städtische Eintracht, Diss. phil. (masch.) Bielefeld 1997, S. 76 f.

94 Vgl. Salmon, Mitra und Stab (wie Anm. 59) S. 34 und S. 38.

95 Vgl. ebd., S. 34. Salmon vermutet, daß es sich bei der römischen Abtei, in welcher der Abt beim Gottesdienst bereits Dalmatik und Sandalen trägt, um Santa Maria in Pallaro auf dem Palatin handelt.

dem Reichenauer Abt, daß er mit Hilfe solcher Ehrenvorrechte eine völlige Exemtion seines Klosters aus der Gerichtshoheit des Konstanzer Bistums anstrebe. Mit Hilfe König Konrads setzte der gekränkte Konstanzer Bischof den Abt der Reichenau unter Druck und zwang ihn, ihm Bulle und Sandalen auszuliefern, um dann beides auf einer Synode öffentlich verbrennen zu lassen.[96]

Handgreifliche Konflikte entstanden dann, wenn Ehransprüche des hohen Kirchenklerus eine Konkurrenzsituation schufen, die friedlichen Ausgleich erschwerte und kaum noch zuließ. Welche Formen der Streit um einen standesgemäßen Sitzplatz annehmen konnte, geht aus Auseinandersetzungen hervor, die Abt Widerad von Fulda und Bischof Hezelo von Hildesheim miteinander austrugen. Lampert von Hersfeld berichtet davon.[97] Folgt man seinen ‚Annalen', nahm der Ehrkonflikt zwischen Abt und Bischof folgenden Verlauf: Als an Weihnachten 1063 in der Pfalz von Goslar „die Stühle der Bischöfe für die Vesper aufgestellt wurden, entstand zwischen den Kämmerern des Bischofs Hezelo von Hildesheim und den Kämmerern des Abtes Widerad von Fulda ein heftiger Streit, der zuerst mit Scheltworten und dann mit Fäusten ausgefochten wurde". Die beiden Parteien, fährt Lampert von Hersfeld fort, hätten sich sogar dazu hinreißen lassen, „die Schwerter zu zücken, wäre nicht Herzog Otto von Bayern, der die Sache des Abtes vertrat, mit einem Machtwort dazwischengetreten". Verursacht hatte den Streit folgender Sachverhalt:

> „Es war seit vielen Generationen Brauch im Reich, daß bei einer Versammlung von Bischöfen stets der Abt von Fulda unmittelbar neben dem Erzbischof von Mainz saß. Der Bischof aber machte geltend, daß ihm innerhalb seiner Diözese niemand nach dem Erzbischof vorgezogen werden dürfe".[98]

Motiviert und ermutigt zu dem Streit habe den Hildesheimer Bischof der Ruhm seiner Machtmittel (*gloria opum*) sowie die Gunst der Zeit (*temporis oportunitas*), die es, derweil der König noch ein Kind war, zuließ, daß jeder ungestraft nach seinem eigenen Willen handeln konnte.

---

[96] Vgl. Emil Göller, Die Reichenau als römisches Kloster, in: Die Kultur der Abtei Reichenau, Bd. I, hg. v. Konrad Beyerle, München 1925, S. 443; Laurentius Hanser, Das abteiliche Pontifikalienrecht einst und jetzt, in: Studien und Mitteilungen zur Geschichte des Benediktiner-Ordens und seiner Zweige 45 (1927) S. 56.

[97] Vgl. Lampert, Annalen (wie Anm. 75) S. 74–87. Vgl. dazu Hans-Werner Goetz, Der ‚rechte Sitz'. Die Symbolik von Rang und Herrschaft im Hohen Mittelalter im Spiegel der Sitzordnung, in: Symbole des Alltags, Alltag der Symbole, Festschrift für Harry Kühnel zum 65. Geburtstag, Graz/Austria 1992, S. 25–29.

[98] Lampert, Annalen (wie Anm. 75) S. 74–77.

Fürs erste war der Friede gerettet. Doch der gekränkte Hezelo gab keine Ruhe. Die Angelegenheit hatte ein Nachspiel. Am Vorabend des Pfingstfestes des folgenden Jahres – es war der 8. Juni 1063 – wurden in der Pfalz von Goslar die Ehrenhändel zwischen dem Abt von Fulda und dem Bischof von Hildesheim fortgesetzt. Wie sich Abt und Bischof in der Pfalzkapelle gegenseitig bekriegten, schildert Lampert so: Als sich

„der König und die Bischöfe zum Abendgottesdienst versammelten, kam es wegen der Aufstellung der bischöflichen Stühle wieder zu einem Tumult, nicht wie das vorige Mal durch einen zufälligen Zusammenstoß, sondern durch einen seit langem vorbereiteten Anschlag. Denn der Bischof von Hildesheim, der die damals erlittene Zurücksetzung nicht vergessen hatte, hatte den Grafen Ekbert mit kampfbereiten Kriegern hinter dem Altar verborgen. Als diese nun den Lärm der sich streitenden Männer hörten, stürzen sie rasch hervor, schlagen auf die Fuldaer teils mit Fäusten, teils mit Knütteln ein, werfen sie zu Boden und verjagen die über den unvermuteten Angriff wie vom Donner Gerührten mühelos aus der Kapelle der Kirche. Sofort rufen diese zu den Waffen; die Fuldaer, die Waffen zur Hand hatten, scharen sich zu einem Haufen zusammen, brechen in die Kirche ein, und inmitten des Chors und der psalmodierenden Mönche kommt es zum Handgemenge: man kämpft jetzt nicht mehr nur mit Knütteln, sondern mit Schwertern. Eine hitzige Schlacht entbrennt, und durch die ganze Kirche hallt statt der Hymnen und geistlichen Gesänge Anfeuerungsgeschrei und Wehklagen Sterbender".

Sieger in diesem Streit blieben die Hildesheimer. In den Worten Lamperts: „Die Hildesheimer, die mit Vorsatz gerüstet zum Kampf gekommen waren, gewannen die Oberhand. Die Fuldaer, die, unbewaffnet und nichtsahnend, der Sturm des plötzlich ausbrechenden Aufruhrs zusammengetrieben hatte, wurden völlig geschlagen und aus der Kirche vertrieben".[99] Am folgenden Tag, als der König Gericht hielt, wurde der Abt von Fulda beschuldigt, vorsätzlich den Frieden gestört zu haben. Bischof Hezelo seinerseits schloß die lebenden und toten Dienstleute, die sich für den Abt von Fulda eingesetzt hatten, aus der Kirche aus.

Es ging in dem Konflikt nicht um die Wahrung und Durchsetzung ökonomisch einträglicher Herrschaftsrechte; es ging um angemessene Anteile am sozialen Kapital der Ehre. Der Vorfall dokumentiert das Ehrgefühl eines Reichsabtes, der darauf bedacht war, den ihm seiner Ansicht nach zukommenden Platz in der kirchlichen Adelsgesellschaft öffentlich erkenn- und sichtbar zu machen.

---

[99] Ebd., S. 76–79.

Reitende Äbte und gehorsamspflichtige Fußgänger

Zu den Formen symbolischer Inszenierung von Herrschaft und Macht zählte nicht allein die Sitzordnung in der Öffentlichkeit geistlicher und weltlicher Versammlungen. Verlangen nach öffentlicher Selbstdarstellung, die der Selbsteinschätzung eines Herrschaftsträgers angemessen erschien, artikulierten und befriedigten Äbte auch im Stil ihres öffentlichen Auftretens. Wenn sie mit Pferden über Land ritten, gaben sie nach außen zu erkennen, was sie innerlich dachten und wie sie von anderen eingeschätzt werden wollten.

Bilden Gesinnungen und Verhalten, Innen- und Außenwelt eine untrennbare Einheit, können Herrschaftswille und Gehorsamsanspruch am äußeren Verhalten abgelesen werden. Symptomatisch hierfür ist der aristokratische Lebensstil der Mönche von Cluny, der unmißverständlich zu erkennen gab, wie sie ihren Platz in der Gesellschaft selber verstanden und von anderen verstanden wissen wollten. Die kritischen Einwände Bernhards von Clairvaux geben unschwer zu erkennen, wie es im Falle Clunys um aristokratische Prägungen und herrschaftliche Implikationen monastischer Lebensführung bestellt war. Bernhard war sich bewußt, daß es Verhaltensweisen gibt, deren sozialer Symbolwert mit Grundsätzen klösterlicher Observanz nicht in Einklang zu bringen ist.[100] Deshalb äußerte er Kritik über die in Cluny gepflegte Kochkunst, deren delikate Produkte nicht nur den Gaumen (*gustus*), sondern auch den Blick (*aspectus*) erfreuten.[101] Deshalb wandte er sich gegen den in Cluny betriebenen Pferdeluxus, den *fastus equitandi*. Reite der Abt von Cluny über Land, bemerkte Bernhard bissig, lasse er sich von über 60 Reitern begleiten. Ein solcher Troß erwecke den Eindruck, der Abt von Cluny und seine Mönche seien nicht Väter von Klöstern (*patres monasteriorum*) und Lenker von Seelen (*rectores animarum*), sondern Herren von Burgen und Provinzen (*domini castellorum; principes provinciarum*).[102] Die kostspielige Klosterarchitektur komme einem Verrat an Armen und Notleidenden gleich.[103] Pelze zu tragen, sei ein Indiz für Verweichlichung und abhanden gekommene Weltdistanz[104] – ein Vorwurf, den Abt Petrus Venerabilis durch biblische Gegenbeispiele und unter Berufung auf den heiligen Benedikt zu

---

100 Vgl. dazu Schreiner, Zisterziensisches Mönchtum und soziale Umwelt (wie Anm. 19) S. 111–114; ders., Mönchsein in der Adelsgesellschaft (wie Anm. 1) S. 37–39.

101 Vgl. Bernhard, Apologia ad Guillelmum Abbatem, in: S. Bernardi opera III (wie Anm. 16) cap. VIII, 20: *De commessatione*, S. 97 f.

102 Ebd., cap. XI, 27: *De fastu equorum*, S. 103 f.

103 Vgl. ebd., cap. XII, 28: *De picturis et sculpturis, auro et argento in monasteriis*, S. 104–107.

104 Vgl. ebd., cap. VI, 12, S. 91 f.

widerlegen suchte.[105] Bernhard begründete eine kritische Tradition. In seiner 1274 abgefaßten *Collectio de scandalis ecclesiae* machte Gilbert von Tournai Benediktineräbten zum Vorwurf, sie würden sich ihren Untertanen gegenüber wie Tyrannen gebärden. In ihrem Pferdeluxus (*pompa equorum*) sowie in ihren Dienst- und Gehorsamsforderungen ihren Dienern gegenüber (*in obsequiis famulorum*) würden sie weltlichen Fürsten nacheifern, „um nicht als Lenker von Seelen, sondern als Herren von Provinzen zu erscheinen".[106]

Äbte, die auf den Gebrauch von Pferden verzichteten, setzten sich nicht der Gefahr aus, als Verächter der Regel gebrandmarkt zu werden. Wer sich zu Fuß oder auf einem Esel fortbewegte, folgte dem Beispiel Jesu und blieb gegen ‚spirituelle' Kritik geschützt.

Als einen Beweis heiligmäßiger Demut wertete der Verfasser der ‚Vita Willihelmi' die Tatsache, daß es Abt Wilhelm von Hirsau ablehnte, auf „einem stolzen Hengst" zu reiten und es stattdessen vorzog, sich auf einer Stute oder dem Rücken eines unscheinbaren Esels fortzubewegen.[107] Zu dieser Charakteristik paßt auch das, was der Zwiefalter Chronist Ortlieb über die Hirsauer Mönche berichtet, die unter Leitung Abt Wilhelms als Gründungskonvent nach Zwiefalten gekommen waren. Nicht auf Pferden, sondern auf Eseln und Maultieren hätten sie den Weg über die Schwäbische Alb zurückgelegt.[108] Das geschah nicht ohne Bedacht. Mönche, die auch in der Öffentlichkeit sichtbar machen wollten, daß der Mönchsberuf unter dem Gebot der Nachfolge Jesu steht, mußten auf Pferde und Pferdeluxus verzichten. Abt Odilo von Cluny war auf einem Esel zum Benediktinerkloster Fleury geritten, um dort die widerspenstigen Mönche zur Annahme der Reform zu bewegen.[109] Ob Mönche des Mittelalters Pferde oder Esel benutzten, erlaubt Rückschlüsse auf ihre soziale Selbsteinschätzung. Das Pferd bildete in der mittelalterlichen Welt ein Symbol herrschaftlicher *dignitas*, ein Standeszeichen des hohen und niederen Adels. Reitende Bischöfe, Reichs- und Laienäbte pflegten einen herrenmäßigen Lebensstil; im Gebrauch von Pferden

---

[105] Vgl. The Letters of Peter the Venerable, Bd. I, hg. v. GILES CONSTABLE, Cambridge, Massachusetts 1967, S. 62–64.

[106] GILBERT VON TOURNAI, Collectio de scandalis ecclesiae, in: Archivum Franciscanum Historicum 24 (1931) S. 51.

[107] Vgl. Vita Willihelmi abbatis Hirsaugiensis, in: MGH SS 12, S. 213: *non superbo equo delectabatur, sed equa aut vilis aselli dorso vehebatur.*

[108] Vgl. Ortliebi Chronicon (wie Anm. 29) cap. 10, S. 52.

[109] Vgl. JOHANNES FECHTER, Cluny, Adel und Volk. Studien über das Verhältnis des Klosters zu den Ständen (910–1156), Stuttgart 1966, S. 61. Vgl. auch KLAUS SCHREINER, Hirsau und die Hirsauer Reform. Spiritualität, Lebensform und Sozialprofil einer benediktinischen Erneuerungsbewegung im 11. und 12. Jahrhundert, in: Hirsau St. Peter und Paul 1091–1991 II (wie Anm. 70) S. 76 f.

dokumentierten sie sowohl ihre adlige Abstammung als auch die ehrgebietende Würde ihres Amtes. Mönche, die zu Fuß gingen, folgten dem Vorbild der Apostel. Sich eines Esels zu bedienen, entsprach der *humilitas Christi*. Mönche, die Christus nachfolgen wollten, mußten sich deshalb fragen, ob der Gebrauch von Pferden eine ihrem Demutsideal angemessene Verhaltensweise sei oder nicht.

Äbte und Mönche, die sich in den Sattel eines Pferdes hoben, hielten es mit den Repräsentationsformen und Statussymbolen der weltlichen Aristokratie: Sie folgten nicht biblischen Vorbildern, sondern machten sich Gepflogenheiten des zeitgenössischen Herrenstandes zu eigen. Äbte des hohen und späteren Mittelalters, die auf Pferden ritten, dachten nicht mehr an den Esel des Propheten Bileam, den Jahwe zuerst sein Antlitz hatte schauen lassen, nicht mehr an den Esel, der im Stall von Bethlehem das Jesuskind mit seinem Atem gewärmt, Maria nach Ägypten und Jesus nach Jerusalem getragen hatte. Die Frommen Israels haben Pferde als Kampftiere ihrer Gegner und Unterdrücker wahrgenommen. Sie waren Symbole für Gewalt, Unfreiheit und Überheblichkeit. Der Psalmist konnte deshalb sagen: Der Herr, der die Gebeugten aufrichtet und die Frevler erniedrigt, „hat keine Freude an der Kraft des Pferdes" (Ps. 147, 10). Jesaias verfluchte jene, die ihre Hoffnung auf Pferde und Kriegswagen setzten (Jes. 31, 3). Das von dem Propheten ersehnte und von Jahwe verheißene Friedensreich zeichnet sich nicht zuletzt dadurch aus, daß in ihm das Volk Gottes Rinder und Esel frei laufen lassen kann (Jes. 32.20). Der Esel war keine abschätzige Sozialmetapher; er galt als Zeichen des Friedens. Von dem kommenden Friedenskönig, der gerecht ist und hilft, wurde geweissagt: „er ist demütig und reitet auf einem Esel, auf einem Fohlen, dem Jungen einer Eselin" (Zach. 9, 9 f.). Das Pferd des Abtes entbehrte biblischer Rechtfertigung. Es stellte gleichfalls einen Antipoden zum Esel des volksfrommen „Eselsfestes" dar, bei dem der Esel als Symbol der Demütigen, Schwachen und Einfältigen zu liturgischen Ehren kam. Gefeiert und inszeniert wurde es am Tag der „Unschuldigen Kinder" (28. Dez.).

Als Norbert von Xanten (um 1080–1134), der Gründer des Prämonstratenserordens, seinen Mönchsberuf aufgab, um den Bischofsthron von Magdeburg zu besteigen, wurde von zisterziensischer Seite kritisch angemerkt, aus dem „barfüßigen Reiter eines Esels" (*nudipes ascensor asini*) sei ein „wohlbeschuhter und wohlbekleideter Reiter eines mit Brustschmuck gezierten Pferdes" (*bene calciatus et bene vestitus ascensor phalerati equi*)[110] geworden. Die Stoßrichtung dieser kritischen Einwände ist eindeutig: Der Esel

---

110 Le moine Idung et ses deux ouvrages: „Argumentum super quatuor questionibus" et „Dia-

veranschaulicht das Armutsideal Altclunys, der Zisterzienser und der frühen Hirsauer; das Pferd verweist auf das soziale Anspruchsniveau und den Lebensstil adliger Herren. Barfüßigkeit bekundet demütige Bußgesinnung, kostbares Schuhwerk hingegen weltlichen Stolz.

Gespür für Rang und Repräsentation bewies der Cluniazenserabt Petrus Venerabilis (1092/94–1156), als er 1132 seinen Mönchen erlaubte, ihre Reisen auf dem Rücken von Pferden zu machen.[111] Auf Pferden über Land zu reiten sollte Mönche befähigen, die Würde ihrer Gemeinschaft angemessen unter Beweis zu stellen. Äbte, die sich durch mehrere reitende Mönche begleiten lassen, sollten in die Lage versetzt werden, die Liturgie besonders feierlich zu gestalten. In Hirsau und bei den Hirsauern verlief die Entwicklung ähnlich. Auch dort ist man langfristig vom Esel aufs Pferd umgestiegen. Nach den ‚Traditiones Hirsaugienses' waren bestimmte Dörfer der Klosterherrschaft zu Reiterdiensten (*prestationes equitatorie*) verpflichtet.[112] Zu diesen zählte auch das Geleit von Äbten und Mönchen. Dienstleute von Zwiefalten begleiteten Abt und Konventsmitglieder mit Pferden. Gingen klösterliche *ministeriales* durch Unachtsamkeit der Mönche ihrer Pferde verlustig, mußten diese vom Kloster ersetzt werden; andernfalls waren die ministerialischen Lehnsinhaber drei Jahre lang von Reiterdiensten befreit.[113]

Zugegeben: Für den Gebrauch von Pferden mag es plausible pragmatische Gründe gegeben haben. Zu Fuß zu gehen, war Zisterzienseräbten, die zum Generalkapitel ihres Ordens reisten, schlechterdings nicht zuzumuten. Aber auch das Notwendige konnte für Zwecke der Repräsentation genutzt werden, wenn z.B. das Sattelzeug besonders aufwendig war oder der Troß über das tatsächlich erforderliche Maß hinaus vergrößert wurde. Ob gewollt oder ungewollt: Über Land zu reiten bildete eine Form öffentlicher Selbstdarstellung, die an Herrschaft denken ließ, nicht an Nachfolge Jesu.

Herrschaft durch Schriftlichkeit

In Konflikten, die Klöster mit konkurrierenden Herrschaftsträgern oder mit abhängigen Untertanen austrugen, „wurde Schrift vor allem zur Legitimie-

---

logus duorum monachorum", hg. v. Robert B. C. Huygens (Studi medievali. Biblioteca 11) Spoleto 1980, S. 142.

[111] Vgl. Statuta Petri Venerabilis abbatis Cluniacensis, in: Corpus consuetudinum monasticarum, Bd. 6, hg. v. Giles Constable, Siegburg 1975, cap. 40, S. 74.

[112] Vgl. Traditiones Hirsaugienses, hg. v. Karl Otto Müller, in: Zeitschrift für württembergische Landesgeschichte 9 (1940/50) S. 43.

[113] Vgl. Ortliebi Chronicon (wie Anm. 29) cap. 9, S. 48.

rung von Herrschaft eingesetzt".[114] Schrift diente der rechtssichernden „Festschreibung von Herrschaftsbeziehungen".[115]

Schriftlichkeit veränderte nicht nur die Formen der Kommunikation; sie veränderte auch die Qualität des Rechts. Angesichts zunehmender Schriftlichkeit bei der Urteilsfindung durch geistliche und weltliche Gerichte oder bei der Suche nach einem Ausgleich mit Hilfe von Gremien der Schiedsgerichtsbarkeit wurde der *ratio scripta*, dem geschriebenen Recht, eine höhere Beweiskraft zuerkannt als der *viva vox*, dem durch Zeugen mündlich vorgetragenen Gewohnheitsrecht. Schriftlichkeit wurde zu einem Herrschaftsmittel, das Klöster zweifelsohne mit größerem Erfolg zu nutzen und wirksamer einzusetzen verstanden als Adlige und Bauern. In Prozessen, in denen sich sowohl Bauern als auch „Adlige gegenüber den Briefen der Klöster vergeblich auf ihr Gedächtnis berufen",[116] kommt dies unmittelbar zum Vorschein. Peter Blickle hat diesen Strukturwandel folgendermaßen beschrieben: „Die Rechtsetzung der Herren verdrängte zunehmend die Rechtsweisung der Bauern, das verbriefte Recht übertraf an Dignität die Zeugenaussage, die gefälschte Urkunde wurde gegen die überkommenen Rechte der Bauern ausgespielt".[117] Wurden zu diesen Rechtsstreitigkeiten Urkunden, Urbare und Amtsbücher zur Beweissicherung vorgelegt, diente klösterliches Schriftgut der Begründung, Symbolik und Vermittlung von Herrschaft. Das zeigte sich zum einen in der größeren Geltungskraft des Urkundenbeweises gegenüber der mündlichen Zeugenaussage, zum anderen in der Tatsache, daß gefälschte Urkunden die Beweiskraft für neue, von Klöstern erhobene Rechtsansprüche übernehmen sollten. Beide Gesichtspunkte sollen im folgenden an Hand ausgewählter Beispiele erläutert werden.

---

[114] Thomas Hildbrand, Herrschaft, Schrift und Gedächtnis. Das Kloster Allerheiligen und sein Umgang mit Wissen in Wirtschaft, Recht und Archiv (11. bis 16. Jahrhundert), Zürich 1996, S. 391.

[115] Ebd., S. 392.

[116] Roger Sablonier, Adel im Wandel. Eine Untersuchung zur sozialen Situation des ostschweizerischen Adels um 1300 (Veröffentlichungen des Max-Planck-Instituts für Geschichte 66) Göttingen 1979, S. 242.

[117] Peter Blickle, Gemeindereformation. Die Menschen des 16. Jahrhunderts auf dem Weg zum Heil, München 1987, S. 66. Vgl. auch ders., Auf dem Weg zu einem Modell der bäuerlichen Rebellion, in: ders. u. a., Aufruhr und Empörung? (wie Anm. 45) S. 304: Die Tatsache, „daß das Alte Recht keine Ausgleichsfunktion mehr hatte, [...] hängt vornehmlich damit zusammen, daß mit zunehmender Schriftlichkeit bei der Urteilsfindung vor Gericht oder vor schiedsrichterlichen Instanzen dem geschriebenen Recht höhere Beweiskraft zukam als dem durch Zeugen vorgetragenen Gewohnheitsrecht. Damit war die Herrschaft prinzipiell in der Vorhand, weil der einzelne Bauer und die jeweilige Gemeinde kaum auf schriftliche Dokumente zur Sicherung ihrer Ansprüche verweisen konnten".

In hoch- und spätmittelalterlichen Auseinandersetzungen zwischen Klöstern und Bauern suchten beide Parteien ihre gegensätzlichen Interessen durch den Rückgriff auf altes Recht zu rechtfertigen, durchzusetzen und zu behaupten. Altes Recht meinte Billigkeit, bewährte Gewohnheit, traditionsgestützte Gerechtigkeit. Bauern, die sich wehrten, wenn Äbte die Frondienste und Abgaben erhöhten, rechtfertigten ihren Widerstand gemeinhin mit dem Hinweis auf ältere Rechtszustände. Umgekehrt benutzten auch Äbte das Alter des Rechts, um genau entgegengesetzte Ziele durchzusetzen. Das ‚Alte Recht' war allerdings nicht immer so alt, wie das Klosterherren vorgaben, wenn sie das rechtliche Herkommen zu ihren Gunsten zu verändern suchten. Das in solchen Rechtskonflikten mit der ehrwürdigen Patina hohen Alters versehene Recht war vielfach nichts anderes als der römisch-rechtliche Eigentumsbegriff, der dem Eigentümer unumschränkte Verfügungsgewalt über Sachen einräumte. Das zeigen die „Irrung, Spenne und zwitracht", die in den Jahren 1468/69 im Augustiner-Chorherrenstift Rottenbuch zu einem Rechtskonflikt zwischen dem Propst und den im „Eigen" des Stifts ansässigen Bauern geführt hatte.

Um den Nachweis zu erbringen, daß die im „Eigen" des Augustiner-Chorherrenstifts Rottenbuch ansässigen Bauern an ihren Gütern keine erblichen Nutzungsrechte besitzen, beharrte der Propst auf der freien Verfügungsgewalt des Klosters über Grund und Boden. Die Güter im „Eigen", argumentierte der Propst, seien *frey aigen ledige gůtter, das damit ein yeglicher herr und prelat und die herren des Conuents thun und handeln mögen nach des Gotzhaus notturft und frommen.*[118]

Die unumschränkte Verfügungsgewalt des Klosters über seine Güter führte der Propst auf den Willen der Klosterstifter zurück. Um das zu erhärten, legte er „notariell beglaubigte Abschriften seines ältesten Urbarbuches vor, die zu diesen Fragen natürlich nichts"[119] enthielten. Außerdem betonte er: Das *gemain recht aller Christenhait* räume jedem das Recht ein, *mit seinem aigen gut zethun und lassen nach seinm nůtz.*[120] Daß den Bauern kein Erbrecht an ihren Gütern zukomme, sei auch daraus ersichtlich, daß „sie keine diesbezüglichen Urkunden besäßen und Erbrecht nicht ersessen werden könne".[121] Um diesen Rechtsgrundsatz zu erhärten, weist der Propst auf das Landrecht Kaiser Ludwigs d. Bayern hin, in dem es heißt: Welcher *pawer auf*

---

[118] Renate Blickle, „Spenn und Irrung" im „Eigen" Rottenbuch. Die Auseinandersetzungen zwischen Bauernschaft und Herrschaft des Augustiner-Chorherrenstiftes, in: Peter Blickle u. a., Aufruhr und Empörung? (wie Anm. 45) S. 90.

[119] Ebd., S. 90, Anm. 34.

[120] Ebd., S. 90, Anm. 32.

[121] Ebd., S. 90.

ainem guot siczt, daz er ainem herren verdienen muozz [das zu Diensten gegenüber einem Herrn verpflichtet], der habe *dhains rechten an daz guot*, es sei denn *er bezeug ez dann mit briefen*.[122] Die Bauern des Stifts Rottenbuch verteidigten eine traditionelle Leiheform, die den Charakter eines Gewohnheitsrechtes angenommen hatte. Das Stift hingegen suchte im Namen des römisch-rechtlichen Eigentumsbegriffs die unumschränkte Sachherrschaft an ihren Gütern durchzusetzen, was faktisch einer Umwandlung von Erblehen in Fallehen gleichkam. Letztere fielen beim Tod eines bäuerlichen Lehnsnehmers in die Hände des Lehnsherrn zurück und konnten dann von diesem unter neuen Leihe- und Nutzungsbedingungen ausgegeben werden. Nur dann, wenn Bauern in Konflikten mit ihren Äbten Prozesse anstrengten, gelangten sie durch das Urteil von Schiedsgerichten in den Besitz schriftlicher Aufzeichnungen, auf die sie sich im Falle neuer Auseinandersetzungen berufen konnten.

Von Interesse ist in diesem Zusammenhang gleichfalls die Beweiskraft, die in der ländlichen Gesellschaft Englands dem verschriftlichten Recht zugebilligt wurde. Als im Herbst 1377 das englische Parlament unter Richard II. zum erstenmal zusammentrat, „machten die *commons* in einer Petition auf alarmierende Unruhen in Teilen der bäuerlichen Bevölkerung aufmerksam: Die zu Sach- und Dienstleistungen verpflichteten Leibeigenen hätten sich auf Rat und mit Unterstützung und Begünstigung gewisser angeworbener Personen Exemplifikationen (beglaubigte Abschriften) des Domesday Book verschafft, um den Nachweis zu erbringen, daß sie keine Verpflichtungen gegenüber ihrem Grundherrn hätten. Sie würden die Ausübung der geschuldeten Dienste verweigern, hätten sich gegenseitig zur Hilfeleistung verschworen und bedrohten die grundherrlichen Verwalter".[123]

Mit den beglaubigten Abschriften des Domesday Book hatte es folgende Bewandtnis: Die *villani* englischer Priorate und Abteien appellierten gemeinhin an das königliche Gericht, wenn von seiten der Klöster versucht wurde, gegen das bestehende Gewohnheitsrecht Abgaben und Dienste der Bauern zu erhöhen. Die *tenants*, die sich der Willkür geistlicher Herren ausgeliefert fühlten, machten geltend, daß das Land, das sie bebauen, seinem Ursprung nach altes Krongut (*ancient demesne of the crown*) sei. Dessen unzerstörbare Rechtsnatur schütze sie gegen eine Erhöhung ihrer Abgaben und Dienste. Die Höhe ihrer heutigen Abgaben und Dienste bemesse sich nämlich nach der Höhe der Abgaben und Dienste, die von einem Landgut zu entrichten und zu leisten waren, als es sich noch in Händen des Königs be-

---

122 Ebd., S. 90 Anm. 34.

123 Eiden, „In der Knechtschaft werdet ihr verharren ..." (wie Anm. 40) S. 181.

fand. Die Zeit unmittelbarer Königsherrschaft wurde zu einer goldenen Zeit der Freiheit und des Wohlstandes verklärt. Als Beweismittel diente das 1086 angelegte Domesday Book. In diesem den Ort erwähnt zu finden, in dem das eigene Landgut und der eigene Hof lagen, erwies sich in der Regel als Wunschtraum. Wenn Prioren und Äbte am Original nachprüfen ließen, was von ihren widerspenstigen *tenants* zum Beweise ihrer *libertas* behauptet wurde, mußten letztere von der Vorstellung, wonach sich ihre Vorfahren in der Zeit der Könige größerer Freiheit erfreut hätten, Abschied und Abstand nehmen.

Gefälschte und verbrannte Urkunden beweisen auf ihre Weise, in welcher Weise schriftliche Rechts- und Besitzaufzeichnungen als Mittel der Herrschaftsbildung und des Herrschaftsabbaus eingesetzt wurden. Um der drükkenden Herrschaft des Allgäuer Klosters Kempten zu entkommen, dessen Äbte nichts unversucht ließen, um die rechtliche und soziale Stellung ihrer Untertanen zu verschlechtern, kündigten die Bauern dem Abt der Fürstabtei den Schirm auf. Zu ihrem neuen Schirmherrn wählten sie den Grafen von Montfort. Dieser sah sich aber durch kaiserliche Mandate und päpstliche Bannandrohungen gezwungen, von der Wahrnehmung seiner Schirmrechte über die Kemptener Bauern Abstand zu nehmen. Die Bauern, die des Ungehorsams und Rechtsbruchs beschuldigt wurden, mußten sich einem Schiedsgericht unterwerfen:

„Auf einem Tag zu Ulm (1423) legte der Abt einen gefälschten Stiftungsbrief Karls des Großen vor, in dem die Zinser mit allen Rechten gleich den Eigenleuten der Abtei zugeeignet wurden, und beschwor mit zwei der angesehensten Konventsherren, daß er und seine Vorfahren diese Rechte seit alters geübt hätten. Darauf wurden die Ansprüche des Abtes bestätigt".[124]

In einem im Jahre 1464 zwischen Abt Ulrich Rösch von St. Gallen und der Landsgemeinde Appenzell ausgetragenen Rechtsstreit haben die Appenzeller dem St. Galler Fürstabt vorgeworfen, „gefälschte Dokumente" verwendet zu haben.[125] Der Vorwurf der Fälschung bezieht sich auf eine Kundschaft des Gerichts zu Tablat, in der alle Appenzeller als Gotteshausleute St. Gallens bezeichnet worden waren. An dem Gerichtsprotokoll hing das Siegel Hans Hechingers, des Hofammanns von St. Gallen. Als dieser der Fälschung überführt wurde, beteuerte er eidlich, „der Abt habe ihm die Ausstellung dieser Briefe nicht befohlen".[126] Der Eid des St. Galler Ammanns kam einer „amtli-

---

124 Günther Franz, Der deutsche Bauernkrieg, 8. Aufl., Darmstadt 1969, S. 11.

125 Vgl. Wilhelm Ehrenzeller, St. Gallen im Zeitalter des Klosterbruchs und des St. Gallerkriegs. Von der Einsetzung Ulrich Röschs als Pfleger bis zum Schwabenkrieg 1458–1500 (St. Gallische Geschichte im Spätmittelalter und in der Reformationszeit 2) St. Gallen 1938, S. 28.

126 Ebd., S. 31.

chen Entlastung“ Abt Ulrichs gleich, die dessen moralische Integrität und politische Handlungsfähigkeit wiederherstellen sollte.

St. Galler Bauern sangen um 1490: *Wir went haim, dem apt sine räte vachen [fangen], die wißent wol die rechten sachen ... sie hulfen im valsch briefe [Urkunden] machen, machtins alt geschaffen und hanktins in roch, und vil ander liste erdachtent sie och.*[127] Der Abt von St. Gallen widersprach nur halbherzig, als ihm vorgehalten wurde, daß seine Räte Urkunden fälschen und zu diesem Zweck neue Pergamente in den Rauch hängen. Wie es sich auch immer damit verhalten mag: Das Lied artikuliert Ohnmacht und Ausweglosigkeit angesichts von Urkunden und Briefen, die festschrieben, was Bauern zu verändern suchten.

Im englischen Bauernaufstand von 1381 haben Bauern Aufzeichnungen und Urkunden verbrannt, um die Erinnerung an eine Vergangenheit auszulöschen, die sie als Quelle herrschaftlicher Willkür empfanden. Es gab bäuerliche Rebellen, die von Mönchen ultimativ die Herausgabe der grundherrschaftlichen Dokumente verlangten, um diese dann öffentlich zu verbrennen. Verbrannt haben aufbegehrende Bauern im englischen Bauernaufstand Aufzeichungen und Akten, in denen ihre unfreie Stellung verankert, ihre Dienste und Abgaben, die sie als ungerechte Last empfanden, verbrieft waren: *rotuli curiae*,[128] *court rolls*,[129] *manorial records*,[130] Protokolle von Patrimonialgerichten,[131] kurzum: alles, was die Archive von Adligen, von Abteien, Bischöfen und Domkapiteln an Texten enthielten, die die Bauern als Quellen ihrer Unfreiheit empfanden.

In einem Aufsatz über ‚Soziale Programme im englischen Aufstand von 1381‘ deutete Rodney Hilton das „Verbrennen der Urkunden der grundherrlichen Gerichte“ als deutliches Zeichen bäuerlicher „Entschlossenheit, das Feudalsystem abzuschaffen“. Vorausgegangen sei diesem Bemühen um eine neue Ordnung der Gesellschaft ein erkennbarer „Bruch mit der traditionellen Theorie“.[132] Ist Hiltons Deutung richtig, wollten die englischen Rebellen

---

127 Blickle, Gemeindereformation (wie Anm. 117) S. 66.

128 Eiden, „In der Knechtschaft werdet ihr verharren ...“(wie Anm. 40) S. 278.

129 Ebd., S. 279.

130 Ebd., S. 345.

131 Ebd., S. 277.

132 Rodney H. Hilton, Soziale Programme im englischen Bauernaufstand von 1381, in: Revolte und Revolution in Europa. Referate und Protokolle des Internationalen Symposiums zur Erinnerung an den Bauernkrieg 1525 (Memmingen, 24. bis 27. März 1975) (Historische Zeitschrift. Beiheft NF 4) München 1975, S. 46. – Zur Vernichtung von städtischem Schriftgut in italienischen Städten des späten Mittelalters im Gefolge von Archivstürmungen durch den aufständischen Popolo vgl. Petra Koch, Die Archivierung kommunaler Bücher in den ober- und mittelitalienischen Städten im 13. und frühen 14. Jahrhundert, in: Kommunales Schriftgut in Ober-

erheblich mehr als ihre bäuerlichen Standesgenossen in Deutschland, die zwar Lasten abwerfen und Freiräume erweitern wollten, nie aber Adligen und Fürsten das Recht aberkannten, für Zwecke wirksamer Rechts- und Friedenswahrung Abgaben zu erheben.

Bäuerlicher Widerstand artikulierte sich in symbolischen Aktionen. Das belegt auch der Konflikt, den das Mühlenmonopol des in der Grafschaft Herfordshire gelegenen Benediktinerklosters St. Albans auslöste. Der bereits erwähnte Benediktiner Thomas Walsingham (um 1422) berichtet von dem Vorfall in seinen ‚Gesta abbatum monasterii S. Albani' und in seiner ‚Historia Anglicana'. Zum Verständnis der Auseinandersetzung zwischen Abtei und Bauernschaft um den Mühlenbann des Klosters ist grundsätzlich anzumerken: Spätmittelalterliche Wind- und Wassermühlen waren nicht nur innovative technische Errungenschaften, sondern auch Mittel der Herrschaftsbildung. Das deshalb, weil die Einrichtung klösterlicher Bannmühlen vielfach dazu geführt hatte, abhängigen Bauern den Gebrauch ihrer Handmühlen zu verbieten. Bemerkenswert bleibt, daß Klöster ihre Mühlen in der Regel nicht verpachtet oder verliehen haben, sondern in Eigenregie durch einen hörigen Müller bewirtschaften ließen, dessen Aufgaben ausnehmend genau und umfassend schriftlich festgelegt waren.

Der Streit um den Mühlenbann von St. Albans, der sich im Jahre 1381 in einem offenen Aufstand der Bauern entlud, schwelte seit den 70er Jahren des 13. Jahrhunderts. Eine Zäsur in diesem Konflikt, in dem sich Erhebungen der Bauern und Prozesse vor dem königlichen Gericht gegenseitig ablösten, bildete das Jahr 1331, als ein neuer, rechts- und herrschaftsbewußter Abt in die Schranken trat. Dieser forderte unnachgiebig, daß die dem Kloster unterworfenen Bauern diesem ihre Handmühlen ausliefern; er ließ die Mühlsteine ins Kloster bringen und mit diesen den Kreuzgang der Abtei pflastern.[133] Im Jahre 1381 schlug dann die Stunde der Bauern. Die aufständischen Bauern zerstörten in St. Albans die Zäune um das Wildgehege und

---

italien. Formen, Funktionen, Überlieferung, hg. v. Hagen Keller und Thomas Behrmann, München 1995, S. 64 f., insbesondere S. 65, Anm. 305. Vgl. auch Jörg W. Busch, Spiegelungen des Verschriftlichungsprozesses in der lombardischen Historiographie des 11. bis 13. Jahrhunderts, in: Kommunales Schriftgut (wie in dieser Anm.) S. 306: Im „Juli 1392 waren die Einwohner von Alessandria und Valenza über die Erhöhung der Kopf- und Verbrauchssteuern durch Giangaleazzo Visconti derart erbost, daß sie kurzerhand alle Bücher und Schriftstücke dieser Kommunen verbrannten. Letzteres kann bei jedem der keineswegs seltenen Brände eines Kommunalpalastes im Zuge einer inneren Auseinandersetzung angenommen werden, doch wurde es kaum je so deutlich geschildert".

[133] Vgl. Marc Bloch, Antritt und Siegeszug der Wassermühle, in: ders. u. a., Schrift und Materie der Geschichte. Vorschläge zur systematischen Aneignung historischer Prozesse, hg. v. Claudia Honegger, Frankfurt am Main 1977, S. 192.

leerten die Fischteiche, um auf diese Weise ihren Anspruch auf freie Jagd und freien Fischfang zu dokumentieren. Sie drangen in die Räume der klösterlichen Güterverwalter ein und vernichteten sämtliche grundherrlichen Aufzeichnungen, um die Macht des Geschriebenen zu brechen. Aus dem Flur des Kreuzgangs brachen sie die Handmühlsteine heraus, die Abt Richard de Wallingford im Jahre 1331 zum Zeichen seines Triumphes über seine unbotmäßigen Untertanen dort hat einzementieren lassen. Außerhalb der Kirche zerbrachen die Rebellen die Steine dann in kleine Stücke und verteilten sie wie Hostien an die Umstehenden (*dantes partem cuique, ut panis benedictus Dominicis diebus partiri et conferri in ecclesiis parochalibus consuevit*[134]). In einer symbolischen Aktion zerstörten die Bauern, was ihrer Auffassung nach ihre Freiheit einschränkte und verhinderte.

Um die Allianz zwischen einem korrupten Richter und einem besitzgierigen Ordensmann anzuprangern, hatten sich die Bauern des Priorats von Bury St. Edmunds ein makabres Schauspiel einfallen lassen. Nach der Ermordung des königlichen Richters John de Cavendish und des Priors von Bury St. Edmunds spießten sie die Köpfe beider auf Lanzen und suchten durch entsprechende Kopfbewegungen das Verhältnis der beiden zueinander zu parodieren. Sie

> „wandten den Kopf des Priors zum Kopf des Richters, dann zu seinem Ohr, gleichsam um Rat bittend, dann zu seinem Mund, gleichsam Freundschaft zeigend. Auf diese Weise wollten sie die Freundschaft und den Rat, der während ihres ganzen Lebens zwischen ihnen bestand, verspotten“.[135]

Abschließende Erwägungen

Der Versuch, theoretische Legitimationsmuster und symbolische Formen als Faktoren der von Äbten ausgeübten Herrschaft kenntlich zu machen, wurde nicht deshalb unternommen, um angesichts eines überbordenden Interesses an Zeichen, Ritualen und Begriffen die Realität institutionell und strukturell verankerter Machtverhälttnisse aus dem Auge zu verlieren. Ich denke, es ist an der Zeit, den manichäisch anmutenden Dualismus, der politisch-soziale Wirklichkeit in weiche Ideen und harte Fakten, in Geistiges und Materielles, in Begriffe und Sachen, in uneigentliches Bewußtsein und eigentliches Sein auseinanderdividiert, ein für allemal zu den Akten zu legen. Herrschaft, die Dauerhaftigkeit anstrebt, bedarf der gedanklichen Begründung und zei-

---

[134] Eiden, „In der Knechtschaft werdet ihr verharren ...“ (wie Anm. 40) S. 368.

[135] Ebd., S. 164 f.

chenhaften Darstellung. Ungesicherte Herrschaftslagen zeichnen sich dadurch aus, daß sie der Argumente, Mythen und Traditionen entbehren, die einer Herrschaftsordnung Anerkennung verschaffen und damit ihre Durchsetzbarkeit gewährleisten. Herrschaft, die den Anspruch auf Legitimität erhebt, bedarf überdies der visuellen Vermittlung durch Symbole und symbolische Handlungen. Ein erweiterter Macht- und Herrschaftsbegriff läßt es deshalb als geboten erscheinen, sich mit Zeichen und symbolischen Handlungen zu beschäftigen, die die Wirklichkeit der Macht repräsentierten.

Hierarchy in the late Middle Ages: criticism and change

by

DAVID E. LUSCOMBE

The late Père Yves M.-J. Congar, in his study of "Aspects ecclésiologiques de la querelle entre mendiants et séculiers",[1] brought to light the differing interpretations of the concept of hierarchy in the thirteenth and early fourteenth centuries. Congar noted that some of the implications spread far beyond the actual quarrels themselves between the mendicant friars and the secular clergy, for hierarchy is a notion that has the power to penetrate every aspect of the cosmos, including church and state.[2] I take Congar's study as my starting point for two purposes. The first of these is to take the focus forward to the later Middle Ages, the fourteenth and the fifteenth centuries, to which Congar himself provided pointers, and the second is to try to make a preliminary survey and classification of the differing interpretations of hierarchy found in the later Middle Ages. Such interpretations were often prolongations and adaptations of positions previously formulated in the thirteenth century but they also continued to be developed and to be brought to bear on a wide range of problems, both old and new. These problems continued to include the place of the Mendicant orders in the ecclesiastical hierarchy, papal provisions to benefices and monastic exemptions but they also came to embrace other topics such as Angevin rule in Sicily, the Great Schism and Lollardy. Hierarchy provided the means of bringing theory to bear on such issues and to position them in a wider cosmic and historical framework. It will be obvious that my attribution of the differing types of argument to two broad groups of writers – roughly, those who were in support of established structures and those who were, for whatever reason, its critics –

---

1 See YVES M.-J. CONGAR, Aspects ecclésiologiques de la querelle entre mendiants et séculiers dans la seconde moitié du XIIIe siècle et le début du XIVe, in: Archives d'histoire doctrinale et littéraire au moyen âge 28 (1962. Trente-sixième Année, 1961), pp. 35–151, especially pp. 114–145.

2 See ibid., pp. 138–145.

is a considerable over-simplification. Criticism and reinterpretation were not incompatible with traditional convictions but notable attempts were made to use hierarchy to attack and to revise prevalent assumptions. My attempt, furthermore, to distinguish, within these two broad groups, some sharp and clearcut differences of approach is also somewhat rough and ready because such differences are not watertight but porous. However, the typology that does emerge, provisional and sketchy though it is, may offer the advantage of permitting the variety of developments to be seen.[3]

I begin with some of the positive interpretations:

1.1 The Dionisian law: *lex divinitatis est ut infima per media reducantur ad suprema* (see *De coelesti hierarchia*, 4).

This law, enshrined in *Unam Sanctam*, encapsulates the vision of the reduction of all creatures to God by hierarchic actions performed by mediators.[4] In a sense, all interpretations of hierarchy, whatever their bearing, are derived from this law which was widely cited as a convenient summary of the Dionisian picture.

1.2 Ecclesiastical hierarchy, which has as its model the celestial exemplar, is inclusive of polity. Temporal authority should be modelled on and always be subject to the superior ecclesiastical hierarchy.

François de Meyronnes, writing between 1320 and 1324 in support of the Angevin kingdom of Naples, urged Robert, king of Sicily (1309–1343) to subject his rule to that of the church. A temporal ruler rules according to human or political law but he is nobler if he subjects himself to the pope in temporal as well as in spiritual matters. Hierarchy embraces all. The laws of a polity cannot regulate all human activity but hierarchy can, and no one should try to act against or outside the hierarchy. In order for a polity on earth to be perfect, it should imitate hierarchy. François may have had in mind Dante's *De monarchia* when he argued that the supreme hierarch is superior to the holder of universal temporal jurisdiction. In the Old Testa-

---

[3] In this paper I try to pull together some of the more detailed studies I have previously written. For the earlier medieval period see David E. Luscombe, Conceptions of hierarchy before the thirteenth Century, in: Soziale Ordnungen im Selbstverständnis des Mittelalters ed. Albert Zimmermann (Miscellanea mediaevalia. Veröffentlichungen des Thomas-Instituts der Universität zu Köln 12, 1) Berlin 1979, pp. 1–19.

[4] See David E. Luscombe, The *Lex divinitatis* in the bull *Unam Sanctam* of pope Boniface VIII, in: Church and Government in the Middle Ages: Essays presented to C.R. Cheney ed. Christopher N.L. Brooke, David E. Luscombe, Geoffrey H. Martin and Dorothy Owen, Cambridge 1976, pp. 205–221.

ment, hierarchs such as Elias, Eliseus and Samuel had the authority to institute temporal rulers. In serving the church and in being a vassal of the Holy See, Robert's position is not enfeebled but strengthened. When a creature participates in and is assimilated into something higher than himself, he is ennobled. Lucifer's refusal to acknowledge his subjection to something higher was followed by his damnation; Michael's acceptance of his subjection brought him honour. In more recent times, the *principatus* of Frederick II, also king of Sicily, had been destroyed because of his refusal to subject himself but that of Charles, the first Angevin king of Sicily, had been confirmed.[5]

1.3 Hierarchy and apostolic succession fit together.

An example is provided by Thomas of Ireland in his *De tribus ierarchiis* and at the end of his *De tribus punctis religionis christiane* (1316). Thomas, who was a bachelor of theology at Paris and a fellow of the Sorbonne until at the latest 1306, emphasized the way in which ecclesiastical hierarchy preserves the form of the early church: the pope is Christ's successor and occupies the top grade in the ecclesiastical hierarchy. Cardinals, archbishops and bishops are all successors of the apostles and fill the middle grade. Priests with the cure of souls succeed the seventy-two disciples and form the lowest grade. He wrote for parish priests and his sympathies lie with the pope and the secular clergy.[6]

1.4 The church militant should be modelled on the angelic hierarchy but this requires reform.

Jean Gerson in his *De potestate ecclesiastica* (1417) presents such a case robustly. His presentation of the structure of what the ecclesiastical hierarchy should be differs in detail from the divisions given by Thomas of Ireland. Gerson places the pope and the cardinals in the top grade, patriarchs, arch-

---

[5] See P. de Lapparent, L'oeuvre politique de François de Meyronnes, ses rapports avec celle de Dante, in: Archives d'histoire doctrinale et littéraire du moyen âge 25–27ème années (1940–1942) pp. 5–151. De Lapparent provides editions of some of François' writings; see, for example, *De principatu temporali* at pp. 64 f. and 67–70; *Quaestio de subjectione I* at pp. 77 f. and 87 f.; *Tractatus de principatu regni Siciliae* at pp. 95–98 and 104. See also David E. Luscombe, François de Meyronnes and hierarchy, in: The Church and Sovereignty, c. 590–1918. Essays in Honour of Michael Wilks ed. Diana Wood (Studies in Church History. Subsidia 9) Oxford 1991, pp. 225–231.

[6] See especially Richard H. Rouse and Mary A. Rouse, Preachers, Florilegia and Sermons. Studies on the *Manipulus florum* of Thomas of Ireland (Studies and Texts 47) Toronto and Leiden 1979. See also Barthélemy Hauréau, Thomas d'Irlande, théologien, in: Histoire littéraire de la France, vol. XXX, Paris 1888, pp. 398–404.

bishops, bishops and priests in the middle one and religious and laity in the lowest. The Roman curia should imitate the first three orders of angels in hierarchizing and in not being hierarchized by others. Bishops and priests should resemble the middle hierarchy of the angels in hierarchizing as well as in being hierarchized by others. Religious and laity are hierarchized but lack the authority to hierarchize others.[7] However, the ideal was not the reality, and Gerson protested that in the church of his time there was much that resembled hell, in which horror had replaced order. There were many learned and worthy men who were not ordained and many ignorant and unworthy men who filled even the highest grades in the hierarchy. There were many men who failed to perform their hierarchic functions of purifying, enlightening and perfecting others.[8] Reform of abuses required the restoration of hierarchy. Gerson noted the punishment that follows transgressions of the hierarchy: Lucifer was cast out of heaven and Adam expelled from his terrestrial paradise.[9]

1.5 The organization of kingdoms is comparable to the organization of the kingdom of heaven.

Giles of Rome, in his *De ecclesiastica potestate*, 2.13, written in 1300–1302, reminds one of Alan of Lille and William of Auvergne, who had both made detailed comparisons between the angelic hierarchies governing the universe and the organization of earthly kingdoms. The government of the universe and the salvation of the elect require orders to be arranged (*ordinati*) so that each order presides over and is presided over by another. Tripartite organization is a general feature of large groupings, on earth as in heaven. The triads form *militiae* which do battle in the cause of salvation and which take account of the inequalities that exist between men as well as between angels.[10]

---

[7] See Jean Gerson, De potestate ecclesiastica [6th February, 1417], in: idem, Œuvres complètes, 10 vols ed. Palémon Glorieux, Paris etc. 1960–1973, here: vol. VI, no. 282, p. 227. See also ibid., p. 240; De orationibus privatis fidelium, in: ibid., vol. X, no. 507, p. 135; Quomodo stabit regnum, in: ibid., vol. VII, pp. 981 f.; Notulae super quaedam verba Dionysii de coelesti hierarchia, in: ibid., vol. III, no. 98, pp. 208 and 222; Sermon preached before Pope Benedict XIII at Tarascon on 1st January 1404, in: ibid., vol. V, no. 212, p. 77.

[8] See Jean Gerson, Mémoire [written to justify the summoning of the Council of Pisa, c. 19th June 1409 and later submitted to Pope Alexander V], in: idem, Œuvres complètes (as in note 7) vol. V, no. 221, pp. 212–214.

[9] See David E. Luscombe, John Gerson and hierarchy, in: Church and Chronicle in the Middle Ages. Essays presented to John Taylor ed. Ian Wood and Graham A. Loud, London 1991, pp. 193–200, here: pp. 194–198.

[10] See Aegidius Romanus, De ecclesiastica sive summi pontificis potestate ed. Richard

1.6 Spiritual and temporal hierarchies are parallel to each other.

This theme also had a long history behind it, dating back to Alan of Lille and William of Auvergne. Nicholas of Cusa picks it up in *De concordantia catholica* when he constructs, although briefly, a hierarchy parallel to that of the church and comprising an emperor, dukes and counts. But Cusa gives these, like their clerical counterparts, a representative character.[11]

1.7 Hierarchy supports papal sovereignty.

The "divine-earthly orifice" which is the vicar of Christ sets up kings and emperors; the pope is the king of kings and lord of lords and the mediator, as Augustinus Triumphus (among others) put it, between God and the Christian people.[12] Monarchy is the principle which unites a multitude in imitation of the heavenly kingdom.[13] Giles of Rome, François of Meyronnes, Augustinus Triumphus, the Eugenians, especially Turrecremata, and many more justified the power of the pope to intervene directly in the lower levels of hierarchy, including temporal lordship. Turrecremata countered the Kraków Memorandum of 1442 with an appeal to Denis.[14]

These interpretations did not go unchallenged. Indeed, the fourteenth and early fifteenth centuries were fertile in the number, variety and novelty of re-interpretations of hierarchy. These almost always amount to criticism of existing interpretations.[15]

Scholz, Weimar 1929, pp. 122 and 124. See also Aegidii Columnae Romani Eremitarum D. Augustini [...] in secundum librum Sententiarum Quaestiones [...] pars prima ed. Angelo Rocca, Venice 1581, dist. 9, quaest. 1, art. 2, p. 410 and dist. 9, quaest. 2, art. 1, pp. 434 f.; Aegidius Romanus, Tractatus contra exemptos, in: Primus tomus operum D. Aegidii Romani, c. 10, p. 7, col. 2; c. 18, p. 13, col. 4; c. 19, p. 14, col. 3. Furthermore, see Congar, Aspects ecclésiologiques (as in note 1) pp. 138–141, and Luscombe, The *Lex divinitatis* (as in note 4) pp. 215 f.

[11] See Nicholas of Cusa, The Catholic Concordance, ed. and trans. by Paul E. Sigmund (Cambridge Texts in the History of Political Thought) Cambridge 1991, pp. xxviii-xxxi.

[12] See Michael Wilks, The Problem of Sovereignty in the Later Middle Ages. The Papal Monarchy with Augustinus Triumphus and the Publicists (Cambridge Studies in Medieval Life and Thought. New Series 9) Cambridge 1963, pp. 275 f.; see also ibid., pp. 164 f. Wilks cites Augustinus Triumphus, Summa de potestate ecclesiastica, Rome 1584, 44.1, p. 240: [...] *cum secundum Dionysium lex divinitatis hoc habeat ut eius influentia non transeat ad inferiora nisi per media. Medius autem inter Deum et populum christianum est ipse papa, unde nulla lex populo christiano est danda nisi ipsius papae auctoritate.*

[13] See Congar, Aspects ecclésiologiques (as in note 1) pp. 142–144.

[14] See Antony Black, Monarchy and Community. Political Ideas in the Later Conciliar Controversy, 1430–1450, Cambridge 1970, pp. 78 f.

[15] On the contributions made from universities in this period see David E. Luscombe, Some examples of the use made of the works of the Pseudo-Dionysius by university teachers in the la-

2.1 The organization of the celestial hierarchy is not altogether relevant to the organization of the ecclesiastical hierarchy.

There was persistent unease, spanning at least two hundred years, over the use of the angelic hierarchy as a model for terrestrial and human forms of organization. Indeed, one of the most fundamental criticisms offered during the period emerged in the thirteenth century in the writings of Thomas Aquinas.

Aquinas questioned the usefulness of the celestial hierarchy as an appropriate model of the ecclesiastical hierarchy. Human society rests on a single species, man. But each angel is a separate species. Men are equal by nature but the angels are not. The distinction of orders among the angels is a distinction between their natures and also between the graces they receive. The differences between angelic natures are unchangeable and insuperable: an angel cannot be moved from one order to another. The distinction between orders among men is not based on nature but on power, and it is not immutable: a layman may be ordained a priest. The division of angels into nine orders reflects differences of nature and grace but there are no differences of nature among men, and differences of grace are invisible to human beings. The ecclesiastical hierarchy may try to imitate the orders of the angels, and laudably so in certain respects, but there is no necessity for it to try to resemble the heavenly hierarchy in every way.[16]

Aquinas also drove a wedge into the principle of mediation. By and large he accepted the main themes put forward by Denis: God rules lower creatures through intermediaries which participate more fully in the divine government of the universe than do inferior creatures. Repeatedly in the *Summa theologiae*, Aquinas states that no multitude would be properly organized unless it were arranged into different *ordines* to which are attached differing activities and functions. Not only among angels but also among men lesser beings are governed by higher beings and are brought back to the highest by intermediaries. All this is a fixed, unchangeable law of divinity.[17] But qualifi-

---

ter Middle Ages, in: The Universities in the Late Middle Ages ed. Jozef Ijsewijn and Jacques Paquet (Mediaevalia Lovaniensia Series 1. Studia 6) Leuven 1978, pp. 228–241. And on the movement of debate into central Europe in the late Middle Ages see David E. Luscombe, Denis the Pseudo-Areopagite and central Europe in the later Middle Ages, in: Société et église. Textes et discussions dans les universités d'Europe centrale pendant le moyen âge tardif. Actes du colloque international de Cracovie, 14–16 juin 1993 ed. Sophie Włodek (Rencontres de philosophie médiévale 4) Turnhout 1995, pp. 45–64.

[16] See II Sent. d. 9, q. 1, a. 7; IV Sent. d. 4, q. 2, a. 3 q^{a} 3 ad 1; Contra impugnantes, c. 4; Summa theologiae Ia q. 108, a. 4

[17] See Summa theologiae, Ia, q. 90, a. 3; q. 106, a. 3; q. 108, a. 2; q. 112, a. 2. Cf. Compendium theologiae, I, c. 124.

cations are added to these general affirmations. In his *Scriptum* on the *Sentences*, Aquinas denies that the orders in the church militant reflect degrees of inner goodness. Differences of hierarchic grade among men – for example, the inability of a layman to consecrate – do not arise from differences of virtue or goodness among fellow members of the church but from differences of power.[18] In his *Summa theologiae* Aquinas writes that the ecclesiastical hierarchy represents the heavenly hierarchy on earth. But, whereas in heaven an inferior angel cannot enlighten a superior, in the ecclesiastical hierarchy an inferior creature can enlighten a superior one. There are some in the lowest grade in the church who are closer to God than others in a higher grade, and, while they may not be eminently knowledgeable, they can enlighten those above them.[19] The ecclesiastical hierarchy imitates the celestial hierarchy only to an extent, not perfectly.

Similar arguments are put in the *Quaestio in utramque partem* (written in 1302) and in its French translations: the angels obey God in all things, and in heaven supreme peace, concord and uniformity of will are found but on earth hierarchy is racked by dissensions, disputes, inumerable discords and frauds.[20] As Raoul de Presles wrote in his translation of the work, made before 1376: *ce nest pas chose semblable du Ierarche celestien & terrien*.[21]

Unease and doubt persisted. In 1441, in the university of Heidelberg, Johannes Wenck debated with a Bachelor the question whether reform of weaknesses in the ecclesiastical hierarchy required consideration of the disposition of the angelic and of the supercelestial hierarchy. Wenck, himself the author of an unstudied commentary on the *Celestial Hierarchy* of Denis, held that concepts of rulership should not be extrapolated from theological doctrines concerning the mystical body of Christ and, further, that the Ba-

---

18 See IV Sent. d. 13, q. 1, a. 1, sol. 1.

19 See Summa theologiae, Ia, q. 106, a. 3; q. 117, a. 2. Many other passages could be cited from Aquinas' writings on these themes. See CONGAR, Aspects ecclésiologiques (as in note 1) pp. 123–134, and DAVID E. LUSCOMBE, Thomas Aquinas and conceptions of hierarchy in the thirteenth century, in: Thomas von Aquin. Werk und Wirkung im Licht neuerer Forschung ed. ALBERT ZIMMERMANN (Miscellanea mediaevalia. Veröffentlichungen des Thomas-Instituts der Universität zu Köln 19) Berlin 1988, pp. 261–277.

20 See GUSTAVO VINAY, Egidio Romano e la cosidetta Questio in utramque partem (con testo critico), in: Bollettino dell'Istituto Storico Italiano per il Medio Evo e Archivio Muratoriano 53 (1939) pp. 43–136. See also DAVID E. LUSCOMBE, Wyclif and hierarchy, in: From Ockham to Wyclif ed. ANNE HUDSON and MICHAEL WILKS (Studies in Church History. Subsidia 5) Oxford 1987, pp. 233–244, here: pp. 241 f.

21 Monarchia S. Romani Imperii, vol. I ed. MELCHIOR GOLDAST, Hannover 1611, pp. 39–57, here: p. 50.

chelor's attempt to place communities such as the Beguins and the Beguines in the ecclesiastical hierarchy was to go beyond Scripture.[22]

2.2 The ecclesiastical hierarchy does not include temporal authority.

John of Paris, on the basis of Denis' treatises, denied in his *De potestate regia et papali* (written in 1302/3) that the ecclesiastical hierarchy can be said to possess temporal authority. He also denied, not only that temporal power should be modelled on the celestial exemplar but also that, as a consequence, unity under a single temporal monarch is necessary. He further rejected the argument, based on Denis' placement of the laity in the lowest grade of the ecclesiastical hierarchy, that kings - being laymen - are subject to the pope even in temporal matters. And he maintained that, because of the law of divinity which is a law of mediation, a pope cannot exercise direct power over laymen since a pope cannot by-pass the intermediate orders in the hierarchy.[23]

The writer of *Rex pacificus* argued along similar lines: Denis provides no basis on which to suppose that spiritual power contains within itself temporal power. Control of temporal affairs is not a part of perfection and therefore it is not a responsibility of prelates. Symbolic theology can provide no proofs: men and angels are not the same. In so far as men do resemble angels, the celestial hierarchy provides an exemplar but, since angels are not corporeal or temporal creatures, their organization into orders does not provide a model for temporal or corporeal organization on earth.[24] The anonymous Gloss on *Unam Sanctam* also contains doubts that Denis' writings provide any ground for believing that temporal power is somehow contained within spiritual power like an effect within its cause.[25]

The author or authors of the *Allegationes de potestate imperiali* (*articulus* 3) develop this point in the course of seeking to reply to objections to the

---

22 See Rudolf Haubst, Studien zu Nikolaus von Kues und Johannes Wenck aus Handschriften der Vatikanischen Bibliothek (Beiträge zur Geschichte der Philosophie und der Theologie des Mittelalters 38, 1) Münster 1955, pp. 297 f.

23 See John of Paris, De Potestate Regia et Papali, in: Jean Leclercq, Jean de Paris et l'ecclésiologie du XIIIe siècle (L'Eglise et l'Etat au Moyen Age 5) Paris 1942, cc. 2 and 18, pp. 179 and 230 ff. See also Congar, Aspects ecclésiologiques (as in note 1) p. 144, and Luscombe, Wyclif and hierarchy (as in note 20) p. 241.

24 See Anon., Rex pacificus, in: Pierre Dupuy, Histoire du différend d'entre le pape Boniface VIII. et Philippes le Bel, roy de France, Paris 1655, pp. 663–683. See also Luscombe, Wyclif and hierarchy (as in note 20) p. 241.

25 See Anon., Ad "Unam sanctam", in: Heinrich Finke, Aus den Tagen Bonifaz VIII. Funde und Forschungen, Münster 1902, pp. c-cxvi. See also Congar, Aspects ecclésiologiques (as in note 1) pp. 144 f., and Luscombe, Wyclif and hierarchy (as in note 20) p. 242.

proposition that the pope's fullness of power was confined to spiritual matters and, in particular, to show that kings and emperors owe their authority to election and not to unction and consecration. This collection of six *articuli* is now generally thought to have been a cooperative enterprise, largely completed by 1338, on the part of the Michaelists or supporters of Michael of Cesena rather than one written by William of Ockham. The writer or writers comment upon the *lex divinitatis* formulated on the basis of Denis' texts. This *lex* does not prove that the lowest orders owe their *being* to the middle orders or the middle orders to the highest. Among the angels, the orders enlighten and inform each other concerning their ministry to others but the higher orders do not create the orders beneath them in being. They do not provide them with their nature or with grace or with glory, for every angel owes its nature and its grace and its glory to God alone. Likewise, although the emperor is subject to the pope in matters that pertain to Catholic faith, his power is not created by the pope nor does imperial *ius* emerge from papal *ius*.[26]

A similar view is put in the *Somnium Viridarii* (1376) by *Miles*. *Miles* maintains that, although men should imitate the angels in spiritual matters, they also have physical bodies and live in time and, therefore, cannot model temporal and earthly government on the celestial example.[27]

2.3 Hierarchy supports conciliar government in the church.

Jean Gerson emphasized that the divinely instituted ecclesiastical hierarchy forms a single congregation. This finds its unity best when gathered together in council. In his treatises and sermons Gerson develops the terminology of hierarchy into a weapon which gives force to his view that it is of the essence of the church to be both ruled by a monarch and gathered together in council. For the church is in character a congregation. During the councils held at Pisa and Constance Gerson repeatedly spoke on the theme that the entire hierarchy of the church, from the pope down to the lowest official, had been made by God, not man. Popes and bishops will come and go but the collective structure of grades, dignities and offices is permanent and essential and had been put into the early church by Christ. This network – Gerson uses the word *junctura* – has been infused by Christ with a living seed which enables the entire hierarchy to conserve and to propagate itself until the end of time. It is best able to do its work of purifying, enlightening

---

[26] William Ockham, Opera politica, vol. IV ed. Hilary Seton Offler (Auctores Britannici medii aevi 14) Oxford 1997, pp. 416 f. and (on the composition of this work) pp. 359 ff.

[27] See Miles, Somnium Viridarii, in: Monarchia, vol. I (as in note 21) lib. 1, cc. 43f., pp. 58–229, here: pp. 72 f.

and perfecting the world when it is brought together in council.[28] Gerson comes close to some of the emphases which Grossteste made famous: the church is a monarchy but the pope should not use his fullness of power over all immediately; bishops have the right to perform hierarchical acts in their own flocks. Hierarchy functions properly only if the entire hierarchy is maintained; if the middle term is enfeebled, the whole loses its meaning.[29] But Gerson, unlike Grosseteste, campaigns for councils of the whole church; only by being gathered together in entirety does the church achieve unity.

Nicholas of Cusa also interpreted the ecclesiastical hierarchy in a conciliarist sense in *De concordantia catholica*, 2.17–18: a council represents the church better than the pope alone.

2.4 Hierarchy is restricted to the illuminated and the pure; the unilluminated and the impure do not belong to it and these may be resisted.

John Wyclif, while accepting in outline traditional theories of hierarchy, drew attention in chapter 15 of his *De ecclesia* (1378) to the consequences of rebellion within the angelic host and, from this, he derived implications for the ecclesiastical hierarchy. Just as Lucifer and the bad angels, in conflict with Michael and the good angels, were cast out from the angelic hierarchy and lost the power to enlighten and to purify others, so too clerics, who lack the power to enlighten and to purify and are more blind and more criminous than the laity, should be subject to laymen. The example of the celestial hierarchy does not mean that lower orders must always obey higher ones. Corrupt clergy should lose immunity from lay justice and the King may withdraw their property and income.[30] Wyclif and his followers frequently used the example of Grosseteste to justify resistance to misused authority.[31] Gros-

---

[28] See Jean Gerson, Propositio facta coram Anglicis [29th January, 1409], in: idem, Œuvres complètes (as in note 7) vol. VI, no. 271, p. 132 f.; Sermo post recessum Joannis XIII [preached at the Council of Constance, 23rd March, 1415], in: ibid., vol. V, no. 210, pp. 40 and 43 f.; De auferibilitate sponsi ab ecclesia [presented to the council of Constance on 20th April, 1415], in: ibid., vol. III, no. 102, pp. 296 f.; De potestate ecclesiastica [6th February, 1417], in: ibid., vol. VI, no. 282, p. 222.

[29] See idem, De plenitudine potestatis ecclesiasticae, in: idem, Œuvres complètes (as in note 7) vol. VI, no. 283, pp. 250 f. See also Luscombe, John Gerson and hierarchy (as in note 9) pp. 196 f.

[30] See Iohannis Wyclif Tractatus de ecclesia ed. Johann Loserth (Wyclif Society) London 1886, pp. 349 f.

[31] See ibid., p. 250; idem, Tractatus de civili dominio liber primus ed. Reginald Lane Poole (Wyclif Society) London 1885, pp. 290 and 384–392, as well as, generally, Johann Loserth, Johann von Wiclif und Robert Grosseteste, Bischof von Lincoln, in: Sitzungsberichte der Akademie der Wissenschaften in Wien. Phil.-hist. Klasse 186 (1918) Abh. 2, pp. 1–83, here: pp. 31 f. and 70–73. See also David E. Luscombe, Wyclif and hierarchy (as in note 20).

seteste himself compared corrupt clergy to Lucifer: "No faithful subject of the Holy See", Grosseteste wrote in his famous letter of refusal to admit the nephew of Pope Innocent IV to a canonry at Lincoln in 1253, "can submit to mandates, precepts or any other demonstrations of this kind, no, not even if the author were the most high body of angels [...] as an obedient son, I disobey".[32] Subjects, wrote Wyclif in book 1 of *De civili dominio* (1375/6), should "not be afraid to resist by reason of the pre-eminence of the hierarchy which (as they imagine) 'it is unlawful for inferiors to judge'".[33]

2.5 Hierarchy has evolved; it is not static in its arrangement.

A historical approach is found in some writers, such as Adam Easton. Easton was a monk of Norwich Cathedral Priory who left a *Defensorium ecclesiastice potestatis* which was completed in the papal curia c. 1370 before the Great Schism.[34] It is a refutation of the errors of the day, especially those of John Wyclif, and it was cast in the form of a dialogue between *Rex* and *Episcopus*. Easton sets forth a lofty view of papal fullness of power, and he links it with a view of church history which goes beyond Denis' meagre contribution to the subject. At one point in the work *Rex* protests that the likening of the three higher grades of angels – seraphim, cherubim and thrones – to the cardinal bishops, cardinal priests and cardinal deacons is unbiblical since the Bible says nothing about cardinals. *Episcopus* replies with an explanation of how the church has evolved, under the guidance of the Holy Spirit, since the New Testament was written down. Before Peter gained universal jurisdiction, the apostles were like the three higher orders of angels and, thus, like the cardinals yet to come. Then, some of the apostles dispersed and became archbishops and bishops, while others remained around Peter and became (as it were) cardinals.[35]

History again underlies Easton's argument about royal and sacerdotal power. *Rex* asks whether angels combine the two, and *Episcopus* answers that they do and that, according to Hugh of St Victor in his commentary on the *Celestial Hierarchy*, chapter 1, priestly power is prior to royal. The earthly ruler's

---

32 ROBERT GROSSETESTE, Epistolae ed. HENRY RICHARD LUARD (Rerum Britannicarum medii aevi scriptores = Rolls Series) London 1861, no. 128, pp. 432–437.

33 Johannis Wycliffe Tractatus de civili dominio liber primus (as in note 31) p. 392: [...] *non territi resistere ex eorum preeminencia ierarchica, de qua (ut fingunt) "non licet inferioribus iudicare"* [...].

34 Easton's *Defensorium* is unprinted. I follow here the very useful paper by MARGARET HARVEY, Adam Easton and Pseudo-Dionysius, in: Journal of Theological Studies NS 48 (1997), pp. 77–89.

35 See ibid., pp. 82–84.

original concern was confined to temporal matters but, once sin entered in, there was produced the disordered state in which kings curtail priestly power.[36]

Heimericus de Campo, who wrote his *Tractatus de potestate papae et concilii generalis* in 1446, at a time when he supported both the Eugenians and *Haec sancta*, tried to reconcile conciliar and papal power by arguing that each is complementary to the other. To do this, he maintained that the church is both people and hierarchy, both congregated in council and ruled from a centre which is the papacy but also apostolic and dispersed. Underlying this complex notion was a historical argument. Heimericus distinguished three successive hierarchies: plebeian, episcopal and papal. In the New Testament, the church was plebeian, led by Christ's disciples, ill-organized and not yet dispersed. Later, as the church dispersed through the world, formal organization developed and parish clergy, who succeeded Christ's disciples, came to be supervised by bishops. In the final stage, yet to come, the dispersed church will be brought back to full unity under the vicars of Christ who are the popes. But conciliar and papal power remain complementary.[37]

2.6 Denis' teaching on hierarchy does not make popes and cardinals necessary.

John Hus, in his *De ecclesia* (1413), argued that Denis taught that St Peter was head of the apostles, not head of the church. Only Christ is head of the church. He argued also that in the church those who do not emulate the lives of the apostles cannot be accepted as their successors. Since the pope and the cardinals live extravagant lives of greed, they are not the true or necessary or permanent successors of the apostles or of Peter. The truest successors are saints such as the Fathers of the church. Christ is the head of the ecclesiastical hierarchy.[38]

2.7 A hierarchy of order and a hierarchy of jurisdiction should be distinguished, i. e. a sacramental and a governmental hierarchy.

Elements of this distinction are found in Aquinas, *Summa theologiae*, I*a*, q. 22 and q. 103. Here Aquinas distinguishes between two aspects of divine

---

36 See ibid., pp. 83 f.

37 On the *Tractatus de potestate papae et concilii generalis* see ANTONY BLACK, Heimericus de Campo: the council and history, in: Annuarium historiae conciliorum 2 (1970), pp. 78–86. On Heimericus' De ecclesiastica potestate, written in 1433–1434, see ANTONY BLACK, Council and Commune. The Conciliar Movement and the Fifteenth-Century Heritage, London 1979, pp. 58–84. This work also presents a view of ecclesiastical history in three stages: the first is indistinct, the second aristocratic and royal and the third collegiate and conciliar.

38 See Magistri Johannis Hus Tractatus de ecclesia ed. SIDNEY HARRISON THOMSON, Boulder, Colorado 1956, pp. 64–66 and 120–122.

providence. The first is God's rational order for all things, a providence which is immediate and direct and is not exercised through secondary and intermediate agencies. The second aspect of providence consists in the *executio* of God's plan by intermediaries or secondary agencies. This Aquinas terms *gubernatio* which amounts to God's sharing of his causality with other creatures who are able to impart his goodness. In q.108 of the *Prima pars*, this distinction between *providentia* and *gubernatio* develops into a distinction between two kinds of *principatus*, one in which a single community participates in holiness under God as *ipse princeps* and another in which the community is divided into *ordines* by reason of hierarchy (*ratio hierarchiae*) so that diverse duties and activities may be undertaken without there being massive confusion.

James of Viterbo, in the second part of his *De regimine christiano*, written in Paris between 1301 and 1302, used the *Celestial Hierarchy* to elaborate the distinction between an episcopal power of order and an episcopal power of jurisdiction. Angels exercise a power of order when illuminating, purifying and perfecting and a power of jurisdiction in their guardianship and presidency of nations and provinces.[39]

Nicholas of Cusa made a similar distinction between governmental and sacramental hierarchy in *De concordantia catholica*, 1. 6, 8 etc. Sacramental authority is received by the laying on of hands in ordination; governmental authority introduces inequalities within the orders created by sacrament. Bishops are equal sacramentally but governmental hierarchy sets some bishops above others. In a memorandum, submitted in 1435 on the subject of the reception of legates sent by Eugenius IV and bearing the title *De auctoritate presidendi in concilio generali*, Cusa wrote that the hierarchy of rulership is wholesome but it is not essential: *non sunt de essentia, sed de bene esse ecclesie*.[40] This hierarchy rests on representation and consent.

In the course of the sixteenth century, criticism of the Dionisian hierarchies sometimes took a much more destructive form than the examples I have given from the two earlier centuries. Lorenzo Valla, who undermined Denis' credibility as the disciple of St Paul, found supporters in Erasmus and Ol-

---

[39] See Le plus ancien traité de l'église. Jacques de Viterbe, De regimine christiano, 1301–1302. Etude des sources et édition critique par Henri Xavier Arquillière (Etudes de théologie historique) Paris 1926, II.4, p. 193.

[40] Nicolaus de Cusa, De auctoritate presidendi in concilio generali ed. Gerhard Kallen (Cusanus-Texte 2, 1 = Sitzungsberichte der Heidelberger Akademie der Wissenschaften. Phil.-hist. Klasse 1935/36, 3) Heidelberg 1935; an English translation: Nicholas of Cusa, On Presidential Authority in a General Council, trans. by H. Lawrence Bond, Gerald Christianson and Thomas M. Izbicki, in: Church History 59 (1990), pp. 19–34.

dřich Velenský (c. 1491-c. 1531),[41] although doubters probably were heavily outnumbered by believers then and for centuries to come. Martin Luther objected to the dreamlike curiosities he found in Denis' writings; they lacked both authority and proof and there was virtually no sound learning in them. Luther thought that he himself could portray a better ecclesiastical hierarchy than Denis had done, simply by putting in the pope, the cardinals and the archbishops above the bishop who was the summit in Denis' work.[42] This, of course, is exactly what very many writers before Luther had done studiously. More radically, Calvin denied that there was any firm basis to Denis' speculations concerning the nature, the number and the orders of angels.[43]

I have sought to summarize and to define, albeit far too briefly and schematically, ways in which the concept of hierarchy took the strain of the conflicts of opinion in late medieval Europe and was adapted flexibly to suit and support differing outlooks. It was widely regarded as a necessary point of reference. Hierarchy mattered; it had to be accommodated within conflicting views and brought round to a position in support of the case being advanced. Hierarchy, before Grosseteste, had enriched visions of a permanent order in which kingdoms reflected the hierarchy of the church which itself reflected and mirrored the angelic world. After Grosseteste and increasingly during the fourteenth and the fifteenth centuries, elaborations were made that hitherto must have been well-nigh unimaginable. Arguments were derived from the concept of hierarchy to foment debate over whether kings and emperors can govern without papal recognition and sanction or kings take away the temporal goods of an habitually delinquent church, whether the pope and the cardinals and the religious orders are essential to the ecclesiastical hierarchy and whether the ecclesiastical order can be changed or the church be governed by councils or whether the ecclesiastical hierarchy has temporal authority. Arguments based on hierarchy were found and regularly had to be found, in support of the answers, diverse though these are, that were given to such questions.

---

41 On Velenský's treatise *Petrum Romam non venisse*, published at Augsburg in 1520, see ANTONIE JAN LAMPING, Ulrichus Velenus (Oldřich Velenský) and his Treatise against the Papacy (Studies in Medieval and Reformation Thought 19) Leiden 1976.

42 See MARTIN LUTHER, De captivitate Babylonica ecclesiae praeludium [written in 1520], in: IDEM, Werke. Kritische Gesamtausgabe, vol. VI, Weimar 1888 (reprint: ibid. 1966) p. 562.

43 See Ioannis Calvini Institutio religionis Christianae [written between 1539 and 1554], in: IDEM, Opera quae supersunt omnia, vol. I (Corpus reformatorum 29) Brunswick 1863 (reprint: New York etc. 1964) c. 6, cols 497 f.

Some relations between the study of Aristotle's *Rhetoric*, *Ethics* and *Politics* in late thirteenth- and early fourteenth-century university arts courses and the justification of contemporary civic activities (Italy and France)

by

JANET COLEMAN

The aim of this paper is to try to determine what those students who pursued a university arts course throughout the thirteenth century, and particularly at the beginning of the fourteenth century, were taught was the scope of the moral and political sciences. It also attempts to determine how students acquired their ethical and political vocabularies and how authors of political treatises like the numerous *De regimine principum* or *De regno*, who were themselves university BAs and MAs as well as masters and doctors of theology, sought to address their often less educated but none the less Latin-reading audiences on ethical and political topics. It attempts to clarify what can be said about the relation between the speculations of the university-trained, on the one hand, and those documents which are taken to be the offshoots of contemporary political processes, on the other. If, by the beginning of the fourteenth century, it can be demonstrated that there was beginning to be a procedure for addressing a large group of auditors or readers of one's work, in order to persuade them of the plausibility of one's arguments, then perhaps we may be able to say something about how some of the most well-known tracts in political theory of this period were intended by their authors to be understood by readers who were no longer, at any rate, part of the university arts course milieu. Academic political theory could then be shown to have been more closely related to the realities of contemporary political power.

What, I think, emerges by the end of the thirteenth century is a use of the newly translated *Rhetoric* of Aristotle by writers of political tracts. This enables us to look again at a wide range of political treatises and, especially, at

Aquinas' *De regno*, Giles of Rome's *De regimine principum* and perhaps even Marsilius of Padua's *Defensor pacis* and classify them as rhetorical in genre. As we shall see, this would imply that their authors believed that their audience need not know all the intricacies of university speculative grammar and sophistic logic to be able to appreciate the author's ethical and political message. I am attempting to fill in and extend the picture which Miethke has drawn of "eine geschlossene Öffentlichkeit" for these political texts.[1] In so doing, I am also attempting to reflect on the necessity, or otherwise, of university arts students having a working acquaintance with the texts of Aristotle's *Nicomachean Ethics* or his *Politics*, to enable them to formulate either an Aristotelian ethical and political discourse themselves or to understand it when it was presented to them in a text.

My interest in this has been particularly aroused by the important works of Wieland, Gauthier and Flüeler, who have raised doubts about the widespread availability of Aristotle's *Ethics* and, particularly, the *Politics*, certainly until the end of the fourteenth century.[2]

Here, I want to

---

[1] See Jürgen Miethke, Zur Einführung, in: Das Publikum politischer Theorie im 14. Jahrhundert ed. idem, München 1992, p. 11: "Es ist entschieden darauf hinzuweisen, daß ein Autor des 14. Jahrhunderts nicht ein diffuses allgemeines Publikum ansprechen konnte, sondern ein recht eng strukturiertes vor sich hatte. Wenn es richtig ist, daß Texte im Zeitalter ihrer handschriftlichen Vervielfältigung sich zumindest primär nicht selbst die Leser auf einem imaginären freien Markt (durch ihr Angebot gleichsam) gewinnen konnten, sondern daß sie auf die Publikationskanäle und -wege angewiesen blieben, die außerhalb ihrer selbst und unabhängig von der Existenz der Texte bestanden, dann sind die Publikumskreise, die 'geschlossenen Öffentlichkeiten', auf die unsere Texte zielen mußten, um so schärfer in den Blick zu nehmen".

[2] Georg Wieland, The reception and interpretation of Aristotle's Ethics, in: Cambridge History of Later Medieval Philosophy ed. Norman Kretzmann, Anthony Kenny and Jan Pinborg, Cambridge 1982, ch. 34, pp. 657–672, says that the *Nicomachean Ethics* (NE) received less attention than Aristotle's natural philosophy and metaphysics and still less than his logical writings. Only during the second half of the fourteenth century was NE adopted as a regular textbook in arts faculties, and only in the fifteenth century was it intensively studied. Christoph Flüeler, Rezeption und Interpretation der Aristotelischen Politica im späten Mittelalter, vol. I,2 (Bochumer Studien zur Philosophie 19) Amsterdam 1992, argues that the centre of political Aristotelianism was built up and maintained mainly in Paris at the end of the thirteenth century; furthermore, there are few university arts commentaries on the *Politics* and even where we know of commentaries, we cannot say whether they were ever published for more widespread dissemination. Even in late fourteenth century Oxford (and elsewhere), although the *Politics* appears to have been read as part of the arts course, we have no important commentaries. The public for the *Quaestiones* of Petrus de Alvernia, Siger of Brabant, Nicolas de Vaudémont, Petrus de Casis, Johannes de Jandun, the Anon. of Milan etc. and for the literal commentaries of Aquinas and Albertus Magnus was comprised of scholars, BAs and MAs, largely in Paris.

1) trace the development of the arts curriculum's meaning of *philosophica moralis vel practica*,
2) discuss where in the course of a student's studies ethical and political sciences were treated,
3) examine the relation between logical and rhetorical studies and their relation, in turn, to *philosophica moralis vel practica* and,
4) finally, look at Aegidius Romanus' *De regimine principum* from the point of view of a rhetorical analysis of *philosophica moralis vel practica*.

There has been a great deal of important research done on the contents of the university arts courses of the thirteenth and fourteenth centuries.[3] We now have a fairly precise idea of what students studied when they followed the course that led to a BA in the sense that we at least know which texts were prescribed during that period in which universities and mendicant *studia* took over from the twelfth-century cathedral schools the task of educating men for the increasing numbers of positions in the bureaucracies of emergent nation-states and self-governing cities, on the one hand, and in the expanding bureaucracy of the church hierarchy, on the other. There is no doubt that the requirements of the academic programme, increasing pastoral needs and the demands of bureaucracies led to conceptualizing about government.

But if we ask where a student might learn the discourse of the ethical and political sciences, we confront the problem that ethics and politics were not autonomous disciplines in this period and, instead, were taken to be, following the view prevalent in the twelfth-century schools, parts of *philosophica* or *theologia moralis* which, in turn, was considered *philosophica* or *theologia practica*. Where, in the course of his studies, did a student treat practical moral philosophy or theology? The answer would be revealed in the numerous contemporary discussions of the *ordo scientiarum*.

It was in the study of the liberal arts, and notably the *trivium* of grammar, logic and rhetoric, where *ethica* and *politica* were seen as practical arts or practical virtues. In Boethius' commentary on the school text *In Isagogen Porphyrii commenta*[4] there was already a discussion of *scientia politica* as a 'science' and as that part of practical philosophy which aims to treat virtue (*virtus*) and is to be distinguished from theoretical philosophy which aims to treat the truth (*veritas*). Because the term *scientia* was taken to mean "a way of knowing" that emphasized normative, human ideas about a distinct sub-

---

[3] See appendix, p. 154.

[4] See Anicii Manlii Severini Boethii In isagogen Porphyrii commenta ed. Georg Schepss and Samuel Brandt (Corpus Scriptorum Ecclesiasticorum Latinorum 48) Vienna 1906, pp. 7–9.

ject matter or object of knowledge, when *scientia* was modified by *ethica* or *politica*, it was understood to be a branch of the wider field of practical moral philosophy that was concerned with appropriately evaluated human acts in the world.

Boethius had said that political 'science' belongs to moral philosophy which he divided into ethics, economics and politics. He was followed by Isidore of Seville.[5] In the twelfth century we find Hugh of St Victor speaking about the three practical arts of ethics, economics and politics (*Didascalion de studio legendi*)[6] and he placed the study of ethics as a part of practical philosophy between the study of logic, which was the general term he used to include grammar, dialectic and rhetoric, on the one hand, and theoretical philosophy – the general term he used for theology, physics and mathematics, on the other. For Hugh, the practical arts are divided into *solitarium, privatam et publicam, vel aliter ethicam, oeconomicam et politicam, vel aliter in moralem et dispensativam et civilem*. Hence, ethics deals with personal moral conduct (*solitarium*), economics deals with conduct in the sphere of private household affairs and the relations within the family unit, and politics, *publica*, deals with conduct in the 'city'. Hugh equates *publica* with *politica atque civilis* and says *polis Graece, Latine civitas dicitur*. Clearly, practical moral philosophy is situated in that part of the student's course that followed grammar, dialectic and rhetoric, what thirteenth-century university arts faculties would continue to call the *trivium*.

We can name the texts students read or heard expounded which dealt with grammar and logic but it is not clear to me what they were using to study rhetoric and, indeed, whether rhetoric was taken to be a distinct branch of study or whether it was simply the perfection of Latin composition as learned from Donatus and Priscian and the latter's reference to and citations from Cicero as a master of eloquence. Certainly, during the twelfth century there were various commentaries on Cicero's *De inventione* (for example, by Thierry of Chartres) and the pseudo-Ciceronian *Rhetorica ad Herennium*.[7] I cannot, however, determine whether these works were taught as a means of acquiring the art of rhetoric.

---

[5] See Isidori Hispalensis Episcopi Etymologiarum sive Originum libri XX ed. WALLACE M. LINDSAY (Scriptorum classicorum bibliotheca Oxoniensis) Oxford 1911, 2.24.16.

[6] See Hugonis de Sancto Victore Didascalion De studio legendi ed. CHARLES H. BUTTIMER (The Catholic Univ. of America. Studies in Medieval and Renaissance Latin 10) Washington, D.C. 1939, 2.19, pp. 37f.

[7] See The Latin Rhetorical Commentaries by Thierry of Chartres ed. KARIN FREDBORG (Pontifical Institute of Mediaeval Studies) Toronto 1988, especially *commentarius super libros de inventione*, pp. 49–51; KARIN FREDBORG, The commentary of Thierry of Chartres on Cicero's *De inventione*, in: Cahiers de l'Institut du moyen âge grec et latin (Copenhagen) 7 (1971) pp. 1–36.

It is thought that in twelfth-century cathedral schools the *De inventione* served as a substitute dialectical text for students working in the logic curriculum and, therefore, it was seen merely as a by-product of dialectical problems.[8] Indeed, prior to the recovery of Aristotle's *Topics* and the *Organon* as a whole, the *De inventione* served only as an example for a dialectical and demonstrative method and a good system of topics. This was part of the overriding interest in placing or classifying 'rhetoric' in the order of sciences. It appears that the educational focus was on the art of composition which was taught through the art of formal literary analysis, which is, effectively, hermeneutics or textual interpretation of ancient texts following Donatus and Priscian. No rhetorical procedure appears to have been taught. Instead, it was Boethius who had transmitted a coherent rhetorical doctrine of circumstances to the Middle Ages in his *De differentiis topicis* where he largely explained the difference between dialectical and rhetorical topics. He noted that "we have received no tradition of the whole discipline of rhetoric from ancient treatises. They gave precepts about particular issues but did not essay the subject as a whole".[9] Boethius then goes on to use the circumstances to define the *status* of rhetoric as an art. As we shall see, the term "eloquence" seems to have been used as a blanket term for grammar, logic and rhetoric in the thirteenth century as well as during the twelfth.

Abelard, in his *Ethics*[10] tells us that William of Conches similarly advised that after the study of eloquence, by which he meant that category (*genus*) within which the art of grammar falls, a student should study practical philosophy, that is ethics, economics and politics before going on to study theoretical philosophy, by which he meant mathematics, physics and theology. In William of Conches's prologue to his commentary on Priscian[11] he says that eloquence as the *genus* includes grammar or the art of writing correctly for the enlightenment of others as well as correct pronunciation of what has been written. Eloquence also includes how to define, divide up and argue, which is what logic teaches. And lastly, eloquence includes the ability to per-

---

8 See Rita Copeland, Rhetoric, Hermeneutics, and Translation in the Middle Ages. Academic Traditions and Vernacular Texts (Cambridge Studies in Medieval Literature 11) Cambridge 1991, p. 159.

9 See ibid., pp. 68 f. and 244, note 19, as well as Boethius' De topicis differentiis, trans. by Eleonore Stump, Ithaca 1978, especially notes to Book IV, pp. 141–155.

10 See Peter Abelard's Ethics, ed. and trans. by David Luscombe (Oxford Medieval Texts) Oxford 1971, p. xviii. "Ethical thought was promoted in the twelfth century by theologians who were usually monks or canons or schoolmen (*scholastici*) and by teachers and students of the liberal arts"(ibid., p. xv). Abelard was a theologian, a logician and a monk.

11 See Eduard Jeauneau, Deux rédactions des gloses de Guillaume de Conches sur Priscien, in: Recherches de Théologie Ancienne et Médiévale 27 (1960) pp. 212–247.

suade and dissuade. Hence, eloquence is divided in three, comprising grammar, dialectic and rhetoric. Indeed, no one can be a grammarian, he says, without also being a logician and an orator. To avoid confusion, William suggests that we say that grammar may be called logic as applied through the medium of words, i. e. *logica sermocinalis*. There is another form of logic, however, and this works through reason and embraces dialectic, rhetoric and *sophistica*.

William of Conches made use of a commentary or a collection of notes on Priscian's *Institutiones* Books I–XVI (*maior*) known as the *Glosule*, dated c. 1100.[12] The *Glosule* summed up the teaching experience of the mid- to late eleventh century and continued to exert an influence, not least on William of Conches and Petrus Helias into the mid twelfth century and also beyond. In the prologue,[13] the author of the *Glosule* is concerned to insist that the *ars grammatica*, as the general name of the material he treats, following Priscian, is the first and foundational art that is meant for the instruction of readers (*est lectores instruere*); it teaches not only *dictiones et orationes sed etiam littere et sillabe* which are necessary *ad faciendos peritos grammatice loqui*. This is grammar's *intentio autem vel finalis causa*. Grammar, he says, differs from dialectic in that the latter *docet loqui secundum veritatem et falsitatem*, and it differs from rhetoric, which teaches *loqui secundum ornatum verborum et sententiarum*. How, we ask, did one learn ornate speech other than by reading the works of ancient orators and poets?

He then goes on to say that logic is actually the term that is used for what is really the third part of grammar. Logic is divided into *pars sermocinalis* and *pars disertiva*. And *disertiva* itself has parts known as *inventio* and *iudicio* which belong to dialectic and rhetoric ([...] *logice supponatur, cuius est ipsa grammatica tercia pars. Logice alia pars est sermocinalis, alia disertiva*[14]). Are we to understand that the part of logic called *disertiva* which deals with judgement is the domain of rhetoric? Where and how did a student learn this? (*Disertiva partes habet inventionem et iudicium, que solis dialecticis et rhetoricis conveniunt. Sermocinalis vero grammaticorum est; ac per eam ad logicam velut ad suum genus grammatica reducitur*[15]). If the final cause of this treatise on *grammatica* is to instruct in speaking properly, its other, general 'causes' are

---

[12] See Margaret Gibson, The early scholastic *Glosule* to Priscian, *Institutiones Grammaticae*: the text and its influence, in: Studi Medievali, ser. 3a, 20 (1979) pp. 235–254. Also see Richard W. Hunt, Studies on Priscian in the eleventh and twelfth centuries 1, in: Medieval and Renaissance Studies 1, 2 (1943) pp. 194–231, here: pp. 200–205.

[13] See appendix A in Gibson, Glosule (as in note 12) pp. 248–251.

[14] Ibid., p. 249.

[15] Ibid., p. 250.

both *quedam communes, quedam specialis et privata*, in that it aims at *correctio viciorum grammatice artis ad communem omnium utilitatem*, for the common use of all.[16]

When the author of the *Glosule* moves on to comment on Priscian's own preface to the *Institutiones*, he makes reference to Priscian's quotations from Cicero's *De inventione* and from Victorinus' commentary on Cicero's *De inventione* to make the point that the purpose of the *ars grammatica* is to transfer to Latin users, where possible, the rules of the famous ancient Greek teachers as well as to collect the necessary rules of the Latin language in order to instruct in the most frequently used words in Latin (*sermone celebrasse, id est frequentasse*). "This", he says, "I call the" *doctrinam omnis eloquentie, id est scientiam totius logice et hic includit trivium, quod homines doctos et eloquentes reddit*. And this is the most used, indeed, fundamental of all the kinds of study, by which ethics and physics are grasped. It is through the *doctrina omnis eloquentie* that the lesser arts which investigate the nature of things may be exhibited.[17] Hence, eloquence, for this commentator, is an all-inclusive study, ranging from grammar to dialectic and rhetoric. But it is still not clear whether the achievement of eloquence can be mastered from anything more than studying and hearing commentaries on works like that of Priscian and then reading the poets and orators themselves (and trying to imitate them) or whether what is implied is that, in addition to Priscian's grammar, a man of eloquence must study all the Boethian translations of Aristotle's *logica vetus*, such as the *Categories* and the *De Interpretatione*. What is clear is that when the *logica vetus* was studied, as in Abelard's case, Aristotle's *Categories* would be drawn on for a discussion of ethics and notably of virtue as a habit. In his *Ethica* or *Scito te ipsum*, Abelard notes that Aristotle says a habit is not simply a disposition of character but a quality acquired through effort, and this, Abelard says, is what a virtue is.[18]

Since the liberal arts were based on Roman pedagogy which aimed at producing men of letters and culture, then Quintilian's *De institutione oratoria*, which said that a teacher of oratory was concerned with the moral development of his students, and Cicero's *De inventione*, which was held to be a moral classic, appear to have been the texts which demonstrated the use of the Latin language for ethical and political purposes. Cicero's scheme of virtues had been adapted from his *De officiis* in the mid-twelfth-century *florilegium* known as the anonymous *Moralium dogma Philosophorum* so that

[16] See ibid., p. 249.

[17] See ibid., p. 251.

[18] See Abelard's Ethics (as in note 10) Book II on prudence and the virtues, pp. 128 f.

rhetoric appears to have been demonstrated to be a part of civic studies but when taught it was actually considered a part of dialectic, that is a part of a study which distinguished dialectical from rhetorical *loci*, rather than a study of rhetoric as such. This appears to have been the case into the thirteenth century as well, if Robert Kilwardby's *De ortu scientiarum* (c. 1250) and the anonymous literal commentary on Boethius' *De differentiis topicis* (sometimes attributed to Kilwardby) can be taken as testimony.[19]

Now it is generally held that the texts used to teach grammar and dialectic in the twelfth and thirteenth centuries are known to us. We find that, in the thirteenth-century arts faculties of Paris and Oxford, grammar was taught by the exposition of the set texts of Donatus and Priscian but it was the last two books of Priscian's *Institutiones* (*De constructionibus*) known as the *Priscianus minor*, dealing with syntax, that were much more frequently discussed than the *maior*, which dealt with parts of speech. It is interesting to note that discussions of grammatical *regimen* ("government") and the ideas of force and government in syntactical relations derive from Priscian's discussion of verbs 'governing' various cases. The notion of concord (*congruitas*) was also initially a grammatical term meaning agreement and was discussed with respect to Donatus' *Ars minor* where, after the eighth part of speech (interjection) comes an additional section on concord (*congruitas*) in syntactical relations.

Logic was taught through expositions of Aristotle's *Organon*, now including both the old as well as the new logic. When rhetoric is spoken of, the reference is usually to Ciceronian and Boethian texts, that is to selections from Cicero's *De inventione*, his *De officiis* and the pseudo-Ciceronian *Rhetorica ad Herennium* as well as to Book IV of Boethius' *De differentiis topicis*. It is in Cicero that we find rhetoric as part of civic studies, understood as a linguistic discipline that serves ethics. But at Oxford, according to Lewry, the university statutes of 1268 do not include Boethius on the *Topics* as obligatory and Cicero is not even mentioned. While Paris maintained its pre-eminence in teaching the liberal arts and continued to draw students from England, Oxford, by the mid-thirteenth century is said to have spent more time on the three philosophies, *in naturalibus, moralibus et divina sciencia*. The study of rhetoric, as such, appears to have been a neglected member of the *trivium*. Indeed, when the Dominican Robert Kilwardby returned to Oxford from a distinguished career in Paris c. 1245 and perhaps when a student at

---

[19] See Patrick O. Lewry, Grammar, logic and rhetoric, 1220–1320, in: The History of the University of Oxford, vol. I: The Early Oxford Schools ed. Jeremy I. Catto and Ralph Evans, Oxford 1984, pp. 401–434, here: p. 431.

Blackfriars c. 1250, composed his *De ortu scientiarum*, he devoted three chapters to eloquence: its origins, subject matter and relationship to logic.[20] The scope of eloquence was defined according to the pseudo-Ciceronian *Rhetorica ad Herennium* and Book IV of Boethius' *De differentiis topicis*; but Kilwardy discussed it as that part of civic studies which is a linguistic discipline that serves ethics. He saw the man of eloquence as a language theorist who would use his reason in such a way as plausibly to settle questions which arose in civil disputes. Likewise, the first eight *lectiones* of the contemporary literal commentary on Boethius' *De differentiis topicis* treat eloquence by alluding to Cicero's *De inventione* but the author sees Cicero's work as part of dialectic, that is the use of a certain kind of language that might persuade one to virtue. Despite allusions to Cicero, it is difficult to know how far Cicero was read at universities in the thirteenth and early fourteenth centuries because of the lack of information in the early university statutes along with the apparent scarcity of thirteenth- (as opposed to twelfth-) century commentaries either on the *De inventione* or on the *Rhetorica ad Herennium*.[21]

If we turn briefly to what has been called the pre-humanist rhetorical culture that first began to flourish in the Italian city-republics of the early thirteenth century we find that the works of *dictatores*, who prepared model speeches to be imitated, like Guido Faba, as well as the more specialized treatises on city government, such as the anonymous *Oculus pastoralis* (c. 1220s) or Orfino da Lodi's *De sapientia potestatis* (1240s), Giovanni da Viterbo's *Liber de regimine civitatum* (c. 1253) and Brunetto Latini's famous encyclopedic *Li livres dou tresor* (c. 1260s), all demonstrate a heavy reliance on the views of Roman moralists. These were most often available to them through the same *florilegia* that were available to cathedral schools and students in the university arts courses. In particular, Cicero's *De officiis* was known from the twelfth-century *Moralium dogma philosophorum* and from Guillaume de Peyrault's thirteenth-century compilation, the *Summa virtutum et vitiorum*. We are told that these *dictatores* treated Cicero's text as "their veritable Bible in matters of moral and political philosophy".[22] But we must

---

20 See Robert Kilwardby, De Ortu scientiarum (Auctores Britannici medii aevi 4) London and Toronto 1976, cap. 59–61, pp. 202–212.

21 See Karin Fredborg, Buridan's *Quaestiones super rhetoricam Aristotelis*, in: The Logic of John Buridan: Acts of the 3rd European Symposium on Medieval Logic and Semantics, Copenhagen 16.–21. Nov. 1975 ed. Jan Pinborg (Opuscula Graecolatina 9) Copenhagen 1976, pp. 47–59, here: p. 49.

22 See Quentin Skinner, Ambrogio Lorenzetti: the artist as political philosopher (The Raleigh Lecture on History), in: Proceedings of the British Academy 72 (1986) pp. 1–56, here: pp. 3–6.

remember that Cicero's *De officiis*, whether or not known at first hand and virtually by heart, as Skinner claims for many of the Italian *dictatores*, is neither a treatise on how to compose rhetorical speeches nor is explicitly about how to proceed to address various audiences. It is not a treatise which teaches the art of rhetoric. Instead, the *De officiis* is an example of eloquence, encouraging virtuous behaviour on the part of men living peacefully and virtuously in cities but it does not teach its reader how to become eloquent.

What appears to be significant about Italians writing *Dictamina* and treatises on *Arrenghe* is that, when Aristotle's *Ethics* and *Politics* were made fully available in Latin by the mid-thirteenth century and thereafter, these writers are said to have made no attempt to integrate Ciceronian and Aristotelian insights, nor did citations from Aristotle displace Cicero and other Roman authorities.[23] Whether or not this is the case, it is apparent to me that in university and mendicant milieux, this is precisely what did happen. By the end of the thirteenth century Aristotle did replace Cicero, and Cicero only continued to be cited for that area of moral philosophy known as *privativa* or the "government of the household".[24] Aristotle became the source not only for a substantive analysis of the public sphere by the end of the thirteenth century. He also became the guide to the form of argument which such a substantive analysis should take.

Skinner's argument is that the ideology of Italian self-governing republican city-states of the early thirteenth century predated the recovery of Aristotle's moral and political works. This should not, however, be taken to mean that the logical and scientific works of Aristotle (which were the mainstay of the arts course) were studied as if devoid of teachings in moral and political topics. As Kristeller long ago showed,[25] the teaching of Aristotelian philosophy was pursued on a very large scale in thirteenth-century Italy, especially connected with the study of medicine and law, not theology (older Italian universities – Salerno, Bologna, Padua and Naples – had no theology faculties), and this teaching was done by laymen. (Where there were isolated courses and chairs of theology they were usually part of the faculties of arts.) Lay Aristotelianism continued to dominate philosophical teaching in Italian

---

[23] Ibid., p. 4.

[24] See Roberto Lambertini, A proposito della 'costruzione' dell'*Oeconomica* in Egidio Romano, in: Medioevo. Rivista di storia della filosofia medievale 14 (1988) pp. 315–370.

[25] See Paul O. Kristeller, Medieval Aspects of Renaissance Learning. Three Essays, ed. and trans. by Edward P. Mahoney (Duke Monographs in Medieval and Renaissance Studies 1) Durham, North Carolina 1974, especially: Thomism and the Italian Thought of the Renaissance, pp. 29–94, here: pp. 44 f.

faculties of arts until and throughout the Renaissance, often disguised as Paduan Averroism.[26] While most of the Italian universities knew some teachers of theology from the mendicant orders, a large part of their own theologians belonged to the secular clergy and most teachers of all the other disciplines, that is the liberal arts and philosophy, medicine and law, were laymen.[27]

The question then becomes: how much moral and political discourse could be obtained from the texts heard and read in the university study of grammar, the *logica vetus,* then *nova*, to say nothing of the study of *philosophia moralis* or *practica* which came after the study of language and logic? In addition to the citation of Ciceronian displays of eloquence in the service of civic studies, it can be shown that the logical and scientific works of Aristotle were mined, not only for moral and political topics but also for modes of argument appropriate to moral as opposed to 'scientific' or epistemic subjects. Most notably, as Arabic works in Latin translation were increasingly read, especially the works of Avicenna (*Metaphysics* 10.4), who included excerpts from Al-Farabi's *De scienciis*, early thirteenth-century scholars became more familiar with ancient discourse on the ethical status of the *civitas* and the degree of human 'happiness' achievable through the right relationship between ruler and ruled. As Aristotle's complete *Organon* was introduced into the arts curriculum his *Rhetoric* and *Poetics* were taken to be, following Arabic commentators, the seventh and eighth books of the *Organon* and classified as instruments of logic. Even more important for our purposes, they could read in Al-Farabi's catalogue of the sciences that the *Topics* teaches dialectics which is concerned with probable or contingent things such as ethical matters, and its purpose is to bring about strong opinion, employing syllogisms which follow from generally accepted premises. He also mentions Aristotle's *Rhetoric* and says it seeks to persuade by employing the enthymeme and the example.

It should no longer be thought that European academics were taken by storm when Aristotle's *Nicomachean Ethics* and *Politics* were translated into Latin, the *Ethics* by Grosseteste c. 1250 and the *Politics* by William of Moerbeke in 1260 (*translatio imperfecta*, Book I and part of Book II) and c. 1265 (*translatio completa*). The *ethica vetus* had already been available in

---

26 See Bruno Nardi, Saggi sull'aristotelismo padovano del secolo xiv al xvi, Florence 1958; Antonino Poppi, Introduzione all'Aristotelismo Padovano (Centro per la Storia della Tradizione Aristotelica nel Veneto: Saggi e testi 10) Padua 1970; Charles H. Lohr, Medieval Latin Aristotle Commentaries, in: Traditio 23 (1967) pp. 313–413; 24 (1968) pp. 149–245; 26 (1970) pp. 135–216; 27 (1971) pp. 251–351; 28 (1972) pp. 281–396.

27 See Paul O. Kristeller, The contribution of religious orders to Renaissance thought and learning, in: idem, Medieval Aspects (as in note 25) pp. 95–114, here: p. 103.

the twelfth century; Books II and III and the *translatio antiquior/ethica nova*, which comprised Book I and a few fragments, were already available in the early thirteenth century. Furthermore, Robert Grosseteste, one of the earliest and perhaps the first serious Western student of Aristotle's *Posterior Analytics* (as well as of the *Physics*)[28] found there a theoretical account of the roles of observation and general reasoning in the building up of a body of scientific knowledge. In the *Posterior Analytics*, Aristotle asked not only how we can know and what we can know about the structure of events which we experience in the world but what degree of certainty we can achieve in what we know. Are there not, indeed, degrees of certainty dependent on the subject matter under investigation? Aristotle was read as having provided a critical analysis of demonstrative knowledge in every area of science from biology to psychology to ethics, and it became clear that demonstrative knowledge was not the only kind of knowledge – or *scientia* – that was possible to man. A study of the *Topics* would indicate that demonstration in matters dealing with probable or contingent circumstances – the domain of ethics – could only attain the probable certainty of strong opinions through syllogisms which followed from already accepted, general premises. It is important to consider that early fourteenth-century university statutes indicate that, at least by the end of an arts student's second year, he would have heard the *Topics* as well as the two *Analytics*.

Grosseteste's commentary on the *Posterior Analytics*, especially the *Analytics'* final chapter (where Aristotle argues that the primary knowledge necessary for valid demonstration is neither innate nor acquired from pre-existing knowledge but rather comes from a capacity in the human mind for recognizing general truths which fit the evidence of the senses), enabled Grosseteste to argue that, despite the Fall, which overthrew man's natural powers of the higher faculty of reason, man could acquire general principles and build up a true image of the universe through sense perception and observation. This would have consequences for his understanding of the principles required to reconcile the rights of the governed with the needs of government, as displayed in his later work on Aristotle's *Ethics*.

Furthermore, Grosseteste had a subject index arranged systematically as well as a bibliography where he listed under each subject the authors and the places in their works where important subjects could be found treated. Aristotle's *De animalibus* is referred to in connection with the unlikely topics of

---

[28] See RICHARD W. SOUTHERN, Robert Grosseteste. The Growth of an English Mind in Medieval Europe, Oxford 1986, p. 220.

education, the law of war, just kingship and honouring one's parents. According to this Index, the *Metaphysics* provides information on electing church officials.[29] And when, in his old age, he and his team completed the translation of Aristotle's *Ethics*, also assembling and translating ancient commentaries and providing a new commentary (c. 1250), Grosseteste understood the subject of ethics to be the constitution and operations of the passions and the powers of the soul.[30]

This I take to be a sign of one of the real shifts in thirteenth-century attitudes to a treatment of practical philosophy, ethics and politics: an increasing Aristotelian focus on the psychology of motivation and, eventually, an understanding of rhetorical doctrine as linked intimately with psychological motivation to action in the ethical and political spheres. Observing the operations of human capacities to respond inwardly through emotions and reason to events and situations, Grosseteste was able to argue that general positive laws could never take account of all the individual circumstances. Hence, Aristotle's notion of equity as an inward quality needed to be developed by rulers. "*Epieikeia*", equity, he said,

> is a word with many meanings. Inwardly it expresses a quality which shows itself in thoughtfulness, grace, modesty and love of self-knowledge. Outwardly, it expresses moderation in applying the rules of positive law, and in softening the rigours of the law according to circumstances in unusual cases.[31]

It was these qualities, discussed by Aristotle and evident to any sensitive human observer of the world, which Grosseteste urged upon the members of the ecclesiastical hierarchy, even pope Innocent IV, to exhibit.[32]

During what Bursill-Hall has called the second period of medieval grammar, which coincided with the revival of dialectic and the rediscovery of Aristotle's works not already known, along with other Greek philosophers and Arabic and Jewish commentators, grammatical studies from the mid-twelfth century onwards, as we have seen, were coming under the control of logic and metaphysics.[33] There was a reclassification of the sciences. By the thirteenth century, the university arts course study of grammar became

---

[29] See ibid., p. 196

[30] See ibid., p. 47.

[31] Latin text in MARTIN GRABMANN, Forschungen über die lateinischen Aristoteles-Übersetzungen des dreizehnten Jahrhunderts (Beiträge zur Geschichte der Philosophie und Theologie des Mittelalters. Texte und Untersuchungen 17, 5.6) Münster 1916, p. 252; also SOUTHERN, Grosseteste (as in note 28) p. 289.

[32] See SOUTHERN, Grosseteste (as in note 28) p. 289.

[33] See Grammatica Speculativa of Thomas of Erfurt, ed. with transl. and commentary by GEOFFREY L. BURSILL-HALL (The Classics of Linguistics) London 1972.

a branch of speculative (rather than practical) philosophy, deriving and justifying grammatical rules through a recourse to logic and metaphysical theories about reality. Grosseteste was not alone in reconciling the new grammar theories with the idea of the universal nature of human grammar – what today we would refer to as grammar's "deep structure". As a result of the perceived intimacy between the reality of things and their conceptualization by the human mind, grammar was increasingly coming to be viewed as the study of the formulation of concepts. The *partes orationis*, the parts of a sentence of an ideal grammar, were taken to be the correlates of reality. It is in this intellectual milieu that one finds discussions of syntax, based not least on the *Priscianus minor* (or *De constructionibus*), dealing with two kinds of grammatical agreement known as *regimen* (government) and concord (*congruitas*). The complete interdependence between language and the structure of things – mediated by the human mind's psychology with its ability to perceive, signify and then functionalize these things in language – was an achievement of speculative grammarians called *modistae*, for whom a universal natural language (and its grammar) was dependent on their perceived structure of reality, which was then reflected in language. This is where there came to be established a relationship between the study of the natural grammar of language and a discourse on what was conceived as the natural reality of the ethical and political spheres of practical moral action.

The shift away from Cicero to Aristotle as the educator in *philosophia moralis et politica* and the categorisation of rhetoric as a distinct, indeed, separate part of logic, which seeks to persuade an audience of beliefs rather than prove necessary truths, began, it appears, with the influence of Arabic commentaries on Aristotle in the middle of the thirteenth century. Aristotle's *Rhetoric* provided a method for teaching persuasion from the rhetorical topics, which was largely distinct from dialectic and used its own types of argument based on a psychology of the emotions and the habitual formation of character. From then into the fourteenth century, the scope of the art of rhetoric would be prefaced by dialectic, on the one hand, and linked more closely with the moral sciences of ethics and politics, on the other, taking into account the limitations of the audience being addressed – whether it was educated or not. Rhetoric would be discussed and taught in terms not only of its *status* among the other arts and sciences but also of its practical usefulness within moral science and, most significantly, in terms of a psychology of emotions and their guidance by a practical intellect that had been persuaded by certain kinds of arguments that inspire to action.

In 1256 the monk Hermannus Alemannus translated Aristotle's *Rhetoric* from the Arabic.[34] Around the same time Hermannus translated into Latin that part of Averroes' *Middle Commentary* in which he interpreted Aristotle's *Poetics*. There are more than 90 manuscripts of Aristotle's *Rhetoric*, many of which, and also the earliest, have substantial marginal and interlinear scholia.[35] The *Aristoteles Latinus* also lists 23 manuscripts of Hermannus' Averroistic *Poetics*, and although it does not seem to have been a text studied widely in the arts course, there were many *florilegia* which provided judicious extracts for students.[36] Apparently, Hermannus, having translated Aristotle's *Rhetoric*, had difficulties with the text of the *Poetics* and, therefore, turned for help to Averroes' commentary and translated this. Paris BN, Ms. lat. 16709 includes a glossed text of Hermannus' *Poetics* and an anonymous *Quaestio* on the nature of poetry which appears dependent on Hermannus' translation. Here we have a full account not only of what poetics as a science is but also how it differs from rhetoric as a science, how each differs from the science of the *Posterior Analytics* and *Topics* and where, in the course of a student's study of Aristotle's texts, one should read and then acquire the art of rhetoric and then poetics. In the process we learn how rhetoric functions, what its aims are and when it should be practised, all according to Aristotle. This *Quaestio* is an interesting example of the reception of what appears to be a new Aristotelian work which, I believe, can be shown to have altered the very form and content of many late thirteenth-century tracts devoted to political theory. We are told that,

Man acts as regards both himself and others through an understanding that combines imagination and the faculty of desire. Therefore, to make logic complete one must teach the method whereby the faculty of desire might be guided by reason in relation to both himself and others. The persuasion of rhetoric or rhetorical logic relates to the act of the intellect in respect of the faculty of desire in so far as it is directed towards others. For it, because of the large number of people whom anyone addresses, is cut down to the example and the enthymeme. Therefore, because men live with each other through mutual trust, that is called persuasion which is intended to pro-

---

[34] See W.F. Boggess, Hermannus Alemannus' rhetorical translations, in: Viator 2 (1971) pp. 227–250.

[35] See Aristoteles Latinus, vols I and II ed. Georges Lacombe and Lorenzo Minio-Paluello (Corpus philosophorum medii aevi) Rome 1939 and 1955, numbers 693, 433, 1782, 746 for the thirteenth century and 961, 962 for the beginning of the fourteenth century; Fredborg, Buridan's *Quaestiones* (as in note 21) p. 48.

[36] *Parvi flores* and *Auctoritates Aristotelis*. See W.F. Boggess, Aristotle's Poetic in the 14th century, in: Studies in Philology 67 (1970) pp. 279–282, here: pp. 280–282.

duce trust in another. [Poetic persuasion relates to the act of intellect in respect of the faculty of desire through which a man is guided in himself ...]. Because all things which relate to the life of a community have to be watched over by judges and rulers, and those things are concerned with the act of justice – an act which in a sense is judicially dispensed, with some degree of compulsion, to inferiors by superiors, therefore rhetorical persuasion is said most of all to have its place in the sphere of judicial acts. [But in his own private domain any person is his own judge and master, providing he does not annoy those with whom he lives – so poetic composition relates to acts which are private and more on the voluntary side, and poetic discourse, therefore, is concerned with the praise and blame of voluntary acts (not obliged by law) ...]. There is a logical procedure relating to the acts of the practical intellect, which acts fall within ethics and politics; rhetoric and poetics are interconnected but in general, poetics deals with practical reasoning relating to the acts of man concerning himself. The art of poetry is regarded as a part of logic but it also differs from the individual parts of logic, especially from the more basic parts of logic such as the *predicamenta* [categories or predicamenta applicable to real things], from the *perihermeneias* [on propositions] and from the prior analytics. It differs from the science of the posterior analytics and from the topics, because poetry is more applicable to moral realities whereas the former are more applicable to speculative objects and it differs from both the analytics [on demonstration] and the topics, in its [lesser] degree of certainty. Furthermore, the art of poetry differs from rhetoric because, even though both sciences teach the pursuit of virtuous ways and the avoidance of evil ones, rhetoric lays down guidelines in relation to actions which are subject to justice and to compulsion [but poetry in relation to acts that are more of a voluntary nature]. Rhetoric is more concerned with the way of living with special reference to others [poetry with reference to the self]. Rhetoric begets trust and belief. The purpose of rhetoric is to make the opposing side abandon vice by vanquishing it [...]. Along with the other parts of logic which observe the correct process of reason, poetry precedes *On Sophistical Refutations* [in which one is taught to avoid sheer sophistry] but it comes after all the others on the scale of certainty, and in particular it comes after the book of *Rhetoric* and is immediately joined to it. Although poetry and rhetoric may be directed to the same common end, poetry comes after rhetoric because the common, which is aimed at by means of rhetoric is more important than the good of the individual [which is poetry's aim ...] citizens have to be drawn away from injustice by means of judicial acts, which is achieved by rhetoric and then and only then are they to be encouraged by means of poetic praises to the practice of virtues which relate to individuals [...] the parts of logic which guide morality appear to be more useful to the common life of the populace. For among ordinary people error arises more often from a perversion of desire than from a naiveté of understanding. And among the parts of logic which can be applied to morality, rhetoric is more worthy and divine, for it concerns more closely the common good. For although in a judicial act, the end in view may be victory for one side yet this is an instrument in urging the common good of all citizens. [Poetry seems more useful for educating anyone individually to live by what is right in matters where the rule is not a legal obligation.] For worst of all is the man who employs malice against his true self as is written in the fifth book of the *Ethics* [V.3.1130 a5–7].[37]

Hermannus Alemannus had written that, although Cicero made rhetoric part of civil philosophy and Horace treated poetry rather as it pertains to grammar, the correct view is that the *Rhetoric* and the *Poetics* are parts of logic, and he says this follows Alfarabi, Avicenna and Averroes.[38]

With the placing of all the known works of Aristotle on the arts faculty lecture programme at the University of Paris in 1255 the study of the 'authentic' Aristotle, as translated into Latin, was increasingly pursued by arts faculty philosophers who were concerned primarily to 'read' the texts literally to an audience of scholars, most of whom would never proceed to a higher faculty or even obtain a BA. The university's vocational course of study was meant to prepare its students for future careers in church and 'state'. Most students went to university in order to qualify for lucratic employment within the established orders of church, government service or one of the organized professions. Their skills were meant to be utilitarian, not least in the production of propaganda on behalf of papal, imperial or royal and civic patrons and their respective ideologies. Rigorous training in the logical analysis of texts and adversarial argument underlay all the university disciplines and the techniques of disputation were taken to be foundational for later occupations, not least for those allied to the law.[39]

The aims of arts faculty lecturers were somewhat different from those studying the same works in the theological faculties and in the *studia* of the religious orders. The Parisian ruling that no theology should be taught in the arts faculty enabled arts faculty philosophers to read Aristotle 'literally' and allow him to speak for himself, as it were, without in the first instance trying to determine whether or not what he said was true. By 1255 the works of Aristotle that were read in lectures were largely the translations of his logical and natural science books that had flooded into Europe from the later

[37] Latin *Quaestio* text in G. Dahan, Notes et textes sur la poétique au moyen âge, in: Archives d'histoire doctrinale et littéraire du moyen âge 47 (1980) pp. 214–219; I have adapted the translation of the text as found in Medieval Literary Theory and Criticism, c. 1100-c. 1375. The Commentary Tradition, rev. edn ed. Alastair J. Minnis and Alexander B. Scott, Oxford 1991, pp. 307–313.

[38] See Hermannus Alemannus, De arte poetica cum Averrois expositione, ed. Lorenzo Minio-Paluello, in: Aristoteles Latinus, vol. XXXIII (Corpus philosophorum medii aevi) Brussels 1968, p. 41.

[39] See Alan B. Cobban, Reflections on the role of medieval universities in contemporary society, in: Intellectual Life in the Middle Ages: Essays presented to Margaret Gibson ed. Lesley Smith and Benedicta Ward, London 1992, pp. 227–241.

twelfth century onwards and had been added to the *logica vetus*, those Aristotelian and other texts that had already been the set texts of higher education for centuries. To the works of logic were added not only Aristotle's *Nicomachean Ethics* (c. 1250 or later) and, to a much lesser degree, his *Politics* (c. 1260 and 1265 or later) but also his *Rhetoric* [1256 (Hermannus) and c. 1269 or later (Moerbeke)] which seemed to follow on directly from his *Topics* and Boethius' *De differentiis topicis*. It appears to have been Aristotle's *Topics*, the *Rhetoric* and the *Ethics* rather than the *Politics* which taught arts students of the later thirteenth century and increasingly throughout the fourteenth century what kind of 'science' politics was meant to be. This was possible, I submit, because students were already familiar with Aristotle's different logical works where he analyzed the different kinds of argument and proof required by different subjects, with their attendant discussions of degrees of certainty attainable in each, supplemented with his ethical and political observations in these very works.[40]

It is also important to realize that Masters in the higher faculty of theology were also treating some of these texts, notably those that dealt with the soul/intellect and metaphysical issues. The point is that some of Aristotle's works were doubly treated.

When later thirteenth-century scholars had Aristotle's *Ethics* (Grosseteste's translation) and read Book VI on the nature of 'political science' as distinguished from other 'sciences' and 'arts', they were already prepared to interpret Aristotle's distinction between scientific and other kinds of thinking and to accept his classification of political 'science' or prudence as distinct from scientific demonstration, because they had studied such distinctions in terms of the certainty achieved by different types of logical argumentation in their arts course. By this time they were also familiar with that conception of learning which had become so important to Grosseteste amongst many others, that linked rather than divorced the soul and the body: it was now natural to speak of men learning from the particulars of sense experience from which they generalized to moral principles of behaviour.

Aristotelian prudence or political 'science' is a practical (rather than theoretical or speculative) way of thinking. It is a consequence of experience and the rationally guided emotional responses to experience. It involves deliberation about particular and contingent means to the end of doing well. The prudent man deliberates about the means to an end, and the end is itself a

---

[40] This takes further some observations made recently in Janet Coleman, The science of politics and late medieval academic debate, in: Criticism and Dissent in the Middle Ages ed. Rita Copeland, Cambridge 1996, pp. 181–214.

practical good that can be attained in action; hence, the prudent man calculates (this is what deliberation is) about means to the best of goods attainable by man. Prudence is a quality, a virtue that belongs to those who can envisage what is good for themselves and for people in general. Aristotle describes it as the virtue of that part of the soul that deals with the variable and contingent, and, therefore, it is the virtue of that part of the soul that forms opinions. Opinions are formed with regard to the sphere of possibles or variables where something can be or cannot be, can be done or cannot be done, and, as a virtue, prudence takes cognizance of particulars. Although the prudent man needs some theoretical knowledge (of universal principles), in order to be effective in action, he needs experience and practical knowledge. The science of politics coordinates prudence but prudence is in itself not a science but a virtue. Unlike scientific thinking, which deals with the necessary and operates by demonstrative reasoning (dialectic syllogism), prudence deals with the contingent and the particular and therefore, cannot be a demonstrative science.

It is rhetoric rather than dialectic which deals with particular circumstances and is the kind of discourse that engages judgement of particular cases and persuades to action in particular circumstances. As we shall see, what a rhetorician or orator needs to know is what the man of prudence needs to know. Aristotle argues that to be engaged in deliberating for the collective good of men requires more than being concerned only with deliberating about oneself and one's individual welfare. And Aristotle confirms that it is impossible to secure one's own good independently of domestic and political science, which seeks the collective good, in family and in the state. This is why political science, as a way of thinking, is the full realization of the virtue of prudence, which may be found also at the level of the household and the individual (*Nicomachean Ethics*, Book VI).

Students were already familiar with the role of the emotions and of reason in establishing different kinds of logical arguments, be they only plausible opinions derived from generally accepted but unproved premises and dealing with contingent events, as in ethical matters, or universal truths and principles in the realm of the necessary. Aristotle's *Topics* and the *Posterior Analytics* had made this clear.

In short, the general question concerning the object of 'scientific' knowledge, belief and opinion had been formulated as an epistemological problem by men whose learning was sufficiently advanced for them to be recognized as teachers, and what they taught was grammar and logic. Debates over the object of scientific knowledge had become central to the arts course curriculum early on, focused, as it was, on logic, and related to this was the classification of the different kinds of science and their subjects on the basis of the degree of certainty achieved by different kinds of argument applicable to different subjects of discourse. This guided them as to where and when various subjects were to be studied in the curriculum. Amongst the different sciences were those called *practica* and, with Aristotle's *Ethics* (I. 11.4–5. 1094 a 27–9) at hand, *scientia politica* was confirmed (rather than suddenly discovered) as being the most sovereign.

If we return to the anonymous literal commentary on Boethius' *De differentiis topicis*, which has sometimes been attributed to Kilwardby, we find a ninth and final *lectio* which is closely related to the thirteenth-century commentary on Boethius' *De differentiis topicis* of Nicholas of Paris. Both deal with Book IV of Boethius' work,[41] the anonymous commentary beginning: *cum per eloquenciam plurima commoda eveniant*. It is thoroughly influenced by Aristotle's treatment of rhetoric. Rhetoric is defined here as that science of discourse which moves both the intellect and the emotions, and it is distinct from dialectic which moves only the intellect. Rhetoric is, therefore, part of moral science but it is not part of dialectic in that rhetoric and dialectic have different subject matters. Rhetoric is about ornate speech while dialectic is about the syllogism; rhetoric's subject matter deals with human affairs and man, whereas dialectic deals with all (necessary) being. Rhetoric deals with particular circumstances where one judges the more or less good, while dialectic deals with truth *simpliciter*. The seven topics or circumstances ("who", "what", "why", "where", "when", "how" and "by what means") are too particular to be dealt with by dialectic. Orators are only interested in particular things in order to encourage a judgement to be made of the agent under discussion.[42] Fredborg has argued that these topical commentaries testify to the interest in rhetoric in the thirteenth century at university level[43] and notes that they confirm the shift of interest from the Ciceronian-Boethius doctrine of the art of rhetoric to the Aristotelian doctrine of rhetoric.[44]

---

[41] Nicholas of Paris: München, Ms. Clm. 14460, Book IV is at fols 161 r–166 v; anon.: Peterhouse, Cambridge, Ms. 205, Book IV is at fols 75 ra–84 vb.

[42] There are, however, some topics where dialectic and rhetoric meet (called *locus ab hoc genere*), because they do not differ in substance but only according to their use, *secundum usum* (Peterhouse, Cambridge, Ms. 205, fol. 77 ra).

[43] See FREDBORG, Buridan's *Quaestiones* (as in note 21) p. 50. This contests the views of JAMES J. MURPHY, Rhetoric in the Middle Ages. A History of Rhetorical Theory from Saint Augustine to the Renaissance, Berkeley 1974, pp. 94 ff., and IDEM, Rhetoric in 14th-century Oxford, in: Medium Aevum 34 (1965) pp. 1–20. William Courtenay's book list for Oriel College Oxford also demonstrates the use of Aristotle's *Rhetoric* prior to 1320 (see Appendix).

[44] LEWRY, Grammar, logic and rhetoric (as in note 19) p. 411, cites a commentary in the Bodleian Library, Digby Ms. 55, fols 178 rb–80 va in a thirteenth-century hand, which provides ex-

The Augustinian hermit Aegidius Romanus (c. 1243/7–1316) is the earliest Parisian master whose name is associated with a commentary (c. 1280) on Aristotle's *Rhetoric* using Moerbeke's translation.[45] Here he argued that rhetoric serves the need of the practical intellect, specifically of the man who uses his reason to discover and practically promote the common good of society. Rhetoric is, therefore, the proper instrument of a statesman in carrying out his task of persuading those under his government to perform those actions which serve the common good. The orator must be able to deal directly with particular and practical issues and his concern is to use arguments to arouse the passions of his readers/auditors. He must speak in a way which will appeal to the capacity even of the simplest and most uneducated hearer ... Indeed, the audience of rhetorical orations is presumed to be *grossus* and for this reason enthymemes and examples most suit the capacity of the minds of such people.[46] Aegidius omits all reference to Ciceronian material. He also wrote a treatise *De differentia rhetoricae, ethicae et politicae*.[47]

Furthermore, he began his enormously popular *De regimine principum* (post 1285),[48] dedicated to the future king of France Philip the Fair, with an introductory Book I, chapter 1 which poses and answers the question: What is the mode of procedure in the instruction of princes? Citing the *Ethics* and his own commentary on the *Rhetoric*, Aegidius says that

> in the whole field of moral teaching the mode of procedure, according to the Philosopher, is figurative and broad [*modus procedendi grossus et figuralis*, 1.1, cap. 1.4]. For in such matters one should make one's way by use of types and figures, for moral ac-

---

tracts from Moerbeke's translation (c. 1269) of Aristotle's *Rhetoric*: *Incipiunt proposiciones magis notabiles rethorice Aristotilis extracte*. Also see Patrick O. Lewry, Four graduation speeches from Oxford Mss (c. 1270–1310), in: Mediaeval Studies 44 (1982).

45 See Rhetorica Aristotelis cum Egidii de Roma commentariis, Venice 1515 (photoreprint: Frankfurt-upon-Main 1968); Charles H. Lohr, Aristotle commentaries (as in note 26) 23, p. 335; 24, p. 236; 27, p. 322 and 30, p. 141; Karen Fredborg, The scholastic teaching of rhetoric in the Middle Ages, in: Cahiers de l'Institut du moyen-âge grec et latin 55 (1987) pp. 85–105; J. Reginald O'Donnell, The commentary of Giles of Rome on the *Rhetoric* of Aristotle, in: Essays in Medieval History presented to Bertie Wilkinson ed. T. A. Sandquist and M.R. Powicke, Toronto 1969, pp. 138–156. Now see the excellent study by Ubaldo Staico, Retorica e politica in Egidio Romano, in: Aegidiana 3 = Documenti e studi sulla tradizione filosofica medievale 3, 1 (1992) pp. 1–75.

46 See Rhetorica Aristotelis cum Egidii de Roma commentariis (as in note 45) fols 1 r–4 v, 8 r and 117 r.

47 See Aegidius Romanus, De differentia rhetoricae, ethicae et politicae ed. Gerardo Bruni, in: New Scholasticism 6 (1932) pp. 1–18. This is partly translated in Readings in Medieval Rhetoric ed. Joseph M. Miller, Michael H. Prosser and Thomas V. Benson, Bloomington, Indiana/London 1973, pp. 265–268.

48 See Aegidius Romanus, De regimine principum libri III, Rome 1607 (reprint: Aalen 1967).

tions do not fall completely within the scope of narrative. The subject matter itself, along with the end purpose of an art of princely government, as well as its intended audience all confirm that the mode of procedure should be figurative and broad. Since the body of knowledge which relates to princely rule is concerned with human actions and is included within the moral sphere and the subject matter of morals does not admit of detailed and thorough scrutiny but concerns individual matters, because of their variable nature, the individual actions which are the subject matter of this work show that we must proceed by way of figures and types. If we look at the intention of this art of princely government, then as Aristotle says in the *Ethics*, we undertake moral study not for the sake of abstract contemplation nor to gain knowledge but in order that we may become good. Hence, the end of the science of princely government is not to gain true knowledge concerning its own matter but, rather, moral activity. Since subtle arguments are more effective in illuminating the intellect, while those that are superficial and broad are more effective in stirring and firing the affections [...], in moral matters, where the goal is an upright will and that we should become good, one must proceed by persuasion and the use of figures [...]. As to the audience which is to be instructed in this art: although the title of this book is on the instruction of princes, all of the populace is to be instructed by it. Although not everyone can be a king or prince, everyone ought to do his best to see that he becomes the sort of person who would be worthy to be a prince or king. And this cannot be achieved unless the tenets which are to be related in this work are known and observed. So, in a sense, the populace as a whole forms the audience for this art. But only a few are endowed with acute understanding. Hence, the remark in the third book of the *Rhetoric* that the larger the population the farther are they from understanding. So the audience for these moral matters is simple and unsophisticated as I showed in my commentary on the first book of the *Rhetoric*. Because the populace as a whole cannot understand subtleties, one must proceed in the sphere of morals in a figurative and broad way. According to the Philosopher in his *Politics*, the subject ought to know and do what his lord ought to know and command [Pol. 3.4 (1277 a25–b7)]. If, by means of this book, princes are instructed how they should conduct themselves and how they should govern their subjects, this teaching must reach out to the population so that it knows how it ought to obey its princes. Since this cannot be achieved except by arguments which are superficial and appeal to the senses [*rationes superficiales et sensibiles*], then the mode of procedure in this book ought to be broad and figurative.

From the pen of Aegidius Romanus we are being told that the *De regimine principum* is a work of oratory, following the prescribed form as well as the substantive content of Aristotle *On Rhetoric*, with references to his *Ethics* and *Politics*, to confirm the arguments Aegidius himself wishes to make on princely government. As Lambertini has shown, the *De regimine* is no commentary on Aristotle's *Ethics* or *Politics* but rather has an agenda of its own and the author draws on quotations or paraphrases from the *Ethics* and *Politics* (as well as on Aquinas and others) merely as relevant support or explanatory example.[49] When we recall that the General Chapter of the Augustinian hermits, meeting in Florence in 1287, insisted that the whole order, all lectors and students, were to read the teachings and sayings of their magister Aegidius Romanus which he had written down or would, in the future, write down, so that with one public voice the order could defend their collective view in the battle of scientific debates,[50] we must be aware that Aegidius' understanding of the nature of political discourse in tracts of the *De regimine* genre would soon become something of a norm, if only within his own order.

What is implied in the use of Aristotelian techniques of rhetorical persuasion and figures? Aristotle's *Rhetoric* is a curious work when compared with Cicero's *De inventione*, for instance. The *Rhetoric* is a detailed psychology of the human emotions which can be moved by a kind of informal reasoning and a kind of prose style. It seeks the roots of persuasive discourse and the reasons for its success in the nature of human character and emotion. Its method is that of a kind of demonstration in the absence of deductive certainty. The art of rhetoric can be taught, it is a skill – but one that is a productive activity of the orator rather than a feature of language and argument themselves. Its successful use can only be achieved by an orator's grasp of the most important features of human nature, emotional and intellectual. The orator must be both a logician, to understand the principles of his arguments, and also a psychologist, to understand the basis of character and emotion. His audience need have neither of these sciences. Because rhetoric as a skill is not a field of theoretical knowledge or speculation but a praxis of practical reason it takes self-evident premises as its starting point and then proceeds by a syllogistic method, aiming at finding the persuasive aspects of a particular subject matter in order to motivate rational agents to action. The orator's task is to find (*inventio*) those aspects of his subject that can be employed in his arguments which are designed to stress certain features which can induce the appropriate emotional state in his audience. He needs to discover the correct premises, where to begin, in order to persuade. Once he

---

49 See LAMBERTINI, A proposito della 'costruzione' dell'*Oeconomica* (as in note 24), and ROBERTO LAMBERTINI, *Philosophus videtur tangere tres rationes*. Egidio Romano lettore ed interprete della *Politica* nel terzo Libro del *De regimine principum*, in: Documenti e studi sulla tradizione filosofica medievale 1 (1990), pp. 277–325.

50 See Chartularium Universitatis Parisiensis, vol. III ed. HEINRICH DENIFLE and EMILE CHÂTELAIN, Paris 1894 (reprint: ibid. 1964) p. 12, note 542, cited by JÜRGEN MIETHKE, Politische Theorie und die 'Mentalität' der Bettelorden, in: Mentalitäten im Mittelalter. Methodische und inhaltliche Probleme ed. FRANTISEK GRAUS (Vorträge und Forschungen 35) Sigmaringen 1987, pp. 157–176, here: p. 164.

has his premises, he argues by means of "proofs common to all" and these are the enthymeme and the example. But his premises are not indubitably true or necessary (unlike those of dialecticians). Rather, his premise is something considered true for the most part by his audience and produces true for the most part conclusions. He derives his enthymemes from such probable, starting premises and the enthymeme is tied to a particular subject matter applicable only to it and not generally applicable, like topics, to any possible subject matter.

Aristotle outlines three objectives of persuasive oratory, the third of which is to establish the advisability of a given position or decision. This final objective is what is called the deliberative objective and is that which is the most worthy and important for Aristotle, because it deals with political judgement. Deliberation is designed to promote the happiness or at least the expediency of those on whose behalf it is conducted, and this means that the orator has first to grasp the constituents of human felicity or happiness in order to understand how certain subjects may appear relevant to an audience seeking plausible proofs. Hence, where the *Ethics* gave a conceptual analysis of human happiness, based on moral and intellectual virtues and their means of acquisition, the *Rhetoric* simply identifies those constituent components of human felicity and then studies (Book II) the human emotions which the orator wishes to produce or control. He is able to come up with recognizable, exemplary archetypes of agents' characters and how they were formed by social and material conditions or age, and he addresses them in ways that would appear most convincing to them. In this way he is able to provide types of proof or conclusions, be they logical (for the educated), emotional (for the many) or ethical (for all who are part of a given community with established conventions). The conclusions or proofs are suited to the character of the recipient of his speech. His style is functional: to secure the conviction of the audience, and Aristotle emphasizes clarity (Book III) without excluding ornate embellishment, imagery and metaphor. In his discussion of style, the correct choice of individual words and the choice of lucid and grammatically sound ordering of sentences he has much in common with Priscian's *Liber constructionum* (Inst. Gram. 17–18), which students would have already come to know well. And if rhetorical argument in general proceeds by enthymeme and example, Aristotle believes that deliberative oratory, which deals with the possible and the future, best uses populist arguments which employ examples, either narrating a version of the facts of preceding events as the speaker sees them or inventing similar stories. It is in narration that clarity and descriptiveness are most important but the orator is no mere narrator.

The orator persuades by means of the enthymeme and example which, although part of a dialectical syllogism or induction, are nonetheless formally imperfect. Technically put, he never requires of his audience anything more sophisticated than an understanding of rhetorical arguments to the three figures of the syllogism (*tecmerium*). This species of enthymeme is mentioned in the *Prior Analytics* (2.27.70 a30). There are necessary enthymemes and non-necessary enthymemes (found in the second and third figure) and in Aegidius' commentary on the *Rhetoric* he assigns rhetorical arguments only to the first three figures of the syllogism.[51]

Aristotelian rhetorical persuasion is the construction of plausible arguments that sway the emotions of a given, large audience to conclusive opinions that appear true to it or at least plausible for most similar cases. There is no recourse to universal conclusions, because the orator only argues his particular case with particular conclusions. And if it is assumed that the audience is, in general, the uneducated people who understand only rhetorical enthymemes that prove consequences, they can neither understand the causes of things nor have any interest in them. This is the method that determines the substance of Aegidius' *De regimine principum*. And if it is the method of the orator, it is also to serve as the method of the prudent man, the king. Kings must learn how to be orators.

Aegidius had said that the procedure to follow in moral teaching should be figurative and broad according to Aristotle and not according to the insufficient *modus narrativus*. The latter was the method of the lawyers. The polemic on the part of the arts faculty and those who understood ethics and politics as *philosophica practica* against the lawyers went back at least as far as Albertus Magnus who criticized the civilian lawyers who called themselves *politici* but who were ignorant of the *ars politica* and its necessary foundation in the arts curriculum's *trivium* followed by the Aristotelian texts of practical moral philosophy.[52] Aegidius' *De regimine* is a product of the university arts faculty curriculum of the later thirteenth century, and this is demonstrated in its very divisions following the traditional division of *philosophica practica* as *solitarium/monasticum/ethicam*, then *privativam/oeconomicam/dispensativam* and, lastly, *publicam/politicam/civilem*: Book I is on the government of the self; Book II is on the government of one's household, and Book III is

---

51 See Rhetorica Aristotelis cum Egidii de Roma commentariis (as in note 45) fol. 9.

52 See ALBERTUS MAGNUS, Commentary on Aristotle's *Ethics*, lib. x, tract. iii, cap. 3, in: IDEM, Opera Omnia, vol. VIII, ed. AUGUSTUS BORGNET, Paris 1891, p. 639: *Politica autem repromittunt quidam sophistice dicere, cum tamen nullus eorum per doctrinam suam aliquid politicorum possit agere* [...]. *Adhuc autem alii per tales sermones collectos, nullos faciunt politicos* [...]. *Sophistas autem hic vocamus, non qui decipiunt locis sophisticis, sed ab imitatione sophistarum copiose ab apparente sapientia, qui seipsos vocant politicos, cum nesciant quae sit ars politica* [...] *et repromittunt docere politica, cum artis et virtutis politicae penitus sunt expertes.*

on the government of the city or *regnum*. The first book is itself divided into four parts which treat, respectively 1) the happiness which must be sought by a prudent man or princely governor, 2) the virtues, 3) the passions and 4) the behaviour typical of specific groups within the state in terms of their social rank and material condition. It is striking how this division selectively follows the treatment of the themes in Aristotle's *Rhetoric* Books I and II: happiness (1.5), virtue (1.9), emotion (2.1–11) and character (2.12–17).

In Book III, on government of the city or *regnum*, as Lambertini has shown,[53] Aegidius does not seek to demonstrate that man is an animal *sociale et politicum*, as did Aquinas, but rather that he is *communicativum et sociale.* Aegidius provides an argument from language [*quia*] *sermo est ad alterum ut ad socios, ex qua natura dedit homini sermonem, quem non dedit animalibus aliis, sequitur hominem magis naturaliter esse animal sociale quam animalia cetera* (2, pars 1, cap. 1, 218).

Furthermore, when Aegidius discusses the question of elective or hereditary kingship in Book II, pars 2, cap. 5 he presents, in true Aristotelian rhetorical manner, an argument to be used to convince princes, *ex parte regentis*, and then another to convince the people, *ex parte populi*. These are arguments from differential emotional motivations on the part of different social ranks in a monarchy. The first, *ex parte regentis,* runs as follows:

naturaliter autem quilibet habet amicitiam ad seipsum; naturaliter est igitur tanto regem magis solicitari circa bonum regni quanto credit ipsum regnum magis esse bonum suum et bonum proprium. Quare si rex videat debere se principari super regnum non solum ad vitam sed etiam per haereditatem in propriis filiis, magis putabit bonum regni esse bonum suum et ardentius solicitabitur circa talem bonum. Immo quia tota spes patris requiescit in filiis, et nimio ardore moventur patres erga dilectionem filiorum, ideo omni cura qua poterit movebitur ad procurandum bonum statum regni, si cogitet ipsum provenire ad dominium filiorum.

The second, *ex parte populi*, says that the people are used to (*consuetudine*) obeying the descendents of the king and are of a certain disposition to follow the rules of one person who has already received respect as the designated successor.

Indeed he argues that election is valid *absolute* but he prefers hereditary kingship, because, when one considers the concrete condition of men, *experimentaliter*, hereditary succession is best. This is the kind of plausible opinion, given the starting premises of men's characters when they have become used to living under kings, that is most likely to be accepted. It is not a general truth but a rhetorical particularity in enthymematic mode.

---

[53] See LAMBERTINI, A proposito della 'costruzione' dell'*Oeconomica* (as in note 24), p. 355.

Furthermore, when he describes the *regnum* he provides a concrete, territorial state, not an abstraction, giving examples of cities which have several neighbourhoods *in quorum uno exercetur ars fabrilis, in alio ars textoria etc.* (3, pars 1, cap. 2). The *regnum* is defined functionally as a *multitudo magna in qua sunt multi nobiles et ingenui, viventes secundum virtutem ordinati sub uno vivo optimo, ut sub rege* (3, pars 1, cap. 9).

There are numerous other examples one can extract from this text to demonstrate that the *De regimine principum* is a rhetorical defence of monarchical government. But if we ask whether this is what Aegidius himself believed, we cannot find the answer in this treatise. The orator's intention is to use rhetorically plausible arguments that depend on his knowledge of the character and emotional psychology of his audience, here both the prince, his dedicatee, and the prince's subjects. Aegidius himself tells us (3, pars 2, cap. 24) that it is natural for all men to speak but the individual words are used *ad placitum*. A principle like "thieves are punished" is given *ratio naturalis* to all men but the individual human institutions determine how they are used. Hence, the *ius enim positivum per artem et industriam hominum ad inventum praesupponit ius naturale*. While *recta ratio* is decisively superior to positive law, it is plausible that where there is an *optimus rex* there will be *optima lex*. Only if a prince takes on the lessons taught by the orator, Aegidius, in his treatise, will it be true that his *recta ratio* will coincide with the natural law which God impresses on the mind of man so that he alone can direct the positive law and be above those laws himself. He will then be an example in practice of perfect prudence. The prudent man is one who has acquired virtues, whose desires when guided by practical reason are known as the will, and his exterior deeds (*operationes exteriores*) and effective good reasons (*boni rationis effectiva*) will be justice itself in action (1, pars 2, cap. 3).

Whatever Aegidius Romanus believed absolutely rather than "in the circumstances", it is clear that he trusts this kind of king more than he does the civil lawyers.

Appendix

Information about Cambridge arts courses is contained in M. Benedict Hackett, The Original Statutes of Cambridge University. The Text and its History, Cambridge, 1970: Mss Gonville and Caius College Cambridge 465 and 466 (thirteenth century): the required texts here are said to be precisely the same as those in the earliest statutes we have for Cambridge c. 1385 as in the two recensions, Old Proctor-Caius 83; Caius fol. 13 rb–vb (see Hackett, Original Statutes, p. 125, note 2 and p. 276, note 5). Hackett observes that during the early thirteenth century the course for the MA was regulated at most by unwritten custom but by the close of the fourteenth century there were detailed, written rules. Text of Old Proctor-Caius (statute 83) in Hackett, Original Statutes, p. 277:

Item statuimus quod nullus admittatur ad incipiendum in artibus nisi prius determinaverit et ultra hoc ad minus per triennium hic vel alibi in universitate in eadem facultate continue studuerit et iterato librum posteriorum audierit vel legerit et eciam quod in universitate rite audierit in scolis libros aristotelis phisicorum, celi et mundi, de generacione, metheorum, de anima, de sensu et sensato, de sompno et vigilia, de memoria et reminiscencia, de morte et vita, de plantis, de motu animalium, metaphysicam et omnes libros ethicorum [...] *videlicet per terminum/ logicalia/ per terminum naturalia/ per terminum geometricalia/ per terminum tractatum de spera. algorismum/ vel compotum/* per terminum moralia. *et si aularis non fuerit legat logicalia ad minus per terminum/ naturalia per alium/ geometricalia. astrologicalia.* vel moralia per terminum.

See also Old Proctor-Caius 54 (university statutes) c. 1385 *De modo audiendi textum Aristotelis* (Hackett, Original Statutes, pp. 298 f.). These are only the lectures one had to hear *ordinarie* and, therefore, do not provide information on texts heard *extraordinarie* or *cursorie*, usually in the afternoons:

Item statuimus quod scolares arcium ordinatim audiant textum aristotelis sic videlicet in primo anno veterem logicam in termino yemali librum porphyrii et predicamentorum in termino vero quadragesimali libros periarmeneias, sex principiorum et divisionum. In termino quippe estivali libros topicorum aristotelis/ In secundo anno novam logicam sic videlicet in termino yemali [vacat] libros elenchorum, in termino quadragesimali libros priorum, in termino estivali libros posteriorum. In tercio autem anno in termino yemali et quadragesimali octo libros phisicorum [vel xii libros methaphisice]/ In quarto anno similiter in termino yemali et quadragesimali libros phisicorum vel xii libros metaphisice audire teneantur. In terminis estivalibus tercii et quarti anni libros de generacione vel libros de anima vel celi et mundi vel metheororum vel ethicorum si legantur/ *Nec liceat alicui scolari postquam semel audierit ordinarie secundum formam pretactam naturalia vel metaphisicalia ad logicam ordinarie audiendam se divertere transgressores vero istius statuti sicut falsi scolares puniantur prout falsi in statutis nostris nominantur scolares.*

Summary: First year old logic: Porphyry, *Isagoge*; Aristotle, *Praedicamenta* (*Categories*), *Perihermenias* (*De interpretatione*); Gilbert de la Porrée, *Sex principia*; Boethius, *Divisiones*. Second year new logica: Aristotle, *Elenchi*, *Analytica priora*, *Analytica posteriora*. Third year: Aristotle, *Physica*, *De generatione* or *De anima* or *De coelo* or *Meteorica* or *Ethica*. Fourth year: *Physica* or *Metaphysica*, *De generatione* or *De anima* or *De coelo* or *Meteorica* or *Ethica*. (It is not clear whether or not, if a student had chosen to read one or more of the options offered in the third year, in the fourth he was required to read the others not already chosen.) In addition, for determination the candidate had to make up cursory lectures (given by a BA) and hear Priscian's *De constructione* [= *De institutione* (*minor*), Books XVII–XVIII on syntax] once.
See also JAMES A. WIESHEIPL, O.P., The Curriculum of the Faculty of Arts at Oxford in the Early 14th century, in: Mediaeval Studies 26 (1964) pp. 143–185; also see his Oxford D. Phil dissertation, chapter 1, pp. 1–43. The Statutes of the English Nation at Paris (1252) required that before determination certain books were to be heard at least twice *ordinarie* or at least once *cursorie*. The early fourteenth-century arts course at Oxford (see Statuta antiqua universitatis Oxoniensis ed. STRICKLAND GIBSON, Oxford 1931, pp. 32 f.) took from six to eight years prior to inception, during which the undergraduate attended both ordinary and cursory lectures on the *trivium*, *quadrivium* and the three philosophies (natural, moral and metaphysics) as well as disputations (all on logic, except on Fridays, when they were on grammar), responded *de sophismatibus* for at least one year, responding *de quaestione* at least during the summer term prior to determination. The *libri logicales* (including grammar) were heard during the first four years, while the *libri naturales* were heard simultaneously for at least the first three years.

In early fourteenth-century Oxford, then

Trivium:
(a) Grammar was absorbed into logic (*logica vetus*) with two terms on Priscian's *Institutiones grammaticae* (*maior*) first 16 books (covered in six weeks), *Priscianus minor* (*De constructionibus*), Donatus, *Ars minor* (probably studied in grammar school) and three books of *Ars maior* (= Donatus, *Barbarismus*). Speculative grammar: *Doctrinale* of Alexander of Villedieu, and *Grecismus* of Eberhard of Béthune, c. 1300–1310, *Grammatica speculativa* of Thomas of Erfurt (*de modis significandi*). There is an extraordinary reference in Statuta antiqua (ed. GIBSON) for the early fourteenth century which says Priscian's *Liber magnus* was to be heard or Aristotle's *Politica* or the *De animalibus* (cited in WEISHEIPL, D. Phil dissertation, p. 19). There is also men-

tion of Aristotle's *Rhetorica* or at least the fourth book of Boethius' *Topics* (see Statuta Antiqua 33.19). It is only in the statutes of 1431 that mention is also made of Cicero's *De inventione* (known as *rhetorica vetus* or *prior*) and pseudo-Cicero *Rhetorica ad herennium* (*novum rhetorica*) (see ibid. 234.22–24). In JAMES A. WEISHEIPL, The place of the liberal arts in the university curriculum during the XIVth and XVth centuries, in: Arts Libéraux et Philosophie au Moyen Age. Actes du Quatrième Congrès International de Philosophie Médiévale, Montreal/Paris 1969, pp. 209–213, here: p. 209, the author simply says: "At Oxford in the early fourteenth century Priscian, Donatus and classical authors were used for grammar and letters; Cicero, the fourth book of *Boethius' Topica* and the *ars dictaminis* were used for rhetoric; Aristotle and Boethius as well as new Oxford texts were used for logic".
(b) Logic: *logica vetus* – *Isagoge* of Porphyry, Aristotle's *Predicamenta* and *Perihermenias* and Gilbert de la Porrée's *Liber de sex principiis*. All these in three terms. The first three books of Boethius' *Topica* and his *Liber de divisione* (dropped during the first half of the fourteenth century?); *logica nova* – Aristotle's *Prior* and *Posterior Analytics* (two terms), *Topica* and *De sophisticis elenchis* (one term each); *parva logicalia*.

Quadrivium:
[Arithmetic, geometry, astronomy (not listed here).]

The Three Philosophies:

a) Natural philosophy (Aristotle's *Physics* in James of Venice's translation with Averroes as common guide) etc.
b) Moral philosophy. Ten books of Aristotle's *Nicomachean Ethics* in Grosseteste's translation, required for *inceptios* or inceptors, four months (see Statuta Antiqua 33.29 f.). The *Economica*, translated from the Greek by Durandus of Alvernia (1295) but it is not certain if this was actually taught at Oxford, although a course was given at Paris in early mid-fourteenth century. The eight books of Aristotle's *Politica*, in Moerbeke's translation, as an acceptable but not required course for *inceptios* or inceptors (see ibid. 34.5 f.).
c) Metaphysics. Aristotle's first twelve books of *Metaphysica*. There is very little information concerning the teaching of metaphysics at Oxford in the early fourteenth century.

Oxford college library inventories are also useful for information on books in their possession or at least not out on loan. Such libraries were built up through donations and unredeemed books pawned as security against loans. The books also may include those no longer needed by the donor but used in his previous student years. Inventories reveal the kinds of books in private possession of fellows and friends of a college in the generation before the books became part of the college collection. WILLIAM COURTENAY, The fourteenth century booklist of the Oriel College Library, in: Viator 19 (1988) pp. 283–290, provides a useful analysis and the list of books of an inventory dated 1375 but which he wishes to redate possibly to 1349. He says this reflects the donations between 1328 and 1343, and, therefore, it reflects the needs of pre-1320 Oxford (ibid., pp. 289 and 290). This inventory does not reflect any new fourteenth-century developments in Oxford logic, physics or theology. Amongst the holdings at Oriel:

In primis de grammatica: Priscianus, De constructionibus, Item, Petrus Helias cum scripto Prisciani De constructionibus; De logica: Primo una vetus logica; item nova logica; Sententie veteris vel nove logice. De philosophia: [...] *textus ethicorum* [possibly present Oriel, Ms. 25, fols 1–80]*; textus poleticorum vel de problematibus; De rhetorica primo rhetorica Martini* [*de Cordoba*?].

Under *de theologia* (!):

quarternus de grammatica; per Meils; que incipit ecclesie sacre; Item, unum Doctrinale magnum [Alexander of Villedieu]*, per Meylis; Expositio Metaphysica et Ethicarum; per Cobildik* [d. 1337]; *Sententie super libros Rethoricorum Aristotelis; Priscianus, De Constructione; per Cobildik; Notabilia super libros Topicorum Aristotelis.*

Hervé de Nédellec, Pierre de la Palud and France's place in Christendom

by

Jean Dunbabin

The conference title "Political thought and the realities of power" suggests that power in any society has an objective existence separate from people's perceptions of its operation and, consequently, that subjective political thought can somehow be firmly contextualized in a real world. Yet in the early medieval period when institutions and administrative structures still played a miniscule role in government, it was the function of those who held offices of one kind or another to create around themselves an aura of authority that commanded obedience. In this sense, political ideas or political rituals themselves constituted an important element of the reality of power. Or at least a man could not be powerful without them. It may be argued that by the early fourteenth century the situation had changed drastically in France, with the development of a network of royal officials to carry out the king's command in the provinces and bureaucracies at the centre to decide strategies. Yet the kings' obsession with what has been called "the religion of monarchy" suggests that they believed themselves to be at least as reliant as in earlier times on the image they projected.[1] Indeed the reign of Philip IV has conventionally been seen as the first in which a French king systematically tried to mould his subjects' perception of himself in order to rule effectively. He realized that his power was only as real as other people thought it to be.

Therefore to make something of the distinction between political thought and reality required by the conference title, it is necessary to separate political thought from what fourteenth-century people thought about political power. For the purposes of this paper I shall follow the conventional, though not very

---

[1] See Joseph R. Strayer, France: The Holy Land, the Chosen People, and the Most Christian King, in: idem, Medieval Statecraft and the Perspectives of History: Essays ed. John Benton and Thomas Bisson, Princeton, NJ 1971, pp. 300–314.

satisfactory, method of restricting political thought to the writings of intellectuals on political themes, using the vocabulary they had inherited from the classical past. In France these writings almost all emerged from the university of Paris, partly because it was the intellectual hothouse of northern Europe, partly because the presence of the court in the city stimulated thinking about political issues and partly because the theologians of Paris regarded the elucidation of political morality as a small but essential part of their task. Their musings, abstract in form and expressed in a language known only to the elite, nevertheless produced an influential, if small, contribution to wider perceptions and therefore to the reality, of power in France.

The two Dominican authors I shall discuss, Hervé de Nédellec (Hervaeus Natalis) and Pierre de la Palud (Petrus de Palude), produced in the same physical environment two radically different political theories within a couple of years of each other. These clarified for the future the options open to popes and kings of France in their dealings with each other. Therefore, though their theorizings arose from reflecting on a crisis that had occurred half a generation before, they tackled a long-term problem of the age, and by their solutions Hervé and Pierre contributed to the future realities of power.

The canon for students of medieval political thought (surprisingly unchanged over the last three decades, unlike the canons for almost any other discipline) has always included a number of important texts preserved by Dupuy concerning the battle between Boniface VIII and Philip the Fair.[2] These texts deserve their place. As is universally recognized, they raise vital questions about the government both of church and of state. But these questions did not go away once the pope and the king had decided to call a truce in their struggle in 1304. Dangerous though it might have been to discuss the issues openly during the later years of the reign of Philip the Fair, when they could seriously have embarrassed both sides, they continued to intrigue scholars. Hardly surprisingly, the years 1314–1317, which saw the death of Philip, the succession of his unpopular son Louis X, political upheaval stimulated by the aristocratic leagues, a papal interregnum till 1316 and then the first non-primogenital succession to the throne of France since 987, offered the perfect moment for reconsidering royal-papal relations, free from political pressures to discretion, in circumstances that allowed deeper analysis than had been possible during the original crisis.

The immediate intellectual spur to such reconsideration was the anti-mendicant tracts of the secular master Jean de Pouilly, who from 1312 systemati-

---

[2] See PIERRE DUPUY, Histoire du différend d'entre le pape Boniface VIII. et Philippes le Bel, roy de France, Paris 1655.

cally attacked friars' privileges by denying the pope's right to grant them, thereby re-opening the ecclesiological debates that had recurred regularly in the Paris theology faculty since the 1250s.[3] Tracts *De potestate papae* were back in fashion again.[4] To exclude the question of papal authority over lay rulers from such tracts would have been unnatural. Theologians of the Dominican order therefore seized the opportunity provided by the temporary weakness of royal and papal power to reassess the issues of 1303 within the broader context provided by Jean de Pouilly.

Hervé de Nédellec's distinguished career within the order guaranteed his views considerable authority and almost certainly a reading public beyond the confines of the order.[5] His *De potestate papae*,[6] published in 1317/8,[7] was a refutation of Jean de Pouilly's thesis that the church was a federation of bishops and priests, each holding jurisdictional right directly conferred by Christ. Hervé chose to introduce his diatribe against John with a lengthy consideration of the nature of jurisdiction, an introduction that permitted him to review two questions crucial to the 1303 crisis, whether the pope could intervene to correct abuses of power by secular rulers and whether secular rulers were obliged to defend the church's interests at the pope's request. The first related to Boniface VIII's condemnation of Philip's behaviour in *Ausculta fili* of 1302, the second to the question of papal power over the temporalities of France, also claimed in *Ausculta fili*, asserted with undiplomatic baldness in Pierre Flote's mistranslation *scire te volumus*, and emphatically denied by Philip's lawyers.[8]

Hervé began by defining his subject: "The power of jurisdiction is that by which the ruler of any state can declare the law or enforce it while obliging his subjects to accept as just what he has laid down".[9] This somewhat Hob-

---

3 See Joseph Koch, Der Prozeß gegen den Magister Johannes de Polliaco und seine Vorgeschichte (1312–1321), in: Recherches de théologie ancienne et médiévale 5 (1933) pp. 391–422.

4 See Jürgen Miethke, Die Traktate *De Potestate Papae*: Ein Typus politik-theoretischer Literatur, in: Les genres littéraires dans les sources théologiques et philosophiques médiévales. Définition, critique et exploitation. Actes du Colloque International de Louvain-la-Neuve, 25–27 mai 1981, Louvain-la-Neuve 1982.

5 On his career see Ag.(?) de Guimarães, Hervé Nöel (†1327). Étude biographique, in: Archivum Fratrum Praedicatorum 8 (1938) pp. 5–81.

6 See Hervaeus Natalis, De potestate papae, published in Durandus de Sancto Porciano, De origine iurisdictionum, Paris 1506.

7 See Thomas Kaeppeli, Scriptores Ordinis Praedicatorum, vol. II, Rome 1975, p. 241.

8 See Jean Favier, Philippe le Bel, Paris 1978, pp. 343–352.

9 Hervaeus, De potestate papae (as in note 6) fol. AA i v: *Potestas iurisdictionis est qua presidens alicui reipublice potest dicere ius statuendo vel sententiando cum obligatione subditorum ad habendum id quod dicitur pro iusto*.

besian definition locates the reality of power at least partly in the ruler's ability to manipulate his subjects' opinions, to command obedience. This capacity Hervé derived in Thomist fashion either from the consent of a community or from the ordinance of a legitimate lord – *dominus*.[10] As a preliminary to analyzing the various types of papal jurisdiction Hervé decided to investigate secular jurisdiction. The reader will swiftly realize that the context for this investigation, while never made explicit, is French. What follows is an attempt to reconstruct what Hervé's audience in Paris in the early months of Philip V's reign would automatically have assumed to be its meaning.

According to Hervé, the power to command varies with circumstances. The king may act as the immediate lord of his subjects, disciplining them directly. He may institute officers to do this in his name. He may allow communities to elect their own officials to discipline them – the example quoted is franchised towns. All these possibilities assume royal lordship – *dominium*; to use historian's vocabulary, they describe the situation on the royal demesne. But not all of France lay within the royal demesne. Hervé betrayed his Breton background with his next postulate: There may be princes within the kingdom who owe their position not to the king's gift or nomination but to hereditary right. Such men discipline their own subjects. Yet, even over these, the king exercises a form of jurisdiction, in correcting their rule where it departs from justice. Here is an obvious reference to the royal claim, much contested, to hear appeals from the principalities in *Parlement*, and to reform the customary law of the provinces where it was unjust.[11] Furthermore, Hervé continues, even princes are obliged, as are all other members of society, to come to the assistance of the king when he is attacked, because he embodies the common good of the whole commonwealth.[12] This obligation creates a political subordination which has jurisdictional implications – presumably, Hervé means this to apply only in time of national emergency. Again, this was a claim frequently made by the king's ministers in the reign of Philip IV, to permit taxation for war in Flanders from all parts of the kingdom.[13] Consequently, any royal servant who had happened to hear

---

10 See ibid.: *Nulla persona vel communitas potest recte obligari nisi de consensu proprio vel de ordinatione alicuius habentis dominium super ipsam*.

11 The right of *Parlement* to hear appeals from inhabitants of the duchy of Gascony was the crucial justification for Philip IV's confiscation of Gascony in 1294; see Malcolm Vale, The Angevin Legacy and the Hundred Years War, 1250–1340, Oxford 1990, pp. 188 f.

12 See Hervaeus, De potestate papae (as in note 6) fol. AA ii r: *Quando potestas superior impugnatur inferiores potestates debent subservire et iuvare ita quod si rex impugnatur ab adversariis suis inferior tenetur eum iuvare*.

13 See Joseph R. Strayer, The Reign of Philip the Fair, Princeton, NJ 1980, p. 80.

Hervé laying out the premises of his argument could not but be pleased and expect to assent to his conclusions.

From what has been said, it emerges that Hervé's view of the subject's political obligation was surprisingly open-minded. Its intensity varied, not only according to circumstance but also according to historical conventions and historical facts. In this view, the French monarchy was far from monolithic, even though in time of war it might command the obedience of all who lived within its borders. In peacetime, the king was limited by a host of other people's rights and, perhaps, even by their consent. His analysis serves to remind historians that those Dominicans who, under terrible pressure, signed the appeal against Boniface VIII in June 1303, should not be automatically assigned to the camp of the vociferous supporters of untrammelled monarchy. Hervé de Nédellec signed the appeal;[14] he also supported Philip in his campaign against the Templars.[15] But he was far from accepting the views of royal sovereignty propounded in moments of crisis by Guillaume de Plaisians[16] or by the anonymous author of the *Disputatio inter clericum et militem*.[17]

Having provided a several-sided model of temporal jurisdiction, Hervé went on to contrast this with papal jurisdiction within the church. He argued that the princely and the urban models have no parallel in papal jurisdiction over ecclesiastics. Although the pope may only legislate or execute justice to the benefit of the Christian community (which puts some real limitations on his activities), within this constraint he may do so as he chooses. While royal power derives from different sources, papal power over ecclesiastics comes directly from Christ. All those who exercise ecclesiastical jurisdiction on earth do so as delegates of the pope. Papal jurisdiction over secular monarchs was not Hervé's avowed topic. Yet he could not resist the temptation to turn royal arguments against the king. The royal claim to eliminate bad custom and receive appeals from the princely courts was based on the concept of the common good of the realm. The common good of Christendom for Hervé legitimated the pope's right to correct abuses of any sort among believers.[18] While he explicitly included in this the right of correction of all

---

14 See Chartularium Universitatis Parisiensis, vol. II ed. HEINRICH DENIFLE and EMILE CHÂTELAIN, Paris 1891, pp. 101 f.

15 See ibid., p. 127.

16 See STRAYER, Medieval Statecraft (as in note 1) pp. 260 f.

17 See ANON., Disputatio inter clericum et militem, ed. and trans. by NORMA ERICKSON, in: Proceedings of the American Philosophical Society 111 (1967) pp. 294–309.

18 See HERVAEUS, De potestate papae (as in note 6) fol. AA vi v: *Ad eum pertinet corrigere omnem abusum deordinante hominem a deo in tota communitate Christiana ad quem pertinet tollere impedimenta motionis ad perfectionem virtutum et unionem cum deo. Sed hoc pertinet ad praesidentem toti communitati Christiane.*

laymen as well as clerics,[19] he did not elaborate on the implied parallel with royal claims to correct princes who had not been instituted by the king. But it followed from his argument that the papal right to correct monarchs was independent of any papal involvement in their elevation. On Hervé's assumptions, kings and emperors were equally subject to papal correction.

Again Hervé avoided direct reference to the terms of the 1296/7 and 1302/3 arguments on royal supremacy over the temporalities of the kingdom of France. But again he substituted the common good of Christendom for the royal lawyers' common good of France, in insisting that, just as all inhabitants of France were bound to come to the king's aid in time of attack, so all Christians must aid the pope in emergency. Indeed, he declared it heretical to maintain that any secular power was not bound to assist the pope when attacked.[20] In such circumstances it would follow that the temporalities of the kings of France were as vulnerable to papal exigencies as those of any other monarch. Given the state of the papal lands in Italy in 1317/18, with the 1321 crusade against the Ghibellines already predictable, this cannot have been a comfortable message for the king of France.

Hervé's *De potestate papae* is an intriguing analysis of ecclesiological relations. What it has to say on church/state questions is fragmentary and sometimes oblique. Hervé followed convention in refraining from precise reference to contemporary events. He aimed to provide a watertight argument that was independent of the political vicissitudes of the time. But with this desire for a timeless, abstract conclusion went a firm determination to defend it against the arguments of a particular set of opponents. The clear parallels he drew between the claims of monarchical jurisdiction in France and those of the pope were ingeniously chosen to make his position hard to attack by surviving advocates of Philip the Fair's policies. Royal clerks would be forced to recognize that Hervé had constructed his edifice on foundations which their predecessors had created. The new pope John XXII will have derived considerable relief from this reinforcement of his position.

Hervé's preoccupations were echoed elsewhere among the Dominicans in Paris. In 1316/17 the two regent masters of St Jacques, John of Naples and Pierre de la Palud, produced contrasting tracts on papal power.[21] John, as

---

[19] See ibid.: *Per consequens ad eum pertinet corrigere omnem abusum tam potestatis ecclesiastice quam terrene in quocumque existente de populo christiano.*

[20] See ibid., fol. CC ii r: *Videtur mihi quod ponere quod alie potestates non sunt sub papa sive sub potestatis pape quantum ad hoc quod non teneantur iuvare illam potestatem scilicet pape si impugnaretur etiam loquendo de potestate seculari esset hereticum.*

[21] The dates given are those when the tracts were probably presented to a wider public. For the dates of the actual writing of Pierre's *De Potestate Papae* see ANNELIESE MAIER, Ausgehendes

an Italian from a Guelf background, found it easy to reissue in rather fuller and more interesting form, the standard arguments found in Giles of Rome's *De ecclesiastica potestate* that political theorists usually refer to as the papal hierocratic position.[22] His work is not my concern, except in so far as it demonstrates the diversity of political thought between members of the same order, even members who are classed as Thomists. The second tract *De potestate papae* is that of Pierre de la Palud,[23] a man from a distinguished family of the Dombes who had been thoroughly trained in canon and civil law before he entered the Dominican order and qualified as a theologian. His work was more nuanced than John's and more long-lasting in its impact.

Pierre's theme was an investigation of papal rights over temporalities. Deeply influenced by John of Paris's *De potestate regia et papali*, he developed both the theological and the canon law aspects of John's argument to new levels of specificity. He also had to answer a variety of objections that had arisen in the intervening years.

The main thrust of Pierre's argument was that, while papal power in spiritualities was absolute, papal power in temporalities derived not from biblical or philosophical principles but from historical contracts. It was, therefore, a legal matter, subject to change but also subject to prescription. Papal jurisdictional power followed the same rules. The lengthy details of Pierre's very complex arguments cannot be related here. My interest lies in the final part of the work,[24] where Pierre proves to his own satisfaction that historical contracts and prescription exempted the kingdom of France from any interference by the emperor, while in that kingdom the pope enjoyed only very strictly limited temporal power, the minimum necessary to uphold his spiritual power. By contrast, the pope retained lordship in temporalities as well as spiritualities over the empire.

Before analyzing what Pierre said, it is important to consider the constraints within which he worked and the audience he was seeking to con-

---

Mittelalter: Gesammelte Aufsätze zur Geistesgeschichte des 14. Jahrhunderts, vol. II (Storia et letteratura 105) Rome 1967 p. 509; Jürgen Miethke, Eine unbekannte Handschrift von Petrus de Paludes Traktat *De Potestate Papae* aus dem Besitz Juan de Torquemadas in der Vatikanischen Bibliothek, in: Quellen und Forschungen aus italienischen Archiven und Bibliotheken 59 (1979) pp. 469 and 474.

22 Edited in F. Iohannis de Neapoli Quaestiones variae Parisiis disputatae, Rome 1617, quaestio XXXIX, fols 331–340.

23 See Petrus Paludanus, Tractatus de potestate papae. Toulouse, Bibliothèque de la Ville, 744 ed. Prospero T. Stella (Textus et studia in historiam scholasticae 2) Zürich 1966. For Pierre's life and work see Jean Dunbabin, A Hound of God. Pierre de la Palud and the Fourteenth-Century Church, Oxford 1991.

24 See Petrus Paludanus, Tractatus de potestate papae (as in note 23) pp. 236–270.

vince. The theology faculty of the university of Paris regarded itself as the powerhouse of Christendom. It was up to its members to winnow out truth from falsehood by constantly questioning assumptions and putting them against authority. What it asserted would be regarded by the outside world (in Paris at least) as true. The case that the kingdom of France enjoyed a distinctive position had, therefore, to be mounted in a logical fashion, using only the intellectual disciplines regarded as acceptable in academic circles and providing arguments as convincing to foreign theologians as to Frenchmen. Pierre could not indulge himself in orgies of praise for scrofula-curing kings of a line descended from Trojans. Theologians at Paris still retained their accustomed discomfort in face of such claims.[25] Nor could he build a case based principally on the *Digest*, since Paris theologians were not allowed to lecture on it, except in so far as it was used in canon law. What he could do was to blend maxims from canon and Roman law with what was known of past French history and to embed both in an essentially theological dynamic: that of the transfer of empires in accordance with God's will and the faithfulness of the inheritors.

As with much of Pierre's writing, the individual arguments he used were not new. *Rex pacificus*, a tract of the period 1302/3, has recently been attributed, though rather speculatively, to John of Paris.[26] In this tract, unlike John of Paris's *De potestate regia et papali*, the author in denying papal rights in temporalities made a sharp distinction between the empire and other kingdoms of Europe. France was a kingdom whose king recognized no superior in temporalities, as Innocent III himself had acknowledged in his bull *Per venerabilem*. For the author of *Rex pacificus* this was only a relatively minor point. But it provided the kernel of Pierre's case, whether or not Pierre knew the tract. He consciously borrowed also from a number of other well-known works. But two features make Pierre's *De potestate papae* interesting: first, the care with which he chose his morsels of historical evidence from the best sources available to him and then the dynamic historical context into which he set them. As he told his readers: *distingue tempora et concordabis scripturas*. The chain of the argument is worth far more than the individual links.

The transfer of empires topos, derived in the first instance from *Ecclesiasticus* 10.8, "Empire passes from nation to nation because of injustice and greed" (tr. New English Bible), had become completely familiar to the whole

---

25 See FRANK Barlow, The king's evil, in: English Historical Review 95 (1980) pp. 3–27, here: pp. 15 f.

26 See PAUL SAENGER, John of Paris, principal author of the *Quaestio de potestate pape* (*Rex pacificus*), in: Speculum 56 (1981) pp. 41–55. The tract is published in DURANDUS, De origine (as in note 6), and in DUPUY, Histoire (as in note 2).

of Latin Christendom by the twelfth century. But it could take many shapes. Pierre aimed to confer on the traditional story of transfer greater explanatory force, tying it more tightly into known history, while at the same time returning to the scriptural emphasis on the sins of the people as the reason for loss of the right to rule. In this he departed from recent treatments of the transfer topos, particularly by canon lawyers, where the pope was the undisputed transferring agent.[27]

Pierre began at the beginning, which was for him, naturally enough, the birth of Christ. His first empire was therefore the Roman. Fourteenth-century imperialists, most famously Dante in his *De monarchia*, derived the legitimacy of imperial rule directly from Rome. Pierre considered but rejected the thesis developed by the lawyers of the Angevin kingdom of Naples that the Roman empire was founded in conquest and was therefore unjust; its hold was never *de iure*.[28] Though he did not deny that Julius Caesar had conquered Gaul, Pierre as a theologian accepted what he believed to be the Augustinian reading that the Roman empire had acquired legitimacy as a purveyor of peace to its peoples. This he believed to be clearly confirmed in the *Digest*. So far, he was an imperialist. But, unlike them, he argued that the empire had lost that legitimacy when its emperors started to persecute Christians. In one sense this interpretation represents a fourteenth-century restatement of the full ambivalence of Augustine's *De civitate Dei* on the empire. True to his emphasis on sin, Pierre regarded the persecution of catholics by the Arian emperors of the fourth century, which he described as *crimen lese maiestatis divine*, as the factor which finally undermined imperial rule *de iure*.

As a trained lawyer, Pierre was fully aware that the cessation of *de iure* authority did not necessarily involve the practical cessation of that authority. He knew that the Gauls continued to obey the Romans for longer than they were obliged to. He used his historical imagination to suggest that, although the chronicles were extremely unclear on the matter, there was probably a rebellion of the Gauls against the Romans, a rebellion in which the Gauls nominated their first king. The origin of the kingdom of France therefore lay in a justified reaction against a now illegal authority. Interestingly, that rebellion did not automatically invalidate Roman law. Where the inhabitants of Gaul continued by choice to obey Roman law, there it had authority. But that authority now rested firmly on popular consent. (Here he may well have

---

27 See Piet A. van den Baar, Die kirchliche Lehre der Translatio imperii Romani bis zur Mitte des 13. Jahrhunderts (Analecta Gregoriana 78) Rome 1956, pp. 128–143.

28 Walter Ullmann, The development of the medieval idea of sovereignty, in: English Historical Review 64 (1949) pp. 1–33, here: p. 19, first saw the significance of this.

been influenced by the Angevin lawyers, in particular by Marino da Caramanico's gloss on Frederick II's *Liber constitutionum*.[29])

However the dynamic of the transfer of empires brought new problems. When God – and the emphasis is on God rather than the pope – chose to transfer the right to rule from the heretical Greeks to the faithful Charles the Great, he sucked the kingdom of France into a new empire. Once more the people of France were rightfully subjected to imperial discipline. How was Pierre to extract them from this?

That they must be extracted was a conclusion imposed on him both by his own view of the present and by what he understood to be canon law. He construed, as had the author of *Rex pacificus*, Innocent III's passing remark in *Per venerabilem* of 1202 that the king of France recognized no superior in temporalities as an official recognition of that monarch's freedom from subordination to the emperor. Pierre thought that in practice no king of France had regarded himself as subject to the empire since the 843 division. But he underpinned this with a Roman law-inspired discussion on prescription, arguing that, because the emperor had not imposed his authority on France since time out of mind and at least since 1202, he had lost any right he might have had so to do.

There was one problem with this use of prescription: its beneficiaries must have acted in good faith. It was necessary therefore to prove that the kings of France had acted in good faith in exercising their freedom from the empire. Here Pierre relied on his historical rather than his legal background. The kings of France since Louis VIII had demonstrated the strength of their Christian convictions by crusading, and one of them, Louis IX, had been canonized for his activities. They could hardly be accused of bad faith. Prescription, therefore, correctly protected their rights.

This then left Pierre with the problem of deciding at what point France had *de iure* been withdrawn from imperial hegemony. His solution was again very legalistic. Although he was uncertain that it had been Charlemagne who had achieved this, he felt confident that either he or one of his successors, in dividing the empire among his sons, had determined that the second-born on whom France was bestowed should not be under the lordship of his elder brother. France therefore escaped imperial hegemony at some unrecorded but completely just time by the will of the emperor himself.

It is important to note that in proving, to his own satisfaction and to that of future generations, France's independence of imperial authority, Pierre

---

[29] Francesco Calasso, I glossatori e la teoria della sovranità: Studio di diritto comune pubblico, Milan 1950, pp. 179–208, edits Marino's *proemium*.

avoided the Roman law maxim much quoted in the university of Orléans *rex est imperator in regno suo*.[30] It was one with which, given his legal training, he must have been familiar. But it was also one of which he knew the drawback. The much esteemed Roman lawyer Jacques de Révigny had denied that the *de iure* independence of any kingdoms of the empire could be maintained by it. And *de facto* independence would not answer Pierre's needs. Consequently, he preferred to base French rights on the hypothesis of imperial gift rather than on the abstraction of legislative sovereignty.

I can only summarize here Pierre's much more complex proof that the kingdom of France was exempt from papal interference in temporalities except where papal spiritual authority required it. It depended on a similar blend of history, law and transfer of empire. While he accepted the hierocratic reading of the Donation of Constantine, that is that the pope had thereby acquired dominion over the temporalities of the church, he suggested that the French church had already ceased to be subject *de iure* to the empire before the donation and, therefore, had never been affected by it. However, because he knew this would not convince all his opponents, he produced two alternative hypotheses which would eventually lead to the same conclusion: either that Leo III voluntarily renounced the temporalities when he crowned Charlemagne; or that, since the donation subjected France to the pope only through the medium of the empire, when France emerged from the imperial sway, it also ceased to be under ecclesiastical temporal jurisdiction. On any of these historical interpretations, by the middle of the ninth century at the latest the situation in France had returned to what it had been immediately after Constantine's conversion.

But by that time events were already in train to enhance imperial rights yet further. Pierre believed pope Hadrian I had given Charlemagne various forms of ecclesiastical patronage, by which gift he prepared the way for the Carolingians to hold sway over the temporalities of the church. The Ottonian recreation of empire, from which France was exempted, was a continuity of the Carolingian. Unlike Johannes Andreae,[31] Pierre drew on the chroniclers as well as the canonists. He knew that the Ottonians had wielded extensive rights in ecclesiastical temporalities. But he believed, with justification, that from the later eleventh century onwards, succeeding emperors had begun voluntarily to surrender these rights. He also believed, with less justification, that this voluntary surrender automatically entailed subordination.

---

[30] See, for example, ROBERT FEENSTRA, Jean de Blanot et la formule *Rex Franciae in regno suo princeps est*, in: Études d'histoire du droit canonique dédiées à Gabriel Le Bras, vol. II, Paris 1965, pp. 885–895.

[31] See MAGNUS RYAN, The oath of fealty and the lawyers (below pp. 212 f.).

Just as the pope in giving the emperors superiority in ecclesiastical temporalities also gave them exemption from subjection to the church, so the succeeding emperors in restoring to the church its superiority over temporalities also rendered themselves subject to it.[32]

Pierre was inclined to wonder, with Johannes Andreae, if Otto I's oath to John XII had not been the turning point in this process; alternatively, the point at which the pope acquired the right to confirm the election of the emperor was the critical moment. Whichever it was, papal authority over the emperors was established well before the deposition of Frederick II at the council of Lyons in 1245.

The pope's powers within the empire were thus of relatively recent date, the product of specific circumstances, and without parallel in France. In that kingdom he exercised spiritual authority reinforced only by that degree of temporal authority essential to keep his spiritual authority alive. According to Pierre this meant that the pope might excommunicate a French king guilty of major crime or one who proved totally inadequate for his task. Such excommunication needed the action of the French aristocrats to result in deposition. On the other hand, the pope might not depose the king of France merely for refusal to help the church against tyrants or heretics, grounds which were sufficient for deposition of his vassal kings and probably also of emperors.

Pierre de la Palud's series of arguments provided a defence of French political independence with which most French intellectuals could live. His cool attempt to ground sovereignty in law and history, his assertion of the value of the contingent, his willingness to admit that historical interpretations might vary, and his apparent detachment made his words convincing to those who needed to be convinced by them. Many intellectuals could not swallow the luridness of French royal propaganda; equally, they thought Orléans Roman lawyers twisted anachronisms to obvious political ends. Pierre's interpretation by contrast fused their faith and their patriotism.

In upholding papal sovereignty over the empire and over many other kingdoms, Pierre relieved the anxieties of French Dominicans by allowing them to support papal temporal rights in other places if not in France. For non-French Dominicans, the exception was probably not worth fighting about. For the pope's lawyers, Pierre's argument was difficult to counter, because the crux was based on the pronouncements of Innocent III and the premises on an Augustinian reading of history. Since they could not attack these, to

---

[32] See Petrus Paludanus, Tractatus de potestate papae (as in note 23) p. 263.

refute the thesis they would have had to descend to specifics of historical interpretation. It was not a challenge they chose to take up.

Hervé and Pierre knew each other, probably well. Yet, from their common stock of ideas and experiences they produced very different theories about the position of France in Christendom. They also produced qualitatively different arguments. While Hervé's relied on definition and induction, Pierre's was concerned with changing processes of legitimation, with prescription. Hervé's proof, though dependent on the political assumptions of his own society, was expressed abstractly, beyond time; Pierre's was firmly set in the long flow of human history.

J. G. A. Pocock in his famous book *The Machiavellian Moment* argues that historicist political thought was the product of the growing secularization of society evident in the Italian renaissance.[33] Pierre's *De potestate papae* refutes this. He shared with other contemporary lawyers, both canon and Roman, an acute sense of the present. But, unlike most lawyers, he saw the present as the culmination of a long sweep of moving events guided by God's hand. He knew – and said – that his case that France was different could not be pinned down with the historical accuracy he would have wished. But he thought that was the fault of his sources. He had provided and joined together enough pieces of the puzzle to reveal God's purpose, to demonstrate that the power structure he approved in his own world had been historically determined.

The political realities that gave Hervé and Pierre the freedom to write were soon to change. Once secured in their new jobs, neither John XXII nor Philip V were anxious to go over old ground again. But the arguments elaborated between 1314 and 1318 were there to be exploited in the future. 1318 brought a temporary lull in hostilities, not a final peace.

By way of footnote and to approach nearer to the realities of power, it is worth glancing at the synod of Vincennes in 1329. Pierre, by now patriarch of Jerusalem, presided over this meeting of prelates and theologians of Paris called by King Philip VI. On this occasion the French church took a doctrinal stand on the beatific vision opposed to the one John XXII had articulated in his private capacity. Believers in the kingdom of France's exemption from papal action in temporalities clearly found it easier than others to challenge doctrinal views emanating from the pope. For some Frenchmen, at

---

[33] See John G. A. Pocock, The Machiavellian Moment. Florentine Political Thought and the Atlantic Republican Tradition, Princeton, NJ 1975, p. 8: "It is a useful simplification to say that the Christian world-view – while of course containing the seeds of what was to supersede it – was based upon the exclusion from consideration of temporal and secular history, and that the emergence of historical modes of explanation had much to do with the supersession of that world-view by one more temporal and secular".

least after 1329, the theology faculty of the university of Paris provided a source of doctrinal authority to rival even that of the *curia*. These were the birth pangs of Gallicanism. Pierre's political ideas will have had some effect on its parturition.

Wirkungen politischer Theorie auf die Praxis der Politik im Römischen Reich des 14. Jahrhunderts

Gelehrte Politikberatung am Hofe Ludwigs des Bayern

von

Jürgen Miethke

Das Verhältnis von Theorie und Praxis ist seit den Anfängen einer Philosophie bei den Griechen vielfach bedacht worden, auch heute jedoch kann von einer allgemein akzeptierten eindeutigen Antwort auf diese Frage nicht die Rede sein. Im Falle der – um es in der klassischen Einteilung der Philosophen zu sagen – ‚praktischen Philosophie', die die Maximen des Handelns der Menschen prüft, seien es die Handlungen des einzelnen in der ‚Ethik', seien es die Handlungen von Gruppen und Personenverbänden in der ‚Politik', stellt sich die Frage naturgemäß in besonderer Dringlichkeit. Häufig wird, allzu einseitig, das Verhältnis, in dem das politische Handeln zu politischer Theorie steht, in der Bestimmung theoretischer Aussagen durch Probleme der praktischen Politik gesucht, in jenem Zusammenhang, in dem auch noch die abstrakteste These mit sehr konkreten Interessen stehen kann, insbesondere in Konfliktsituationen. Demnach findet man eine Charakteristik des spezifischen Verhältnisses von Theorie und Praxis bei politischen Theorien vorwiegend in ihrem ‚ideologischen' Charakter, und eine intensive soziologische und historische Forschung hat vielfältig versucht, dem Ideologieverdacht folgend, solchen Verbindungen auf die Spur zu kommen.

Hier soll einmal umgekehrt nach den Folgen gefragt werden, die politisch-theoretische Vorstellungen für die Lösung politischer Konflikte hatten. Diese Frage stellt sich dem Historiker nicht primär im systematischen Zusammenhang, sondern zunächst einmal an einzelnen Beispielen. Wir wählen – aus arbeitsökonomischen Gründen und wegen der Begrenzung meiner Kompetenz – hier das 14. Jahrhundert aus. Dabei hoffen wir, durch einige Sondagen wenn nicht auf eine anschauliche Antwort, so doch auf ein brauchbares Exempel zu stoßen, das eine solche Antwort erleichtert und sich über abstrakte Zuordnungen hinaus auch in einem besseren Verständnis der

Theorien selbst bewährt. Wir setzen freilich nicht bei dem vielleicht bekanntesten Beispiel von Wirkungen einer politischen Theorie des 14. Jahrhunderts an, wir fragen nicht nach der vieldiskutierten Rolle, die die Kirchenkritik und die die Kirchenreformforderungen des englischen Theologen John Wyclif († 1384) bei Vorbereitung und Auslösung des Bauernaufstandes, der Peasants' Revolt von 1381 gespielt haben, zumal uns das in die intrikaten Probleme eines angemessenen Verständnisses einer Aufstandsbewegung in einer ständischen Gesellschaft verstricken müßte. Vielmehr wählen wir die letzte große Auseinandersetzung zwischen Papst und Kaiser im Mittelalter, den Kampf Ludwigs des Bayern mit der avignonesischen Kurie, der sich auch deshalb gut als Exempel eignet, weil im Zusammenhang dieses Konflikts eine ganze Reihe theoretischer Reflexionen entstanden sind, die seit langem als Spitzenleistungen mittelalterlicher politischer Theorie gelten, die Werke eines Marsilius von Padua oder eines Wilhelm von Ockham, denen sich aus deutscher Perspektive auch die Schriften eines Lupold von Bebenburg anschließen lassen. Natürlich ist es mir unmöglich, in einem kurzen Vortrag diese Entwürfe im einzelnen inhaltlich vorzustellen und eingehend zu interpretieren. Ich muß mich auf knappe Andeutungen beschränken und werde vor allem die Rahmenbedingungen ihrer Entstehung ansprechen, hoffe aber, daß die Texte selbst dabei nicht allzusehr von bloßen Schlagworten zugedeckt werden.

Als eine erste Antwort auf unsere Frage findet man schon im 14. Jahrhundert eine bezeichnende Aussage. Eine Fortsetzung der sogenannten ‚Sächsischen Weltchronik' berichtet, „jener große Theologe Wilhelm von Ockham", der in der kaiserlichen Stadt München begraben liege, sei aus Paris (!) zu Ludwig dem Bayern gekommen und habe Papst Johannes XXII. als Ketzer verurteilt. Zum Kaiser habe er damals gesagt: *Defende me gladio, ego te defendam verbo!*[1]

Hier wird offenbar in einigem zeitlichen Abstand von den Ereignissen, anekdotisch verkürzt, Ockhams Aufnahme am kaiserlichen Hof, wie es scheint, mit der Ankunft des Marsilius von Padua zusammengeworfen. Der Held der Erzählung jedenfalls erscheint als Propagandist der kaiserlichen Politik, dankbar für den Schutz, den der Kaiser ihm dafür gewährt. Näheren Aufschluß freilich suchen wir hier ebenso vergeblich wie in der Historiographie des 15. und 16. Jahrhunderts, in der diese Anekdote aufgegriffen und nacherzählt wird. Weder Johannes Trithemius noch Johannes Turmair, der sich selber Aventinus nannte, gehen über die Mitteilung des bloßen

[1] Überlieferung und Fundstellen nachgewiesen bei Jürgen Miethke, Ockhams Weg zur Sozialphilosophie, Berlin 1969, S. 422 f.

Wortlautes hinaus, jede Schlußfolgerung bleibt dem Leser überlassen. Dabei ebnet die Anekdote ein hochkomplexes Verhältnis, das einer genaueren Aufhellung allererst noch bedarf, in eine wechselseitige *defensio* allzu rasch und geräuschlos ein, denn – um nur das Alleraufffälligste zu nennen – sie macht aus dem Gefüge eines Hofes und seiner Politik kurzerhand ein Zweipersonenstück und indiziert ein scheinbares Gleichgewicht von Leistung und Gegenleistung, das mit den tatsächlichen Gegebenheiten in der Umgebung des Herrschers, wo sich eine Fülle von Personen und Personengruppen drängten, nur eine recht entfernte Ähnlichkeit erreicht.

Was uns von der moderneren Forschung an griffigen Schlagworten zur Veranschaulichung der Situation angeboten wird, gräbt freilich nicht unbedingt tiefer. 1960 hat Karl Bosl, vielleicht sich auch ein wenig dem Publikationsort des Artikels in der Festschrift für ein Großereignis der katholischen Kirche anpassend, von einer „geistlichen Hofakademie [...] im alten Franziskanerkloster zu München" gesprochen[2] und damit die Situation der Franziskanerdissidenten mit einer Institution der jüngeren Neuzeit verglichen, die sozusagen feste Aufgaben der Beratung und theoretischen Reflexion wahrgenommen hätte. Mit diesem suggestiven Bild blieb er bis in die jüngste Vergangenheit hinein richtungsweisend; so hat 1995 der Groninger Historiker Dick de Boer diese Vorstellung noch überboten mit der These, Ludwig der Bayer habe offensichtlich auf die Gründung der ersten Universität im Römischen(-deutschen) Reich nördlich der Alpen in München gezielt. „It might very well have inspired Ludwig the Bavarian to place the foundation of the university north of the Alps on his secret agenda". Weil die Unterhaltung seiner ‚Hofakademie', die der so dringlich versuchten Aussöhnung mit der Kurie doch so deutlich im Wege stand, anders schwer verständlich sei und weil sowohl Ockham als ehemals Oxforder Hochschullehrer, als auch Marsilius von Padua als ehemaliger Rektor der Pariser Universität als „men nursed and fostered in the academic climate, men of fame and experience" gelten

---

[2] Vgl. Karl Bosl, Die „Geistliche Hofakademie" Kaiser Ludwigs des Bayern im alten Franziskanerkloster zu München, in: Der Mönch im Wappen. Aus Geschichte und Gegenwart des katholischen München, München 1960, S. 97–129 [das Buch erschien „unter dem Protektorat seiner Eminenz Joseph Kardinal Wendel anläßlich des Eucharistischen Weltkongresses München 1960"]; Karl Bosl, Der geistige Widerstand am Hofe Ludwigs des Bayern gegen die Kurie. Die politische Ideenwelt um die Wende vom 13. zum 14. Jahrhundert und ihr historisches Milieu in Europa, in: Die Welt zur Zeit des Konstanzer Konzils, hg. v. Hermann Heimpel (Vorträge und Forschungen 9) Stuttgart 1965, S. 99–119; Alois Schütz, Der Kampf Ludwigs des Bayern gegen Papst Johannes XXII. und die Rolle der Gelehrten am Münchner Hof, in: Die Zeit der frühen Herzöge. Von Otto I. zu Ludwig dem Bayern. Beiträge zur Bayerischen Geschichte und Kunst 1180–1350, hg. v. Hubert Glaser (Wittelsbach und Bayern I,1) München/Zürich 1980, S. 388–397.

dürften, die zu solchen Plänen gut paßten, dränge sich dieser spekulative Gedanke geradezu auf.[3]

Ich verzichte bewußt darauf, diese – um es milde zu sagen – überraschende Annahme, für die auch nicht die leiseste Spur einer zeitgenössischen Nachricht ausfindig zu machen ist und die zudem an einer Reihe von fehlerhaften Vorstellungen über die Voraussetzungen mittelalterlicher Universitätsgründungen leidet,[4] hier im einzelnen zu kritisieren, ich merke nur an, daß hier der Versuch sichtbar wird, das problematische und anachronistische Bild einer ‚geistlichen Hofakademie' immerhin durch eine zeitgenössische Institution abzulösen, wenn auch (mangels konkreter Anhaltspunkte in den Quellen) nur die „secret agenda" des Herrschers als historischer Ort dieser imaginären Einrichtung übrig bleibt.

So angreifbar, ja evident falsch auch die These bleibt, die de Boer uns anbietet, es zeigt sich, daß auch er die bisherigen Vorstellungen über das Verhältnis der gelehrten Berater zu Ludwig dem Bayern als unbefriedigend empfunden hat. Wenn wir versuchen, uns ein realistischeres Bild zu machen, wollen wir zunächst chronologisch vorgehen und Ankunft, Lebensumstände und Wirkung einiger der hier in Frage stehenden Personen ein wenig näher prüfen.

Am 24. Juni 1324 ist bekanntlich der ‚Defensor pacis' des Marsilius von Padua[5] nach Auskunft von drei Versen vollendet worden, die freilich nur am

---

[3] Vgl. Dick E.H. de Boer, Ludwig the Bavarian and the Scholars, in: Centres of Learning. Learning and Location in Pre-Modern Europe and the Near East, hg. v. Jan Willem Drijvers und Alasdair A. MacDonald (Brill's Studies in Intellectual History 61) Leiden/New York/ Köln 1995, S. 229–244, hier: S. 234 und 243.

[4] de Boer, Ludwig the Bavarian (wie Anm. 3) S. 231, Anm. 16, zitiert zwar Frank Rexroth, Deutsche Universitätsstiftungen von Prag bis Köln. Die Intentionen der Stifter und die Wege und Chancen ihrer Verwirklichung im spätmittelalterlichen Territorialstaat (Archiv für Kulturgeschichte. Beiheft 34) Wien/Weimar/Köln 1992 (zum verfehlten Gebrauch des Stiftungsbegriffs dort vgl. die Rezensionen von Jürgen Miethke, in: Mittellateinisches Jahrbuch 30, 2 [1995] S. 163–169, oder von Dietmar Willoweit, in: Zeitschrift für Rechtsgeschichte, Germ. Abt. 110 [1996] S. 561–563), hat sich aber nicht hinreichend mit universitätsgeschichtlichen Problemen beschäftigt. Um nur einen Einwand aufzuführen: Ludwigs Nachfolger Karl IV. hat später als Kaiser zahlreiche Universitätsprivilegien ausgestellt, ohne mit dem Papst eine Kooperation zu suchen; Ludwig hätte sich also nicht – gewiß aussichtslos – um Einwilligung und Zustimmung der Kurie bemühen müssen; zu Karls IV. Universitätsprivilegien vgl. u. a. Max Meyhöfer, Die kaiserlichen Stiftungsprivilegien für Universitäten, in: Archiv für Urkundenforschung 4 (1912) S. 291–418.

[5] Die Literatur zu Marsilius ist fast unübersehbar, eine Bibliographie der neueren Arbeiten etwa bei Jürgen Miethke, Literatur über Marsilius von Padua [1958–1992], in: Bulletin de philosophie médiévale 35 (1993) S. 150–165; eine knappe Zusammenfassung gab ders., Art. Marsilius von Padua, in: Theologische Realenzyklopädie 22 (1992) S. 183–190, oder neuerlich Carlo Dolcini, Introduzione a Marsilio da Padova (I filosofi 63) Bari 1995 (mit vorzüglicher Biblio-

Ende des Textes in vier (von elf) Manuskripten des deutschen Zweiges der Überlieferung erhalten sind,[6] *Parisiis in vico Sorbona in domo studentium in sacra theologia ibidem*,[7] wie eine Ulmer Handschrift, ebenfalls der ‚deutschen Tradition', präzisierend – anstelle der drei Verse, die sie nicht zitiert – zu schreiben weiß. Der Text der Schrift zirkulierte dann offenbar ungestört an der Pariser Universität. Die Männer, die den Zeitgenossen als die Verfasser galten,[8] bewegten sich damals ohne Panik in der Hauptstadt Frankreichs: Marsilius kündigte 1326 für den Herbst des Jahres eine Lehrveranstaltung an der theologischen Fakultät der Universität an,[9] sein Freund Johannes Jandun hatte im Sommer 1324 in Paris auf Lebenszeit einen Mietvertrag über

---

graphie); ausgezeichnet ist die jüngste monographische Studie von Cary Joseph Nederman, Community and Consent. The Secular Political Theory of Marsiglio of Padua's *Defensor pacis*, Lanham, MD/London 1995.

6 Vgl. Marsilius von Padua, Defensor Pacis, hg. v. Richard Scholz (MGH Fontes iuris Germanici antiqui 7) Hannover 1932–1933, lib. III, cap. 2, S. 613: *Anno trecenteno milleno quarto vigeno/ Defensor est iste perfectus festo baptiste./ Tibi laus et gloria Christe!* Dieses Kolophon tragen vier Handschriften, drei hat Scholz in seiner Edition nachgewiesen: Mss. Tortosa, Bibl. Capitular 141; Wien, Österreichische Nationalbibl. cpl 464; Freiburg i.Ue., Dominikanerbibl. 28 (nur vv. 1 f.); zusätzlich auch Ms. Florenz, Bibl. Naz., Conventi soppressi E.3.379, fol. 180 v [bekannt gemacht von Michael Bihl; vgl. Carlo Pincin, Nota critica, in: Marsilio da Padova, ‚Defensor pacis' nella traduzione in volgare fiorentino del 1363, hg. v. Carlo Pincin (Scrittori italiani di politica, economia e storia) Turin 1966, S. 562]. Es handelt sich um (wichtige) Textzeugen des ‚deutschen' Zweiges der Überlieferung, wobei offenbar insbesondere die Hs. aus Tortosa aus dem engsten Kreis um Marsilius stammt, sogar sein Handexemplar sein könnte. Die Nachricht ist also als sehr verläßlich einzustufen.

7 Ms. Ulm, Stadtbibl. 6706–6708. Vgl. Marsilius, Defensor pacis (wie Anm. 6) lib. III, cap. 3, S. 613 Anm.

8 Hier soll die Debatte um die Verfasserschaft nicht aufgenommen werden. Mit der für die nachfolgende Forschung richtungweisenden Untersuchung von Alan J. Gewirth, John of Jandun and the ‚Defensor pacis', in: Speculum 23 (1948) S. 267–272, wären die – in sich freilich keineswegs eindeutigen – Argumente aus den unter Marsilius' Namen überlieferten Metaphysik-Quaestionen im Ms. Florenz, Bibl. Laurenziana, Fesulano 166, fol. 1 ra–41 va, zu vergleichen, weil diese häufig wörtlich mit Quaestionen des Johannes Jandun übereinstimmen; vgl. bereits Ludwig Schmugge, Johannes von Jandun (1285/89–1328). Untersuchungen zur Biographie und Sozialtheorie eines lateinischen Averroisten (Pariser Historische Studien 5) Stuttgart 1966, bes. S. 95–119. (Eine Gesamtedition dieser schwer zu lesenden Quaestionen ist – nach verschiedenerlei Teiltransskriptionen – von Jeannine Quillet versprochen worden.)

9 Dies die Aussage des *famulus* Francisco della Giovanna in seinem späteren Verhör in Avignon (vom 20. Mai 1328), gedruckt bei Etienne Baluze, in Miscellanea [hier zitiert nach der Ausgabe:] novo ordine, Bd. II, hg. v. Iohannes Dominicus Mansi, Lucca 1721, S. 280 a–281 a, hier: S. 281 a; auch [nach Ms. Paris, Bibl. Nationale lat. 4246, fol. 47 f.] ediert von Pincin in Marsilio, ‚Defensor pacis' nella traduzione (wie Anm. 6) S. 569–571, hier: S. 571, 84 f. (vgl. unten Anm. 12). Dazu etwa Johannes Haller, Zur Lebensgeschichte Marsiglios von Padua, in: Zeitschrift für Kirchengeschichte 48 (1929) S. 166–199, zitiert nach: ders., Abhandlungen zur Geschichte des Mittelalters, Stuttgart 1944, S. 335–368, hier: S. 352; vgl. z. B. auch Schmugge,

ein Haus abgeschlossen.[10] Beide also haben sich offenbar zunächst nicht bedroht gefühlt. Was sie im einzelnen in dieser Ruhe gestört haben mag, ist unklar,[11] sie zogen es jedenfalls im Sommer 1326 vor – offenbar überstürzt und unter Hinterlassung von beträchtlichen Schulden, die sich aus Vorauszahlungen von Studenten und aus Anleihen bei italienischen Medizinerkollegen des Marsilius erklären[12] –, Paris zu verlassen. Die beiden Freunde wandten

---

Johannes von Jandun (wie Anm. 8) S. 29, oder CARLO PINCIN, Marsilio (Pubblicazioni dell'Istituto di Scienze Politiche dell'Università di Torino 17) Turin 1967, S. 54 mit Anm. 78.

[10] Nach SCHMUGGE, Johannes von Jandun (wie Anm. 8) S. 2 mit Anm. 16 und S. 25 f. mit Anm. 151, heute: Paris, Arch. Nat. S 6219, Dossier 2, Nr. 13.

[11] In der Forschung ist immer wieder vermutet worden, die Aufmerksamkeit des bischöflichen Inquisitors (eine Vorladung mit Vorlaufzeit pflegte ein Inquisitor freilich nicht auszusprechen!) habe die Flucht veranlaßt, aber Quellen, die diese – gewiß plausible – Vermutung stützen könnten, sind nicht erhalten; der Bericht in der definitiven päpstlichen Verurteilung des ‚Defensor pacis', ‚Licet iuxta doctrinam' vom 23. Oktober 1327 – u. a. gedruckt in Thesaurus novus anecdotorum, Bd. II, hg. v. EDMOND MARTÈNE und URSIN DURAND, Paris 1717, S. 706–716; Annales ecclesiastici [...], ubi desinit card. Baronius, auctore Odorico Raynaldo [...], Bd. V, hg. v. JOANNES DOMINICUS MANSI, Lucca 1740, S. 347–353; oder auch in Caesaris Baronii [...] Annales ecclesiastici, Bd. XXIV [1313–1333], hg. v. AUGUST THEINER, Bar-le-Duc 1872, S. 322 b–329 a (Nrr. 28–35); auch HEINRICH DENZINGER, Enchiridium symbolorum, 37. Aufl., bearbeitet v. PETER HÜNERMANN, Freiburg i. B. u. a. 1991, Vorbemerkung zu Nrr. 941–946, enthält ebensowenig Nachrichten über eine lokale Pariser Vorgeschichte des kurialen Prozesses wie die erste Ankündigung der päpstlichen Verurteilung vom 3. April 1327 – vgl. MGH Const. IV,1, hg. v. JACOB SCHWALM, Hannover/Leipzig 1914–1927, S. 185 f. (Nr. 274), hier bes.: § 2, S. 185, 38–186, 16 – oder die zahlreichen späteren Dokumente der kurialen Prozesse gegen Ludwig und seine Anhänger, wenn sie Marsilius und Jandun erwähnen [z. B. ebd., S. 195 f. (Nr. 277, § 3); S. 265 f. (Nr. 361, § 2)]. Dementsprechend sind auch die modernen Darstellungen hier im allgemeinen diffus und unklar oder ungerechtfertigt deutlich; vgl. z. B. nur ALAN J. GEWIRTH, Marsilius of Padua. The Defender of Peace, Bd. I: Marsilius of Padua and Medieval Political Philosophy (Records of Civilization 46) New York 1951, S. 21; PINCIN, Marsilio (wie Anm. 9) 149; HALLER, Lebensgeschichte (wie Anm. 9) S. 355–358 [auf die hochproblematische Annahme Hallers, der ‚Defensor pacis' sei ein geheimes Memorandum für Ludwig den Bayern, ist hier nicht einzugehen]; DOLCINI, Introduzione (wie Anm. 5) S. 72. Abgewogen CARY JOSEPH NEDERMAN, Introduction, in: MARSIGLIO OF PADUA, Writings on the Empire. *Defensor minor* and *De translatione* (Cambridge Texts in the History of Political Thought) Cambridge u. a. 1993, S. xi: „[...] in 1326, under circumstances which continue to be mysterious, was Marsiglio publicly connected with the *Defensor pacis*". (Freilich ist hier ebenfalls eine so nicht belegte Voraussetzung gemacht: daß nämlich bis zu diesem Zeitpunkt der Autor des ‚Defensor Pacis' namentlich nicht bekannt gewesen sei!) In gleichem Sinne auch NEDERMAN, Community and Consent (wie Anm. 5) S. 11, sowie auch schon FRIEDRICH PRINZ, Marsilius von Padua, in: Zeitschrift für bayerische Landesgeschichte 39 (1976) S. 39–77, hier: S. 50.

[12] Ebenfalls in der Aussage des Francisco della Giovanna in Miscellanea (wie Anm. 9) S. 281 a; MARSILIO, ‚Defensor Pacis' nella traduzione (wie Anm. 6) S. 571, 82–100: *De pecunie mutuatione dixit quod ipse quandoque tradidit dicto Massilio de pecunia sua, non mutuando, sed ut eam sibi custodiret et inde sibi bursas ministraret, sicut interdum sibi unum vel duos florenos tradebat, et adhuc idem Massilius tenetur dicto Francisco ratione dicti depositi in .xiii. solidis Parisiensibus.*

sich nach Deutschland und suchten Zuflucht bei Ludwig dem Bayern, der seit langem mit der Kurie im Streit lag.

Ludwig, dessen Konflikt mit Papst Johannes XXII. zunächst nichts mit den Thesen des ,Defensor pacis' zu tun hatte, allenfalls mit der seit Innozenz III. an der Kurie entwickelten, zuletzt von Bonifaz VIII. prägnant ausformulierten sog. ,Approbationstheorie' über die Herrschaftsrechte eines erwählten römischen Königs im Reich,[13] Ludwig hatte sich zunächst nach der gespaltenen Wahl von 1314 als Kandidat der luxemburgischen Partei gegen den Habsburger Friedrich von Österreich militärisch und politisch durchsetzen müssen und - nach seinem Sieg bei Mühldorf (1322), der Friedrich in Ludwigs Gefangenschaft gebracht hatte - schließlich in komplizierten Verhandlungen mit den Habsburgern einen verfassungsrechtlich höchst merkwürdigen Ausgleich erreichen können, der im Januar 1326 gesichert schien.[14] Jetzt konnte sich Ludwig, so mochte es scheinen, mit verstärkter Kraft der Lösung seiner Differenzen mit Papst und Kurie widmen, die durch ein Rechtsverfahren, einen ,Prozeß' der Kurie, bereits seit 1317/23[15] und durch Ludwigs Appellationen (1323/24)[16] auf einem Tiefpunkt angelangt waren.

Item dixit quod dictus Massilius fingens cautelose se lecturum Parisius cursum in theologia recepit pecuniam mutuo a quibusdam amicis suis, videlicet a domino Roberto de Bardis studente Parisius recepit .ix. florenos auri mutuo. Item a magistro Andrea de Reate sirurgico recepit .x. libras Parisienses. Item a magistro Petro de Florentia fisico .x. florenos vel .x. libras Parisienses. Item audivit dici quod dominus Andreas de Florentia magister regis Francie mutuavit dicto Massilio pecuniam, tamen nescit summam. Interrogatus si predicti mutuaverant dictas pecunias memorato Massilio in recessu suo, videlicet de Parisius in Alamanniam, dixit quod non credit, sed bene per unum vel duos menses ante recessum predictum fuit factum dictum mutuum. Item interrogatus quomodo sciebat predicta, dixit quod pro eo quia ea dici audiverat a dictis mutuantibus, qui dum sciverunt recessum ipsius Massilii, conquerebantur de ipso ac eundem publice de predictis receptis per eum mutuo pecuniis diffamabant.

[13] Zusammenfassend JÜRGEN MIETHKE, Art. Approbation der deutschen Königswahl, in: Lexikon für Theologie und Kirche, 3. Aufl. 1 (1993) Sp. 889-891 (mit Literatur). Zu den Theorien der Juristen vgl. auch die Studie von MARCO CAVINA, *Imperator Romanorum triplici corona coronatur*. Studi sull'incoronazione imperiale nella scienza giuridica italiana fra Tre e Cinquecento (Pubblicazioni della Facoltà di Giurisprudenza, Dpt. di scienze giuridiche - Univ. di Modena 17) Mailand 1991 .

[14] Im einzelnen vgl. zuletzt HEINZ THOMAS, Ludwig der Bayer (1282-1347). Kaiser und Ketzer, Regensburg/Graz u. a. 1993; knapp JÜRGEN MIETHKE, Ludwig IV. (der Bayer), in: Theologische Realenzyklopädie 21 (1991) S. 482-487.

[15] Vgl. MGH Const. V, S. 340 f. (Nr. 401) [= Erklärung vom 31. März 1317]; auch in Corpus Iuris Canonici, Bd. II, hg. v. EMIL FRIEDBERG, Leipzig 1881 (Neudruck: Graz 1954 u. ö.), Extravagantes Iohannis XXII. 5.1.1, Sp. 1211 f.; Extrauagantes Iohannis XXII, hg. v. JACQUELINE TARRANT (Monumenta iuris canonici. B: Series collectionum 6) Rom 1983, S. 156-162 (Nr. 5)]; sowie MGH Const. V, S. 616-619 (Nr. 792) [= sog. ,Erster Prozeß' vom 3.-4. Oktober 1323]; Gehorsamsverbot und Eidlösung ebd. § 4, S. 618, 27-37.

[16] Aus der reichen Literatur (überspitzt) ALOIS SCHÜTZ, Die Appellationen Ludwigs des Bay-

Am 23. März 1324 hatte der Papst Ludwig ungerührt feierlich exkommuniziert und dessen Untertanen verboten, ihm weiterhin Gehorsam zu leisten.[17] Einen Monat später (am 22. Mai 1324) hatte Ludwig dagegen in seiner sog. ‚Sachsenhausener Appellation' noch einmal ausführlich erklärt, daß er Johannes XXII. als legitimen Papst nicht mehr anerkennen könne. Diesen Protest hatte er an ein künftiges Konzil, einen künftigen wahren und rechtmäßigen Papst, die Kirche, den Apostolischen Stuhl und überhaupt an jeden, der zuständig sei, gerichtet.[18] In der Häufung der alternativen Adressaten, die hier in typischer Advokatenmanier kumulativ aufgeführt sind, offenbart sich überdeutlich die tiefe Ratlosigkeit, die diesem Schritt zugrunde liegt.

Wenn sich Marsilius und Jandun bei ihrer plötzlichen Flucht (vor dem Pariser Inquisitor?) also nach Deutschland wandten, so suchten sie Schutz und Hilfe bei einem Gegner des Papstes, jenes Prälaten also, der sie in letzter Instanz bedrohte. Vielleicht spielten auch persönliche Beziehungen zu einzelnen Mitgliedern des deutschen Hofes eine Rolle, denn der französische Bericht über ihre Aufnahme in einer Fortsetzung der ‚Chronica' des Guillaume von Nangis aus St. Denis, der einzigen Quelle, die uns überhaupt Nachricht gibt, vermerkt ausdrücklich, einige Mitglieder des Rates hätten die beiden berühmten Universitätslehrer aus Paris noch gekannt und umsichtig dank ihres Einflusses ihnen die herrscherliche Huld erworben. Freilich, so fährt diese Chronik fort, seien die Meinungen im Rat geteilt gewesen, da die Überzeugungen der beiden sich in einer Ratssitzung als ketzereiverdächtige Meinung (*prophana et pestifera persuasio*) dargestellt hätten, denen sich der Herrscher keineswegs anschließen dürfe, da er sich sonst selbst von Rechts wegen seines Herrschaftsrechts beraube und dem Papst den Weg frei mache, in seinen Absetzungsprozessen gegen ihn fortzufahren; lieber solle Ludwig die beiden (als Ketzer) strafen. Ludwig jedoch habe erklärt, so schließt der

---

ern aus den Jahren 1323/24, in: Mitteilungen des Instituts für Österreichische Geschichtsforschung 80 (1972) S. 71–112; vor allem jetzt aber Hans-Jürgen Becker, Die Appellation vom Papst an ein Allgemeines Konzil. Historische Entwicklung und kanonistische Diskussion im späten Mittelalter und in der frühen Neuzeit (Forschungen zur kirchlichen Rechtsgeschichte und zum Kirchenrecht 17) Köln/Wien 1988, bes. S. 83–99 (beide mit der reichen älteren Literatur).

[17] Vgl. MGH Const. V, S. 692–699 (Nr. 881); Gehorsamsverbot und Eidlösung ebd. S. 697 f. (§§ 7–8).

[18] Vgl. MGH Const. V, S. 753, 32–35 (Nr. 910 § 31) = S. 744, 19–23 (Nr. 909 § 32): *ad predictum generale concilium, quod instanter et cum instancia repetita in loco tuto nobis et nostris convocari petimus, et ad verum legitimum futurum summum pontificem, et ad sanctam ecclesiam matrem, et apostolicam sedem, vel ad alios, ad quem vel ad quos fuerit appellandum, provocamus et appellamus.*

dramatische Bericht, es sei unmenschlich, Männer zu strafen oder zu töten, die sich in sein Feldlager geflüchtet und seinetwegen ihr eigenes Vaterland, ihr Hab und Gut und ihre Einkünfte verlassen hätten. Daraufhin habe er befohlen, sie dauerhaft als seine Schützlinge zu behandeln, und habe sie entsprechend ihrem Stand und seiner eigenen Großzügigkeit mit Geschenken und Ehren groß herausgestellt.[19]

Ich habe diesen zentralen „novellistischen"[20] Bericht so ausführlich wiedergegeben, weil hier ein Zeitgenosse die Konflikte und Probleme herausstellt, die der Entschluß zur Aufnahme der Flüchtlinge für Ludwig den Bay-

---

19 Vgl. die Fortsetzung aus St. Denis zu der Chronique latine de Guillaume de Nangis, Bd. II, hg. v. Hercule Géraud (Société de l'histoire de France) Paris 1843, S. 74–76: *Circa ista fere tempora ad Ludovicum ducem Bavarie se regem Romanorum publice nominantem venerunt Nurembergh de studio Parisius duo filii diaboli, videlicet magister Johannes de Gonduno natione Gallicus et magister Marsilius de Padua natione Italicus, et cum fuissent Parisius in sciencia satis famosi, a quibusdam de ducis familia, qui eos a Parisius agnoverant, circumspecti et agniti, ad eorum relationem ad ducis non solum curiam, sed etiam gratiam finaliter admittuntur. Unde dicitur ducem predictum eos esse taliter allocutum: Pro deo, quis movit vos venire de terra pacis et glorie ad hanc terram bellicosam refertam omnis tribulacionis et angustie? Responderunt ut dicitur: Error quem in ecclesia dei intuemur nos fecit hucusque exulare, et non valentes hoc amplius cum bona consciencia sustinere ad vos confugimus; cui cum de iure debeatur imperium, ad vos pertinet errata corrigere et male acta ad statum debitum revocare. Non enim, ut dicebant, imperium subest ecclesie, cum esset imperium, antequam haberet ecclesia quidquam dominii vel principatus; nec regulari debet imperium per regulas ecclesie, cum inveniantur imperatores plures electiones summorum pontificum consumasse, synodos convocasse et auctoritatem eisdem, eciam de diffiniendis eis que fidei erant, iure imperii concessisse. Unde si per aliqua tempora contra imperium et imperii libertates aliquid prescripsit ecclesia, hoc dicebant non rite et iuste factum, sed maliciose et fraudulenter contra imperium ab ecclesia usurpatum, asserentes se hanc quam dicebant veritatem contra omnem hominem velle defendere et, si necessitas esset, eciam pro eiusdem defensione quodcumque supplicium et mortem finaliter sustinere. Cui tamen sententie – quin potius vesanie – Bavarus non totaliter ⟨acquievit⟩, quinimmo convocatis super hoc peritis invenit hanc esse prophanam et pestiferam persuasionem, cui si acquiesceret, eo ipse cum sit heretica, iure imperii se privaret et ex hoc viam pape aperiret, per quam contra ipsum procederet. Unde et persuasum est ei, ut illos puniret, cum ad imperatorem pertineat non solum catholicam fidem et fideles servare, sed eciam hereticos exstirpare. Quibus dicitur sic Bavarus respondisse: inhumanum esse homines punire vel interficere sua castra secutos, qui propter eum dimiserunt propriam patriam, fortunam prosperam et honores. Unde eis non acquiescens eos semper adsistere precepit, iuxta eorum statum suamque magnificentiam eos donis et honoribus ampliavit* [...]. Vgl. auch die von diesem Bericht abhängigen Chroniques de St. Denis, in: Recueil des Historiens des Gaules et de la France, Bd. XX, Paris 1840, S. 721 D–722 B; sowie die Continuatio Girardi de Fracheto, in: Recueil des Historiens de Gaules et de la France, Bd. XXI, Paris 1855, S. 68 A–D.

20 Pincin, Marsilio (wie Anm. 9) S. 149 Anm. 3: *un resoconto novellistico*. Das ist zwar unbestreitbar, doch bedeutet das nicht unbedingt, daß die Nachrichten ausschließlich der Phantasie des Berichterstatters entspringen. Der Text stützt sich in seiner Zusammenfassung der Vorstellungen des ‚Defensor Pacis' jedenfalls, wie es scheint, nicht ausschließlich auf die päpstliche Verurteilungsbulle ‚Licet iuxta doctrinam' (wie Anm. 11), wie sich aus einem Vergleich sofort ergibt.

ern bringen mußte. Das Hilfsersuchen verpflichtete in gewissem Umfang den Herrscher, andererseits stand der Häresieverdacht hinderlich im Weg, zudem wurde Ludwigs Verhandlungsposition gegenüber der Kurie schwer belastet. Erkennbar von einer papstfreundlichen Haltung durchdrungen, hält der Chronist schließlich mißbilligend fest, daß die Hilfsbedürftigen am Ende in ein dauerhaftes *(semper)* Schutzverhältnis am deutschen Hof aufgenommen und darin durch „angemessene" Geschenke und Ehren auch demonstrativ bestätigt worden seien.

Hier wird die Zugehörigkeit der Flüchtlinge zum Hof, zur *familia* des Herrschers, unterstrichen.[21] Welche Stellung im einzelnen die beiden Exulanten aus Paris dort eingenommen haben, wird dagegen nicht einmal angedeutet. Schon bei ihrer Ankunft umstritten, konnten sie sich ganz gewiß niemals völlig sicher fühlen, zumal die Kurie mehrfach bei den Verhandlungen, die Ludwig der Bayer anderthalb Jahrzehnte lang (von 1330 bis 1345) um eine Verständigung mit ihr führte,[22] unter den unabdingbaren Vorbedingun-

---

[21] Daß gelehrte Ankömmlinge am Hofe eines römischen Königs willkommene Aufnahme finden konnten, das freilich bezeugt auch etwa die Historia Iohannis de Cermenate notarii Mediolanensis de situ Ambrosianae urbis et cultoribus ipsius et circumstantium locorum ab initio per tempora successive et gestis imperatoris Henrici VII., hg. v. L. A. Ferrari (Fonti per la Storia d'Italia 2) Rom 1889, cap. 16, S. 30f., wo über die Aufnahme eines Juristen von der Universität Padua, Francesco da Garbagnate, am Hofe Heinrichs VII. vor seiner Italienfahrt berichtet wird (der im Interesse und im Auftrag des aus Mailand verbannten Matteo Visconti, aber auf eigene Kosten – er hatte seine Bücher verkauft und sich dafür mit Roß und Rüstung ausgestattet – den Herrscher über die Verhältnisse in Mailand hatte aufklären wollen); er sei Heinrich künftig stets teuer gewesen, der ihm auch Zugang zu seiner Halle gewährt und ihm dort einen Platz angewiesen habe. Ganz offenbar war Francesco damals (wie später Marsilius und Jandun) in die *familia* des Herrschers aufgenommen worden.

[22] Dazu ausführlich im einzelnen Hermann Otto Schwöbel, Der diplomatische Kampf zwischen Ludwig dem Bayern und der römischen Kurie im Rahmen des kanonischen Absolutionsprozesses (Quellen und Studien zur Verfassungsgeschichte des deutschen Reiches in Mittelalter und Neuzeit 9) Weimar 1968; doch vgl. dazu etwa die Rezension von Jürgen Miethke, in: Zeitschrift für Kirchengeschichte 84 (1973) S. 121–123. Ungedruckt blieb leider eine bei William Previté Orton eingereichte Dissertation (auch weil das Promotionsverfahren aus Kriegsgründen nicht abgeschlossen werden konnte): Hilary Seton Offler, The Emperor Lewis IV and the Curia from 1330 to 1347. Canon Law and International Relationship in the First Half of the 14th Century, Diss. phil. Cambridge 1939 (masch.) [Kopie im Historischen Seminar Heidelberg], von der aber wichtige Teile gesondert veröffentlicht wurden: z. B. ders., Über die Prokuratorien Ludwigs des Bayern für die römische Kurie, in: Deutsches Archiv 8 (1951/52) S. 461–487; zusammenfassend später ders., Empire and Papacy: The Last Struggle, in: Transactions of the Royal Historical Society V,6 (1956) S. 21–47. Neuerdings gab einen Überblick zu den Kommunikationsbedingungen bei den Verhandlungen Franz Josef Felten, Kommunikation zwischen Kaiser und Kurie unter Ludwig dem Bayern (1314–1347). Zur Problematik der Quellen im Spannungsfeld von Schriftlichkeit und Mündlichkeit, in: Kommunikationspraxis und Korre-

gen einer Versöhnung die Entlassung des Marsilius forderte.[23] Noch 1343 und 1344, als beide, Jandun und Marsilius, schon gestorben waren, sollte der Kaiser in seinen letzten Prokuratorien für Papst Clemens VI. nach dem Willen der Kurie noch seine Bereitschaft bekunden, die Irrtümer des Marsilius und Jandun im Falle einer Einigung verurteilen zu wollen,[24] und darüberhinaus hatte er zu erklären, daß er beider Ansichten nie geteilt habe und *das er si darumb bi im hielt, das er si mit inn widerbringen möht zů der kirchen schozze*,[25] d.h. Ludwig hatte zu bekunden, daß das Schutzverhältnis eigentlich von seiner Seite aus ein pädagogisches war, das der Bekehrung der beiden Gelehrten hätte dienen sollen.

Wenngleich Ludwig und sein Hof mit der Absicht einer Entlassung oder Rückführung der beiden auch niemals Ernst gemacht haben - denn nie hat der Kaiser Marsilius seinen Schutz definitiv entzogen -, für uns mag dieser Paragraph in den späten Prokuratorien die prekäre Situation der Flüchtlinge beleuchten, die sich stets auf die Haltbarkeit von Versprechungen verlassen mußten, ohne doch anderes in der Hand zu haben als allein das gegebene Wort des Herrschers. Es ist wohl deutlich, daß damit noch keinerlei Aussagen gemacht sind über den Einfluß, den die Exulanten auf die täglichen politischen Entscheidungen des Hofes zu erlangen vermochten. Von vorneherein klar sollte sein, daß von einem Automatismus nicht die Rede sein kann. Niemals und zu keiner Zeit hatten Marsilius oder Jandun allein alle Fäden in der Hand: Als sie in Nürnberg auftauchten, gab es am Hofe bereits eine ganze Menge von *periti*, gelehrten Beratern, die Ludwig auch zuvor schon, etwa bei seinen Appellationen, befragt hatte, die er bei der Ankunft der Pariser Magister, wie ausdrücklich berichtet wird, erneut befragte und die er auch künftig selbstverständlich weiterhin befragen würde. Jeder gegebene Rat des Marsilius hatte in Konkurrenz zu anderen Ratgebern und ihren Ratschlägen zu erfolgen, mußte das Ohr des Herrschers zuerst einmal erreichen und sich dann gegen Alternativen durchsetzen.

---

spondenzwesen im Mittelalter und in der Renaissance, hg. v. HEINZ DIETER HEIMANN und IVAN HLAVÁČEK, Paderborn/München/Wien/Zürich 1998, S. 51–89.

23 Vgl. z.B. die Übersicht über die Prokuratorien bei SCHWÖBEL, Kampf (wie Anm. 22) S. 461–475. Vgl. besonders die Liste von Ludwigs Untaten aus der Zeit der Jahreswende 1338/1339, in: Nova Alamanniae. Urkunden, Briefe und andere Quellen, besonders zur deutschen Geschichte des 14. Jahrhunderts, Bd. II,1, hg. v. EDMUND ERNST STENGEL, Berlin 1930, S. 407–409 (Nr. 597) [bes. § 6].

24 Vgl. Nova Alamanniae. Urkunden, Briefe und andere Quellen, besonders zur deutschen Geschichte des 14. Jahrhunderts, Bd. II,2, [unter Mitw. von KLAUS SCHÄFER] hg. v. EDMUND ERNST STENGEL, Hannover 1978, S. 838 (Nr. 1534, 34–40); S. 855 (Nr. 1536, 2); bzw. S. 884 (Nr. 1548, 34–40); S. 906 f. (Nr. 1559, 34–40).

25 Ebd., S. 906 (Nr. 1559, § 37).

Es ist oft angenommen worden, daß Marsilius und sein Freund Jandun bei dem abenteuerlichen Romzug,[26] zu dem der gebannte deutsche Herrscher im März des Jahres 1327 von Trient aus überraschend aufgebrochen war, eine richtungweisende Rolle gespielt haben, ja daß sie geradezu als die Architekten der merkwürdigen stadtrömischen Kaiserkrönung (17. Januar 1328) gelten müßten. In der Tat wissen wir, daß man zumindest in Avignon davon überzeugt war, daß beide in Rom für ihre Anschauungen öffentlich und mit Erfolg warben, ja daß an Ludwigs Hof regelrechte Disputationen in Anwesenheit des Herrschers stattgefunden hätten, auf denen Marsilius und Jandun die Ketzereien des ‚Defensor pacis' öffentlich erörtern durften.[27] Wir wissen, daß Marsilius in Rom während der Anwesenheit der deutschen Truppen als des Kaisers *vicarius in spiritualibus* energisch dafür sorgte, daß das päpstliche Interdikt über die Stadt Rom keine Befolgung fand.[28] Am 1. Mai 1328 hat Ludwig dann, noch bevor er (am 12. Mai) seinen Papst Peter von Corvario in Rom von Klerus und Volk hat „wählen" lassen,[29] durch

---

[26] Die neueste Aufstellung der Daten (mit der Literatur) bei MARTIN BERG, Der Italienzug Ludwigs des Bayern. Das Itinerar der Jahre 1327–1330, in: Quellen und Forschungen aus italienischen Archiven und Bibliotheken 67 (1987) S. 142–197. Neuerer ausführlicher (nicht unbedingt analytischer) Bericht jetzt in ROLAND PAULER, Die deutschen Könige und Italien im 14. Jahrhundert. Von Heinrich VII. bis Karl IV., Darmstadt 1997, bes. S. 125–172. Den Hergang der römischen Kaiserkrönung hat neu rekonstruiert und anders, als die bisherige Auffassung es sehen wollte, zu deuten versucht THOMAS, Ludwig der Bayer (wie Anm. 14) S. 206–208; diese schwierige Frage ist hier nicht definitiv zu klären, zumal auch bei Thomas das *argumentum e silentio* eine tragende Rolle behalten muß; es ist aber darauf hinzuweisen, daß die sogenannte ‚Chronik des Nikolaus Minorita' (eine Dokumentensammlung im Stil eines „Farbbuchs" aus dem Kreis der Münchener Minoriten um Michael von Cesena, das endgültig um 1339 zusammengestellt worden ist) die klassische Auffassung stützt, wenn es dort heißt: *praefatus princeps dominus Ludovicus, Romanorum rex, fuit non per papam, sed per quattuor syndicos populi Romani ad hoc specialiter constitutos* [...] *coronatus* (NICOLAUS MINORITA, Chronica. Documentation on Pope John XXII, Michael of Cesena and the Poverty of Christ with Summaries in English. A Source Book, hg. v. GEDEON GÀL und DAVID FLOOD, St. Bonaventure, NY 1996, S. 178). Auch in einer offiziellen kurialen Sündenliste für den Kaiserhof fehlt der Vorwurf nicht: *Item quod a certis civibus a populo Romano deputatis coronam et a quodam scismatico et inunctionem imperialem recepit et eciam titulum imperialem sic ligatus et depositus assumpsit et eo per sui potenciam usus fuit et adhuc utitur* [Dezember 1338/Januar 1339 in Nova Alamanniae (wie Anm. 23) Bd. II,1, S. 407–409 (Nr. 597 § 11)].

[27] Vgl. JÜRGEN MIETHKE, Zur Einführung, in: Das Publikum politischer Theorie im 14. Jahrhundert, hg. v. DEMS. (Schriften des Historischen Kollegs 21) München 1992, S. 1–23, hier: S. 1 f. (mit den Nachweisen); allgemein von Propaganda berichtet MGH Const. VI,1, S. 335–337 (Nr. 428), hier: S. 336, 7–13.

[28] Vgl. MGH Const. VI,1, S. 363, 18–22 (Nr. 439); zuvor bereits bekannt gemacht in Vatikanische Akten zur deutschen Geschichte in der Zeit Kaiser Ludwigs des Bayern, hg. v. SIGMUND RIEZLER, Innsbruck 1891, S. 373 f. (Nr. 999).

[29] Vgl. BERG, Italienzug (wie Anm. 26) S. 169 f., sowie bes. MGH Const. VI,1, S. 372 f.

kaiserlichen Befehl Johannes Jandun zum Bischof von Ferrara gemacht, nachdem der Vorgänger, ein Anhänger des avignonesischen Papstes, wegen „Majestätsverbrechen" von ihm abgesetzt worden war.[30] Albertino Mussato, der Padovaner Freund des Marsilius, berichtet darüber hinaus, zusammen mit dem Franziskaner-Spiritualen Ubertino von Casale habe Marsilius (den Mussato als *plebeius, philosophie gnarus, et ore disertus* charakterisiert) die Absetzungssentenz gegen Johannes XXII. abgefaßt,[31] die Ludwig (am 18. April 1328) vor Alt-St. Peter in Rom, *extra basilicam apostolorum principis beati Petri in urbe Romana cuncto clero et populo Romano in platea ibidem in parlamento publico congregato*,[32] verkünden ließ.

Die moderne Forschung hatte Schwierigkeiten, diese Nachrichten zu verifizieren. Dokumente von der Hand des Marsilius oder unmittelbare Berichte über sein Handeln haben sich nicht erhalten. In dem langen und kompliziert argumentierenden Absetzungsurteil gegen Johannes XXII. finden sich keinesfalls eklatant Gedanken aus dem ‚Defensor pacis' wieder, wenn auch einige verbale Anklänge nicht fehlen, die aber keine spezifisch marsilianischen Themen anschlagen. Auch die kaiserliche Ernennungsurkunde für Johannes Jandun[33] enthält keine spezifischen Argumente, die dieser Schrift entlehnt sein könnten, sie läßt freilich mit deutlich römisch-rechtlich gefärbten Formulierungen erkennen, daß die kaiserliche Kanzlei hier betont gelehrt, und zwar in römisch-rechtlichem, nicht kanonistischen Sprachgebrauch formuliert hat und wohl auch formulieren wollte. Die besondere Inszenierung der Kaiserkrönung vom 17. Januar 1328 schließlich[34] konnte sich allenfalls in sehr allgemeinem Sinne auf Marsilius berufen, da dieser im ‚Defensor pacis' auf alle Fragen der zeremoniellen Prozedur und auf Einzelprobleme der rö-

---

(Nr. 453). Eine eingehende Schilderung der Papsterhebung findet sich bei CARL MÜLLER, Der Kampf Ludwigs des Baiern mit der römischen Curie. Ein Beitrag zur kirchlichen Geschichte des 14. Jahrhunderts, Bd. I, Tübingen 1879, S. 192–195, wo (S. 193) die Rolle des Marsilius bei der Bestellung der Spruchmänner, die namens des römischen Volkes die Wahl Peters von Corvario dem Kaiser zu bestätigen hatten, besonders hervorgehoben wird. Vgl. auch ROLAND PAULER, Die deutschen Könige und Italien (wie Anm. 26) S. 158 f.

30 Vgl. MGH Const. VI,1, S. 366–368 (Nr. 444).

31 Vgl. RISS X, hg. v. LUDOVICUS AEMILIUS MURATORI, Mailand 1727, Sp. 772 f. (Zitat Sp. 773); vgl. außerdem zuletzt CARLO DOLCINI, Marsilio e Ockham. Il diploma imperiale *Gloriosus deus*, la memoria politica *Quoniam scriptura*, il *Defensor minor*, 1. Aufl., Bologna 1981, zitiert nach: DERS., Crisi di poteri e politologia in crisi. Da Sinibaldo Fieschi a Guglielmo d'Ockham (Il Mondo medievale 17) Bologna 1988, S. 308 f.

32 MGH Const. VI,1, S. 344–350 (Nr. 436), hier: S. 350, 3 f.

33 Wie Anm. 30.

34 Vgl. MGH Const. VI,1, S. 285–287 (Nr. 382–385). Dazu immer noch am genauesten JOHANNES MATTHIAS, Beiträge zur Geschichte Ludwigs des Bayern während seines Romzuges (Phil. Diss. Halle 1908), bes. S. 20–44.

mischen Kaiserwürde gar nicht zu sprechen gekommen war.[35] Eher scheinen auch hier spezifisch italienische, ‚ghibellinisch'-legistische Theorien über eine römische, eine stadtrömische Kaiservorstellung den Weg gewiesen zu haben, Vorstellungen, wie sie im Spätkampf der Staufer von Friedrich II. und seinem Sohn Manfred präludierend bereits formuliert worden waren und wie sie unter Heinrich VII. erneut einem deutschen Herrscher nahegebracht worden sind.[36] Freilich hatte Marsilius ja seit seinen Pariser Jahren nachweislich enge Verbindungen mit den Ghibellinen Oberitaliens gehalten,[37] so daß die genauen Wege, auf denen solche Vorbilder in der Umgebung Ludwigs bekannt geworden sein mögen, nicht notwendig von dieser unserer Spur fortführen müssen.

Klar scheint aber, daß auch hier, in den hektischen Wochen und Monaten, da Ludwig aus seiner verfahrenen politischen Lage einen Ausweg suchte und ihn in der ungewöhnlichen Inszenierung seiner papstfreien Kaiserkrönung auch fand, klar scheint mir zu sein, daß hier sozusagen von Tag zu Tag entschieden wurde. Offensichtlich lag weder ein fertiger Plan vor, erst recht nicht wurde in der Kanzlei der ‚Defensor pacis' sozusagen als Orakel und Nachschlagewerk verwendet,[38] vielmehr sah sich auch Marsilius, wenn-

---

[35] So auch Dolcini, Introduzione (wie Anm. 5) S. 42, der einmal die Texte eingehend verglichen hat; vgl. ders., Marsilio e Ockham (wie Anm. 31), bes. S. 303 ff.

[36] Das hat immer wieder energisch betont Friedrich Bock, z. B. in seiner Darstellung Reichsidee und Nationalstaaten vom Untergang des alten Reiches bis zur Kündigung des deutsch-englischen Bündnisses 1341, München 1943, bes. S. 253. Auch wenn seine These, die römische Politik Ludwigs sei ausschließlich von ghibellinischen Gedanken geprägt, zweifellos überzogen ist, so bleibt dennoch ein richtiger Kern in seinem Hinweis. Die italienischen Vorstellungen eines römischen Kaisertums hat in juristischer Klarheit dargestellt Giovanni de Vergottini, Lezioni di storia del diritto Italiano. Il diritto pubblico Italiano nei secoli XII–XV, 3. Aufl., hg. v. Carlo Dolcini, 1959/1960 (Nachdruck: Mailand 1993), bes. S. 137–164 und 249–276; vgl. jetzt die ausführlichen Analysen bei Cavina, *Imperator* Romanorum (wie Anm. 13) oder auch Reinhard Elze, Una *coronatio Caesaris* a Trento, in: Annali dell'Istituto storico italo-germanico in Trento 21 (1995) S. 363–374.

[37] Vgl. Haller, Lebensgeschichte (wie Anm. 9) S. 350 f.; auch die Einleitung von Richard Scholz zu seiner Edition des ‚Defensor pacis' (wie Anm. 6) S. LVI. Das berühmte Gedicht des Albertino Mussato auf Marsilius (dessen Datierung sowie genaue Deutung umstritten bleiben) deutet ebenfalls auf diesen Zusammenhang; vgl. den Text (nach alten Drucken) bei Haller, Lebensgeschichte (wie Anm. 9) S. 366–368, nach dem einzigen ihm bekannten Ms. (Holkham Hall, Norfolk, Libr. of Lord Leicester 425, S. 125), und bei Pincin, Marsilio (wie Anm. 9) S. 37–40; eine neue Ausgabe wäre dringend erwünscht, die das inzwischen neu bekanntgewordene weitere Ms. (Sevilla, Bibl. Capitular y Colombina 75-5-5, fol. 18 r-v [vgl. die Kurzbeschreibung bei Paul Oskar Kristeller, Iter Italicum, Bd. IV, London/Leiden 1989, S. 627 a–b (mit neuerer Lit.)] berücksichtigte; fol. 20^{v} ist auch das andere für Marsilius' Biographie wichtige und bei Pincin, Marsilio (wie Anm. 9) S. 150, abgedruckte Gedicht des Mussato enthalten.

[38] Das hat kühn vermutet Otto Bornhak, Staatskirchliche Anschauungen und Handlungen

gleich er in diesen römischen Wochen im Zenith seines politischen Einflusses gestanden haben mag, ständig mit anderen Gruppen und anderen Vorstellungen zumindest konkurrierend konfrontiert. Anders wäre auch der Zickzackkurs schlecht erklärlich, als der sich Ludwigs Italienzug einer historischen Betrachtung darstellt.

Ganz sinnfällig wird das auch daran, daß, als Ludwig längst Rom hatte verlassen müssen und in Oberitalien, in die Kleinkriege seiner oberitalienischen Anhänger verwickelt, umherzog,[39] im Herbst 1328 eine neue Gruppe von gelehrten Beratern mit eigenen Absichten und gesonderten Interessen bei dem Kaiser besonderer Prägung, Ludwig dem Bayern, Schutz und Unterstützung suchte: Am 21. September 1328 traf das kaiserliche Heer, aus Grosseto kommend, in Pisa ein,[40] wo seit Juni bereits eine kleine Gruppe[41] franziskanischer Flüchtlinge auf ihn wartete: der – inzwischen vom Papst seines Amtes enthobene[42] – frühere Generalminister des Ordens, der Theologe Michael von Cesena,[43] der Kanonist und ehemalige Prokurator seines Ordens an der avignonesischen Kurie Bonagratia von Bergamo,[44] der ehemalige Provinzialminister der oberdeutschen Ordensprovinz Heinrich von Thalheim[45] sowie die beiden Theologen Franz von Marchia[46] und Wilhelm von Ockham.[47]

---

am Hofe Kaiser Ludwigs des Bayern (Quellen und Studien zur Verfassungsgeschichte des Deutschen Reiches in Mittelalter und Neuzeit 7, 1) Weimar 1933, S. 16ff., 45f. und 67.

39 Vgl. im einzelnen Berg, Italienzug (wie Anm. 26) S. 174ff.

40 Berg, Italienzug, S. 179f.

41 Literargeschichtlich hat die Daten zur Gruppe sorgfältig zusammengestellt Clément Schmitt, Un pape réformateur et un défenseur de l'unité de l'Église. Benoît XII et l'Ordre des Frères Mineurs (1334–1342), Quaracchi/Florence 1959, bes. S. 197–249.

42 Vgl. Bullarium franciscanum, Bd. V, hg. v. Conrad Eubel, Rom 1898, S. 346b–349b (Nr. 714 vom 6. Juni 1328).

43 Zu ihm im einzelnen Armando Carlini, Fra Michelino e la sua eresia, Bologna 1912; Carlo Dolcini, Il pensiero politico di Michele da Cesena, 1328–1338, 1. Aufl. (Studi romagnoli. Quaderni 10) Faenza 1977, jetzt in: ders., Crisi di poteri (wie Anm. 31) S. 147–221; José Antonio de Camargo Rodrigues de Souza, Miguel de Cesena. Pobreza franciscana e poder ecclesiastico, in: Itinerarium 34 (1988) S. 191–231; zum Lebenslauf knapp auch Jürgen Miethke, Michael von Cesena, in: Neue Deutsche Biographie 17 (1994) S. 315–317.

44 Zu Bonagratia zusammenfassend Hans-Jürgen Becker, Bonagrazia da Bergamo, in: Dizionario Biografico degli Italiani 11 (1961) S. 505–508 [eine monographische Untersuchung durch Eva Luise Wittneben ist in Vorbereitung].

45 Nachrichten zu ihm am vollständigsten bei Helmut Bansa, Studien zur Kanzlei Kaiser Ludwigs des Bayern vom Tage der Wahl bis zur Rückkehr aus Italien (1314–1329) (Münchener Historische Studien. Abt. Historische Hilfswissenschaften 5) Kallmünz/Opf. 1968, S. 234–239; problematisch bleiben freilich die Vermutungen Bansas über das Lebensende Heinrichs ebd., S. 237f., in denen der Autor allzu kurzschlüssig argumentiert: Nichts spricht dafür, daß Heinrich vor 1338 in den Gehorsam der Kurie zurückgekehrt ist. Weit plausibler datiert (zwischen

Sie alle waren, zum großen Teil entgegen ihrem eidlich gegebenen Versprechen, die päpstliche Kurie ohne ausdrückliche Erlaubnis des Papstes nicht zu verlassen, schon im Frühsommer (am 26. Mai 1328) des Nachts heimlich aus Avignon geflohen und hatten sich mit knapper Not vor päpstlichen Häschern im Hafen von Aigues Mortes auf ein Schiff eines genuesischen Ghibellinen retten können.[48] Auch ihre Flucht hatte mit Ludwigs Problemen gar nichts zu tun, vielmehr war sie Folge eines tiefen Zerwürfnisses, das seit 1321 den Papst und den Franziskanerorden mit zunehmender Heftigkeit entzweit hatte.[49] Zwar waren bereits im Jahre 1327 an der Kurie Ge-

---

1338 und 1343) SCHMITT, Un pape (wie Anm. 41) S. 245. Vgl. auch PETER MOSER, Das Kanzleipersonal Kaiser Ludwigs des Bayern in den Jahren 1330–1347 (Münchener Beiträge zur Mediävistik und Renaissance-Forschung 37) München 1985, S. 205 und 262 f.

[46] Zuletzt – nicht recht befriedigend – die „Cenni biografici" in Francisci de Esculo Improbatio [...], hg. v. NAZARENO MARIANI (Spicilegium Bonaventurianum 28) Grottaferrata 1993, S. 3–43; vgl. auch (ebenfalls teilweise problematisch) NOTKER SCHNEIDER, Die Kosmologie des Franciscus de Marchia. Texte, Quellen und Untersuchungen zur Naturphilosophie des 14. Jahrhunderts (Studien und Texte zur Geistesgeschichte des Mittelalters 28) Leiden/New York/Köln 1991. Zur Retraktation besonders MARIANI in: Francisci Improbatio (wie in dieser Anm.) S. 19 f.; ein Instrument darüber (das zwischen 1341 und 1344 zu datieren ist) gedruckt bei Étienne Baluze, in Miscellanea novo ordine, Bd. III, hg. v. JOHANNES DOMINICUS MANSI, Lucca 1762, S. 280 a–283 a. Eine ‚Absolutio et confessio fratris Francisci de Esculo' vom 1. Dezember 1343 in: Archivio Segreto Vaticano, A. A. Arm. I-XVIII, 5014, fol. 109 v–110 r; darauf hat SCHMITT, Un pape (wie Anm. 41) S. 243–245, aufmerksam gemacht. Eine Transkription dieses Aktenstücks stellte mir freundlich Eva Luise Wittneben zur Verfügung.

[47] Eine umfängliche Literaturübersicht bei JAN P. BECKMANN, Ockham-Bibliographie 1900–1990, Hamburg 1992; seither vgl. insbesondere zur theologischen Konzeption VOLKER LEPPIN, Geglaubte Wahrheit. Das Theologieverständnis Wilhelms von Ockham (Forschungen zur Kirchen- und Dogmengeschichte 63) Göttingen 1995; knapp auch eine allgemeine Übersicht zur politischen Theorie in WILHELM VON OCKHAM, Dialogus. Auszüge zur politischen Theorie, 2. Aufl., ausgewählt, übersetzt und mit Nachwort von JÜRGEN MIETHKE, Darmstadt 1994, bes. S. 209–242 („Ockhams politische Theorie"). Jüngst zur Biographie (mit eigenwilligen Thesen) GEORGE KNYSH, Ockham Perspectives, Winnipeg 1994; vgl. dazu aber JÜRGEN MIETHKE, Ockham-Perspektiven oder Engführung in eine falsche Richtung? Eine Polemik gegen eine neuere Publikation zu Ockhams Biographie, in: Mittellateinisches Jahrbuch 29 (1994) S. 61–82.

[48] Zur Flucht zuletzt MIETHKE, Ockham-Perspektiven (wie Anm. 47) S. 63–67.

[49] Zum sog. ‚Theoretischen Armutsstreit' vgl. etwa ROBERTO LAMBERTINI und ANDREA TABARRONI, Dopo Francesco. L'eredità difficile (Altri saggi 12) Turin 1988, bes. S. 101–128; ANDREA TABARRONI, *Paupertas Christi et apostolorum*. L'Ideale francescano in discussione (1322–1324) (Nuovi studi storici 5) Rom 1990; ULRICH HORST OP, Evangelische Armut und päpstliches Lehramt, Minoritentheologen im Konflikt mit Papst Johannes XXII. (1316–1334) (Münchener kirchenhistorische Studien 8) Stuttgart 1996; demnächst auch JÜRGEN MIETHKE, Paradiesischer Zustand – Apostolisches Zeitalter – Franziskanische Armut. Religiöses Selbstverständnis, Zeitkritik und Gesellschaftstheorie im 14. Jahrhundert, in: Verlorenes oder kommendes Paradies auf Erden. Möglichkeiten und Grenzen utopischen Denkens im Mittelalter, hg. v. PETER MORAW und BERNHARD TÖPFER (Zeitschrift für Historische Forschung. Beiheft) [im Druck].

rüchte im Schwange gewesen, die von einer Verbindung zwischen dem widerspenstigen Franziskanergeneral Michael von Cesena und Ludwig dem Bayern wissen wollten, ja die Michael unterstellten, er wolle sich von Ludwig zum (Gegen-)Papst erheben lassen.[50] Nichts deutet jedoch darauf hin, daß diese auf eine Denunziation zurückgehenden Vermutungen stichhaltig gewesen wären: Nach ihrer Ankunft in Italien zogen die Flüchtlinge keineswegs sofort an den Hof Ludwigs, sie zeigten sich auch in Pisa zunächst ganz von ihren eigenen Geschäften erfüllt, wenn freilich auch sie letzten Endes auf den Schutz des Wittelsbachers zunehmend angewiesen waren. Noch am 18. September, drei Tage vor dem – gewiß schon damals feststehenden und bekannten – Eintreffen des Kaisers, publizierten die Franziskaner durch öffentlichen Aushang an die Türen des Pisaner Domes – damit eine an der Kurie seit Bonifaz VIII. üblich gewordene Publikationsform wählend[51] – eine weitere ausführliche Appellation gegen den Papst, gegen seine Armutslehre und seine Politik dem Franziskanerorden gegenüber,[52] mit der sie sich an

---

50 Vgl. den Brief von einigen ‚Guelfen' aus Perugia an die Kurie in Acta Aragonensia, Bd. II, hg. v. Heinrich Finke, Berlin 1908 (Neudruck: Aalen 1968), S. 675 f. (Nr. 427), zur Datierung (die auf August 28, 1327 berichtigt werden muß) bereits Michael Bihl in: Archivum Franciscanum historicum 2 (1909) S. 161 mit Anm. 3.

51 Vgl. Extravagantes communes 2.3.1 [‚*Rem non novam*' = Registres de Boniface VIII, hg. v. Georges Digard, Nr. 5384 vom 15. August 1303] in Corpus Iuris Canonici II (wie Anm. 15) Sp. 1255 f.; vgl. dazu etwa Hans-Jürgen Becker, Das Mandat ‚*Fidem catholicam*' Ludwigs des Bayern von 1338, in: Deutsches Archiv 26 (1970) S. 454–512, hier: S. 479, Anm. 128; oder Tilmann Schmidt, Der Bonifaz-Prozeß. Verfahren der Papstanklage in der Zeit Bonifaz' VIII. und Clemens' V. (Forschungen zur kirchlichen Rechtsgeschichte und zum Kirchenrecht 19) Köln/Wien 1989, S. 81 f., 139 f. und 251; zu dem als Glossa ordinaria in den Frühdrucken beigegebenen Kommentar [im Druck Venedig 1591: S. 160–164] vgl. Randy M. Johannessen, Cardinal Jean Lemoine's gloss to ‚*Rem non novam*' and the reinstatement of the Colonna Cardinals, in: Proceedings of the VIIIth International Congress of Medieval Canon Law, hg. v. Stanley Chodorow (Monumenta iuris canonici C.9) Città del Vaticano 1992, S. 309–320, sowie allgemein (zur Entwicklung und Bedeutung des Prinzips des ‚Due Process') auch Joseph Canning, A History of Medieval Political Thought, London 1996, S. 164 ff., der sich hier besonders auf Kenneth Pennington, The Prince and the Law, 1200–1600. Sovereignty and Rights in the Western Legal Tradition, Berkeley/Los Angeles/Oxford 1993, S. 165 ff., stützt.

52 Diese sog. ‚Appellatio in forma maiori' ist gedruckt in den Auszügen aus der sog. ‚Chronik des Nikolaus Minorita' (einer Materialsammlung zum theoretischen Armutsstreit aus dem Umkreis des Michael von Cesena) in Miscellanea III (wie Anm. 46) S. 246 b–303 b; bzw. jetzt auch in der Gesamtausgabe: Nicolaus Minorita, Chronica (wie Anm. 26) S. 227–424. Zu dieser Kompilation vgl. bereits Carl Müller, Einige Aktenstücke und Schriften zur Geschichte der Streitigkeiten unter den Minoriten in der ersten Hälfte des 14. Jahrhunderts, in: Zeitschrift für Kirchengeschichte 6 (1884) S. 63–112; Konrad Eubel, Zu Nicolaus Minorita, in: Historisches Jahrbuch der Görres-Gesellschaft 18 (1897) S. 375–382; zuletzt Jürgen Miethke, Der erste vollständige Druck der sogenannten ‚Chronik des Nicolaus Minorita', in: Deutsches Archiv 54 (1998).

die Heilige Römische Kirche richteten und damit dem päpstlichen Gegner implizit die Legitimität absprachen,[53] ohne den kaiserlichen Papst Nikolaus (V.) anzuerkennen, den Michael und seine Anhänger auch später niemals unterstützt haben.[54] Ludwig nahm die ganze Gruppe am 26. September 1328, eine knappe Woche nach seiner Ankunft, durch ein feierliches großes Privileg in seinen kaiserlichen Schutz.[55]

Sehr bald sollte sich zeigen, daß diese neu aufgenommenen Schutzbefohlenen auch im kaiserlichen Rat ihre Präsenz fühlbar machten. Sie konnten nicht allein ihre eigene Appellation gegen den Papst in einer Kurzfassung am 12. Dezember erneut durch Anschlag an die Domtüren publizieren;[56] um

---

53 Dazu allgemein Hans-Jürgen Becker, Appellation (wie Anm. 16), bes. S. 77 f.

54 „Nikolaus Minorita" schreibt anläßlich seines kurzen Berichts über dessen Wahl: [...] *imperator* [...] *volensque providere ecclesiae de alio summo pontifice more antiquitus observato una cum clero et populo Romano in die ascensionis domini, quae fuit 12 dies maii anni praedicti, fratrem Petrum de Corbaria, Ordinis Fratrum Minorum, in summum pontificem, id est summum cuculum elegerunt* [sic!] *et Nicolaum quintum vocaverunt* [sic! ...] (hier zitiert nach: Nicolaus Minorita, Chronica (wie Anm. 26) S. 201; zum Wortspiel mit *cucullus* (= „Kutte" und „Kuckuck") vgl. Charles DuFresne DuCange, Glossarium mediae et infimae latinitatis, fortgeführt v. G. A. L. Henschel, neu hg. und vermehrt von Léopold Favre, 10 Bde. [Paris] 1883–1887 (fotomechanischer Nachdruck: Graz 1954) hier: Bd. II, S. 643: *vir cuius uxor moechatur,* [... *avis*] *qui in aliarum avium nidis ova edit* [...] - hier wird offenbar darauf verwiesen, daß Peter von Corvara vor seinem Eintritt in den Franziskanerorden verheiratet war. Der gesamte Bericht des Nikolaus atmet Distanzierung! Auch Heinrich von Thalheim hatte im Auftrag Michaels von Cesena einige Anhänger des Ordensgenerals in Italien früh vor einer Anerkennung des kaiserlichen Papstes gewarnt; vgl. die Aussagen im späteren (1337 geführten) päpstlichen Prozeß gegen den Frater Andrea da Gagliano, gedruckt im Bullarium franciscanum, Bd. VI, hg. v. Conrad Eubel, Rom 1902, S. 597 a–627 b (Appendix I), hier: S. 601 b; vgl. zu diesem Prozeß auch Edith Pasztor, Il processo di Andrea Gagliano, in: Archivum franciscanum historicum 48 (1955) S. 252–297; zu seiner Aussage zu Michael von Cesena auch Schmitt, Un pape (wie Anm. 41) S. 183–187.

55 Gedruckt [nach einem notariellen Transsumpt vom 12. Mai 1328 im Arch. capit. di S. Venanzo, Fabriano] bei Romualdo Sassi, La partecipazione di Fabriano alle guerre della Marca nel decennio 1320–1330, con documenti inediti, in: Atti e memorie della R. deputazione di storia patria per le Marche 4,7 (1930), S. 56–129, bes. S. 114–117, Nr. xv [die Urkunde ist nicht bei Bansa, Studien (wie Anm. 45) S. 419, verzeichnet, jedoch bei Schütz, Rolle der Gelehrten (wie Anm. 2) S. 397, Anm. 112, nachgewiesen].

56 Vgl. ‚Appellatio in forma minori', gedruckt im ‚Nicolaus Minorita' der Miscellanea III (wie Anm. 46) S. 303^{b}–310^{b}; Nicolaus Minorita, Chronica (wie Anm. 26) S. 429–456; auch - ebenfalls nach einer Handschrift des Nicolaus Minorita - im Bullarium franciscanum V (wie Anm. 42) S. 410^{b}–425^{a} in der Fußnote. Bei Nikolaus Minorita steht nach der ‚Appellatio in forma maiori' als Einleitung zum Abdruck der verkürzten Fassung (hier zitiert nach dem Druck bei Gàl/Flood, Nicolaus Minorita, Chronica (wie Anm. 26) S. 429; vgl. Miscellanea III (wie Anm. 46), S. 410^{b}) folgende Begründung des Kompilators: *Quia vero predicta appellatio fuit abbreviata et ad multas partes orbis missa et ostiis maioris ecclesie Pisane xii^{a} die decembris predicti anni appensa et solemniter lecta* [...]. – Eine einleuchtende Erklärung dafür, daß uns zahlreiche Dokumente im publizistischen Streit des 14. Jahrhunderts in jeweils einer Kurz- und einer Langfas-

dieselbe Zeit (am 13. Dezember 1328) konnte man, ebenfalls an den Türen des Domes, ein neues umfangreiches Pergamentstück lesen, eine Absetzungserklärung des Kaisers gegen Papst Johannes XXII.,[57] die hier unter dem ursprünglichen Datum des 18. April und unter der gleichbleibenden Behauptung, sie sei *in platea publica extra basilicam Sancti Petri presentibus clero et populo Romano* veröffentlicht worden, erneut feierlich publiziert wurde. In Wahrheit aber handelte es sich um einen völlig neuen Text, der außer diesem Publikationsvermerk und einer aus dem ursprünglichen Wortlaut übernommenen Zeugenreihe von oben bis unten durchgreifend verändert worden war. (Auch noch die Anfangsworte, nach denen im Mittelalter ein derartiges Stück zitiert zu werden pflegte, waren abgewandelt worden!) Die Franziskaner hatten vor allem ihre eigenen Vorwürfe gegen den Papst aus ihrer soeben am selben Ort, an den Domtüren in Pisa, ausgehängten Appellation leicht abgewandelt zum Erweis der Ketzerei des Papstes in das Dokument eingebracht[58] und die volltönende dispositive ‚Absetzung' des Papstes durch den Kaiser aus der römischen Urkunde in eine nicht minder energische, aber nicht aus eigener kaiserlicher Kompetenz vorgenommene deklarative Sentenz umgewandelt, die den päpstlichen Amtsverlust nicht selber verfügte, sondern als kraft weltlichen und kirchlichen Rechts bereits bewerkstelligt nur öffentlich bekanntzumachen vorgab. Deutlicher konnte ein Wechsel in der Politik nicht markiert werden als durch diese stillschweigende Auswechselung der öffentlich verkündeten Urteilssentenz. Freilich war auf diese Wei-

---

sung vorliegen, ist bisher m.W. noch nirgends gegeben worden. Es kann kaum an dem (u.a. oben Anm. 51) nachgewiesenen Brauch der Veröffentlichung durch Anschlag an die Domportalen liegen, da auch die sog. ‚Kurzfassungen' eine beträchtliche Länge erreichen können.

[57] Vgl. MGH Const. VI, 1, S. 350–361 (Nr. 437). Hier hat Nikolaus Minorita [Chronica (wie Anm. 26) S. 457, Miscellanea III (wie Anm. 46) S. 310[b]] im Anschluß an die ‚Appellatio in forma minori' und vor der minoritischen Fassung der Absetzungssentenz vermerkt: *Quia vero predicta brevis appellatio una cum domini imperatoris sententia correcta et emendata* [...] *fuerunt appense ostiis maioris ecclesie Pisane et ibidem solemniter promulgate et prefate sententie fuerunt aliqua superaddita in principio et in fine, ideo dictam sententiam correctam et emendatam cum addicionibus hic iuxta dictam brevem appellationem dignum ponere reputavi.* (Allerdings beschränken sich die Änderungen des Textes keineswegs auf „einige Hinzufügungen am Beginn und am Ende" des Schriftstücks!) Die Umstände schildert Giovanni Villani, Nuova Cronica, lib. XI, cap. CXII, ed. Giuseppe Porta (Biblioteca di scrittori italiani) Parma 1991, Bd. 2, S. 663 f.: *Nel detto anno a dì XIII del mese di dicembre, il Bavero, il quale si dicea essere imperadore, si congregò uno grande parlamento, ove furono tutti i suoi baroni e maggiori di Pisa, laici e cherici, che teneano quella setta, nel quale parlamento frate Michelino di Cesena, il quale era stato ministro generale de' frati minori, sermonò in quello contro a papa Giovanni, opponendogli per più falsi articoli e con molte autoritadi ch'egli era eretico e non degno papa; e ciò fatto, il detto Bavero a modo d'imperadore diè sentenzia contra il detto papa Giovanni di privazione ...*

[58] Vgl. bereits Carl Müller, Der Kampf I (wie Anm. 29) S. 372 f.

se das in Rom Geschehene nicht mehr zu verändern, es konnte nunmehr allenfalls in anderem Lichte interpretiert werden.

Zunächst hatten jetzt die Franziskanerdissidenten im Beraterkreis Ludwigs offenbar eine gewichtige Stimme: Als der als Kanzler aus Bayern nach Italien mitgebrachte Hermann von Lichtenberg Ende des Jahres 1328 wichtige diplomatische Missionen übernehmen mußte, ernannte der Herrscher einen von ihnen, Heinrich von Thalheim, zum Kanzler seiner Reisekanzlei: *gerens officium, fungens officio cancellarii*, so bezeichnet dieser - mit einer einzigen Ausnahme - sich selbst in den Urkunden, also als „amtierender Kanzler".[59] Bei der Rückkehr nach München freilich mußte der Franziskaner wieder den bewährten Kräften in der Kanzlei weichen, konnte sich aber ehrenvoll nach Augsburg zurückziehen. Wenig mehr als vier Monate nach seiner Rückkehr nach München, am 12. Juni 1330, befahl der Kaiser den Bürgern von Aachen in einem langen Schreiben, das im einzelnen deutliche Anleihen bei einem kurz zuvor entstandenen Pamphlet der Minoriten macht, den Befehlen aus Avignon keinesfalls zu gehorchen und dem Franziskanergeneral Michael von Cesena, sowie seinen „Vikaren" Heinrich von Thalheim und Wilhelm von Ockham tatkräftige Unterstützung zu leihen,[60] wie er auch in Italien bereits die ihm verbündeten Machthaber angewiesen hatte, Michael und seinen Begleitern jede nur mögliche Unterstützung zu gewähren.[61] Freilich blieb, das versteht sich, auch Marsilius weiterhin am kaiserlichen Hofe, wie auch die anderen vertrauten Räte keinesfalls das Feld zu räumen hatten, konnten doch die Franziskaner allenfalls in den Konflikten um den Minoritenorden und in den heiklen Fragen des Vorgehens im verfahrenen Streit mit dem Papst ihre Sicht der Dinge in faktische Maßnahmen ummünzen, keineswegs in allen Geschäften des deutschen Herrschers, vor allem nicht bei der täglichen Routine der deutschen Politik, von der sie ja auch wenig verstanden.[62]

---

[59] Bansa, Studien zur Kanzlei (wie Anm. 45) hier: S. 234 f.; vgl. auch die Vorwürfe des Papstes vom 4. Januar 1331, Regest in MGH Const. VI,2.1, hg. v. Ruth Bork, Weimar 1989, S. 3 f. (Nr. 3), hier: S. 4, 13 f.: „Heinrich von Thalheim [sei] schuldig dadurch, daß er dem wegen seiner Häresien verdammten Ludwig als Kanzler zu dienen sich nicht gescheut habe".

[60] Vgl. MGH Const. VI,1 S. 665-668 (Nr. 788) hier: § 6, S. 668, 12-19.

[61] Im Schutzprivileg, gedruckt bei Sassi, La partecipazione (wie Anm. 55), sowie dem ebenfalls dort abgedruckten Mandat vom 6. Januar 1328, das den Franziskanern testamentarische Zuwendungen bestätigt und sichern soll (ebd., S. 119 f., Nr. xvii).

[62] Zu den politischen Aufgaben vgl. etwa - außer den allgemeinen Übersichten in Anm. 14 und 22 - Jürgen Miethke, Kaiser und Papst im Spätmittelalter. Zu den Ausgleichsbemühungen zwischen Ludwig dem Bayern und der Kurie in Avignon, in: Zeitschrift für Historische Forschung 10 (1983) S. 421-446; auch Martin Kaufhold, *Gladius spiritualis*. Das päpstliche Interdikt über Deutschland in der Regierungszeit Ludwigs des Bayern (1324-1347) (Heidelberger

In den kommenden Jahren bleibt das Bild konstant. Die Beratergruppen am Hofe des Bayern existierten nebeneinander fort, auch als Ludwig sich aus Italien nach München zurückgezogen hatte, wo er Ende Februar 1330 eingetroffen ist.[63] Mit durchaus unterschiedlicher Intensität auch wandten sich beide, Marsilius und die Franziskaner, einer literarisch-,publizistischen' Tätigkeit zu. Marsilius, der nach dem Tode seines Freundes Jandun (im September 1328)[64] seine Sache allein verfechten mußte, hat in Zukunft nur noch einige wenige kleinere Schriftsätze niedergeschrieben, seine Haupttätigkeit scheint er als Arzt, vielleicht auch als Leibarzt des Herrschers ausgeübt zu haben,[65] während die Franziskaner frenetisch mit einem geradezu unglaublichen Ausstoß an Denkschriften, Appellationen, Pamphleten und Traktaten einer deutschen Öffentlichkeit und aller Welt ihre Auffassungen immer wieder vorgestellt haben. Offenbar hat diese Gruppe von Gelehrten rasch gewaltige Kollektaneen von Autoritäten und Argumenten zusammengetragen, die freilich nur noch bruchstückhaft erhalten sind.[66] Dieser Grundstock gab der publizistischen Gesamtproduktion des Kreises ein gemeinsames Funda-

---

Abhandlungen zur Mittleren und Neueren Geschichte. NF 6) Heidelberg 1994 [= Diss. phil. Heidelberg 1993].

[63] Vgl. BERG (wie Anm. 26) S. 194 f. mit Anm. 232, wo Ludwig noch für den 6. Februar 1330 in Meran nachgewiesen ist. – Die erste Urkunde, die Ludwig wieder in Deutschland jenseits der Alpen ausstellte, ist gemäß den (bisher erschienenen) Regesten Kaiser Ludwigs des Bayern (1314–1347), nach Archiven und Bibliotheken geordnet, hg. v. PETER ACHT, Heft 1: Die Urkunden aus den Archiven und Bibliotheken Württembergs, bearbeitet von JOHANNES WETZEL, Köln/Weimar/Wien 1991, S. 34 (Nr. 72), am 22. Februar 1330 ausgestellt in München; vgl. ebd., Heft 3: Die Urkunden aus Kloster- und Stiftsarchiven im Bayerischen Hauptstaatsarchiv und in der Bayerischen Staatsbibliothek München, bearbeitet von MICHAEL MENZEL, Köln/Weimar/Wien 1996, S. 105 (Nr. 222): 23. Februar 1330, ausgestellt ebenfalls in München.

[64] Zu Datum und Ort eingehend SCHMUGGE, Jandun (wie Anm. 8) S. 121 f. (Anhang II).

[65] Vgl. HALLER, Lebensgeschichte (wie Anm. 9) S. 339 mit Anm. 1; S. 359 mit Anm. 2 [zusätzlich auch: Nova Alamanniae II, 2 (wie Anm. 24) S. 838, Nr. 1534 § 39 = S. 884, Nr. 1548 § 39]; vgl. auch PRINZ, Marsilius (wie Anm. 11) S. 53.

[66] Vgl. insbesondere für die frühen dreißiger Jahre die Untersuchung von HANS-JÜRGEN BECKER, Zwei unbekannte kanonistische Schriften des Bonagratia von Bergamo in Cod. Vat. lat. 4009, in: Quellen und Forschungen aus italienischen Archiven und Bibliotheken 45 (1966) S. 219–276 [bes. das Verzeichnis der verschiedenen Appellationen der Münchener Gruppe (1323–1338) S. 238 ff., jetzt gedruckt auch bei NIKOLAUS MINORITA, Chronica (wie Anm. 26)]; sowie HANS-JÜRGEN BECKER, Das Mandat ,Fidem catholicam' (wie Anm. 51) S. 483 ff. Vgl. auch ANNELIESE MAIER, Zwei unbekannte Streitschriften gegen Johann XXII. aus dem Kreis der Münchener Minoriten, in: Archivum historiae pontificiae 5 (1967) S. 41–78, jetzt in: DIES., Ausgehendes Mittelalter. Gesammelte Aufsätze, Bd. III (Storia e letteratura 138) Rom 1977, 373–414. Neue Bruchstücke der franziskanischen Produktion veröffentlichten CHRISTOPH FLÜELER, Eine unbekannte Streitschrift aus dem Kreis der Münchener Franziskaner gegen Papst Johannes XXII., in: Archivum franciscanum historicum 88 (1995) S. 497–514, und ROBERTO LAMBERTINI, *Proiectus est draco ille*. Note preliminari all'edizione di un pamphlet teologico-politico di ten-

ment, was auch für die zahlreichen, umfänglichen und in ihrer relativen Chronologie relativ gut plazierbaren wichtigen Traktate und Gelegenheitsschriften Wilhelms von Ockham gilt,[67] die ihrer theoretischen Bedeutung nach aus dieser Literatur qualitativ weit herausragen, wie sie auch quantitativ einen erstaunlichen Umfang erreichen.[68]

Der Horizont und das Interesse dieser Franziskanerliteratur am Hofe Ludwigs des Bayern erweiterte sich jedoch nur sehr allmählich und in langsamen Schüben über den ursprünglichen Kreis der ,minoritischen' Interessen am Armutsstreit hinaus. Die politische Lage und ihre Apperzeption durch den kaiserlichen Hof erlegte der Gruppe in ihrem Wirken nach außen anscheinend zusätzliche Zügel auf. Nicht ausnahmslos fühlte sich der Kaiser an die schreibeifrigen Franziskaner seines Hofes gebunden, vielmehr weist die auf uns gekommene literarische Produktion der Gruppe, wie insbesondere Hilary Seton Offler gezeigt hat, in den Jahren 1331/32 und 1335/36 jeweils eine längere Pause auf, die plausibel mit einer Art Publikationsverbot erklärt werden kann, dem die Minoriten sich fügen mußten.[69]

---

denza michaelista [im Druck; ich bin dem Autor zu Dank verpflichtet, daß er mir sein Ms. zugänglich gemacht hat].

[67] Eine genauere Untersuchung würde sich lohnen; eine Gemeinschaftsarbeit sind etwa die sog. ,Allegaciones de potestate imperiali' [die in Offlers postum herausgebrachter Edition von Guillelmus de Ockham, Opera politica, Bd. IV (Scriptores Britannici medii aevi 14) Oxford 1997, unter den *dubia* endlich vollständig kritisch ediert sind (S. 367–444); gedruckt – in einer leicht überarbeiteten Fassung – auch in Gáls und Floods Ausgabe Nicolaus Minorita, Chronica (wie Anm. 26) S. 1163–1227; früherer Teildruck: Unbekannte kirchenpolitische Streitschriften aus der Zeit Ludwigs des Bayern, Bd. II, hg. v. Richard Scholz (Bibliothek des Deutschen Historischen Instituts in Rom 10) Rom 1914 (Neudruck: Turin 1971) S. 417–437]. Vgl. zu dieser Schrift die methodisch vorbildliche literarkritische Studie durch Hilary Seton Offler, Zum Verfasser der ,Allegaciones de potestate imperiali' (1338), in: Deutsches Archiv 42 (1986) S. 555–619. Drei andere Schriften untersuchte jüngst im Zusammenhang Roberto Lambertini, „Il mio regno non è di questo mondo". Aspetti della discussione sulla regalità di Cristo dall' ,Improbacio' di Francesco d'Ascoli all' ,Opus nonaginta dierum' di Guglielmo d'Ockham, in: Filosofia e teologia nel Trecento. Studi in ricordo di Eugenio Randi, hg. v. Luca Bianchi (FIDEM. Textes et Etudes du Moyen Age 1) Louvain-la-Neuve 1994, S. 129–156.

[68] Ockham selbst beschreibt in einem (relativ frühen) Selbstzeugnis (1334) den Publikationsdruck, dem er sich ausgesetzt fühlt; vgl. Epistola ad fratres Minores, hg. v. Hilary Seton Offler, in: Guillelmus de Ockham, Opera politica, Bd. III, Manchester 1956, S. 15, 6–16, 4. Eine Besprechung seiner einzelnen Schriften etwa bei Miethke, Ockhams Weg (wie Anm. 1) 74–136.

[69] Vgl. Hilary Seton Offler, Meinungsverschiedenheiten am Hof Ludwigs des Bayern im Herbst 1331, in: Deutsches Archiv 11 (1953/54) S. 191–206. Eine ähnliche Publikationspause ist 1337/1338 zu beobachten, die sich – wie die Pause 1331 – aus den Verhandlungen Ludwigs mit Johannes XXII. (nunmehr vor allem aus dem damaligen Stand der Rekonziliationsverhandlungen mit Papst Benedikt XII.) erklärt.

Hier können wir der Politik des deutschen Hofes durch die beiden höchst wechselhaften Jahrzehnte bis zum Tode Ludwigs (11. Oktober 1347) nicht im einzelnen folgen, können auch nicht versuchen, den jeweiligen Anteil der einzelnen Beratergruppen an einzelnen Geschäften voneinander zu sondern. Allein aus Zeitgründen verbietet sich das, aber auch methodisch ist es keineswegs immer möglich, die Herkunft eines spezifischen Arguments in einer offiziellen Deklaration des Hofes exakt festzustellen.[70] An zwei Beispielen soll hier aber noch veranschaulicht werden, daß sich und wie sich differente Ratschläge zur praktischen Politik des Herrschers in diesen Jahren miteinander gekreuzt haben, bei der berühmten Tiroler Affäre der Jahre 1341/42 und bei den reichsrechtlich wichtigen Entscheidungen des Jahres 1338, in der Rhenser Erlärung der Kurfürsten und im kaiserlichen Gesetz ‚Licet iuris'.

Im ersten Beispiel treffen wir auf eine politische Situation, wie sie im deutschen Wahlreich des Spätmittelalters immer wieder zu beobachten ist. Der Herrscher zeigte sich bestrebt, die Chancen seines Königtums, so durchsetzungsschwach es auch immer im einzelnen bleiben mochte, zugunsten seines eigenen Hauses und zur Erweiterung der Herrschaftsgebiete seiner eigenen Familie zu nutzen. Die moderne Forschung hat es sich angewöhnt, in diesem Zusammenhang von ‚Hausmachtspolitik' zu sprechen.[71] Das hatten – höchst erfolgreich – alle Vorgänger Ludwigs seit Rudolf von Habsburg versucht, und auch Ludwig selbst hatte bereits die Mark Brandenburg (und damit eine Kurstimme) sowie die Markgrafschaft Jülich für das Haus Wittelsbach gewonnen. Als sich nun anfangs der 40er Jahre die Gelegenheit bot, das reiche Land Tirol seiner Familie zu sichern, das auch wegen des Brennerpasses und damit für den Weg nach Italien eine Schlüsselstellung hatte, da wollte sich der Kaiser diese Chance nicht entgehen lassen, so sehr er damit auch sowohl die Interessen der Luxemburger als auch die der Habsburger beeinträchtigen mußte.[72]

---

[70] Vgl. insbesondere die vorsichtig abwägende Untersuchung Offlers, Zum Verfasser (wie Anm. 67).

[71] Zur Hausmachtspolitik der deutschen Herrscher des Spätmittelalters vgl. etwa neuerlich knapp Peter Moraw, Von offener Verfassung zu gestalteter Verdichtung. Das Reich im späten Mittelalter, 1250–1490 (Propyläen Geschichte Deutschlands 3) Berlin 1985, S. 155 ff.; eine förderliche Erörterung auch in Ernst Schubert, König und Reich. Studien zur spätmittelalterlichen deutschen Verfassungsgeschichte (Veröffentlichungen des Max-Planck-Instituts für Geschichte 63) Göttingen 1979, bes. S. 91–100.

[72] Zur Tiroler Affäre vgl. etwa Alfons Huber, Geschichte der Vereinigung Tirols mit Österreich und der vorbereitenden Ereignisse, Innsbruck 1864; neuerdings vor allem Josef Riedmann, Karl IV. und die Bemühungen der Luxemburger um Tirol, in: Kaiser Karl IV., 1316–1378. Forschungen über Kaiser und Reich [= Blätter für die deutsche Landesgeschichte 114 (1978)]

Eine Ehe, die 1330 zwischen Margarete, der damals zwölfjährigen Erbtochter der Grafschaft Tirol, und Johann-Heinrich von Luxemburg, dem damals 8jährigen jüngeren Sohn des Königs Johann von Böhmen und Bruder Karls von Mähren, des späteren Kaisers Karl IV., geschlossen worden war, hatte den luxemburgischen Ansprüchen in diesem Lande einen festen Grund gelegt. In jahrelangen militärischen Aktionen war diese Position auch gegen bayrisch-wittelsbachische und österreichisch-habsburgische Ambitionen gesichert worden. Freilich stieß die harte Herrschaft der Böhmen im Lande selbst auf zunehmenden Widerstand, dem sich die junge Landesfürstin um 1340 anschloß, wohl weil sie sich von der Herrschaftsübung, mehr als es ihr lieb war, ausgeschlossen fand und weil sie offensichtlich zu ihrem Mann kein tragfähiges Verhältnis hatte finden können. Nach geheimen Vorabsprachen mit dem Kaiser schuf sie im November 1341 ein fait accompli. Nach einem Jagdausritt fand ihr Mann das Tor zur Burg verschlossen. Er mußte, da er im Lande nirgends Rückhalt fand, ausgesperrt Tirol verlassen.

Margarete dagegen sollte und wollte den soeben verwitweten älteren Sohn des Kaisers, Markgraf Ludwig von Brandenburg, ehelichen, dem freilich sein Vater diese neue Ehe erst nachdrücklich anempfehlen mußte, bevor er in sie willigte.[73] Die reichsrechtlichen Probleme dieses Plans sollen hier nicht näher diskutiert werden. Sie wurden später gelöst, indem der Kaiser dem Paar die Grafschaft Tirol von Reichs wegen verlehnte (und damit Tirol als selbständiges Reichslehen erstmals anerkannte). Auch die politischen Fragen des Projekts können hier nicht erörtert werden (stand doch den offensichtlichen Chancen des Plans die ebenso deutliche Gefahr eines unheilbaren Bruches mit den Luxemburgern gegenüber, mit jener Familie und Partei, der

---

S. 775–796; DERS., Mittelalter, in: Geschichte des Landes Tirol, Bd. I: Von den Anfängen bis 1490, 2. Aufl., hg. v. JOSEF FONTANA u. a., Bozen/Innsbruck/Wien 1990, S. 291–698, bes. S. 439–451; auch ALPHONS LHOTSKY, Geschichte Österreichs seit der Mitte des 13. Jahrhunderts (1273–1437) (Veröffentlichungen der Kommission für Geschichte Österreichs 1) Wien 1967, S. 340–345; JOHANNES SCHULTZE, Die Mark Brandenburg, Bd. II, Berlin 1961, S. 59 f.; oder THOMAS, Ludwig der Bayer (wie Anm. 14) S. 331–337 (mit jeweils recht verschiedener Akzentuierung); zuletzt vgl. die ausführliche Darstellung von WILHELM BAUM, Margarete Maultasch. Erbin zwischen den Mächten, Graz/Wien/Köln 1994, bes. S. 80–106; zu dem persönlichen Verhältnis Margaretes zu Johann Heinrich von Luxemburg zusammenfassend etwa DIETER VELDRUP, Johann Propst von Vyšehrad, illegitimer Sohn eines ‚impotenten' Luxemburgers, in: Studia Luxemburgensia. Festschrift Heinz Stoob zum 70. Geburtstag, hg. v. FRIEDRICH BERNWARD FAHLBUSCH und PETER JOHANEK (Studien zu den Luxemburgern und ihrer Zeit 3) Warendorf 1989, S. 50–78, bes. S. 51–62.

[73] Das jedenfalls berichtet JOHANNES VON VIKTRING, Liber certarum historiarum, Bd. II, hg. v. FEDOR SCHNEIDER (MGH SSrerGerm [36]) Hannover/Leipzig 1910, lib. VI, cap. 11, S. 223; vgl. auch JOHANNES VON WINTERTHUR, Chronik, hg. v. FRIEDRICH BAETHGEN in Verbindung mit CARL BRUN (MGH SSrerGerm NS 3) Berlin 1924, S. 187.

Ludwig seine Wahl zum Römischen König zu verdanken hatte). Eine gravierende, eher technische Frage freilich blieb zunächst im Stadium der Planungen gefährlich offen: Die Ehe Margaretes mit Johann-Heinrich von Luxemburg hatte rechtlich ja noch Bestand, sie war durch die Verstoßung des Gatten nicht aufgehoben.

Das Spätmittelalter hatte sich daran gewöhnt, daß derartige Ehefragen in die Kompetenz eines kirchlichen Richters fielen und damit in letzter Instanz dem Papst zur Entscheidung zustanden. Zusätzlich bestand noch eine kirchenrechtlich allzu enge Verwandtschaft zwischen den präsumptiven Brautleuten, ein Hindernis, wie es bei den eng miteinander versippten Familien des Hochadels nicht selten auftrat, wie es aber ebenfalls üblicherweise mittels eines päpstlichen Dispenses umgangen werden konnte. Eine wohlwollende Mitwirkung der Kurie konnte jedoch damals vom Kaiser realistisch nicht erwartet werden, so daß an dieser unscheinbaren Detailfrage der gesamte schöne Plan zu scheitern drohte.

Aus den Debatten, die am Münchener Hof geführt worden sind, ist uns in einer einzigen zeitnahen (kurz nach 1356 entstandenen) Handschrift[74] eine Reihe von Texten erhalten, in denen sich sowohl Marsilius[75] als auch Ockham[76] im Vorfeld der Entscheidung zu dieser Frage des Eherechts – und ausschließlich zu dieser Frage – geäußert haben. Beide Gutachter hatten einen Lösungsvorschlag zu machen, der jeweils im Endeffekt den erkennbaren Wünschen des Herrschers entgegenkam. Freilich waren diese Vorschläge grundverschieden, was die Begründung und die Prozedur im einzelnen betraf. Radikal konstatierte Marsilius eine grundsätzliche Kompetenz des Kaisers in allen Ehefragen, die Ludwig ohne weiteres auch in diesem Falle wahrnehmen könne und solle. Marsilius legte der kaiserlichen Kanzlei zusammen mit seinem Memorandum auch gleich zwei Urkundenentwürfe vor, die Ludwig nur noch hätte ausfertigen lassen müssen, einmal einen Text, durch den

---

[74] Vgl. Bremen, Staats- und Universitätsbibliothek MSB 0035; vgl. auch die bisher beste Beschreibung durch Hilary Seton Offler in: Guillelmus de Ockham, Opera politica, Bd. I, 2. Aufl., Manchester 1974, S. 273.

[75] Die Texte des Marsilius hat ediert Pincin, Marsilio (wie Anm. 9) S. 262–283; danach teilweise abgedruckt (soweit mit dem ‚Defensor minor' übereinstimmend) in Marsile de Padoue, Œuvres mineures, hg. v. Colette Jeudy und Jeannine Quillet (Sources d'histoire médiévale) Paris 1979, S. 264–269, S. 282 f., S. 286–289, S. 304–307, jeweils in den Anmerkungen zur Edition des ‚Defensor minor' (für den bekanntlich nur ein *codex unicus* vorliegt); doch sind unbedingt zu vergleichen die Emendationen, die beigesteuert hat Hilary Seton Offler, Notes on the text of Marsilius of Padua's ‚Defensor minor', in: Mittellateinisches Jahrbuch 17 (1982) S. 212–216, zumal sie sich – entgegen den Angaben Pincins – bisweilen im Bremer Ms. (wie Anm. 74) finden.

[76] Vgl. Ockham, Opera politica I (wie Anm. 74) S. 270–286.

der Kaiser in seinem Hofgericht die Nichtigkeit der Ehe feststellte, und einen anderen, in dem er eine (kaiserliche) Dispens wegen der Verwandtschaft der künftigen Brautleute aussprach.[77] Ockham dagegen kam zwar im Ergebnis zu keinem anderen Schluß, er bestätigte ebenfalls, daß die Ehe geschlossen werden dürfe. Der Theologe blieb aber in seiner Begründung wesentlich vorsichtiger, er wollte dem Kaiser ausschließlich für einen (und damit für diesen) Notfall ein Entscheidungsrecht einräumen, das aristotelisch aus *Epikie* und *aequitas* begründet wurde, ohne daß eine prinzipielle kaiserliche Kompetenz in Ehesachen von ihm in Anspruch genommen worden wäre.

Leider lassen die diffusen Quellen keine eindeutige Aussage darüber zu, wie der Kaiserhof schließlich wirklich im einzelnen verfuhr. Sicherlich ließ der Kaiser die beiden Urkundenentwürfe des Marsilius in der Schublade;[78] Marsilius freilich konnte diese Texte zum großen Teil noch für seinen ‚Defensor minor' verwenden, seine letzte zugespitzte Schrift zu Fragen der politischen Theorie, die er mit substantiellen Auszügen aus seinen Memoranden jetzt vervollständigte.[79] Wenn sich aber der Kaiser diesmal auch nicht an

---

[77] Vgl. Pincin, Marsilio (wie Anm. 9) S. 262–264 [*forma divorcii*], S. 264–268 [*forma dispensationis*]. Gegen Thomas, Ludwig der Bayer (wie Anm. 14) S. 332, ist darauf zu beharren, daß die Urkundenentwürfe von Marsilius stammen und zumindest die *forma divorcii* von ihm auch im ‚Defensor minor' verwendet wurde [Pincin, Marsilio (wie Anm. 9) S. 265, 30–267, 99 entsprechen Marsile, Œuvres mineures (wie Anm. 75) cap. 16, §§ 2–4, S. 304–310 – wobei die Frage der chronologischen Priorität hier nicht ins Gewicht fällt; vgl. dazu Anm. 79].

[78] Das wird in der neueren Foschung manchmal übersehen, z. B. von Jeannine Quillet in ihrer Einleitung zum ‚Defensor minor', in: Marsile, Œuvres mineures (wie Anm. 75) S. 151, es ergibt sich aber m. E. allein schon aus dem Begriff *forma* in den *superscriptiones* des Bremer Ms. (wie Anm. 74); vgl. neben dem – hier nicht allzu deutlichen – DuCange, Glossarium (wie Anm. 54) Bd. III, S. 564 a (s. v. *forma*), etwa: Revised Medieval Latin Word-List from British and Irish Sources, hg. v. R. E. Latham, London 1965, S. 197 b, oder Dictionary of Medieval Latin from British Sources, fasc. IV, hg. v. D. R. Howlett, London/Oxford 1989, S. 983[c] (*forma* § 8 b). Die ältere – ohne Kenntnis von Marsilius und dem Bremer Ms. geführte – Diskussion ist verzeichnet in: Urkundenregesten zur Tätigkeit des deutschen Königs- und Hofgerichts, Bd. V: Die Zeit Ludwigs des Bayern und Friedrichs des Schönen, 1313–1347, bearbeitet von Friedrich J. Battenberg, Köln/Wien 1987, S. 262–264 (Nr. 437), wo der Text nach einer späten Abschrift (18. Jahrhundert) aus dem Wittelsbachischen Hausarchiv regestiert ist. Die Nachbemerkung zweifelt aber immerhin an einer Ausfertigung, wenn auch noch eine ausdrückliche Entscheidung des Hofgerichts über die Ehescheidung angenommen wird (S. 264), die ich für äußerst unwahrscheinlich halte.

[79] Zum umstrittenen chronologischen Verhältnis dieser Texte zueinander vgl. etwa Jürgen Miethke, Die kleinen politischen Schriften des Marsilius von Padua in neuer Präsentation. Bemerkungen zu einer Edition und zu einem Kommentar, in: Mittellateinisches Jahrbuch 17 (1982) S. 200–211, bes. S. 206–210; freilich sind zahlreiche Forscher – m. E. ohne durchschlagende Argumente zur Verfügung zu haben – immer noch der Meinung, Marsilius habe seinen bereits abgeschlossenen ‚Defensor minor' für die Urkundenentwürfe und sein Memorandum geplündert [vgl. etwa zuletzt Dolcini, Introduzione (wie Anm. 5) S. 66 f.], was doch allein tech-

den Verfahrensvorschlag des Marsilius hielt, so scheint er doch auch die Ockhamsche Lösungsvariante nicht explizit ins Werk gesetzt zu haben, jedenfalls ist uns keine Erklärung über Notrecht oder Ausnahmefall bekannt. Am 10. Februar 1342 wurde vielmehr auf Schloß Tirol - anscheinend von einem willfährigen Priester - die neue Ehe der Gräfin Margarete mit Ludwig dem Brandenburger eingesegnet, die alte wurde offenbar als angeblich nie vollzogen für nichtig gehalten. Daß nicht der (vom Papst nicht bestätigte) Bischof von Freising, der das eigentlich hatte tun wollen, die Trauung vollziehen konnte, weil er beim winterlichen Ritt über die vereisten Alpen am Jaufenpaß über Meran sich bei einem Sturz vom Pferd den Hals gebrochen hatte, galt - nicht nur bei päpstlichen Anhängern - weithin als übles Vorzeichen,[80] konnte den Vollzug der politischen Eheschließung aber nicht mehr aufhalten, ebensowenig wie ein päpstlicher Bannfluch (der dann erst 1359, nach 17 Jahren und zähen Verhandlungen, aufgehoben werden sollte[81]). Da der aus dieser Ehe hervorgegangene einzige Sohn Meinrad III. aber bereits 1363 (noch zu Lebzeiten seiner Mutter) starb, kinderlos, doch verheiratet mit einer Habsburgerin, fiel Tirol an Österreich und entging für die Zukunft den Wittelsbachern und Bayern.[82]

Uns braucht diese folgenreiche Episode[83] nur insoweit zu interessieren, als sich hier mit Händen greifen läßt, daß die gelehrten Memoranden der

---

nisch wenig plausibel bleibt: Marsilius hätte sich seine Maultaschtexte aus verschiedenen Teilen des ‚Defensor minor' zusammenstückeln müssen! Die wahrscheinlichste Erklärung bleibt die Auffassung, daß Marsilius einem (bereits bis zu Kapitel 12 gediehenen) Text des ‚Defensor minor' nach der Erledigung der Maultaschaffäre Auszüge aus seinem dort abgelieferten Gutachten als Kapitel 13-16 anfügte, so bereits Hilary Seton Offler in Ockham, Opera politica I (wie Anm. 74) S. 271 Anm. 6; Miethke, Die kleinen politischen Schriften (wie in dieser Anm. zitiert) S. 210; jetzt auch Nederman, Introduction (wie Anm. 11) S. xiii.

[80] Vgl. Johannes von Viktring, Liber certarum historiarum II (wie Anm. 73) lib. VI, cap. 11, S. 223 f.; auch Johannes von Winterthur, Chronik (wie Anm. 73) S. 188; oder Matthias von Neuenburg, Chronik, hg. v. Adolf Hofmeister (MGH SrerG NS 4) Berlin 1924-1940, cap. 59, S. 163 f. und S. 383. Vgl. auch Thomas, Ludwig der Bayer (wie Anm. 14) S. 331 f.

[81] Vgl. Gerhard Pfeiffer, Um die Lösung Ludwigs des Bayern aus dem Kirchenbann, in: Zeitschrift für Bayerische Kirchengeschichte 32 (1963) S. 11-30, hier: S. 18 f.

[82] Vgl. Josef Riedmann, Tirol (wie Anm. 72) S. 425 ff.; auch Theodor Straub in: Handbuch der Bayerischen Geschichte, begr. von Max Spindler, hg. v. Andreas Kraus, Bd. II, München ²1988, S. 265-637, bes. S. 453 ff.

[83] Diese Politik machte das Zerwürfnis Ludwigs mit den Luxemburgern, denen er doch seine Wahl zum König zu verdanken hatte, schließlich unheilbar. Thomas, Ludwig (wie Anm. 14) S. 334, hat darauf verwiesen, daß anfangs der 40er Jahre die Chancen Ludwigs auf Durchsetzung seines Anspruchs auch gegenüber Johann von Böhmen und Karl von Mähren so schlecht nicht gestanden hätten, wie im allgemeinen angenommen wird. Die Frage ist hier nicht zu entscheiden, auch die zunächst guten Chancen der Tirolpolitik Ludwigs ändern freilich nichts an ihrer desaströsen Langzeitwirkung.

Berater am Hofe für die praktische Politik Schlußfolgerungen aus theoretischen Vorgaben zogen, daß die Vorgaben aber keinesfalls einheitlich und eindeutig waren und darüber hinaus auch offensichtlich – in ihren Begründungen weniger als in ihren Ergebnissen – das Handeln des Hofes mitbestimmten. Sie vermittelten dem Hof bei seinen Beratungen und den Zielen seiner Politik zumindest ein gutes Gewissen, ließen die geplanten oder getroffenen Maßnahmen, so weit sie sich auch in gegnerischen Augen von geheiligten Normen entfernen mochten, als gerechtfertigt erscheinen, und das in einem emphatischen Sinne. Mit solcher Legitimierung stabilisierten sie das Bewußtsein der Handelnden und sorgten in der zeitgenössischen Öffentlichkeit für eine *materia cogitandi*,[84] zumindest für diejenigen, die sich mit dem bloßen Faktum nicht zufrieden geben wollten oder durften.

Auch in dem anderen Beispiel, das wir noch kurz beleuchten wollen, bestätigt sich dieses Bild, freilich waren hier die Wirkungen in die Zukunft hinein noch weit gewichtiger, als sie es in der Ehescheidungsaffäre der Margarete von Tirol sein konnten. 1337 hatte es sich nach langwierigen Verhandlungen in Avignon herausgestellt, daß entgegen allen Hoffnungen des kaiserlichen Hofes auch mit dem Nachfolger Papst Johannes' XXII., mit Papst Benedikt XII., eine Versöhnung nicht zu erreichen, eine Heilung des Bruches zwischen Papst und Kaiser nicht zu erlangen war.[85] Es gelang Ludwig und seinem Hofe daraufhin, in Deutschland einen national gefärbten Sturm der Entrüstung zu entfachen, eine Bewegung, die sich, gestützt auf das gute alte Recht des Reiches, den kanonistischen Argumentationen der Kurie entgegenstellte.[86] In dieser Zeit blieben selbstverständlich auch die Federn der Franziskaner gespitzt. Uns ist eine ganze Reihe von Denkschriften und Pam-

---

[84] Eine solche *materia cogitandi* will Ockham etwa in seinem ‚Dialogus' bereitstellen: I Dialogus VII 73, bzw. III Dialogus I ii 14, im Druck bei Johannes Trechsel, Lyon 1494 [Neudruck als Guillelmus de Ockham, Opera plurima, Bd. I, Farnborough, Hants. 1963], fol. 164vb bzw. fol. 195rb. Auch andere Autoren haben damals ihre Beiträge zur politiktheoretischen Diskussion so eingeführt, etwa Petrus de Palude, ‚De causa immediata ecclesiastice potestatis'. Epilogus, hg. v. William D. McCready, in: ders. The Theory of Papal Monarchy in the 14th Century (Studies and Texts 56) Toronto 1982, S. 326, 795.

[85] Vgl. insbesondere Schwöbel, Der diplomatische Kampf (wie Anm. 22) bes. S. 238–277.

[86] Eine grundlegende Untersuchung widmete diesen Ereignissen Edmund Ernst Stengel, Avignon und Rhens. Forschungen zur Geschichte des Kampfes um das Recht am Reich in der ersten Hälfte des 14. Jahrhunderts (Quellen und Studien zur Verfassungsgeschichte des deutschen Reiches in Mittelalter und Neuzeit 6/1) Weimar 1930, deren Ergebnisse (vor allem was die Chronologie und die beteiligten Personen betrifft) im allgemeinen heute noch Geltung beanspruchen dürfen. Zu den Kommunikationsbedingungen jetzt Felten, Schriftlichkeit (wie Anm. 22).

phleten aus ihrem Kreise erhalten, wenngleich im einzelnen ihre Erzeugnisse nur schwer genauer zu datieren sind.[87]

Ich will hier auf den Wust von Details verzichten und nur einige markante Punkte ansprechen: Es gelang dem Kaiser endlich, die Kurfürsten des Reiches daran zu interessieren, daß durch die kuriale Approbationstheorie,[88] kraft derer Johannes XXII. dem Wittelsbacher alles Herrschaftsrecht im Reiche vor einer päpstlichen Bestätigung abgesprochen hatte, ihr kurfürstlicher Wahlakt bedeutungslos oder doch nebensächlich zu werden drohte. Im Juli des Jahres 1338 trafen sich die Kurfürsten – mit Ausnahme allein König Johanns von Böhmen – in Rhens und gaben am 16. Juli 1338 einen gemeinsamen rechtsverbindlichen Fürstenspruch zu Protokoll, daß nach Recht und altem anerkannten Herkommen des Römischen Reiches[89] folgende Rechtslage gelte: sobald jemand von den Kurfürsten oder von ihrer zahlenmäßigen Mehrheit – und sei es auch im Zwiespalt – zum König der Römer gewählt sei, bedürfe er keiner *nominatio, approbatio, confirmatio, assensus vel auctoritas sedis apostolice* mehr, um die Herrschaftsrechte über das Reich aufzunehmen und wie ein Kaiser zu regieren. Kein solcherart Gewählter müsse sich an den Apostolischen Stuhl um Anerkennung wenden, vielmehr sei es seit unvordenklicher Zeit so gehalten und beachtet worden, daß die so Erwählten den königlichen Titel angenommen und die Herrschaftsrechte über das

---

87 Vgl. die Schilderung von Becker, Das Mandat ‚*Fidem catholicam*' (wie Anm. 51) bes. S. 458 ff. sowie die Nachweise S. 474 ff. und S. 484–489.

88 Vgl. oben Anm. 13.

89 Drei Generationen zuvor (1252) hatten deutsche Fürsten in Braunschweig einen Spruch gefällt, der noch im 14. Jahrhundert bekannt und leicht auffindbar war, weil der berühmte Dekretalist Heinrich von Susa, der ‚Hostiensis', ihn in seiner vielbenutzten ‚Lectura' ausdrücklich zitiert hatte: nach dieser Feststellung sollte ein *electus in concordia* dieselbe Amtskompetenz haben wie ein Kaiser, die *inunctio imperialis* verleihe ihm dagegen dann (nur) das *nomen (imperiale)*. Der Kurfürstenspruch von Rhens hat diese Anschauung auch auf eine gespaltene Wahl erweitert, die mit Hilfe der (damals recht modernen) Vorstellung von der Mehrheitswahl mit einer *electio concors* gleichgesetzt wird. Das sog. ‚Braunschweiger Weistum' entdeckt und bekannt gemacht hat Karl Zeumer, Ein Reichsweisthum über die Wirkungen der Königswahl aus dem Jahre 1252, in: Neues Archiv 30 (1905) S. 403–415, bes. S. 406, Text danach auch in: Quellen zur Verfassungsgeschichte des Römisch-Deutschen Reiches im Spätmittelalter, hg. v. Lorenz Weinrich (Ausgewählte Quellen zur deutschen Geschichte des Mittelalters. Freiherr vom Stein-Gedächtnisausgabe 32) Darmstadt 1983, S. 6 Anm.; und natürlich bei Henricus de Segusio, Lectura super quinque libris decretalium. In quintum librum commentaria, Venedig 1581 (Neudruck: Turin 1965), zu X. 5. 40. 26 s. v. *imperatorum vel regum* (fol. 130 va, Rdnr. 2 a. E); vgl. auch (unter Verweis auf Hostiensis) Iohannes Andreae, Novella in decretalium libros, Venedig 1581, zu X.5.40.26, s. v. *regum*. Auch Lupold von Bebenburg kennt und zitiert den Braunschweiger Fürstenspruch in seinem Traktat ‚De iuribus regni et imperii' (wie unten Anm. 104) capp. 11 und 16, aus der ‚Lectura' des Hostiensis [im Druck bei Simon Schard (wie unten Anm. 104) S. 191 b B und S. 205 a A].

Kaiserreich wahrgenommen hätten, und das hätten sie rechtmäßig getan und könnten es auch künftig tun, ohne den Apostolischen Stuhl zuvor um Erlaubnis zu fragen.[90]

Diese Erklärung stellte sich der kurialen Approbationstheorie in wesentlichen Punkten diametral entgegen, gestattete es zumindest einem *rex Romanorum*, Herrschaftsrechte über das gesamte *imperium* ohne und vor aller päpstlichen Bestätigung allein aufgrund einer gültigen (Mehrheits-)Wahl durch die Kurfürsten wirksam auszuüben. Der Kurfürstenspruch von Rhens enthält sich jeglicher Aussage über alle weiteren Fragen. Kein Wort ist hier über die Kaiserkrönung und ihren rechtlichen Wert zu finden, keine negative Aussage über die Beteiligung des Papstes an der Zeremonie, die aus dem *rex promovendus in imperatorem* der Kanonisten[91] einen *imperator* machte.

Daß das in der Tat Ludwig von Bayern nicht genügen konnte, der ja ohne und gegen den Papst zum Kaiser gekrönt worden war und seine Urkunden stetig nach seinen Kaiserjahren datierte, war zu erwarten. Drei Wochen nach dem Tag von Rhens (am 6. August) hat daher der Wittelsbacher in Frankfurt am Main ein Kaisergesetz ‚Licet iuris' (als, wie der Text es selbst nennt, *lex vel edictum*) erlassen, das die von den Kurfürsten gelassenen Lücken wenigstens in ihrem für Ludwig wichtigsten Teil schließen sollte. Hier wurde einem von den Kurfürsten und ihrer Mehrheit „zum Kaiser" Gewählten kraft dieser Wahl unmittelbar das Recht zuerkannt, *verus rex et imperator* zu sein und sich auch so nennen zu lassen.[92] In der Tat wäre damit das leidige Problem der ungewöhnlichen stadtrömischen und papstfreien Kaiserkrönung vom Januar 1328 glatt und eindeutig gelöst gewesen: Diese pittoreske Krö-

---

[90] Am leichtesten zugänglich ist dieses sog. ‚Weistum von Rhens' jetzt in: Quellen zur Verfassungsgeschichte (wie Anm. 89) S. 286–290, Nr. 88.

[91] Dies die weithin prägende Formulierung Innozenz' III. in seiner Dekretale ‚*Venerabilem*' [= Compilatio IIIa 1.6.19 = X 1.16.34, mit deutscher Übersetzung abgedruckt auch in: Quellen zur deutschen Verfassungs-, Wirtschafts- und Sozialgeschichte bis 1250, hg. v. Lorenz Weinrich (Ausgewählte Quellen zur deutschen Geschichte des Mittelalters. Freiherr vom Stein-Gedächtnisausgabe 22) Darmstadt 1977, S. 340–349], die für die juristische Terminologie bestimmend geworden ist; vgl. dazu bereits Karl Georg Hugelmann, Die deutsche Königswahl im ‚Corpus Iuris Canonici' (Untersuchungen zur deutschen Staats- u. Rechtsgeschichte 98) Breslau 1909 (Nachdruck: Aalen 1966); Bernward Castorph, Die Ausbildung des römischen Königswahlrechts, Göttingen 1978 [= Diss. phil. Münster 1977]; allgemein, wenn auch knapp, zur Bedeutung der gelehrten Rechte jetzt Hans-Jürgen Becker, Der Einfluß des *ius commune* auf das deutsche Königswahlrecht, in: Pocta prof. JUDr. Karlu Malému, DrSc., k 65. narozeninàm [= Festschrift für Karel Maly], hg. v. Ladislav Soukup, Prag 1995, S. 59–67.

[92] Am einfachsten zugänglich in: Quellen zur Verfassungsgeschichte (wie Anm. 89) S. 290–292, Nr. 89. Zusammenfassend am besten dazu Hans-Jürgen Becker, ‚*Licet iuris*', in: Handwörterbuch zur deutschen Rechtsgeschichte 2 (1978) Sp. 2001–2005; zur Kontroverse um die Interpretation auch ders., Das Mandat ‚*Fidem catholicam*' (wie Anm. 51) S. 473 f.

nung hätte - so hätte sich sagen lassen, ohne daß das freilich ausdrücklich auch so formuliert worden wäre - demnach rechtlich sozusagen nicht mehr zu bedeuten als eine bloße Festkrönung, Ludwig wäre nach dieser Festsetzung bereits seit 1316 Kaiser gewesen und durfte sich auch so nennen lassen (auch wenn er das Gesetz selber in der Datierung nach den Kaiserjahren erst von seiner abenteuerlichen römischen Krönung ab hat datieren lassen: „im Jahre des Herrn 1338, dem 23. Jahre unseres Königtums, aber im 11. unseres Kaisertums", *anno domini MCCCXXXVIII, regni nostri anno XXIII, imperio vero XI*[93]).

Das Hin und Her der Erklärungen deutscher Stände, die sich einmal näher an den Wünschen Ludwigs, ein andermal deutlicher auf Seiten der kurfürstlichen Vorsicht festlegten,[94] brauchen wir nicht näher zu verfolgen.[95] Auch daß sich die zurückhaltendere Rhenser Formulierung auf Dauer durchsetzte und die radikale Formel des kaiserlichen Gesetzes nie wirklich Geltung gewann,[96] braucht uns hier nicht zu beschäftigen. Es ist ohnedies deutlich, daß diese Texte nicht aus heiterem Himmel fielen, sondern die Frucht angestrengtester Überlegungen in den Kanzleien gewesen sein müs-

---

[93] Quellen zur Verfassungsgeschichte (wie Anm. 89) S. 292.

[94] So wurde etwa, um nur eine extreme Stimme zu zitieren, auf einem Hoftag in Frankfurt am Main im März 1339 eine Erklärung zumindest diskutiert, die nichts Geringeres behauptete, als daß ein von der Mehrheit der Kurfürsten Gewählter, wenn ihm der Papst die Kaiserkrönung verweigere, sich von jedem Erzbischof oder Bischof seiner Wahl in jeder Stadt Italiens zum Kaiser weihen lassen dürfe; vgl. Nova Alamanniae II,1 (wie Anm. 23) S. 421–423 (Nr. 613), bes. §§ 9–10 (vgl. dazu auch die dortige Vorbemerkung). Das Dokument, in deutscher Sprache verfaßt, trägt die lateinische Superscription (und wird auch an anderer Stelle der Aktenkompilation, in der es überliefert ist, so genannt; vgl. ebd., S. 362, Nr. 545 Anm. I): *Diffinicio principum (quid facere possit electus in regem)*; gleichwohl war und blieb dieser Text aber sicherlich nur Entwurf [vgl. auch Thomas, Ludwig der Bayer (wie Anm. 14) S. 324] - gegenteiliger Auffassung ist Stengel, Avignon (wie Anm. 86) S. 174–181, der hier ein weiteres „höchstwahrscheinlich auch veröffentlicht[es] Weistum" der Kurfürsten erblickt und in der „großartigen Wucht ihrer deutschen Fassung eines der eindrucksvollsten und merkwürdigsten Dokumente des dreihundertjährigen Streites der beiden Schwerter" (S. 174 f.) erkannt haben will. Das jedenfalls überanstrengt m. E. Text und kompilatorische Rahmensätze des ungesiegelten und in einer Privatsammlung überlieferten Stückes erheblich, das doch wohl als ein Entwurf zu gelten hat.

[95] Auch hier kann auf Stengel, Avignon (wie Anm. 86) verwiesen werden.

[96] Seit dem 16. Jahrhundert, genauer gesagt seit Ferdinand I. (1558), gaben sich die deutschen Herrscher mit dem Titel eines *imperator electus* zufrieden und strebten nicht mehr danach, den vollen Titel eines Kaisers durch päpstliche Krönung zu erlangen. Vgl. zu den damaligen Verhandlungen im einzelnen etwa Joseph Schmid, Die deutsche Kaiser- und Königswahl und die römische Curie in den Jahren 1558–1620 [I. Teil], in: Historisches Jahrbuch der Görres-Gesellschaft 6 (1885) S. 3–41. Zur generellen Auffassung vom Kaisertum im Spätmittelalter anschaulich, prägnant, weiterführend und souverän jetzt Elze, Una ‚*coronatio Caesaris*' (wie Anm. 36).

sen. Deutsche Historiker[97] haben zu eruieren versucht, wer bei diesen Erklärungen und Beschlüssen treibende Kraft war und welche Ratgeber im einzelnen mitgewirkt haben. Naturgemäß ist auf solche Fragen eine ganz sichere Antwort nicht immer möglich, da ein schriftlicher Niederschlag mündlicher Erwägungen manchmal nur durch einen Glücksfall erfolgte und zudem die Erhaltungschance solcher Aufzeichnungen äußerst gering ist.[98] Um so bemerkenswerter ist es, daß sich die Historiker für den Tag von Rhens weitgehend dahin einigen konnten, den Erzbischöfen von Trier und Mainz, Balduin von Luxemburg und Heinrich von Virneburg, die Hauptverantwortung für die kurfürstliche Erklärung zuzusprechen. Das aber wiederum macht die unmittelbare Nachgeschichte der Erklärungen in der politischen Traktateliteratur hoch interessant.

Nach dem Kolophon einer Handschrift beendete der promovierte Kanonist und Schüler des bekannten Bologneser Dekretalisten Johannes Andreae Lupold von Bebenburg, damals Domherr in Mainz und bischöflicher Offizial in Würzburg, seinen Traktat ‚De iuribus regni et imperii' am 26. November 1339.[99] Der Text der Schrift beweist, daß Lupold sich intensiv mit dem Rhenser Fürstenspruch auseinandergesetzt hat. Fast ließe sich die These vertreten, daß sein ganzer Traktat u. a. dem Zweck diente, die Rhenser Erklärung eingehend zu erläutern.[100] Abgekürzt gesagt, hat Lupold die Herrschaftsrechte im Römischen Reich nach dem Vorbild der westeuropäischen

---

[97] Vor allem Edmund Ernst Stengel und seine Schüler; vgl. etwa Stengel, Avignon (wie Anm. 86); Bornhak, Staatskirchliche Anschauungen (wie Anm. 38); Schwöbel, Der diplomatiche Kampf (wie Anm. 22). Vgl. aber auch Offler, The Emperor Lewis IV. (wie Anm. 22).

[98] Eine der seltenen Ausnahmen ist das bekannte ‚Protokoll' einer Ratssitzung in München (1331), das sich im Wittelsbacher Hausarchiv erhalten hat, gedruckt bei Sigmund Riezler, Die literarischen Widersacher der Päpste zur Zeit Ludwig des Baiers, Leipzig 1874 (Neudruck: New York 1961) S. 329–332 (Anhang C). Ein verwandtes Stück gleicher Provenienz (von 1344/45) ist von Stengel, in: Nova Alemanniae II,2 (wie Anm. 24) S. 911–919 (Nr. 1560) publiziert worden.

[99] Vgl. Ms. Tübingen, Wilhelmstift Gb 439, fol. 269rb: *Explicit tractatus completus in civitate Herbipolensi metropoli Franconie sub anno domini m^{o}ccc^{o}xxxviiii^{o} in crastino beate ac eximie virginis et martiris Katherine.* [Das entstammt aber offensichtlich einer Vorlage dieser Hs. des XV. Jahrhunderts.] Drei andere Hss. (Leipzig, Universitätsbibl. 543, fol. 62va; Besançon, Bibl. mun. 1166, fol. 88vb; Darmstadt Landes- und Hochschulbibl. 2202, fol. 49^{r}) enthalten – wie bereits Hermann Meyer, Lupold von Bebenberg. Studien zu seinen Schriften (Darstellungen aus dem Gebiete der Geschichte 7) Freiburg i.B. 1909, S. 69 f., für eine von ihnen festgestellt hat – ein um zwei Monate späteres Datum (3. Februar 1340): *Completus est hic tractatus in civitate Herbipolensi sub anno domini m^{o}ccc^{o}xl^{o} in crastino purificationis beatissime virginis Marie per dominum Lupoldum de Bebenburg officialem curie Herbipolensis*. Von der Textüberlieferung her scheint eine eindeutige Entscheidung zwischen den beiden Datierungen nicht möglich. Am wahrscheinlichsten ist mir die Erklärung, daß hier in verschiedenen autornahen Manuskripten zwei zeitlich eng benachbarte Schlußpunkte markiert worden sind.

[100] Das gilt jedenfalls für die durch die gleich zu erwähnenden ‚Nachträge' ergänzte Fassung.

Königreiche verstanden wissen wollen. Aus einer intimen und originellen Kenntnis der Geschichte des Reiches hat er dabei im Horizont und auf der Basis der kanonistischen Korporationstheorie ein erstes konkretes „Reichsstaatsrecht" entworfen, wie man es nicht zu Unrecht genannt hat.[101]

Hatten die Könige Englands, Frankreichs, Siziliens und Kastiliens sich die Herrschaftsrechte eines *princeps* des Römischen Rechts nach dem Satz *rex imperator in regno suo* zuschreiben lassen,[102] so wagte Lupold kühn den umgekehrten Gedanken, daß der römische König und Kaiser in seinem Reich desgleichen diese – inzwischen fest umrissenen – Herrschaftsrechte unabhängig von kirchlicher Einwirkung haben und üben dürfe: Man könnte formulieren, daß er gesichert sehen wollte, daß auch dem *rex Romanorum* – und dem *imperator* – im *imperium* (d. h. in der Ländertrias Deutschland, Italien und Burgund) die königlichen Herrschaftsrechte ungeschmälert zustünden.[103] Eine Kaiserkrönung durch den Papst fügte demnach nach Lupolds

[101] Zu Lupolds Theorien vgl. die umfängliche Literatur, insbesondere MEYER, Lupold von Bebenburg (wie Anm. 99); ROLF MOST, Der Reichsgedanke des Lupold von Bebenberg, in: Deutsches Archiv 4 (1941) S. 444–485; ERIK WOLF, Lupold von Bebenburg, in: DERS., Große Rechtsdenker der deutschen Geistesgeschichte, 2. Auflage, Tübingen 1944 [u. ö.], S. 29–54; HANNS GROSS, Lupold of Bebenburg, National Monarchy and Representative Government in Germany, in: Il pensiero politico 7 (1974) S. 3–14; GERHARD BARISCH, Lupold von Bebenburg. Zum Verhältnis von politischer Praxis, politischer Theorie und angewandter Politik, in: Berichte des Historischen Vereins [...] Bamberg 113 (1977) S. 219–432 [= Diss. phil. Konstanz 1971]. Zur Biographie grundlegend SABINE KRÜGER, Lupold von Bebenburg, in: Fränkische Lebensbilder, Bd. IV, hg. v. GERHARD PFEIFFER, Neustadt/Aisch 1971, S. 49–86; zusammenfassend KATHARINA COLBERG, Art. Lupold von Bebenburg, in: Die deutsche Literatur des Mittelalters. Verfasserlexikon, 2. Aufl., 5 (1985) Sp. 1071–1078; PETER JOHANEK, Art. Lupold von Bebenburg, in: Neue Deutsche Biographie 15 (1987) S. 524 f.; oder ALFRED WENDEHORST, Art. Lupold von Bebenburg, in: Lexikon des Mittelalters 6 (1993) Sp. 14; bzw. JÜRGEN MIETHKE, Art. Lupold von Bebenburg, in: Lexikon für Theologie und Kirche, 3. Aufl., 6 (1997) Sp. 1124 f.

[102] Die ungemein intensive Diskussion der Forschung ist hier nicht aufzulisten; vgl. etwa GAINES POST, Studies in Medieval Legal Thought, Public Law and the State, 1100–1322, Princeton, N.J. 1983, bes. S. 453–482; HELMUT G. WALTHER, Imperiales Königtum, Konziliarismus und Volkssouvernänität. Studien zu den Grenzen des mittelalterlichen Souveränitätsgedankens, München 1976, S. 65–111; zuletzt noch KENNETH PENNINGTON, The Prince (wie Anm. 51) bes. S. 101 ff.

[103] Man könnte es so ausdrücken: „Der Kaiser [und König] der Römer ist König in seinem Reich" (*imperator rex in imperio suo*). Lupold hat das freilich so nie formuliert. Dazu JÜRGEN MIETHKE, Politisches Denken und monarchische Theorie. Das Kaisertum als supranationale Institution im späteren Mittelalter, in: Ansätze zur Diskontinuität deutscher Nationsbildung im Mittelalter, hg. v. JOACHIM EHLERS (Nationes 8) Sigmaringen 1989, S. 121–144, bes. S. 140–142. Ähnlich auch DIETER WYDUCKEL, *Princeps legibus solutus*. Eine Untersuchung zur frühmodernen Rechts- und Staatslehre (Schriften zur Verfassungsgeschichte 30) Berlin 1979, S. 144 f., wo allerdings die irrtümliche und irreführende Behauptung aufgestellt wird, der deutsche König erwerbe nach Lupolds Auffassung „erst mit seiner Wahl" die kaiserlichen Sonderrechte; in Wahrheit er-

Auffassung der Kompetenz des Herrschers innerhalb seines Reiches keine neue Qualität hinzu – wie ja auch etwa die Könige Frankreichs in ihrem Reiche ‚wie ein Kaiser' regieren konnten –, sie gab dem Träger der Kaiserkrone freilich (nach Lupolds Meinung) eine Reihe von Prärogativen in allen Reichen der Welt, Vorrechte, die mehr oder minder luftig blieben und unter denen das Recht, uneheliche Kinder zu rechten Erben legitimieren zu dürfen, noch das greifbarste war,[104] das zudem faktisch von den anderen Herrschern, wie Lupold anzumerken nicht unterläßt,[105] nicht anerkannt werde, so daß es auch nach seiner Meinung wenig ratsam erschien, wenn der deutsche Herrscher als Kaiser solche Rechte üben wollte.

Mit dieser Aufspaltung der Kaiserwürde in ein allgemeines Herrschaftsrecht, das jedem König – und auch dem deutschen Herrscher – in seinem Reiche von Beginn der Herrschaft an zukomme, einerseits, und in ein wenig

---

wirbt der deutsche Herrscher im Augenblick seiner Wahl zum König der Römer (d. h. im Augenblick seines Herrschaftsantritts – einen anderen Titel hatte er zunächst nicht zu gewinnen) wie jeder andere europäische König die *administratio* der Kaiserrechte (einschließlich der kaiserlichen Reservatrechte) innerhalb des Reichsgebiets, während die kaiserlichen Reservatrechte für die ganze Welt [*in omnibus regnis et provinciis*] ihm erst vom Augenblick der Kaiserkrönung an zukommen [vgl. nur ‚De iuribus regni et imperii', capp. 5 und 7, im Druck bei Schard (wie nächste Anm.) S. 179 a B, S. 182 b A/B, S. 183 b B-184 a A, sowie die in Anm. 104 zitierte Passage aus cap. 11).

104 Vgl. Lupolds von Bebenburg ‚De iuribus regni et imperii' [Ich benutze hier den Text, wie er für die kritische Edition der MGH, Abteilung Staatschriften, durch Christoph Flüeler hergestellt worden ist – die Ausgabe wird demnächst erscheinen.], insbesondere cap. 11: [...] *imperator post unctionem et coronacionem huiusmodi consequitur potestatem imperialem in omnibus regnis et provinciis presertim occidentalibus, que non erant sub potestate Karoli magni ante tempus translacionis predicte et que adhuc non sunt sub potestate imperii de facto, ita quod potest in eis spurios legitimare quoad temporalia, infames ad famam restituere, leges condere et hiis similia facere, que de iure sunt solis imperatoribus reservata. Item potest a regibus et principibus eorundem regnorum ac eciam provinciarum subiectionem exigere, quod ante unctionem et coronacionem imperialem facere non poterat nisi in hiis provinciis et terris, que erant sub potestate et dominio dicti Karoli ante tempus eiusdem translacionis et que adhuc hodie subiecte sunt regno et imperio* [...] [gedruckt etwa in: Sylloge historico-politico-ecclesiastica, hoc est variorum auctorum, superioribus seculis aliquot qui vixerunt, de discrimine potestatis imperialis et ecclesiasticae imperialisque praeeminenti iurisdictione et auctoritate [...] tractatus aliquot [...] coniunctim, hg. v. Simon Schard, Straßburg 1618, S. 167 a–208 b, hier: S. 191 b–192 a]. Zur Unterscheidung von *de iure*-Ansprüchen und *de facto*-Beschränkungen bei spätmittelalterlichen Juristen vgl. etwa Joseph Canning, The Political Thought of Baldus de Ubaldis (Cambridge Studies in Medieval Life and Thought IV,6) Cambridge u. a. 1987, S. 64–68.

105 Vgl. Lupold von Bebenburg, ‚De iuribus regni et imperii', in: Sylloge (wie Anm. 104) cap. 11, S. 191 b A: *Sed credo quod post coronacionem imperialem ea* [scil. privilegia] *de iure concedere possit* [...]. *Et licet forte de facto talia privilegia non reciperentur vel admitterentur, tamen admittenda essent, cum contra obedienciam, ad quam tenentur imperatori alii reges, non videatur currere prescripcio* [...].

bedeutsames ‚Weltkaisertum', in das den Kaiser erst die päpstliche Krönung einweise, andererseits, entkoppelt Lupold die Frage der Herrschaftsstellung in Deutschland von den intrikaten Problemen des traditionellen Universalismus, der mit dem Titel eines *imperator Romanorum* und in gewissem Sinne auch noch mit dem eines *rex Romanorum* verbunden gewesen war. Damit aber wurden auch die Ansprüche des Papstes abgewiesen, an der Sukzessionsregelung im Deutschen Reich beteiligt zu sein. Solche Entkoppelung konnte Lupold seinen Zeitgenossen mit um so größerer Überzeugungskraft nahebringen, als die seiner Interpretation zugrundeliegende Theorie es ihm zugleich erlaubte, alle herkömmlichen Autoritäten des Kirchenrechts und der Theologie in ungeschmälerter Geltung zu lassen, weil sie sich bei entsprechender Interpretation dem neuen Bilde einfügen ließen. Selbst die kuriale Translationstheorie, die doch den kaiserlichen Theoretikern so gewaltige Schwierigkeiten machte, wollte Lupold noch in sein Gesamtbild einfügen, ohne von seinen Grundannahmen abweichen zu müssen. Nach seiner Auffassung können Salbung und Krönung durch den Papst dem Kaiser ebensowenig Rechte übertragen, wie das in den anderen Königreichen die Königskrönung durch die Erzbischöfe tun kann; gleichwohl werden dem Kaiser anläßlich der Salbung und Krönung kraft der *Translatio imperii*, durch die der Papst in der Person Karls des Großen die Kaiserwürde auf die „Germanen" (und das sind für Lupold wie für seine Zeitgenossen unfraglich die Deutschen) übertragen hat, reale Rechte und nicht nur ein leerer Namen übertragen.

Ergo rex Romanorum qui [...] *succedit in locum eiusdem Karoli post unctionem et coronationem imperialem, non virtute unctionis et coronacionis, sed pocius virtute seu vigore translacionis imperii per unctionem et coronacionem imperialem peracte potestatem imperialem* [...] *consequetur.*[106]

Lupold scheint anzunehmen, daß in jeder Kaiserkrönung sich die historisch geschehene *Translatio imperii* gleichsam rituell aktualisiert, was sich freilich rechtlich ausschließlich auf die schemenhaften Weltkaiserrechte auswirken kann, nicht auf die Herrschaftsrechte des Souveräns in seinem Lande.

Der Traktat ist dem Erzbischof Balduin von Trier gewidmet, stammt aus dessen nächster Umgebung und dürfte Gedanken ausarbeiten, die bei den Vorbereitungen der Rhenser Erklärung zumindest ansatzweise diskutiert

106 Vgl. ebd., cap. 16, S. 205 a B: [...] *et rex Romanorum, qui ex electione principum succedit in locum eiusdem Karoli post unctionem et coronacionem imperialem non virtute unctionis et coronacionis, sed pocius virtute seu vigore translacionis imperii per unctionem et coronacionem imperialem peracte potestatem imperialem in pretactis regnis et provinciis consequetur.* Dazu vgl. etwa bereits Wolf, Große Rechtsdenker (wie Anm. 101) S. 45.

worden sind.[107] Daß Lupolds Traktat nach seiner Publikation erneut Debatten hervorrief, das müßte man vermuten, könnten wir es nicht beweisen. Eine der ersten feststellbaren Reaktionen auf Lupolds Text stammt von Wilhelm von Ockham, der damals im Münchener Franziskanerkloster in engster Verbindung zum kaiserlichen Hofe tätig war. In seinen ‚Octo quaestiones', vor allem in der vierten und in der achten Quaestio, hat Ockham lange Passagen aus Lupolds Schrift zitiert und respektvoll, aber scharf kritisiert.[108]

Wir können hier nicht auf Einzelheiten eingehen, doch sei auf Zweierlei aufmerksam gemacht: Ockham schrieb seine ‚Octo quaestiones' wahrscheinlich in Beantwortung einer Frageliste, die ihm wohl aus der Entourage des Trierer Erzbischofs Balduin von Trier vorgelegt worden ist,[109] jenes geistlichen Kurfürsten also, der an der Erklärung von Rhens einen so bedeutenden Anteil hatte, desselben Prälaten, dem Lupold seinen ‚Tractatus' ausdrücklich gewidmet hat. Es ist nicht einmal ausgeschlossen, daß sich Lupold von Bebenburg selbst hinter dem *vir quidam venerabilis* verbirgt, der diese Anfragen an den franziskanischen Theologen gerichtet hat.[110] Das würde zumindest teilweise die besondere Zuspitzung erklären, die Ockham hier seinen allgemeinen Thesen auf die Schrift Lupolds hin gegeben hat. Zum anderen, und das erscheint mir noch wichtiger: Lupold ist ausdrücklich auf diese Kritik Ockhams eingegangen und hat auf sie geantwortet. In einer Schicht von Zusätzen zu dem unveränderten Grundtext seines Traktates, die sich als ‚Nachträge' aus der handschriftlichen Überlieferung des ‚Tractatus' erheben lassen, hat er die Argumente des Oxforder Theologen teils zurückgewiesen, teils, wie etwa bei der Behandlung der Kaiserkrönung als einer puren Zere-

---

107 1337 wird an Rudolf Losse berichtet, daß Lupold von Bebenburg am Hof des Erzbischofs von Mainz gewesen sei, offenbar zu Verhandlungen im Vorfeld der Erklärungen des Jahres 1338; vgl. Nova Alamanniae II,1 (wie Anm. 23) S. 295 f. (Nr. 467) [§ 3]. Zur älteren Diskussion um die Beteiligung Lupolds an den Vorverhandlungen vor dem Rhenser Kurfürstenspruch (1338) vgl. bereits (freilich mit nicht überall einsichtigen Resultaten) Stengel, Avignon (wie Anm. 86) S. 89 f., 220 f. Demnächst dazu auch in der Praefatio der MGH-Ausgabe des ‚Tractatus'.

108 Vgl. Guillelmus de Ockham, ‚Octo quaestiones', in: ders., Opera politica I (wie Anm. 74) lib. IV, capp. 3–10 und lib. VIII, capp. 3–5, S. 125–154 bzw. S. 180–199; Anspielungen auf Lupold finden sich auch sonst häufiger in Ockhams Schrift, vgl. nur die Nachweise im Apparat.

109 Vgl. Hilary Seton Offler, The Origin of Ockham's ‚Octo Quaestiones', in: English Historical Review 82 (1967) S. 323–332; vgl. auch Ockham, Opera politica I (wie Anm. 74) S. 2.

110 Vgl. Ockham, ‚Octo quaestiones' (wie Anm. 108) S. 16: *Vir quidam venerabilis*. In lib. IV, cap. 3, Zl. 2 (S. 125) und lib. VIII, cap. 3, Zl. 15 f. (S. 181), auch in lib. VIII, cap. 8, Zl. 19 (S. 216), bezeichnet Ockham Lupold ausdrücklich als *doctor venerabilis*. Diese Übereinstimmung ist nun gewiß keineswegs ein sicherer Hinweis auf eine Identität der Personen, gewinnt jedoch an Aussagekraft durch die Ergebnisse bei Offler, The Origin (wie Anm. 109).

monie ohne Rechtswirkung, zumindest als alternative Verständnismöglichkeit gelten lassen. Von besonderem Interesse ist dabei, daß Lupold die deutlich erkennbaren Argumente Ockhams nicht durch wörtliche Zitate, sondern nur sinngemäß wiedergibt. Das läßt vielleicht darauf schließen, daß hier mündliche Debatte und nicht ein Austausch von Schriften zugrunde liegt.[111] Nach der Auskunft des Kolophons eines heute in Valenciennes liegenden Manuskripts hat Lupold seine Thesen 1341 in Eichstätt öffentlich und mündlich einem gelehrten Publikum vorgestellt.[112] Dabei hat er Formen einer mündlichen Publikation von Schriften geübt, wie wir sie - im Anschluß an ein antikes Vorbild, wie es aus den Briefen des jüngeren Plinius überliefert wird - auch aus der frühen Universitätsgeschichte Oxfords kennen.[113] Gewiß hat im Jahre 1341 niemand eine Universität in Eichstätt gründen wollen, aber das Publikum an der bischöflichen *Curia* war anscheinend für Lupold so wichtig, daß er seinen Text dort in einer eigenen Veranstaltung zur Verlesung brachte. Wir dürfen demnach davon ausgehen, daß auch Ockham Gelegenheit hatte, sich mit Lupold - öffentlich oder privat - in München (?) über diese Fragen auszutauschen.

Damit hätten wir hier einen der wahrlich seltenen Fälle vor uns, in denen eine theoretische Debatte im Umfeld hochwichtiger politischer Entscheidungen aus den Quellen wahrscheinlich gemacht werden kann. Auf dem 1338 in Rhens eingeschlagenen Weg ist später (1356) Ludwigs des Bayern Nachfolger Karl IV. mit seiner ‚Goldenen Bulle' weitergegangen, unter anderen Um-

---

111 Hier stütze ich mich auf die Ergebnisse der Wissenschaftlichen Zulassungsarbeit von EVA LUISE WITTNEBEN, Redaktionsgeschichtliche Untersuchungen zum ‚Tractatus de iuribus regni et imperii' des Lupold von Bebenburg. Die Nachträge in den Handschriften des ‚Tractatus' im Vergleich mit den ‚Octo Quaestiones' Wilhelms von Ockham, Heidelberg 1992 (masch.), die bald - unter dem Titel ‚Lupold von Bebenburg und Wilhelm von Ockham im Dialog über die Rechte am Römischen Reich' - veröffentlicht werden sollen.

112 Vgl. Ms. Valenciennes, Bibl. mun. 255 (245), fol. 203[r]: *Hoc prolato tractatu ab ore doctoris decretorum egregii seu domini Lupoldi de Bebenburg prenotati reportatur [!] in civitate Eystetensi sub anno domini millesimo tricentesimo quadragesimo primo in octava assumpcionis beatissime virginis Marie* [d. i. 2. Februar 1341] *consumatur.*

113 Gerald von Wales hat bekanntlich seine Schrift ‚Topographia Hibernica' (1187 oder 1188) an der jungen Universität Oxfords öffentlich zur Verlesung gebracht; vgl. den Bericht Geralds in ‚De rebus a se gestis' und in ‚De libris a se scriptis', in: Giraldi Cambrensis Opera, Bd. 1, hg. v. JOHN S. BREWER (Rerum Britannicarum medii aevi scriptores [= Rolls Series] 20/1) London 1861, S. 72 f. bzw. S. 113 f.; dazu etwa RICHARD W. SOUTHERN, From schools to university, in: The History of the University of Oxford, Bd. 1: The Early Oxford Schools, hg. v. JEREMY I. CATTO und RALPH EVANS, Oxford 1984, S. 1–36, hier: S. 13 f., der auf Plinius minor, epp. 1.13, 3.18, 7.17, 8.21, 9.27 als ein dem Giraldus bekanntes Vorbild verweist; vgl. C. Plini secundi epistularum libri novem, hg. v. MAURITIUS SCHUSTER, 3. Aufl., besorgt v. RUDOLPHUS HANSLIK (Bibliotheca Teubneriana) Leipzig 1958, S. 22, 99, 221 f., S. 265 und S. 295 f.

ständen, in einem anderen Klima, aber gewiß doch auch mit teilweise gleichgerichtetem Ergebnis, ganz abgesehen davon, daß teilweise dieselben gelehrten Berater an den vorbereitetenden Verhandlungen teilgenommen haben.[114] Lupold von Bebenburg etwa ist als Bischof von Bamberg unter den Teilnehmern der Reichstage von Nürnberg und Metz nachzuweisen, auf denen dieses Gesetz beraten und verkündet wurde.[115]

Seit der Mitte des 14. Jahrhunderts haben die Päpste bei der Sukzessionsregelung im römisch-deutschen Reich allen ihren eigenen Versuchen zum Trotz[116] keine aktive Rolle mehr spielen können. Das war nicht nur, aber es war auch auf die theoretischen Debatten und Kämpfe der Zeit Ludwigs des Bayern zurückzuführen.[117]

Unser Gang durch die Ratsstuben der Fürsten zur Zeit Ludwigs des Bayern hat keine sehr reiche Ernte erbracht. Wenn deutlich geworden sein sollte, daß zumindest in diesem Fall die politischen Theoretiker mit ihren gelehrten Traktaten sich gerade nicht im luftleeren Raum bloßer Gedankenspiele, noch nicht einmal nur in den Hörsälen einer mittelalterlichen Universität bewegten, sondern daß sie zumindest den Willen hatten, auf konkrete Zeitfragen eine rational vertretbare Antwort zu geben und zu begründen, dann hätte mein Bericht sein bescheidenes Ziel erreicht.

---

[114] Einen wichtigen Aspekt versuchte zu beleuchten Jürgen Miethke, Die päpstliche Kurie des 14. Jahrhunderts und die ‚Goldene Bulle' Kaiser Karls IV., in: Papstgeschichte und Landesgeschichte. Festschrift für Hermann Jakobs, hg. v. Joachim Dahlhaus, Armin Kohnle u. a. (Archiv für Kulturgeschichte. Beiheft 39) Köln/Weimar/Wien 1995, S. 437–450.

[115] Einen stilistischen Vergleich führt durch Bernd-Ulrich Hergemöller, Die Verfasserschaft der ‚Goldenen Bulle' Karls IV., in: Bohemia 22, 2 (1981) S. 253–299, hier: S. 272–278; vgl. ders., Fürsten, Herren und Städte zu Nürnberg 1355/56. Die Entstehung der ‚Goldenen Bulle' Karls IV. (Städteforschung. Reihe A 13) Köln/Wien 1983, S. 64; sowie auch ders., Der Abschluß der ‚Goldenen Bulle' zu Metz 1356/57, in: Studia Luxemburgensia (wie Anm. 72) S. 123–232, hier: S. 210. Freilich sind mit dieser Methode allein Mitwirkung und Einfluß des Bamberger Bischofs bei der Abfassung des Gesetzeswerkes nicht abschließend zu klären, wie allein die Debatte um Diktatvergleiche in Streitschriften des Investiturstreits bewußt machen könnte.

[116] Sichtbar wird das vor allem bei den energischen, aber letztendlich – was die Folgen anbelangt – vergeblichen Versuchen Papst Gregors XI., bei der Wahl Wenzels 1376 die kuriale Approbationstheorie erneut zur Geltung zu bringen. Darauf ist hier aber nicht näher einzugehen; zuletzt dazu Wilhelm Klare, Die Wahl Wenzels von Luxemburg zum Römischen König, 1376 (Geschichte 5) Münster 1990 [= Diss. phil. Münster 1990], bes. S. 156–185.

[117] Dazu etwa Jürgen Miethke, Die Anfänge des säkularisierten Staates in der politischen Theorie des späteren Mittelalters, in: Entstehen und Wandel des Verfassungsdenkens, hg. v. Reinhard Mussgnug (Der Staat. Beiheft 11) Berlin 1997, S. 7–43.

The oath of fealty and the lawyers

by

Magnus Ryan

Hardly a word generated more polemic and, consequently, more theory in the later Middle Ages than *fidelitas*.* Several historians have attempted to fix its meaning both in isolated contexts and generally. Some have pointed out the obvious but important fact that its core meaning changed. Most recently, historians of law have noted both its polyvalency and its surprisingly late arrival in the surviving records of legal practice, alongside its frequent (and equally embattled) consorts in the later Middle Ages, *feudum* and *vassallus*.[1] We have yet to reach a *communis opinio* about the role of professional lawyers in the transmission and reinterpretation of *fidelitas* during the high and late Middle Ages.

The following work shows, first, that medieval rulers, lawyers and polemicists reached no consensus either and, secondly, why they failed to do so. The more general point which will be made in what follows is that the fact of continued, irreconcilable disagreement in the Middle Ages should be taken as precisely that: a fact, the explanation of which is more important than any modern attempt to resolve the controversies. Given the vast scholarly output on fealty, it is worth establishing at the outset that the pages which follow represent nothing more than an attempt to analyze some of the

---

* This paper is a much extended version of a work originally read to Professor R.R. Davies' seminar at All Souls College. For a profitable discussion there I wish to thank him, Patrick Wormald, Dr. Richard Sharpe and Dr. Mark Philpott. For advice of a more general nature it is a pleasure to thank Dr. George Garnett, Dr. Peter Linehan and Dr. Patrick Zutshi.

1 For a bibliography concerning oaths see the definitive work by Dieter Girgensohn, Miscellanea Italiae pontificiae. Untersuchungen und Urkunden zur mittelalterlichen Kirchengeschichte Italiens, vornehmlich Kalabriens, Siziliens und Sardiniens (zugleich Nachträge zu den Papsturkunden Italiens XI), 1. Hälfte (Nachrichten der Akademie der Wissenschaften in Göttingen. Phil.-hist. Klasse 1974, 4) pp. 129–196, especially pp. 177 ff. There has been neither time nor space to address all of the issues raised or implied by this important work, which supersedes the earlier literature. The same constraints apply to the issues raised by Susan Reynolds, Fiefs and Vassals. The Medieval Evidence Reinterpreted, Oxford 1994, passim.

more influential professional legal reactions to a notoriously slippery concept. It will be obvious – in view of the difficulties which the canonists encountered when they turned their minds to *fidelitas* (difficulties which it is the main purpose of this work to present precisely as such: difficulties) – that any broader analysis would require not an article but a book, and a long one at that.[2]

The literary culmination of these difficulties came on 14th March, 1314, when Clement V promulgated the bull *Romani principes*.[3] Relating the acrimonious outcome of an embassy of cardinals to the emperor Henry VII, an embassy which had been charged with extracting an admission from Henry to the effect that he was bound to the pope and the Roman church by an oath of fealty, Clement complains to Christendom at large that amongst other things, Henry had asserted

> that he was bound by an oath of fealty to no one and that he had never performed an oath thanks to which he could be obliged by fealty to anyone and that he himself had no notion that his predecessors in office had ever given such an oath [...].

As with the pope, so with the canonists whose job it was to adumbrate papal legislation for students, and also to write it for the popes. The most influential fourteenth-century canonist of them all, Johannes Andreae, had this to say about *Romani principes* when he came to gloss it:

> [The pope] is declaring that the oaths which the emperor swears to the church at the time of his examination according to the formula [given in the *Decretum*] in the canon *Tibi domino* and at the time of his coronation according to the formula given in the *Pontifical* are oaths of fealty.[4]

A little further on, Johannes adds:

> In describing the oaths given by Albrecht, Henry's immediate predecessor, and by his predecessor Rudolf and by other kings of the Romans, he declares that these were also oaths *of fealty*.[5]

---

[2] It is for this reason that I have been unable here to examine the theological sources of this debate, despite the helpful suggestions made upon the delivery of this paper by Professor Jürgen Miethke concerning Ockham and others.

[3] See Corpus iuris canonici, vol. II ed. Emil Friedberg, Leipzig 1879 (reprint: Graz 1959) cols. 1147–1150.

[4] Liber Sextus Decretalium D. Bonifacii Papae VIII. Suae integritati una cum Clementinis et Extravagantibus earumque Glossis restitutus, Paris 1612, col. 108, gl. "Romani": *Declarat illa fore fidelitatis iuramenta, quae praestat Imperator Ecclesiae Romanae approbationis suae tempore, secundum formam capituli Tibi domino et tempore coronationis secundum formam in Pontificali descriptam.*

[5] Ibid., in the same gloss: *Narrans talia etiam sacramenta praestita per Albertum immediatum praedecessorem ipsius, Rodulphum et alios reges Romanos, declarat illa fore fidelitatis iuramenta.*

Complete stasis: the pope and the emperor disagree irreconcilably, and so do their respective coteries of lawyers. Not only do they disagree about the relationship between two plenipotentiaries whose relations with each other were notoriously cantankerous but also on the significance of every oath which every emperor-elect has given the pope. The protagonists in the dispute which engendered *Romani principes* were not arguing for the sake of it, a fact which commits us to asking a specific and concrete question. What was it about fealty which made it so unattractive an expression for Henry and so attractive for Clement? The answer to this question appears to have a lot to do with the vassal, and it emerges most clearly of all from an examination of what happened when certain eleventh- and twelfth-century texts fell into the hands of the new, professional lawyers: the glossators of the canon and Roman laws.

Johannes Andreae mentioned the canon in Gratian's *Decretum* known by its opening words as *Tibi domino*, that is chapter 33 of distinction 63. This purports to be a formula for the oath which Otto I swore by proxy to the pope in 962. In the oath, Otto commits himself to a variety of positive and negative observances, the better to guarantee the freedom of the city and see of Peter. It does not include the word *fidelitas* nor is it so styled in the rubric in Gratian's *Decretum* nor in the rubrics of two previous collections of canon law which contain it, the collection of Anselm of Lucca and that of Deusdedit, where it is simply called *sacramentum futuri imperatoris*. This, to restate a truism, is what makes scholasticism difficult. Time past and time present tend to coalesce. It was important for Clement V to cite precedent when he attempted to convince the world that emperors owed him fealty. For Johannes Andreae precedent extended well beyond Albrecht and Rudolf right the way to the year 962 and Otto I. According to the prevailing patterns of thought, no historical nuance could be admitted into legal argument. The effect of this was to change history, which is what always happens when people do nothing. Whatever the correct word is or was for Otto I's oath in its time and place, that word had become fealty by the time Johannes Andreae wrote. The texts to which we now turn explain how that happened and why it was so important for Clement V and Henry VII to convince contemporaries of their respective and conflicting points of view.

As with nearly all medieval political thought of a legal substrate, the origins of terminology and conflict lie not originally in polemics about power. They lie far more in what lawyers trained in the Roman tradition would call private law instead of public law. Public law, to take the earliest surviving attempt to summarize the difference, is what relates to the general condition of the (Roman) commonwealth, and it concerns sacred matters, the custodians of those sacred matters and the magistrates. Private law is left undefined: it amounts to virtually everything else not covered by public law and which still admits of legal analysis. The Roman law of Justinian contains very little public law, and the glossators who appropriated the *Digest* and *Code*, later on the *Novels*, upon the rediscovery of these texts at the end of the eleventh century concentrated their prodigious attentions on private law. This meant that, when they turned their minds to phenomena such as ecclesiastical and civil obligation (my words, not theirs), they tended to analyze them by means of analogy.

Here is an extract from one of the most influential teaching manuals of the early thirteenth century, Roffredus Beneventanus' *Libelli iuris civilis*, written in about 1215 and re-worked around 1235. We are in the middle of a discussion about which legal remedies should be accorded people whose interests are not adequately explained in the Roman law, one of whom, for reasons too obvious to explain given the age of the Roman law, is the vassal:

> It frequently transpires that lords exact from their tenants [*colonis*] and vassals more than they were used to and more than was demanded in times gone by and more than they should. And since no action is available to tenants and vassals against their lords [...], the *officium iudicis* is used in this case.[6]

We do not need the details here. It suffices to say that this is one rare and golden moment in the scholarly tradition when we can tell at a glance what a glossator is talking about. Roffredus is self-consciously going beyond Roman law and applying it to his own, thirteenth-century society and some of its more typical inhabitants. Who, Roffredus asks, are vassals?[7] Vassals are those who receive something from somebody else in fee, just as the emperor has the kingdom of Sicily from the pope, kings their kingdoms from the emperor and assorted nobles within each kingdom their various counties and baronies from the king. All these people who are called vassals by virtue of

---

[6] Roffredi Beneventani Libelli Iuris Civilis, Libelli Iuris Canonici, Quaestiones Sabbatinae, Avignon 1500 (reprint: Turin 1968) (Corpus Glossatorum Juris Civilis 6) fol. 114 ra: *Frequenter contingit quod domini a colonis seu a vassallis exigunt plus quam consueverunt et plus quam in anterioribus temporibus exactum est vel plus quam debeant exigere et cum nulla actio colonis et vassallis competat contra dominos* [...] *ideo in subsidium inventum est in hoc casu officium iudicis.*

[7] See ibid., fols 116 ra–vb: *Nunc de vassallis videamus, et quidem vassalli sunt qui rem aliquam ab aliquo in feudum accipiunt sicut dominus imperator a papa habet regnum Sicilie et multi de imperio idem dicunt: reges ab imperatore et principes et comites a rege: barones a comitibus: milites a baronibus* [...] *Isti omnes qui appellantur vassalli propter feudum iurant fidelitatem dominis suis, unde etiam episcopi et prelati omnes et archiepiscopi et clerici iurant domino pape et suis primatibus de gradu in gradum fidelitatem, unde possent dici vassalli. Habent enim quasi in feudum suos episcopatus et archiepiscopatus et abbatias a domino papa et suis primatibus secundum gradum.* Note Roffredus' care here. First, he implicitly distances himself from those who reckon the empire as a fief. Secondly, he says that ecclesiastical dignitaries could be (*possent*) called vassals.

the fiefs they hold swear an oath of fealty to their lord. There is not much to surprise us so far, except perhaps the discovery that for this lawyer by 1235, one could not talk about a vassal without talking about, at the same time, an oath of fealty and a fief. What is much more surprising is Roffredus' next comment:

Hence, even bishops and all prelates and archbishops and the clergy swear fealty to the lord pope and his primates, grade by grade, so they could be called vassals as well.

Roffredus seems to be changing his ground. This comment implies that it is no longer the tenure of a fief which constitutes vassal-status but rather the oath of fealty. In fact, he is not changing his ground, as his next comment most dramatically reveals:

For they have their bishoprics and archbishoprics and abbacies *quasi in feudum* from the lord pope and his primates, from grade to grade.

Ecclesiastical office, therefore, becomes a feudal dignity and the pope by implication a feudal lord par excellence. However, Roffredus' caveat *quasi* is a real one, and we are supposed to take it seriously. He is treading carefully here.

To see why, we need to turn to the canon lawyers, with whose works Roffredus was well acquainted. By 1190 it was customary for canon lawyers to call the relationship between inferiors and superiors in the ecclesiastical hierarchy *fidelitas*. The chain of texts and their appurtenant glosses begins with a decretal letter of obscure origins, known by its incipit as *Ego episcopus*, which appears for the first time in any widely distributed manual of canon law in the *Breviarium* of Bernardus Papiensis, otherwise known as the *Compilatio prima*.[8] The outlines of *Ego episcopus* are as follows. It contains a formulaic oath, sworn by metropolitans and other exempt clergy to St. Peter, the Roman church and the pope upon their confirmation. These prelates-elect undertake not to imperil either by counsel or deed the life, limb or liberty of the pope nor to reveal to his detriment any papal secret committed to them in person, by letter or by nuncio. They swear *salvo ordine* to defend and uphold the *papatus* of the Roman church and the rules of the saints,[9] to

---

[8] For *Ego episcopus* see Corpus iuris canonici, vol. II (as in note 3) Liber Extra 2.24.4, where it appears with the altered incipit of *Ego N.* For a list of contents of Bernardus' *Breviarium* see Emil Friedberg, Quinque compilationes antiquae nec non collectio Lipsiensis, Leipzig 1882 (reprint: Graz 1956) pp. 1–65. The oath of obedience has been the subject of a vast scholarly output, exhaustively covered by Girgensohn, Miscellanea Italiae pontificiae (as in note 1).

[9] So the modern text of Friedberg following a venerable tradition reaching at least as far as Antonio Agostino. For the correct reading (*regalia Sancti Petri* instead of *regulas sanctorum patrum*) see Girgensohn, Miscellanea Italiae pontificiae (as in note 1) p. 182, note 199.

attend synods when bidden unless prevented by canonically acknowledged difficulties, to treat honourably any accredited legate of the Holy See and to visit the curia annually, either in person or by proxy. Bernardus Papiensis did not just compile the very successful *Compilatio prima*, he also composed a commentary on it. His gloss at this point reads as follows: "After consecration, the consecrator extracts an oath of fealty", and of his two textual cross-references to support this statement the first is the text we have just encountered, *Ego episcopus*, and the second is a decretal of Paschal II, *Significasti*.[10] *Significasti* explains that the oath which prelates-elect swear is intended to reduce lay influence over translations, and more specifically that it is taken *pro fide, pro obedientia, pro unitate*. Neither of these two decretals contains the word *fidelitas*, and Bernardus (as we have seen) calls the oath under discussion in both texts precisely that: a *iuramentum fidelitatis*. Because both these texts are so clear in listing exactly what obligations are created by the oath, we can, therefore, draw a conclusion. For a canonist in about 1190 the word "fealty" denoted (if only) a general standard of behaviour incumbent upon inferiors in an ecclesiastical hierarchy, to which the decretal *Ego episcopus* gave explicit outlines and which was then located in a wider context by the decretal *Significasti*. We can go a little further by using each of these two decretals as a commentary upon the other, which is to do no more than the canonists did when they wrote their glosses. *Significasti* makes it clear that this oath embodies, creates, or in some other ill-defined way makes manifest, the subjection of the prelate. If Bernardus calls this *fidelitas*, then we have taken one step towards Roffredus Beneventanus forty-five years later, for whom *fidelitas* quite obviously described a kind of subjection. But we have only taken one step. Roffredus began with feudal tenure and came within five letters (*quasi*) of calling ecclesiastical office a fief on the grounds that vassals were vassals, because they held fiefs for which they swore fealty and prelates swore fealty upon confirmation. What the comments of Bernardus Papiensis show is that Roffredus' progression of ideas lacks middle ground. It is only worth saying that prelates have their offices *quasi in feudum* if it can be shown or if it is in any case likely that all oaths of fealty are sworn *propter feudum*. Yet, Bernardus never mentions the vassal, let alone the fief.

---

10 See Bernardi Papiensis Summa decretalium ed. ERNST ADOLF THEODOR LASPEYRES, Regensburg 1860 (reprint: Graz 1956) p. 8: *Post consecrationem autem ab eo consecrator fidelitatis exigit iuramentum, ut infra eod. c. antepenult. et penult.* Laspeyres identifies the two citations as capp. 20 f., corresponding to Liber Extra 2.24.4 f. The second reference to the Liber Extra should be corrected to 1.6.4 (*Significasti*).

Were it not for what is about to happen in the intervening period separating Bernardus from Roffredus, we could hazard one of the following speculations and leave the matter there. The first is that Roffredus is simply being careless, that he has made an elementary logical slip, that he was a scholar unfamiliar with the legal and political landscape of his own day and blinded to it by the elegance of the Roman and canon law. The second is that Roffredus is not being careless and that his very failure to prove or even consider how or why all oaths of fealty were sworn *propter feudum* is expressive of a very important change in legal usage since the days of Bernardus Papiensis. I will argue that both speculations are in part justifiable but that if Roffredus was not entirely accurate in his comments about prelates of the church, he was at least not alone in being inconsequent. Finally, I shall argue that this is extremely important.

Some more modern scholarship helps us on our way. It has been stressed repeatedly by German historians, for whom the question of what constituted fealty was an urgent one, given the tousled relationship between the German emperors and the popes for much of the Middle Ages, that fealty was not a single category of oath and that it was, consequently, neither uniquely associated with, nor even in most cases suggestive of, what a vassal owed his lord. Eduard Eichmann distinguished, for example, an oath of security (*iuramentum securitatis*) containing a promise of fealty from oaths normally sworn by vassals.[11] This prompted him to conclude that fealty was a bilateral relationship, something in the nature of a contract which bound both parties, because oaths of *securitas* could be exchanged between two potentates. To give an oath of *securitas* did not, therefore, imply, still less create, a difference in social standing between the person swearing it and the person receiving it. Eichmann found something specific about the vassal's oath which differentiated it clearly from other oaths of fealty such as the oath of *securitas*. That defining characteristic was homage. Eichmann's conclusion is worth quoting, for it encapsulates the issues at stake, as well as illustrating the limitations of a particular way of handling them: "Hence, not every oath of fealty is a vassal's oath but rather only that to which homage, in other words the commendation which characterizes the feudal law and investiture are appended". Quite what Eichmann meant by "the feudal law", I do not know. If he meant the Lombard feudal law of the *Libri feudorum*, a text describing the court-practice of Milan and other cities in mid- to late twelfth-century Lombardy in matters touching lords, their vassals and their fiefs,

[11] See EDUARD EICHMANN, Die römischen Eide der deutschen Könige, in: Zeitschrift der Savigny-Stiftung für Rechtsgeschichte. Kanonistische Abteilung 6 (1916) pp. 140–205, at p. 154.

then we must note that homage (*hominicium*, *homagium*) does not appear in any of the five known thirteenth-century versions of the text.[12] The same is true for *commendatio*. As for investiture, investiture of what? Possibly ecclesiastical office? Eichmann did, however, note that by the twelfth century, fealty had found its most regular and important expression in the vassal's obligations to his lord. He nevertheless insisted that throughout his period (in common with Johannes Andreae, he started with Otto I) only homage constituted the relationship between lord and vassal. Homage was the *definiens* of a feudal relationship, because, whereas the oaths of official to superior, ubject to ruler and prelate to pope were virtually indistinguishable from the oath the vassal swore to his lord, only the vassal performed homage. Unless it could be shown that medieval emperors performed homage to the popes, it could not be shown that they were ever the pope's vassals. The early twentieth-century German scholarly agenda was thus fulfilled.

Theodor Gottlob addressed a different issue but used more of the systematic sources at hand in the works of the canonists.[13] His work was an attempt to refute Gallican accusations against the medieval popes that by demanding fealty from their subordinates they were encroaching upon the rights of medieval kings and other potentates. His defence of the medieval papacy rested upon admitting that prelates swore fealty but in denying that this constituted vassal-status, because it was not conjoined with homage. It appears that, for Gottlob, the accusation of usurpation of powers only made sense if the popes could be shown to have treated prelates as vassals. If that were admitted, the Gallicans would have been correct in their claim that Gregory VII and his successors were arrogating to themselves the powers over prelates more properly reserved to emperors and kings.

We shall be returning to Gottlob, not because it is particularly enjoyable or laudable to criticize a long-dead historian whose seminal work is still an inspiration, but because his choice of homage as the defining characteristic of the vassal's oath was by no means random. It will emerge that Eichmann, Gottlob and the medieval lawyers were engaged in very much the same hopeless task, albeit for entirely different reasons. The distinction between homage and fealty and the attempt to associate the vassal peculiarly with the former so as to make fealty an acceptable tool of analysis for canonists inter-

[12] Identifying recensions of the *Libri Feudorum* is a perilous but seemingly necessary undertaking. For the most recent contribution see the exhaustive survey by Peter Weimar, Die Handschriften des Liber Feudorum und seine Glossen, in: Rivista Internazionale di Diritto Comune 1 (1990) pp. 31–98.

[13] See Theodor Gottlob, Der kirchliche Amtseid der Bischöfe (Kanonistische Studien und Texte 9) Bonn 1936 (reprint: Amsterdam 1963).

ested in church officials is, as we shall shortly see, of impeccable medieval pedigree. But first, some difficulties.

The most obvious weakness of the distinction is that it can make no sense of Roffredus Beneventanus who, in the passages cited above, does not mention homage, although he does elsewhere,[14] and for whom fealty is by a powerful argument from silence what the vassal and pre-eminently the vassal owes his lord, so much so that when prelates swear fealty, the speculation becomes possible that ecclesiastical office is quasi a fief. Nor does it accord with Bernardus Papiensis, for whom the word *fidelitas* described anything other than a bilateral, contractual relationship: for him it described the obedience and, indeed, subjection of some church officials to others.

Bernardus was not the only canonist to write a commentary on the *Compilatio prima*. There are several surviving. The most influential was written between 1210 and 1220 in Bologna by Tancred.[15] When he reaches the decretal *Ego episcopus*, he notes that the promises prelates-elect make in this oath are not exhaustive of their obligations:

> This is not sufficient [i.e. for the prelate to abstain from any action which might endanger the pope]. It behoves him to hasten to prevent conspiracies wherever he thinks he is in danger.[16]

To prove this, Tancred refers to what must be the most famous surviving letter of the eleventh century until the pontificate of Gregory VII. This is Fulbert of Chartres' letter to William of Acquitaine explaining how a *fidelis* should treat his lord if he wishes to be worthy of his *beneficium* and how the lord should respond in kind.[17] The text found its way into Gratian's *Decretum* (C. 22 q.5 c.18) and Tancred refers to it as the text "whence what is missing here [i.e. in Ego episcopus] can be supplied and vice versa".

Now here there is a problem. First of all, the duties which Fulbert of Chartres says the *fidelis* should have in mind when he swears to his lord have virtually nothing in common with the contents of the decretal *Ego episcopus*.

---

[14] See Roffredi Libelli Iuris Civilis (as in note 6) fol. 116 vb.

[15] For the dates see Stephan Kuttner, Repertorium der Kanonistik (1140–1234), vol. II (Prodromus Corporis Glossatorum. Studi e Testi 71) Vatican 1937, p. 327.

[16] Rome, Biblioteca Apostolica Vaticana, Ms. Vat. lat. 1377, fol. 5 ra, gloss *perdat*: *hoc non sufficit, immo oportet eum ubicunque senserit dominum periclitantem ad prohibendas insidias occurrere, C. quibus ut indignis l. ult. vel penult.* [= C. 6. <35. 12], *xxii. q. v. de forma,* [= Decr. Grat. Causa 22 q. 5 c. 18] *ubi suppletur quod hic de fidelitate minus dicitur et econtra.*

[17] See the classic article by Gérard Giordanengo, Epistola Philiberti. Note sur l'influence du droit féodal savant dans la pratique du Dauphiné médiéval, in: Mélanges de l'École française de Rome 82 (1970) pp. 809–853, now reprinted in idem, Féodalités et droits savants dans le Midi médiéval (Collected studies series 373) Hampshire etc. 1992.

Tancred is, therefore, extending greatly the grounds of the obedience which prelates owe their superiors. Secondly, by Tancred's time, this letter was taken as a description not of what a *fidelis* owed his lord if he wanted to keep a *beneficium* (Fulbert's vocabulary) but, quite specifically, of what a vassal owed his lord if he wanted to keep his *feudum*. It is of little account in this context whether what Fulbert meant by *fidelis* and *beneficium* had anything in common with what the words *vassallus* and *feudum* meant in Italy in the early thirteenth century. It is much more important that in roughly the same period as Tancred wrote, Fulbert of Chartres' letter was added by persons unknown to the *Libri feudorum*. There was, therefore, a strong association between Fulbert's *fidelis* and a modern, thirteenth-century vassal. Crucially, the *Libri feudorum* and their first glossator, Pilius de Medicina, call the obligations described by Fulbert *fidelitas*,[18] and the position of the letter in the *Libri feudorum* indicates what kind of *fidelitas* this was thought to be. It was the *fidelitas* of the vassal. And, to repeat a point, the *Libri feudorum* do not mention homage.[19]

The state of play is, therefore, as follows. *Fidelitas* described ecclesiastical obedience for Tancred in about 1220 just as it had done for Bernardus Papiensis in about 1190 and just as it would for Roffredus in 1235. But *fidelitas* is, by now, quite definitely something which the vassal owes his lord in return for a fief. That has taken us another step nearer to Roffredus' position. We have no reason as yet to suppose that what made a vassal and what did not make a prelate was homage.

---

[18] The rubrication of some of the earlier collections of canon law is important in this respect. See GIORDANENGO, Epistola Philiberti (as in note 17) p. 817, note 1, for the observation that the Collectio Caesaraugustana (1110–1120) gives Fulbert's letter the heading *De forma fidelitatis que deferenda est principi*. A full appreciation of this topic would require chapter-and-verse citation of the rich information given by GIRGENSOHN, Miscellanea Italiae pontificiae (as in note 1) pp. 178–187. Gratian does not specify any kind of *fidelitas* in his rubric but if the context in which it appears in the *Decretum* is anything to go by, it provides another instructive contrast with thirteenth-century usage. The matter at issue in Causa 22 is the legality of an archdeacon's oath never to swear obedience (*se nunquam prestaturum ei obedientiam*) to his bishop who in good faith has sworn something later revealed to be wrong. The bishop compels the archdeacon to observe the *reverentia* due to him. This vocabulary is entirely in agreement with that of Bernardus Papiensis. Both canonists treat *fidelitas* as an expression of obedience and reverence within the ecclesiastical hierarchy. For Pilius de Medicina's gloss to the *Libri feudorum* the most convenient text is the full standard gloss which incorporates most of Pilius' earlier work, published in reprint by MARIO MONTORZI, Diritto feudale nel Basso Medioevo. Materiali di lavoro e strumenti critici per l'esegesi della glossa ordinaria ai Libri feudorum, Turin 1991.

[19] This is not the place to embark upon a full exegesis of the surviving works devoted to the *Libri feudorum*.

In a later gloss, this time concerning the change-over from one bishop to the next in a diocese, Tancred notes that if the dead bishop has taken an oath of obedience from his clergy, the in-coming successor has no need or right to extract a similar oath from them. The reason, if we follow Tancred's wider concerns as a canonist, is that the canon law disapproves of oaths and would restrict their use to the bare minimum, especially between churchmen. The precise reason is to be found by following Tancred's cross-reference in support of this comment. It is to Clement III's decretal *Veritatis*, sent to his vassal William, king of Sicily, excusing him and his heirs from giving homage and fealty at each new succession to the kingdom, which is a fief.[20] Clearly then, it is difficult for Tancred to explain much about ecclesiastics and how they regulate their mutual comportment without recourse to the idea of fealty, and it is equally clear that this idea is closely associated with the vassal. Embarrassingly, Tancred cites one last decretal here (*Retulit* of Lucius III) which proves his point about unnecessary oaths rather too well.[21]

Retulit is one of the best reasons there is for studying the decretals as historical sources and not solely as sources of law. The events which are related and roundly condemned in the text are quintessentially twelfth-century. They show what could still happen long after ecclesiastical reform. The decretal comes to the aid of an archdeacon whose bishop, apart from asset-stripping the archdeaconry *appellatione pendente*, has forced him to perform homage and swear fealty before allowing him to take up office. The pope's reply is that neither homage nor fealty should ever have been demanded in return for an ecclesiastical benefice, because, and this lets the cat out of the bag, this is simony: "It is unworthy and alien to the custom of the Roman church that homage be given for spiritualities".[22] That is the last line but earlier in the text we read that fealty too is outlawed.[23] In other words, Tancred

---

[20] See Corpus iuris canonici, vol. II (as in note 3) Liber Extra 2.24.14, formerly Comp. 2a 2.16.5. See also Josef Deér, Papsttum und Normannen: Untersuchungen zu ihren lehnsrechtlichen und kirchenpolitischen Beziehungen (Studien und Quellen zur Welt Kaiser Friedrichs II. 1) Cologne 1972, p. 254 and note 1150. I have not yet formed a mature judgement of the complex thesis outlined at Reynolds, Fiefs and Vassals (as in note 1) pp. 211–213.

[21] See Friedberg, Quinque compilationes antiquae (as in note 8) p. 101.

[22] This was the only part of *Retulit* to be included in the Liber Extra, where it appears as the very last text of the compilation; see Corpus iuris canonici, vol. II (as in note 3) Liber Extra 5.41.11: *Indignum est et a Romanae ecclesiae consuetudine alienum ut pro spiritualibus facere quis homagium compellatur.*

[23] The relevant parts of Friedberg's text are: *Preterea homagium et fidelitatem novam ab eo pro sua requirit voluntate* and *mandamus* [...] *ut* [...] *ab exactione homagii et fidelitatis omnino desistat.*

cites *Veritatis* and *Retulit* to prove that unnecessary oaths between churchmen on the hand-over of office should be avoided, despite the fact that *Veritatis* is not addressed to a churchman but to a king who is also a vassal and who holds a fief and despite the further fact (much more important, this) that *Retulit* outlaws any oath of fealty as a means of getting ecclesiastical office. If *Veritatis* is supposed to illustrate how prelates should regulate their diocesan clergy, *Retulit* contradicts it: where the one speaks of fealty, the other forbids it.

The confusion, moreover, has only just begun, although we shall at least have the solace of observing that this is all confusion on a theme. Tancred has just correlated fealty with ecclesiastical obedience and the receipt of office, quite specifically the fealty which a vassal swears to get a fief. He adds: "for prelates swear obedience, as is shown above at *Ego episcopus*". If we retrace our steps to *Ego episcopus*, however, we recall that this should be an oath of fealty and that what it lacked should be filled in from Fulbert of Chartres. There is no clear criterion in these glosses and the texts to which they are glosses to make possible any distinction between office-holding and fief-holding. That is the simple truth, however complicated it may be in the telling.

Gottlob got as far as anyone could in disentangling these skeins of glosses when he summarized the position thus:

> Where, therefore, such an oath is given for the purpose of gaining a benefice, a feudal bond exists. But when the bishop – or any cleric – swears fealty, he does not do it in order to get an office but rather as an earnest of his firm intent to wish to keep obedience and faith [...]. The giving of an oath was certainly the necessary precondition for the receipt of office but not the means of attaining it.[24]

The canonists themselves would have been in agreement, in so far as this nuanced and delicate exposition reflects exactly what they were trying to achieve. It is cited here for this reason and also because it reveals the impossibility of the task both Gottlob and his thirteenth-century forerunners set themselves. For, on closer inspection, this turns out to be sophisticated nonsense. If it is an essential pre-condition of appointment to a benefice that its would-be recipient swears fealty, how can it be doubted that this oath is given for the purpose of gaining the benefice? Conversely, is it not also true that the vassal swears in order to show his willingness to obey and remain loyal? The reasons would-be recipients gave oaths must not be allowed to blind us to the further reasons why superiors and lords received those oaths.

---

24 Gottlob, Amtseid (as in note 13) p. 126.

It is likely that, in many cases, a lord in Italy could demand little more from a vassal than a prelate from his clergy.

That is enough about Gottlob. The confusion in his analysis is more than justified in view of the confusion prevailing on exactly this point in the works of the lawyers. The only aspect of his treatment which is not warranted by the sources is the solution he offers to the problem, for the lawyers had none which stands any scrutiny. We are not claiming that they were naive potterers whose pre-theoretical outpourings failed to match the exacting standards of twentieth-century interpretations of the Investiture Controversy. They were confronted with a real, important and irresolvable problem which emerges in all its intractable complexity when Tancred concludes his gloss. Clerics swear obedience, certainly, even if he has called that obedience fealty, but they do not perform homage.

Here, at last, is the justification for the attempts, which we have reviewed from the history books, to keep fealty and homage apart. Tancred's cross-reference here is to the decretal of Lucius III already discussed, *Retulit*, the last line of which bans homage in return for ecclesiastical office, because it constitutes simony. It is the major *pièce justificative* in Gottlob's analysis. The problem is that *Retulit* does not just ban homage but fealty as well. The decretal *Veritatis* makes no distinction between homage and fealty either. The clearest evidence from the decretals that Gottlob is at least clutching at the same straws as the lawyers themselves comes from Alexander III's *Ex diligenti*. Here a cleric has performed homage and fealty to an archdeacon for a benefice. He has then confessed his sin to the pope and renounced the benefice. Alexander absolves the cleric, making it quite clear that both homage and fealty are covered by his absolution. The usage of the decretals themselves – and all of these texts were issued within thirty years of each other – is consistent and clinching: there is, because there was, no workable distinction between homage and fealty in so far as the receipt of a fief in Italy and the receipt of office anywhere else were concerned. To put the final touches to this heap, it is worth considering one last gloss by Tancred. It is, in fact, the very last gloss in his apparatus to the *Compilatio prima*:

> Homage. That is to say, the oath of fealty. In other words, if a bishop concedes to his cleric a church or other spirituality so that he becomes his vassal and does him fealty, this is simony. Otherwise, all clerics have to swear obedience.

This is a mess. That gloss can stand as a testament to the size of the task imposed upon the canonists by the popes in the century following the reform period.

It would be easy but unnecessary to demonstrate that Tancred was not alone. Albertus, Vincentius, Laurentius, Alanus and Johannes Teutonicus, throughout all their commentaries on the pre-Gregorian decretals from the 1190s to the early 1230s, suffered from exactly the same problems.

What is the status of this evidence? After all, these are law books, and the commentaries which have concerned us were written by bookmen. How expressive can they be of the real legal and political landscape? To what extent are these terminological knots merely the self-generating and self-replicating problems inherent in scholasticism and quite rightly to be expected of the first generation of academic papal lawyers, whose job it was not to prove that what was written described what happened, but much more to prove that what was written in a particular case was always in harmony with the rest of what was written? Lawyers will be lawyers, and the most irritating turn of phrase these men employ is *Sed distinguo* ...

Appealing though this picture is, it is exaggerated, because it fails to take account of what the decretals themselves actually were. They were answers to queries, and even in the shape in which they survive in the standard compilations, they still proceed by summarizing what the pope has been told by the person who applied to him for his help. They form, in fact, monads of narrative as well as statements of law. If Tancred was told by the decretal *Ex diligenti* that it was the practice, however illegal, for churchmen to swear fealty and perform homage in order to get a benefice, then our learned lawyer Tancred is not the initiator of the problem; he has not invented the words. If he has also been told that William of Sicily need not see that his sons perform homage and fealty for the kingdom, then he is not importing terms of learned law to the localities and then tripping himself up in them. The short summary of the decretals is that they describe what happened and document in thousands of cases the papal attempts to control it. The canonists were as reactive as the pope in these matters; they were not initiators. It is all too easy to imagine the growth of the canon law in this period as the piecemeal elevation of abstract lattices, upon which intellectual gymnasts such as Tancred and his like then performed their bewildering contortions. This is misconceived. There was a great deal more of the concrete than of the abstract in papal legislation, and scholarly interpretation amounted to more than a formulaic schoolroom arabesque.

There was never a satisfactory resolution of these grey-areas of law. The proof of that is not merely Roffredus Beneventanus, whose difficulties can now be explained. It comes in every work that I have examined, from the thirteenth and fourteenth centuries devoted to the *Libri feudorum* and also the relevant decretals, not merely in the collections up to and including the *Liber Extra* of 1234 but also the *Sext* and the *Clementines.* Standard-setting is the Frenchman Johannes Blanchus, active at Bologna in the 1260s. He writes in the course of his commentary on the *Libri feudorum*:

Not everyone who swears fealty is a vassal [...]. Because some of them are never understood to perform homage to their bishop or prelate, for in spiritualities homage and fealty is never to be offered.[25]

Now if one is going to distinguish between homage and fealty at all as a means of further distinguishing between vassals and others, why ban fealty as well as homage when it comes to getting ecclesiastical office? All that shows is that not everyone who swears fealty is a vassal by the less than convincing proof that not everyone swears fealty.

It is clear from this that jurists never doubted that there was more behind the word "fealty" than just the vassal. On the other hand, fealty was difficult to define in such a way that could prevent the bishop becoming a vassal and his office a fief. This stuttering and incomplete process of differentiation is one of the more important in an age in which the decretal letters of successive popes made new distinctions indispensable, where law became the only tool for disentangling knots in practice as much as in theory never before perceived as such. That there could be such confusion about what constituted the obedience of the subject, of the vassal (if at all different), of the clergy to the bishop and the bishop to the pope all indicates how few issues had been and how many more still remained to be discussed in the manner we have seen in Tancred's work. It is one thing to argue about the two swords, another if one cannot give legal expression to the distinct but coordinate powers invested in them at the most basic level of obedience and subjection without, that is, resorting to the feudal bond in a manner which throws into doubt the major premise of the papal reform movement: that office is not something which can be inherited.

The age of the lawyers contains, in fact, many failures. This is the most spectacular. The controversies between Frederick II and Innocent IV were so muddied by the problem of what the emperor turned himself into when he swore fealty to the pope that it even left traces in private manuals of letter-writing. The concocter of *Eger cui lenia* had Innocent IV explain that the emperor's hold on his empire was much more tenuous than the hold other kings had on their kingdoms.[26] That was because emperors swore fealty to the

---

[25] Cited here from Madrid, Biblioteca Nacional Ms. 825, fol. 36 ra-b: *Nec enim omnes qui iurant fidelitatem sunt vassalli vel feudatarii* [...] *Quia tales nunquam intelliguntur homagium facere sive iuramentum episcopo vel prelato suo prestare cum in spiritualibus nunquam homagium et fidelitas sit facienda vel promittenda, ut Extra De regulis iuris, Indignum* [Liber Extra 5.41.11]. It is, however, a sign of increasing clarity in legal analysis that Blanchus puts homage and fealty into the singular here, which accords with standard canonist usage and more generally the canonist insistence that homage was the *definiens* of the vassal. For the text of *Indignum* see note 22.

[26] For the text see Acta imperii inedita saeculi XIII. et XIV. Urkunden und Briefe zur

pope. Nobody should look at the deposed emperor and think he would be next. This is also why Henry VII and Clement could not reach agreement. There was no precedent, because there had never been agreement about earlier oaths. There had never been agreement, because not even the lawyers, in the repose of Bologna, could decide on the evidence of fact-situations where the boundaries lay. The canon *Tibi domino*, to which Johannes Andreae directed our attention in his comments to *Romani principes*, was already controversial when Tancred cited it.

This enabled the papal polemicists and advisers to link a number of issues which the imperialists insisted should be kept apart. In the *Memoralia et disquisitiones* published by Jakob Schwalm the imperial lawyers pointed out that Henry's oath

> is not an oath of subjection or vassallage, nor indeed does it have the same formula in all respects but is rather an oath of the devotion or reverence and humility which Christian discipline teaches and of a certain Christian allegiance.[27]

Vassallage meant subjection for the author or authors of this memorandum, which made it all the more important to dissociate the emperor's oath from a feudal oath. The papal memoranda are equally instructive. None of them, let alone the published statements of principle *Pastoralis cura* and *Romani principes*, ever went so far as to call the emperor a vassal outright. On occasion, they denied it explicitly by arguing against the assumption of the passage cited immediately above that there was no real difference between vassallage and subjection.[28] But the papal side frequently implied the opposite as well.[29]

Geschichte des Kaiserreichs und des Königreichs Sicilien in den Jahren 1200–1400, vol. II ed. Eduard Winkelmann, Innsbruck 1885, pp. 696–703. On the authenticity of the text see Peter Herde, Ein Pamphlet der päpstlichen Kurie gegen Kaiser Friedrich II. von 1245/46 (*Eger cui lenia*), in: Deutsches Archiv für Erforschung des Mittelalters 23 (1967) pp. 468–538. The most recent bibliographical guide to the modern controversy surrounding the text is in Peter Herde, Federico II e il Papato. La lotta delle cancellerie, in: Federico II e le nuove culture. Atti del XXXI Convegno Storico Internazionale, Todi, 9–12 ottobre 1994 ed. Centro Italiano di Studi sull'Alto Medioevo, Spoleto 1995, p. 81, note 53. I am grateful to Dr. Peter Linehan and Dr. Patrick Zutshi for their guidance in this matter. They bear no responsibility should *Eger cui lenia* turn out to be genuine.

27 MGH Constitutiones et acta publica imperatorum et regum, vol. IV (1298–1313) pars 2 ed. Jakob Schwalm, Hannover and Leipzig 1909–1911, p. 1312: [...] *illud non est sacramentum subiectionis seu vassallagii nec enim illius per omnia formam habet, sed est sacramentum devoctionis* [sic] *seu reverencie ac humilitatis, quam disciplina docuit christiana, et cuiusdam obsequii christianitatis.*

28 See ibid., p. 1321: *Et licet propter hoc, quia non est forma verborum iuramenti fidelitatis quod prestat vassallus domino ex toto servata, dici potest iuramentum, quod subditus illi sub quo est prestat*

This goes a long way to explaining Henry's reluctance to be bound to the pope by fealty: it made it all too easy to portray him as a vassal, and there was more than a whiff of servility inherent in this status. Beyond that, others might draw the inference, obvious enough, that the empire thereby became a fief subject to forfeiture. This is not the place to examine in detail the lawyers' picture of the vassal. Briefly, they thought vassallage was a condition of ex-servility. The passages used from Roman law to describe the vassal before the glossators got hold of a modern text like the *Libri feudorum* all implied that the vassal should be treated as a manumitted slave, a *libertus*. *Liberti* had specific and, at times, heavy obligations to their patrons. Local studies of Lombardy, which is where the lawyer who first expressed this idea in the 1170s or thereabouts grew up before migrating to Bologna, suggest that historically this had been true: vassallage was a way to influence and power out of anonymity and serfdom in tenth- and eleventh-century Lombardy.[30] This left clear traces in the *Libri feudorum*. Ultimately, there were many people who would not have wanted to be described as vassals. And ultimately, as the foregoing analysis of some of the more influential canonist contributions to these debates shows, there was very often no alternative to implying that somebody was a vassal. That is because the lawyers were seemingly incapable of finding an alternative to fealty. There was a reason for this, which is at the same time a perplexing irony. The Reform Papacy, whilst insisting that there were fundamental differences between clerics and laymen and con-

---

ratione iurisditionis [sic], *ut in Li. Feu. quali(ter) vassal(lus) iura(re) de(beat) c. unico* [= Libri feudorum 2.5]. See also ibid., p. 1342, which distinguishes nicely between *rex Sicilie, qui specialis vassallus est ecclesie and imperator, qui per summum pontificem confirmatur, inungitur, et coronatur et* [...] *per iuramentum fidelitatis eidem domino summo pontifici est astrictus.*

29 See ibid., p. 1320: *Octavo queritur, utrum imperator intrando contra prohibitionem domini pape Regnum predictum* [...] *propter predicta debeat dici de iure invasor rerum et iurium ecclesie Romane, cuius est feudum Regnum ipsum et rex ipse* [scil. Robert of Naples] *ecclesie est vassallus, et imperator ratione Regni.* See also ibid., p. 1356: *Ad istam questionem respondeo quod fidelitas vassalli ad suum dominum vel inferioris seu subditi ad superiorem suum, qualis est inter imperatorem et Christi vicarium* [...] *est relatio quedam* [etc.]. This document is the most suggestive in this respect, for it implies consistently that the emperor's fealty is that of a vassal and that there is no important difference between the vassal and the *subditus*.

30 See Piero Brancoli Busdraghi, La formazione storica del feudo lombardo come diritto reale (Quaderni di Studi Senesi 11) Milan 1965, pp. 94–97. The earliest linkage known to me between the vassal and the freedman is made by Johannes Bassianus, who came from Cremona and became one of the most celebrated and influential teachers of Roman law at Bologna. The comment occurs in his *Libellus accusatorius*, inadequately edited by J. Tamassia and J.B. Palmieri (Biblioteca iuridica medii aevi 2) Bologna 1892, and is cited here from Ms. Naples, Biblioteca Nazionale, Brancacciana IV d. 4: *Quod vero de libertis legitur in legibus ex regni consuetudine in vasallis ab omnibus observatur.*

comitant differences between the offices and appurtenant lands they discharged and held, appears to have derived the formula for the episcopal oath from the oath which that same papacy had extracted from its vassals.[31] It is doubtless true that, for contemporaries, what mattered about the steadily increasing number of relationships which were created by oaths of fealty was not the identification of hard and fast distinctions between one such relationship and another.[32] It is, however, equally true that this happy state of affairs did not last. The failure of the lawyers to explain reform is a refined, sophisticated admission by a later age that professional law could not solve the conflicts of an earlier age. It could only redefine them. *Mutatis mutandis*, the difficulties remained.

[31] See GIRGENSOHN, Miscellanea Italiae pontificiae (as in note 1) p. 175.

[32] See ibid., p. 187: "Dabei stellen wir zugleich fest, daß es den Zeitgenossen um eine individuelle und genau auf den intendierten Sachverhalt zielende Darstellung erst in zweiter Linie gegangen zu sein scheint; wichtiger war wohl die allgemeine Verbindlichkeit."

Italian juristic thought and the realities of power in the fourteenth century

by

Joseph Canning

In this paper I wish to concentrate on a theme to which fourteenth-century Italian jurists gave considerable attention: the nature, exercise and limits of political power.* I shall be considering the power of rulers in the sense of monarchs rather than the exercise of power within republics. Jurisprudence will be treated in a *ius commune* way as a combined Roman and canon law. Although it is by now an orthodoxy to refer to jurists rather than civilians or canonists in the fourteenth century, it is difficult to be entirely happy with this view in so far as it obscures the fact that some jurists were primarily civilians who used canon law, and others were primarily canonists who employed Roman law: Bartolus, for instance, was definitely a civilian who used canon law authorities, whereas Baldus, although he was highly unusual (if not unique) for his century in writing commentaries on both the Roman and canon law, nevertheless, in his commentary on the *Liber decretalium* mainly cited authorities from Roman law, whereas in his Roman law commentaries his references to canon law were in a minority. The impression which Baldus gives is that he may indeed be classed as a canonist, but he can more accurately be viewed as a jurist of both laws whose civilian formation predominated.

No one expressed better than Baldus the fundamental intention of jurists of the *ius commune* to accommodate the law to the contemporary reality of the world of human affairs, which confronted them, to a world which was always changing with time and which was always producing new forms of law – to concentrate on the here and now in other words:

* Abbreviations of law collections and juristic terms used in the following text and footnotes: C. (= *Codex Iustinianus*), Cons. (= *consilium*), Const. (= *constitutio*), D. (= *Digesta Iustiniani*), l. (= *lex*), Libri feud. (= *Libri feudorum*), tit. (= *titulus*), X. (= *Decretales Gregorii Papae IX. seu Liber Extra*).

I say therefore that our laws consider time and create their legal enactments in time. For time which has quite receded from human memory is for that reason thought of as if it had never been, because it has been destroyed and consumed by a different usage. What does it matter to us whether Caesar or Pompey ruled more justly? Certainly, it is nothing to us. For it was our ancestors who lived under Caesar. So let us get on with our own lives. Roots are not to be scrutinized, because man cannot find the cause of all God's works. Time which gives him life gives him law. But time which is always with us – that is what gives us custom, that is what gives us law. By time we live, are nourished and exist.[1]

As regards political reality in particular, fourteenth-century Italian jurists were increasingly concerned with accommodating legal science to the variegated panorama of forms of rule and political organization in contemporary Italy. Clearly, within this context the question of their treatment of the reality of power is central, because power was the dynamic of the political structures which they considered. It is, of course, possible to view their political thought in a structural and rather static way but, once one concentrates on power as the dynamic of the system, somewhat different results emerge.

The structure itself for accommodating the *ius commune* to political reality was articulated by Bartolus and Baldus in terms of the fundamental *de iure-de facto* distinction, and in a way which accorded full legitimacy not only to forms of political rule and organization which existed *de iure* in terms of Roman and canon law but also to those which had emerged in practice (*de facto*). The classic case was their recognition of the sovereignty of independent Italian city-republics on a *de facto* basis. What was notable about this structure was that in general terms it operated within a normative framework in accordance with divine law, natural law and the law of peoples (*ius gentium*). But power, the dynamic of the system, has its own inner logic and its own inner dynamic and has the propensity to break through any normative limitations. The old question, applicable to any medieval ruler, applies: His power may be theoretically limited but can it be controlled?

There was a noticeable trend in late medieval legal scholarship towards a greater recognition of the realities of power. As is well known, debate centred round a cluster of terms which revealed that the juristic language of

[1] Baldus de Ubaldis de Perusio, Lectura super prima et secunda parte Digesti veteris, [Lyon] 1498, ad D.1.3.32, fol. 18 r: *Dico ergo quod iura nostra considerant tempus, et in tempore fundant leges suas. Tempus enim quod valde recessit a memoria hominum, perinde reputatur ac si non fuisset, quoniam deletum est, et diverso usu consumptum. Quid enim attinet nobis Cesar, an Pompeius iustius regnaverit? Certe nihil ad nos. Sub Cesare enim vixerunt maiores nostri, igitur et nos vivamus. Non sunt radices perscrutande, quoniam omnium dei operum nullam potest homo invenire causam. Tempus quod dat sibi vitam, dat sibi legem. Tempus vero quod semper accedit ad nos, illud dat nobis mores, illud dat nobis legem, illo vivimus, nutrimur, et sumus.*

power was a combination of elements which were in their origin derived from both Roman and canon law. Thus, the model for monarchical power had become the *princeps* who possessed *plenitudo potestatis*. It is notable that the elaboration of the theme of *potestas* was very much a canonist contribution, illustrating the way in which the papacy in the high and late Middle Ages went increasingly down the road of coercive power. Fourteenth-century jurists consolidated the work of those of the previous century by routinely applying the model of the *princeps* with *plenitudo potestatis* to the emperor, the pope, kings and Italian *signori*.

Baldus provides a prime example for the treatment of the power of the ruler in this *ius commune* manner. Two passages illustrate this particularly effectively. Baldus equated *suprema potestas* and *plenitudo potestatis*, which he considered were possessed by the pope, emperor and kings. In his commentary on X.2.1.12 he gave a definition of the supreme power of the *princeps* which was expressed in general terms but was located in an argument illustrating the power of the pope:

You should know this: that there is no disputing the power of the *princeps*, because his power is subject to no rule, except the divine law alone or immutable natural law.[2]

Likewise, in his *Consilium* "Queritur si Rex Romanorum", in discussing whether Wenceslas in instituting Giangaleazzo Visconti as duke of Milan in 1395 thereby subjected to him existing imperial feudataries in Lombardy, Baldus argued,

And just as the pope can without any doubt depose cardinals, so can the emperor [depose] nobles as well as barons. And if he can depose them, so much the more can he submit them to another, because he who is allowed what is greater may do what is less.[3]

What is notable here is that Baldus was arguing from the power of the pope to that of the emperor. The cardinals, as creatures of the pope, could be

---

[2] Idem, In Decretalium volumen commentaria, Venice 1595 (anastatic reproduction: Turin 1971) ad X.2.1.12, fol. 158 v: *Illud tamen scias, quod de potentia principis non est disputandum, quia suprema potestas eius nulli subiacet regule, nisi soli legi divine vel naturali immutabili.*

[3] Idem, Consilium "Queritur si rex Romanorum" ed. Kenneth Pennington, in: Kenneth Pennington, Allegationes, solutiones, and dubitationes: Baldus de Ubaldis' revisions of his *Consilia*, in: Die Kunst der Disputation. Probleme der Rechtsauslegung und Rechtsanwendung im 13. und 14. Jahrhundert ed. Manlio Bellomo (Schriften des Historischen Kollegs. Kolloquien 38) Munich 1997, Appendix I, p. 52, ll. 359–362: *[E]t sicut papa sine ullo dubio potest deponere cardinales, ita imperator nobiles ita et barones, etsi potest deponere multo fortius potest eos alteri summittere, quia cui licet quod plus est, libet quod minus est.*

made or unmade at his will. Baldus was thereby applying a canon law conception of power to reinforce that of the emperor.

Both these passages raise the question of the relationship between the ruler's will and higher legal norms which may or may not limit the exercise of his will. It is a common-place of modern scholarship to maintain that the overall trend of the fourteenth-century *ius commune* was towards the limiting of the power of the ruler by placing it within the restricting structure of higher norms: divine law, natural law and the *ius gentium*, as already mentioned in connection with the *de iure-de facto* distinction. It is also recognized that this general view has to be modified, both because of the subtle juristic arguments justifying derogation from such higher norms and because of evidence that some jurists acknowledged the reality of the ruler's pure power, which broke through any putative limitations by higher norms. The discussion is composed of variations on the established juristic theme of *pro ratione voluntas*: that the will of the prince is reason enough. In this paper I wish to consolidate further the thesis that there was amongst certain fourteenth-century Italian jurists, and Baldus in particular, a growing acceptance that the ruler could exercise in practice power which transcended theoretical legal constraints. I shall concentrate on the proposition which involved a recognition of the pure power of the ruler: that the *princeps* possessed the capacity to remove an individual's property-rights without cause.

I concentrate on this theme because the question of the ruler and his subjects' property is at the cutting-edge of where power lies. This is obvious, of course, but it can also be exemplified by comparison with a non-juristic source written at the beginning of the fourteenth century: the *De ecclesiastica potestate* of Giles of Rome. In this, Giles' most radical idea undoubtedly lay in his treatment of property, whereby he placed all laymen's property and inheritances in the power of the church. I also concentrate on this theme, because it was an established topic for juristic discussion to consider whether the *princeps* could so act without just cause.

As regards the dispossession of property rights, discussion focussed on the role of the *princeps* and, specifically, on the emperor and, by extension, the pope. The debate had a long history stretching back to the fabled disagreement of Bulgarus and Martinus in front of Frederick Barbarossa over whether the emperor was or was not the possessor of his subjects' property, that is, whether he was lord of the world in this restrictive sense. Bulgarus' opinion that the emperor was not possessor in this way may have lost him the imperial gift of a horse (if the story is true) but this certainly became the common juristic opinion. Property rights were seen as being guaranteed by the *ius gentium*. There is clear evidence, however, of a growing juristic view from the late thirteenth century reflecting the reality that the *princeps* could and did in fact dispose of his subjects' property at will. That he could do so with just cause was not disputed; whether he could do so without cause, that is by his will alone, was at issue. The French jurist Jacobus de Ravannis (Jacques de Révigny) maintained that the *princeps* could, through his plenitude of power, remove his subjects' property without cause but that he sinned in so doing:[4] in other words, Jacobus recorded what he saw as the reality of power but was not happy about it. Likewise, the Italian jurist Cino da Pistoia, who was much influenced by his studies in France and the work of Jacobus de Ravannis and Petrus de Bellapertica (Pierre de la Belleperche), said in his commentary on C.1.19(22).7 (written 1312/14) that the emperor could remove an individual's property *sine aliqua causa de mundo* in fact but not *de iure* and would sin in so doing.[5]

The next stage in the recognition of the power of the *princeps* over his subjects' property was fully to accept reality and abandon any such inhibition about sin on the emperor's part. Jacobus Butrigarius, who taught the great Bartolus of Sassoferrato at Bologna in the early 1330s, notoriously omitted any reference to sin and held that the emperor had the power to remove his subjects' property without cause and that the only limit on such power would be a self-imposed one: if he chose not to act in this way.[6] That this kind of argument was resisted was shown by Bartolus himself, who expressly rejected this view on the grounds that, whereas Jacobus was treating imperial power and the laws guaranteeing property rights as being on the same level, the emperor's jurisdiction in this question as in others was hedged around by the requirements of justice, to achieve which God had instituted the imperial authority: a classic statement of the location of the emperor's power within the structure of higher norms.[7] Albericus de Rosciate, on the other hand, in his commentary on D. Const. "Omnem", using concepts derived from theology and juristically elaborated by canonists from Hostiensis onwards, maintained that the emperor, by his ordained power (*potestas ordinata*), could not remove or transfer property without just cause and still avoid sin but that, by virtue of his absolute power (*potestas absoluta*), he could remove and transfer

---

4 Ad D. Const. "Omnem". For discussion of this passage see KENNETH PENNINGTON, The Prince and the Law, 1200–1600. Sovereignty and Rights in the Western Legal Tradition, Berkeley and Los Angeles 1993, p. 115.

5 See CYNUS DE PISTOIA, In Codicem et aliquot titulos primi Pandectarum tomi commentaria, Frankfurt-upon-Main 1578, ad C.1.19(22).7, fol. 36 v.

6 See JACOBUS BUTRIGARIUS, Lectura super Codice, Paris 1516, ad C.7.37.2, fol. 41 v, and IDEM, In primam et secundam veteris Digesti partem, Rome 1606 (anastatic reproduction: Bologna 1978) ad D.1.14.3, p. 37.

7 See BARTOLUS DE SASSOFERRATO, In primam et secundam Codicis partem commentaria, Turin 1577, ad C.1.22.6, fol. 35 v.

individuals' property without just cause; no one, other than God, could judge whether the emperor had just cause in any case.[8]

Italian juristic opinion was clearly divided on this issue. The crux came with the work of Baldus the only other fourteenth-century jurist to stand comparison with Bartolus. In this paper I wish to make my particular contribution in connection with his view on this matter. I have elsewhere made clear my opinion that Baldus adhered to the view that overall the emperor possessed a limited form of absolute power within a structure of higher norms but that there was, however, a glaring exception: Baldus held that the emperor could, contrary to the *ius gentium*, deprive someone of their property with no other cause than his imperial will. I return to this question because of its importance for the treatment of power and in response to Kenneth Pennington's helpful comments on my approach.[9] My recent consideration of this issue leads me to think that there is more to be said.

The heart of the problem of interpretation is contained in Baldus' commentary on C.1.19(22).7 (l. "Rescripta", tit. "De precibus imperatori offerendis"). In it there occurs this passage:

Tertio querunt doctores nunquid imperator potest rescribere contra ius gentium. Glossa videtur dicere quod non; unde per rescriptum principis non potest alicui sine causa auferri dominium, sed cum aliquali bene potest [D.40.11.3, D.21.2.11, D.31.1.78, 1, D.6.1.15]*; et habetur pro causa quelibet ratio motiva ipsius principis. Secus est in statuto populi, quia non debet inesse causa motiva, sed debet inesse causa probabilis et condigna, alias non valet, ut* [D.40.9.17].[10]

I have translated this in the following way:

Thirdly, the doctors ask whether the emperor can issue rescripts contrary to the law of peoples. The Gloss appears to maintain that he cannot, with the result that someone's property cannot without cause be taken away by the emperor's rescript, although it certainly can be with some kind of cause [...]; and *whatever reason motivates the emperor himself is considered cause enough*.[[11]] It is otherwise with a statute of the people, because this should not contain such motivation as its cause but rather a cause which is credible and suitable, otherwise it is not valid.

---

8 See Albericus de Rosciate, Commentarii in primam Digesti veteris partem, Venice 1585 (anastatic reproduction: Bologna 1974), ad D. Const. "Omnem", fol. 4 v.

9 For my view see Joseph Canning, The Political Thought of Baldus de Ubaldis, Cambridge 1987, pp. 79–82; furthermore, see Pennington, Prince (as in note 4) pp. 203–217.

10 Baldus de Ubaldis de Perusio, Lectura super primo secundo et tertio Codicis, Venice 1474, ad C.1.19(22).7, l. "Rescripta", tit. "De precibus imperatori offerendis".

11 Canning, Baldus (as in note 9) p. 81.

My interpretation of *habetur pro causa quelibet ratio motiva ipsius principis* could be questioned on the grounds that for jurists *ratio* presupposed justice and precluded arbitrary actions.[12]

I originally felt supported in my view because it was in accordance with the jurist Philip Decius' (1454–1536/7) interpretation of this passage by Baldus.[13] On further reflection, I have only been more deeply confirmed in my original opinion. In the first place, Baldus is clearly treating *ratio motiva*, as applied to the emperor, and *causa motiva*, as applied to peoples, as equivalent terms. (Peoples could not so act out of simple motivation, because they lacked plenitude of power which was the preserve of the *princeps*.) Secondly, *ratio* did not necessarily have to enshrine justice: it could indicate cause in the sense of simple motivation. The term *ratio motiva* itself was an established one in juristic discourse. Kees Bezemer has, for instance, noted a passage from Jacobus de Ravannis' commentary on D.1.6.2 where the term has this meaning.[14] The question remains of whether Baldus was following an Aristotelian interpretation and also the problem of the use of the term *ratio motiva* rather than *ratio movens*.[15] However, an Aristotelian interpretation cannot necessarily be proved in this passage. As far as a linguistic context for Baldus' phrase is concerned, it should be noted that there was an equivalence in fourteenth-century Italian usage between *raggio* and *motivo* in the sense of motive.[16] Thirdly, although we do not know when Baldus wrote his commentary on l. "Rescripta", there is relevant evidence from a *consilium* which he wrote after 1395, towards the end of his life: its *incipit* is *Ad intelligentiam sequendorum premittendum*. The *consilium*, like the one I mentioned above, is concerned with the implications which Wenceslas' creation of Giangaleazzo Visconti as duke of Milan had for existing imperial feudataries in Lombardy. Could the emperor place them under a new lord (i. e. Giangaleazzo)? Would their feudal rights thereby be infringed? Baldus treated feudal relationships as second nature. In the *consilium* Baldus referred to

[Libri feud. 1.7.1] where it says that he [the emperor] cannot deprive without cause, because fealty is from natural law. If, however, some motive, even a slight one, moves

---

[12] See PENNINGTON, Prince (as in note 4) pp. 211 f.

[13] See PHILIPPUS DECIUS, In Decretales commentaria, Turin 1575, ad X.1.2.7, fol. 26 r.

[14] See KEES BEZEMER, French customs in the commentaries of Jacques de Révigny, in: Tijdschrift voor Rechtsgeschiedenis 62 (1994) pp. 81–112, here: p. 104, note 100.

[15] I am grateful to Helmut Walther for raising this important point in the discussion of this paper.

[16] I am incorporating information produced by Dieter Girgensohn in the discussion of this paper.

the prince, he can do so by his plenitude of power, because it pleases him, according to the ancient saying, "if he likes, he can".[17]

This shows that Baldus was willing to accept any motivation on the part of the emperor as sufficient cause for infringing a requirement of the natural law, a law which Baldus identified with the *ius gentium* as a product of natural reason. Later in the same *consilium* Baldus also says, "his [the emperor's] motive is considered a most certain reason" (*motiuum ipsius habetur pro ratione certissima*[18]).

There is another argument which could be advanced against my interpretation; it features the immediate continuation of the passage from Baldus' commentary on l. "Rescripta":

From the above it appears that, if the emperor makes someone count palatine and gives him the power to legitimize bastards, even after the death of the parents, and if before such legitimization other relatives entered into the inheritance and as a result were made owners of it, then that legitimization does not prejudice them, because, since ownership is from the law of peoples, it cannot be taken away without cause by the emperor's rescript, and there is no cause here, unless perhaps the father had so preordained.[19]

The translation itself is not at issue. This passage could be interpreted as showing that the emperor's *ratio motiva* cannot without cause remove rights guaranteed by the *ius gentium*: that it does not designate simple motivation on the emperor's part, as I have maintained, but was limited by the *ius gentium*.[20] I would not accept this argument, however, on the grounds that the removal of property-rights by the simple motivation of the ruler would be the product of his plenitude of power. There is no suggestion here that the count palatine, who would be legitimizing, would be given the power to remove property-rights: he would not have it simply by being given the right to

---

17 Baldus de Ubaldis de Perusio, Consilium "Ad intelligentiam sequendorum premittendum quoddam indubitatum, uidelicet quod princeps Romanus potest sua castra et iurisdictiones et dignitates in feudum assignare" ed. Kenneth Pennington, in: Pennington, Allegationes (as in note 3) p. 54, ll. 14–21: *c.i. de natura feudi, ubi dicit quod non potest [princeps] disuestire sine causa quia fides est de iure naturali tamen si aliquod motiuum etiam leue mouet principem, de plenitudine potestatis facere potest, quod ei libet, iuxta illud antiquum uerbum, si libet, licet.*

18 Ibid., p. 60, ll. 225 f.

19 Idem, Lectura (as in note 10) ad C.1.19(22).7, l. "Rescripta", tit. "De precibus imperatori offerendis": *Ex predictis apparet, quod si imperator aliquem facit Comitem Palatinum, et dat sibi potestatem legitimandi spurios, etiam post mortem parentum, quod si ante legitimationem alii consanguinei adiverunt hereditatem, et per consequens erant effecti domini, quod ista legitimatio non preiudicat eis, quia cum dominium sit de iure gentium, per rescriptum principis non potest auferri sine causa et hic nulla subest causa, nisi forte pater hoc preordinasset.*

20 See Pennington, Prince (as in note 4) pp. 211 f.

legitimize but would require a specific grant from the emperor for the purpose. My interpretation is supported by another passage from Baldus' commentary on C.3.34.2 where he makes precisely this point:

And although the emperor may make me a count for the legitimizing of bastards [...] and may do this from his plenitude of power, I will, nevertheless, not be able to legitimize, if this were to prejudice legitimate sons or a right acquired by and rooted in another (although the emperor could do this), unless the emperor specially conceded this to me [...]. For it is a privilege of the emperor alone to take away the rights of one person and give them to another through his plenitude of power.[21]

My further thoughts on this question have, therefore, only served to reinforce my original interpretation. As Baldus said in his commentary on C.7.37.3 (l. "Bene a Zenone"),

The goods of individuals do not belong to the *princeps* [...]. The emperor can, however, dispose of these through his absolute power, as if they were his own [...] and, especially, if he has a cause.[22]

The implication was that such a cause was not essential. What we have with Baldus is a recognition that, in terms of property rights, the *princeps* could act in an arbitrary way. The established juristic interpretation of *potestas absoluta* was of a power freed from human laws but not higher norms. But, for Baldus, as regards the capacity of the *princeps* to dispossess and transfer his subjects' property, his *potestas absoluta* was not limited by the relevant higher norm of the *ius gentium*. This amounted to an acceptance of the reality of the exercise of pure power.

I have spent so much time on discussing these passages because of their importance in the context of juristic ideas of the power of the prince. Certainly, it seems to me that the case of Baldus reveals that there was no consensus within the *ius commune* over the relationship between the power of the *princeps* and higher norms but that there were, rather, different interpretations within the *ius commune*. Clearly, there is a somewhat paradoxical aspect to the juristic discussion of the *princeps* and his subjects' property rights.

---

21 Baldus de Ubaldis de Perusio, In I–XI Codicis libros commentaria, Venice 1615, ad C.3.34.2, fol. 226 v: *Et licet imperator faciat me Comitem ad legitimandum spurios* [...] *et hoc faciat ex plenitudine potestatis, tamen ego non potero legitimare, si per hoc preiudicaretur legitimis filiis, vel iuri acquisito et radicato alteri, licet imperator hoc posset, nisi specialiter hoc mihi concesserit imperator* [...] *Solius enim principis privilegium est iura unius auferre et alteri dare ex plenitudine potestatis*. See again Philippus Decius, In Decretales (as in note 13) ad X.1.2.7, fol. 26 r, where he also refers to this passage by Baldus.

22 Baldus de Ubaldis de Perusio, Lectura in VI–IX libros Codicis, [Lyon 1498] ad C.7.37.3, l. "Bene a Zenone", fol. 201 v: *Bona vero singularium personarum non sunt principis* [...] *de his tamen imperator disponere potest ex potestate absoluta ut de propriis* [...] *ex maxime causa subsistente*.

In a sense it was a purely theoretical treatment exploring the way in which the logic and dynamic of power is to throw off limitations. The theoretical question presented itself: What if the *princeps* tried to act in this way without cause? In other words, it was a discussion within an established *topos*. The problem comes in trying to show whether the juristic treatment was a reflection of the way in which the *princeps* actually behaved.

This observation reveals that Baldus' treatment of the case of Giangaleazzo Visconti is all the more interesting, because Wenceslas' creation of Giangaleazzo Visconti as duke of Milan and his insertion of this position as a new level in the feudal hierarchy in Lombardy was precisely such an exercise of power affecting the rights of existing imperial feudataries.

Giangaleazzo Visconti was, of course, the greatest and most eminent of the Italian *signori* at the end of the fourteenth century, and it was in connection with *signori* that the other *locus* for juristic discussion of pure power presented itself. *Signori* provided the pre-eminent fourteenth-century example of the successful seizure and retention of power by force and the threat of force, thus presenting a challenge to any normative juristic justifications of the exercise of power. Certainly, no jurist could avoid recognizing that signorial rule was a reality. The question was whether they accorded it legal validity or characterized it under the blanket term of tyranny. It is notorious that Bartolus and Baldus disagreed in their reactions to signorial rule.[23] Bartolus had, on the whole, great reservations about *signori*, tending to treat them under the heading of tyrants. Baldus, on the other hand, although he accepted that *signori* could be tyrants, was far more sympathetic to them, applying his standard *de iure-de facto* structure to assessing the validity of their regimes. Furthermore, Baldus certainly recognized the pure power of *signori* as a political fact of life. He was not going to speak out against the power of *signori*. As he said of *signori*,

> Neither do I nor would I dare to turn my face to heaven to give my opinion against the might of princes, because there could follow from this opinion many bad and dangerous things to be avoided, because they would create a very great scandal.[24]

Certainly, here and in his commentary on the *Liber decretalium*, as elsewhere, he was happy to refer to them as *principes*.[25] He also said that the

---

[23] See the discussion in Canning, Baldus (as in note 9) pp. 221–227.

[24] Baldus de Ubaldis de Perusio, Partes I–V Consiliorum, Brescia 1490f., Cons. 3.218, fol. 61 v [= idem, Consiliorum sive responsorum volumina I–V, Venice 1575 (anastatic reproduction: Turin 1970) Cons. 1.248]: *Nec audeo, nec auderem, ponere os in celum ad consulendum contra potentiam principum, quia multa ex hac opinione possent sequi valde mala et periculosa et cavenda, quia generarent valde magnum scandalum.*

[25] See idem, In Decretalium volumen (as in note 2) ad X.1.2.1 and ad X.2.1.12, fol. 158 v.

claims of Lombard *signori* to legislate by plenitude of power should be accepted at face-value:

But, nevertheless, because all the Lombard *signori* through customary usage and, as it were, in theory and practice employ here the words "by plenitude of power" and are in possession of that power, as it were, in word and deed, I think that, without substantially violating the truth, we must believe them when they use such language, because it does not appear true that they would use a deceitful mode of expression, as is argued in [C. 9. 27. 6]. Otherwise [...] the decrees of such great *signori* would become illusory.[26]

The implications both of the emperor's capacity to expropriate by his will alone and of this acceptance of the pure power of *signori* are that the *de iure-de facto* model of interpretation requires further differentiation. Overall, the category *de facto* in the schema of Bartolus and Baldus implied "in accordance with higher norms" but the category *de facto* could also include, in the case of Baldus, an accepted and recognized expression of pure power as being legally valid (but which went against or beyond the *ius gentium*). This is completely different from the pre-Bartolist view, which accorded no legal validity to purely *de facto* power. Certainly, this aspect of the recognition of pure power on the part of jurists (and of Baldus in particular) merits further study, and in particular the themes of property rights and the rule of *signori*. It seems to me that the juristic contribution to the theme of power (and that of Baldus in particular) would illustrate a larger trend in fourteenth-century political thought towards a greater confrontation with political reality

---

26 IDEM, Partes I–V (as in note 24) Cons. 3.237, fol. 70 r [= IDEM, Consiliorum volumina (as in note 24) Cons. 1.267]: *Sed tamen quia omnes domini Lombardie de consuetudine usuali et quasi de quadam theorica et practica ponunt hic verba de plenitudine potestatis, et sunt in quasi possessione verbi et facti, puto salva substantia veritatis credendum* [*esse*] *eorum sermoni, quia non est verisimile quod falsa voce uterentur, arg.* [C.9.27.6]. *Alioquin* [...] *illusoria fierent decreta tantorum dominorum.*

Die Macht der Gelehrsamkeit

Über die Meßbarkeit des Einflusses politischer Theorien gelehrter Juristen des Spätmittelalters

von

Helmut G. Walther

I

In das Fünfgestirn von ‚superior sapiencia', ‚sciencia', ‚intellectus', ‚prudencia' und ‚ars' hätten sich einst die Königinnen der ‚canonica sapiencia' und der ‚civilis sciencia' einreihen wollen. Sie wären damit Teilhaber der Strahlkraft des Diadems der göttlichen ‚majestas' geworden, da diese ja in der ‚sapiencia' und ‚sciencia' liege. Arrogante ‚artistae', ‚mendicantes' und ‚medici' hätten ihnen diese Absicht jedoch fürs erste vereitelt. Solch sträfliches Tun von Vertretern anderer universitärer Disziplinen wollte 1372 der damals höchstbezahlte Bologneser Jurist, Johannes von Legnano, in einem Traum gesehen haben. Zugleich habe ihn noch im Traumgesicht der damalige Papst Gregor XI., der Herkunft nach selbst gelehrter Jurist und Schüler des Baldus de Ubaldis, dazu aufgefordert, beide juristischen Disziplinen gegen die ungerechten Angriffe zu verteidigen.[1]

---

[1] Vgl. Johannes de Legnano, Somnium, in: Bibl. Apost. Vatic., Cod. Vat. lat. 2639, fol. 247 r–273 v (Dedikationscodex von 12 Traktaten für Papst Gregor XI. von 1376). Zur hs. Überlieferung vgl. John P. McCall, The Writings of John of Legnano with a list of manuscripts, in: Traditio 23 (1967) S. 415–437, hier: S. 424; Egidio Gianazza und Giorgio d'Ilario, Vita e opere di Giovanni da Legnano, Legnano 1983, S. 75 f. (Hss.-Überlieferung, jedoch unzuverlässig), S. 219–222 (zum Inhalt des Traktats); Glynis M. Donovan und Maurice H. Keen, The ‚Somnium' of John of Legnano, in: Traditio 37 (1981) S. 325–345; Diego Quaglioni, Giovanni da Legnano (†1383) e il „Somnium Viridarii". Il „Sogno" del giurista tra scisma e concilio, in: ders., »civilis sapientia«. Dottrine giuridiche e dottrine politiche fra medioevo ed età moderna. Saggi per la storia del pensiero giuridico moderno, Rimini 1989, S. 145–167; Helmut G. Walther, *Canonica sapiencia* und *civilis scientia*: Die Nutzung des aristotelischen Wissenschaftsbegriffs durch den Kanonisten Johannes von Legnano (1320–1383) im Kampf der Disziplinen, in: Scientia und ars im Hoch- und Spätmittelalter (Miscellanea Mediaevalia 22) Berlin/New York

Der Bologneser Johannes von Legnano war natürlich nicht der erste Jurist, der sich verbal gegen Angriffe anderer gelehrter Disziplinen auf die eigene zur Wehr setzte, wenn sich auch seine Methode von Argumentationsschemata unterschied, die seine Zunftgenossen normalerweise verwendeten. Legnano gehörte nämlich zu den wenigen Juristen des 14. Jahrhunderts, die über fundierte Kenntnisse in der aristotelischen Wissenschaftslehre verfügten und deshalb auf die Invektiven der Artisten und Theologen in deren eigener Terminologie antworten konnten. Um so ungerechter mußte gerade er den Vorwurf der Unbildung von seiten der Pariser Artisten empfinden, die die Kanonisten (wohl nicht nur) ihrer Universität als zur Verwendung der aristotelischen Terminologie unfähig erklärt und sie deshalb als *asini* abqualifiziert hatten.[2]

Johannes von Legnano fehlte offenbar etwas von der Fähigkeit, mit Humor und Selbstironie zu reagieren, die seinen großen kanonistischen Vorgänger Heinrich von Susa (Hostiensis †1271) auszeichnete. Dieser hatte im 13. Jahrhundert solche Tiervergleiche im Streit der Disziplinen für unpassend erklärt und ins Lächerliche gezogen, indem er bewußt die eigene Profession ironisierte:

> Ist denn die Art der Maultiere höherrangig und würdiger als die der Pferde und Esel? Es ist noch einfach, die Theologie mit einer Wissenschaft von den Pferden und die ‚civilis sapientia' mit einer von den Eseln zu vergleichen. Doch will ich diesen Gedankengang nicht fortsetzen, da die Konsequenz offensichtlich ist.

Hostiensis meint damit, daß die Kanonistik als Kreuzung von Theologie und Zivilrecht gewissenmaßen als eine Maultierwissenschaft bezeichnet werden müßte.[3]

1994, S. 863–876; Andrea von Hülsen-Esch, Zur Konstituierung des Juristenstandes durch Memoria: Die bildliche Repräsentation des Giovanni da Legnano, in: Memoria als Kultur, hg. v. Otto Gerhard Oexle (Veröffentlichungen des Max-Planck-Instituts für Geschichte 121) Göttingen 1995, S. 185–206.

[2] Vgl. Walther, *Canonica sapiencia* (wie Anm. 1) S. 868 ff.; ders., „Verbis Aristotelis non utar, quia ea iuristae non saperent". Legistische und aristotelische Herrschaftstheorie bei Bartolus und Baldus, in: Das Publikum politischer Theorie im 14. Jahrhundert, hg. v. Jürgen Miethke (Schriften des Historischen Kollegs. Kolloquien 21) München 1992, S. 111–126, hier: S. 111 ff.

[3] Vgl. Hostiensis, Summa, Lyon 1537, Prooemium no. 12, fol. 3 ra: *sicut ergo natura composita dignior et maior est omnibus aliis, sic et scientia nostra, quia idem iudicium de similibus est habendum, infra ‚de rescriptis', ‚inter ceteras'* [= X.I.3.4]. *Quinimo theologia spiritualis creaturae scientia, civilis vero corporalis, humanae canonica potest dici, sicque debet canonica, ut ex praemissis potest ab omnibus quibus appropriant, proprie prae ceteris commendari. Sed nunquid species mulina maior est et dignior equina et asinina? Planum est, quod equinam theologicae scientiae, asininam civili sapientiae poteris comparare. Nolo concludere, sed considera quid sequatur!* Auch die in humorvollem Ton

Die Empfindlichkeit des Kanonisten Johannes von Legnano aus dem 14. Jahrhundert gegenüber Angriffen der Theologen erklärt sich freilich zum guten Teil aus der damaligen Situation an den italienischen Studia generalia, die nun in der 2. Hälfte des Jahrhunderts durch Inkorporation mendikantischer Ordensstudien theologische Fakultäten erhielten, so daß die bislang ganz ungestört in ihrer eigenen terminologischen Welt lebenden Rechtsstudenten plötzlich mit fachfremden aristotelisierenden Mitgliedern ihrer ,nationes' konfrontiert waren und offensichtlich auch verbal herausgefordert wurden.[4]

Diese Vorwürfe der Artisten gegen die Juristen waren dabei sicherlich auch von einem gewissen Sozialneid getragen. Denn bereits seit der Etablierung von Rechtsstudien im 12. Jahrhundert rechnete das Studium des römischen Rechts zu den ,scientiae lucrativae', die Ordensklerikern ausdrücklich untersagt waren.

Auch für das Studium des Kirchenrechts in den als Universitäten organisierten Rechtsstudien Italiens galt dieses soziale Gefälle in vergleichbarer Weise, wie etwa der Sozialstatus der nach Bologna zum Studium des Kirchenrechts kommenden nordalpinen Studenten deutlich beweist. Mit einem Kanonistikstudium war eine Karriere in der kirchlichen Hierarchie besser und effektiver zu fördern als mit dem wesentlich langwierigeren Theologiestudium. Selbst wer am Ende den im Vergleich zum ,doctor decretorum' nur selten erlangten, zweifellos dann aber sehr prestigeträchtigen Grad eines Doktors der Theologie erreichte, konnte im Durchschnitt nicht mit den Einkünften eines kanonistischen Doktors mithalten. Theologie sollte und durfte nach den zeitgenössischen Maßstäben ohnehin keine ,scientia lucrativa' sein, so daß in vielen Streitschriften die Kontroverse darüber ausgetragen wurde, ob ein theologischer oder ein kirchenrechtlicher Doktor der Kirche mehr nütze – übrigens wurde meist unter praktischen Gesichtspunkten zugunsten der Kanonisten entschieden.[5]

---

vorgetragene Kritik des Hostiensis an diesen Rangstreitigkeiten von Disziplinen nimmt ihren Ausgangspunkt von polemischen Äußerungen der Theologen über die Eselhaftigkeit der Gelehrten des weltlichen Rechts! Vgl. STEPHAN KUTTNER, Harmony from dissonance. An interpretation of medieval canon law [1960], wieder in: DERS., The History of Ideas and Doctrines of Canon Law in the Middle Ages, London 1980, Nr. I, S. 1–16, hier bes.: S. 14 f.; WALTHER, *Canonica sapiencia* (wie Anm. 1) S. 869 mit Anm. 16 (Kontroversen zum Wissenschaftscharakter der Rechtsgelehrsamkeit seit dem 13. Jahrhundert).

4 Vgl. WALTHER, *Canonica sapiencia* (wie Anm. 1) S. 868 ff.

5 Zu den sozialen Aspekten des Rechtsstudiums an den neuen Universitäten zusammenfassend ALAN F. COBBAN, Medieval student power, in: Past and Present 53 (1971) S. 28–66; MANLIO BELLOMO, Saggio sull'università nell'età del diritto comune, Catania 1979; ANTONIO PADOA SCHIOPPA, Sul ruolo dei giuristi nell'età del diritto commune: un problema aperto, in: Il diritto

Angesichts der eigenen nur unsicheren Zukunftsaussichten von Artisten und Theologen tat es gut, wenigstens vehement an der wissenschaftlichen Reputation der so einträglichen Tätigkeit der Juristen kratzen zu können. Konnte man ihnen doch vorhalten, daß sich gleich an mehreren Stellen des ‚Corpus Iuris Civilis' der Satz fand, daß wahrhaft Philosophierende Geld verachten. Der 1265 verstorbene einflußreiche Bologneser Rechtslehrer Odofredo de Denariis hatte ihm jedoch als Nachsatz hinzugefügt, daß diese Haltung nicht diejenige der Doktoren des Rechts sei (*recte philosophantes spernunt pecuniam, non tamen doctores legum*). Dieses offenherzige Bekenntnis war bezeichnend für seinen Urheber. Odofredus war nicht nur ein unermüdlicher Propagandist des besonderen Rangs und der Legitimität der in Bologna betriebenen Rechtswissenschaft, er praktizierte auch ganz bewußt den von ihm hinzugefügten Nachsatz. Systematisch benutzte er seine Einnahmen aus der Rechtsschule und die Honorare für Rechtsgutachten zu einer beachtlichen Vermögensbildung. Bitter beklagte er sich auch öffentlich über die laxe Zahlungsmoral seiner Studenten, die nur ungern für die Vermittlungstätigkeit des auf diese Weise zuteil gewordenen Wissens in den Beutel greifen wollten.[6] Das Anrecht auf Bezahlung der Verbreitung ihres Wissens wollten sich weder Legisten noch Kanonisten durch das Gerede wegdiskutieren lassen, daß die Wissenschaft eine Gabe Gottes sei, die deshalb nicht verkauft werden dürfe. So hatte auch der für die Neuorientierung

---

comune e la tradizione giuridica europea, Perugia 1980, S. 153–166; Walter Steffen, Die studentische Autonomie im mittelalterlichen Bologna (Geist und Werk der Zeiten 58) Bern/Frankfurt am Main 1981; Ennio Cortese, Legisti, Canonisti e Feudisti: la formazione di un ceto medievale, in: Università e società nei secoli XII–XIV, Pistoia 1982, S. 195–281; Geschichte der Universität in Europa, Bd. I: Mittelalter, hg. v. Walter Rüegg, bes. S. 187 ff. (Rainer C. Schwinges), S. 225 ff. (Peter Moraw) und S. 343 ff. (Antonio García y García); zur kirchlichen Denunziation bestimmter Disziplinen als ‚scientiae lucrativae' und zu Verboten ihres Studiums durch Kleriker und Ordensgeistliche vgl. Gaines Post/Kimon Giocarinis/Richard Kay, The medieval heritage of a humanistic ideal: *Scientia donum Dei est, unde vendi non potest*, in: Traditio 11 (1955) S. 195–234; zu den Kontroversen zwischen Theologen und Kanonisten um ihren größeren Nutzen für die Kirche vgl. James R. Long, „Utrum iurista vel theologus plus proficiat ad regimen ecclesie". A Quaestio Disputata of Francis Caracioli, edition and study, in: Mediaeval Studies 30 (1968) S. 134–162; Jürgen Miethke, Karrierechancen eines Theologiestudiums im späteren Mittelalter, in: Gelehrte im Reich. Zur Sozial- und Wirkungsgeschichte akademischer Eliten des 14. bis 16. Jahrhunderts, hg. v. Rainer Christoph Schwinges (Zeitschrift für historische Forschung. Beiheft 18) Berlin 1996, S. 181–209.

6 Vgl. Johannes Fried, Vermögensbildung der Bologneser Juristen im 12. und 13. Jahrhundert, in: Università (wie Anm. 5) S. 27–55, bes. 36 ff. (zu Odofredus); vgl. auch die urkundlichen Belege seiner gewinnträchtigen Geschäfte bei Andrea Padovani, L'Archivio di Odofredo. Le pergamene della famiglia Gandolfi Odofredi, edizione e regesto (1163–1499) Spoleto 1992; dazu demnächst ausführlich der Verf.

des Kirchenrechts am Muster der in Bologna gerade zu neuer Blüte gelangten Legistik so einflußreiche Magister Gratian bereits auf den Praxisbezug allen juristischen Wissens verwiesen. Honorare für die Gewährung von Rat und Beistand vor Gericht seien deswegen keineswegs anstößig. Der Bologneser Kanonist Johannes Teutonicus zog noch vor der Mitte des 13. Jahrhunderts in seiner ‚Glossa ordinaria' zu Gratians ‚Decretum' für seine Disziplin den vorläufigen Schlußstrich in der Diskussion: Wie jeder Handwerker für seine Dienstleistungen Lohn einfordern dürfte, so auch Anwälte und Rechtskundige. Wer Bücher wälzen und juristische Glossen zu Rate ziehen müsse, um einen fundierten eigenen Rat zu geben, verdiene dafür auch eine anständige Bezahlung. Die Tätigkeit als Konsulenten zunächst in den italienischen Kommunen nahm deshalb für die juristischen Doktoren der Rechtsstudien bald den Umfang einer überaus einträglichen Zweittätigkeit neben der Lehre an.[7]

Dies war keine überraschende Entwicklung: Denn der Aufstieg der Rechtsschulen in Bologna und die Verbreitung der in ihnen entwickelten Exegese gründete sich letztlich schon von Anfang an im Renommé der sie leitenden Rechtslehrer als Rechtspraktiker. Die Studenten erlernten die Bestimmungen der Digesten und des Codex, des Dekretum und des päpstlichen Dekretalenrechts samt der zugehörigen Methodik und ihrer Anwendung um des erkennbaren Nutzens für die spätere Praxis willen – sei es als ‚iudices' oder – wie das vor allem für die aus nordalpinen Regionen an den Reno gekommenen Rechtsstudenten bis ins 15. Jahrhundert galt – als Pfründeninhaber mit Kenntnissen im gelehrten Recht, die ihre Sozialkarriere befördern helfen konnten.

Die Bedeutung des gelehrten Rechts für die ‚politische' Praxis zeigte sich nicht zuletzt in der eidlichen Bindung der Rechtslehrer an die italienische Kommune im ausgehenden 12. Jahrhundert und in ihrer bevorzugten Verwendung als Gutachter und Gesandte. Immer stärker wurden die von den Doktoren gelehrten und interpretierten ‚leges' als ‚ius commune' nicht nur zur Rahmenordnung innerstädtischer Statutargesetzgebung, sondern zur Norm zwischenkommunalen Rechts. Im Verlaufe des 13. Jahrhunderts wurde das prozeßrechtlich so wichtige ‚consilium sapientis iudiciale' in den kommunalen Verfassungen Italiens verankert und damit ein fester Bestandteil der Prozeßpraxis.[8]

---

[7] Vgl. Post/Giocarinis/Kay, The medieval heritage (wie Anm. 5); Fried, Vermögensbildung (wie Anm. 6) S. 29 ff.

[8] Vgl. Mario Sbriccoli, L'interpretazione dello statuto. Contributo allo studio della funzione dei giuristi nell'età comunale (Università di Macerata. Pubblicazioni della Facoltà di Giurisprudenza, 2a Serie 1) Milano 1969; Giuseppe Ermini, L'educazione del giurista nella tradi-

Aber auch in den politischen Konflikten zwischen Herrschern, die wir in moderner Terminologie „außenpolitisch" nennen würden, wurden seit dem 13. Jahrhundert von den Kontrahenten Rechtsgutachten zur Untermauerung der eigenen Position in zunehmender Häufigkeit herangezogen. Dafür gab es zunächst den praktischen Anlaß, daß nämlich diese Konflikte des „internationalen Bereichs" seit der 2. Hälfte des 13. Jahrhunderts nur noch dann militärisch ausgetragen werden konnten, wenn außerordentliche Finanzmittel von eigenen Lehnsleuten bzw. den Ständen des Reichs oder/und vom Klerus in Form päpstlicher Bewilligungen als Kreuzzugszehnt zur Verfügung standen. In beiden Fällen erwies sich argumentative juristische Hilfe zur Erlangung solch außerordentlicher Finanzhilfen als recht nützlich.[9]

Wenn die ältere Forschung zu schnell bereit war, solche Rechtsgutachten unter dem Terminus ‚Publizistik' zu rubrizieren und also mehr dem Bereich der ‚Propaganda' zuzuordnen, so verstellt eine solche Einordnung eine wirkliche funktionale Analyse. Verbietet sich schon angesichts der Form der handschriftlichen Verbreitung eine Zuordnung zur terminologisch fragwürdigen ‚Publizistik', so ist eine funktionale Analyse nur durch eine Untersuchung dieser Texte im personellen Dreieck von Auftraggeber, Autor und Rezipienten möglich. Jedenfalls läßt sich aus ihrer anwachsenden Zahl folgern, daß seit der Wende zum 14. Jahrhundert Rechtsgutachten an den Fürstenhöfen nicht nur in West- und Südeuropa, sondern auch im Reich an den Herrscherhöfen eine neue Qualität erlangten.[10] Dieser qualitative Sprung ist zu-

---

zione del ‚diritto comune', in: L'educazione giuridica, Bd. II: Profili storici, Perugia 1979, S. 40–51; Helmut G. Walther, Die Anfänge des Rechtsstudiums und die kommunale Welt Italiens im Hochmittelalter, in: Schulen und Studium im sozialen Wandel des hohen und späten Mittelalters, hg. v. Johannes Fried (Vorträge und Forschungen 30) Sigmaringen 1986, S. 121–162; Guido Rossi, Consilium sapientis iudiciale. Studi e ricerche per la storia del processo romano-canonico, Bd. 1: Secoli XII–XIII, Milano 1958.

[9] Vgl. Helmut G. Walther, Der westliche Mittelmeerraum in der zweiten Hälfte des 13. Jahrhunderts als politisches Gleichgewichtssystem, in: „Bündnissysteme" und „Außenpolitik" im späteren Mittelalter (Zeitschrift für historische Forschung. Beiheft 5) Berlin 1988, 39–67; Dieter Berg, Deutschland und seine Nachbarn 1200–1500 (Enzyklopädie deutscher Geschichte 40) München 1997.

[10] Eine genaue Analyse der Produzenten und Rezipienten mittelalterlicher Politiktheorie versuchte das von Jürgen Miethke veranstaltete Kolloquium ‚Das Publikum' (wie Anm. 2). Unterschiedliche Akzentsetzung bei der Bestimmung des Anteils der gelehrten Theorien an der mittelalterlichen Außenpolitik bei Helmut G. Walther, Imperiales Königtum, Konziliarismus und Volkssouveränität. Studien zu den Grenzen des mittelalterlichen Souveränitätsgedankens, München 1976; Jürgen Miethke, Politisches Denken und monarchische Theorie. Das Kaisertum als supranationale Institution im späteren Mittelalter, in: Ansätze und Diskontinuität deutscher Nationsbildung im Mittelalter, hg. v. Joachim Ehlers (Nationes 8) Sigmaringen 1989, S. 121–144, und bei Kenneth Pennington, The Prince and the Law 1200–1600. Sovereignty and rights in

dem vor dem Hintergrund zu sehen, daß zugleich das Papsttum seinen theoretisch-systematisch ausformulierten Anspruch als Oberhaupt der gesamten Christenheit nun zur Untermauerung seines politischen Eingreifens in weltliche Angelegenheiten konsequent nutzte. Der Aufschwung der Kanonistik bot nicht nur den argumentativen Rahmen für die Legitimierung des Einsatzes der kirchlichen Finanzen in „zwischenstaatlichen" Konflikten, um dem Papsttum politisch erwünschte militärische Entscheidungen zu ermöglichen. Hierher gehören auch die ‚politischen Kurienprozesse' als Versuche der Päpste, ihre ‚potestas directa' wie ‚indirecta in temporalibus' juristisch zu nutzen. Die päpstlichen Dekretalensammlungen sind auch unter diesem Aspekt aufschlußreich.[11]

Der Konflikt um die rechtlich umstrittene Möglichkeit eines Papstes, auf sein Amt zu verzichten, brachte beim Wechsel von Cölestin V. zu Bonifaz VIII. (1294) eine Fülle von Consilia hervor, ebenso die mehrfachen Konflikte Philipps IV. von Frankreich mit der Kurie, die Auseinandersetzung Heinrichs VII. mit Robert von Neapel, die mit der Dekretale ‚Pastoralis cura' Clemens' V. eine neue Qualität erlangte, und der jahrzehntelange Kampf Ludwigs des Bayern um seine Anerkennung an der avignonesischen Kurie, schließlich die strittige Thronfolge in Frankreich und der Beginn des Hundertjährigen Krieges, ganz zu schweigen vom Großen abendländischen

---

western legal tradition, Berkeley 1993. Die für die politische Praxis der Zeit größere Bedeutung der juristischen Consilia gegenüber der (offensichtlich von der modernen Forschung als attraktiver und innovativer angesehenen und dabei überschätzten) politischen Theorie auf der Grundlage der seit der Mitte des 13. Jahrhunderts im Abendland bekanntwerdenden Werke der praktischen Philosophie des Aristoteles wird erst seit jüngster Zeit vor allem in der angloamerikanischen Mediävistik artikuliert. Vgl. dazu jetzt neben PENNINGTON, The Prince (wie in dieser Anm.), JOSEPH CANNING, Ideas of the state in thirteenth and fourteenth-century commentators on the Roman Law, in: Transactions of the Royal Historical Society. Fifth Series 33 (1983) S. 1–27; DERS., Politics, institutions and ideas [= Einleitung zu ‚Development: c. 1150–c. 1450'), in: The Cambridge History of Medieval Political Thought c. 350–c. 1450, hg. v. JAMES H. BURNS, Cambridge 1988, S. 341–366, und DERS., A History of Medieval Political Thought 300–1450, London/New York 1996, bes. S. 135 ff. Siehe auch die kritischen Bemerkungen bei HELMUT G. WALTHER, Die Gegner Ockhams: Zur Korporationslehre der mittelalterlichen Legisten, in: Politische Institutionen im gesellschaftlichen Umbruch. Ideengeschichtliche Beiträge zur Theorie politischer Institutionen, Opladen 1990, S. 113–139, bes. S. 118 ff.

[11] Vgl. WALTHER, Imperiales Königtum (wie Anm. 10) S. 112 ff. und S. 125 ff.; JÜRGEN MIETHKE, Historischer Prozeß und zeitgenössisches Bewußtsein. Die Theorie des monarchischen Papats im hohen und späten Mittelalter, in: Historische Zeitschrift 226 (1978) S. 564–599; OTHMAR HAGENEDER, Weltherrschaft im Mittelalter, in: Mitteilungen des Instituts für Österreichische Geschichte 93 (1985) S. 257–278; WALTHER, Mittelmeerraum (wie Anm. 9) S. 43 ff.; BRIAN TIERNEY, Medieval canon Law and Western constitutionalism, in: Catholic Historical Review 52 (1966) S. 1–17; DERS., Religion, Law and the Growth of Constitutional Thought, 1150–1650, Cambridge 1982.

Schisma. Sie alle sollen hier nur als gewichtige Stationen der Entwicklung genannt sein.[12]

Dagegen ist eigens darauf zu verweisen, daß bei politischen Konflikten im Inneren der italienischen Kommunen in der Regel keine juristischen Gutachten eingeholt wurden. Viele Kommunen unterbanden sogar das indirekte Hineinregieren gelehrter Juristen in die kommunalen Verfassungskämpfe durch einen expliziten Ausschluß der Doktoren von den städtischen Ratsgremien. Diesem Vorbild folgte dann auch im 15. Jahrhundert Nürnberg, das mehr als jede andere Reichsstadt Deutschlands systematisch den juristischen Rat graduierter Universitätsjuristen auch für politische Entscheidungen suchte. Dies geschah nicht zuletzt, da der Nürnberger Rat seine Stadt – wie noch zu zeigen sein wird – in Analogie zu den italienischen Kommunen als autonomieberechtigte Stadtgemeinde verstand, aber andererseits (wie etwa Padua und Venedig) sorgfältig Juristen von der eigentlichen politischen Entscheidungsfindung im Rat fernhielt.

Wenn der Mediävist sich also nicht mit generalisierenden ideengeschichtlichen Aussagen zur Wirksamkeit politischer Theorien gelehrter Juristen begnügen will, sondern nach dem konkreten Ort und nach dem Grad und dem Umfang der Wirksamkeit solcher politischer Theorien fragt, so muß er sowohl die Rahmenbedingungen der Wirksamkeit der Theorien als auch den Ablauf der politischen Entscheidungsfindung rekonstruieren, um die Orte festzustellen, an denen sich die politische Theorie der Juristen Einfluß verschaffte. Erst dann sind präzise Antworten über das Ausmaß dieses Einflusses möglich. Es bietet sich also an, dafür vorrangig Krisensituationen politischen Handelns zu untersuchen, in denen den politischen Entscheidungsträgern vielleicht sogar höchst unterschiedliche Optionen möglich waren. Der Grad der Wirkungsmächtigkeit juristischer Theorien, die von den Juristen auf dem Wege des Consiliums oder sogar direkt im Entscheidungsgremium angeboten wurden, erweist sich am deutlichsten, wenn die auf einer politischen Theorie basierenden, von Juristen vorgelegten Optionen in Konkurrenz zu nichtjuristisch-politiktheoretischen stehen. Solche für die Fragestellung als Idealfälle anzugebenden Situationen sind jedoch nur selten aus dem überlieferten Quellenmaterial zu rekonstruieren. Immerhin macht die von mir vor einiger Zeit untersuchte Situation vom August 1400 bei der Absetzung König Wenzels Mut, nach analogen Situationen Ausschau zu halten,

---

12 Zur Funktionsbestimmung dieser Konflikte WALTHER, Imperiales Königtum (wie Anm. 10); JÜRGEN MIETHKE, Politische Theorie in der Krise der Zeit. Aspekte der Aristotelesrezeption im frühen 14. Jahrhundert, in: Institutionen und Geschichte. Theoretische Aspekte und mittelalterliche Befunde, hg. v. GERT MELVILLE (Norm und Struktur 1) Köln/Weimar/Wien 1992, S. 155-186.

die Aufschluß darüber versprechen, an welchen konkreten Punkten welche Personen in welcher Funktion politischen Theorien gelehrter Juristen zu verfassungspolitischer Wirksamkeit verhalfen. Drei Fallstudien, zu einem italienischen, einem deutschen mit Beteiligung italienischer Juristen und zu einem rein deutschen Fall, sollen erste Anhaltspunkte liefern.[13]

II

Anders als sein Lehrer Bartolus von Sassoferrato hatte sich der aus dem innerstädtischen peruginischen Adel stammende Baldus de Ubaldis nie mit der im 14. Jahrhundert dezidiert magnatenfeindlichen Politik seiner Heimatkommune abfinden können. Er hatte 1376 für vier Jahre Perugia zugunsten Paduas verlassen und war 1390 endgültig von Perugia aus dem Ruf Giangaleazzo Viscontis an die von diesem Signore wiederbegründete Universität Pavia gefolgt. Das Ansehen dieses damals höchstbesoldeten aller Juristen reichte weit über Italien hinaus. Daraus resultierte der Einfluß, den er auch auf politischem Gebiet besaß und den er mit seinen zahlreichen dezidiert politischen Gutachten für Streitfälle bis nach Portugal ausübte.

Giangaleazzo Visconti war 1380 formal durch den römischen König Wenzel mit dem kaiserlichen Vikariat über Mailand betraut worden, 1395 hatte Wenzel dieses zur herzoglichen Würde in einem dafür neugeschaffenen Herzogtum Mailand aufgewertet. Die politischen Gegner Wenzels im Reich machten gerade diese Entscheidung zu einem der materiellen Kernpunkte der ‚dilapidatio' bzw. ‚alienatio', die sie zum Zwecke der Amtsenthebung des Königs diesem vorwarfen.[14]

---

[13] Vgl. Helmut G. Walther, Das Problem des untauglichen Herrschers in der Theorie und Praxis des europäischen Spätmittelalters, in: Zeitschrift für historische Forschung 23 (1996) S. 1–28. Dagegen sah zuletzt Miethke, Politische Theorie (wie Anm. 12) in der Rezeption der Sozialphilosophie des Aristoteles einen Versuch der Intellektuellen, „der Verunsicherung zu begegnen, die mit den traditionellen überkommenen Vorstellungskomplexen nicht mehr zu bewältigen war angesichts dessen, was sich im 13. Jahrhundert ereignete" (ebd., S. 167). Ein Versuch, den Stellenwert juristischer Consilia im späteren Mittelalter neu zu bestimmen, liegt vor in: Consilia im späten Mittelalter. Zum historischen Aussagewert einer Quellengattung, hg. v. Ingrid Baumgärtner (Studi. Schriftenreihe des Deutschen Studienzentrums in Venedig 13) Sigmaringen 1995.

[14] Zu Baldus und seiner politischen Theorie umfassend Joseph Canning, The Political Thought of Baldus de Ubaldis (Cambridge Studies in Medieval Life and Thought. Fourth Series 6) Cambridge 1987, bes. S. 221 ff. Vgl. ferner Pennington, Prince (wie Anm. 10) S. 202 ff., hier: S. 205 f. und S. 215 f. (Signorie des Giangaleazzo Visconti); zu den kurfürstlichen Beschwerdepunkten gegen Wenzel seit 1397 (darunter die Herzogserhebung des Visconti) und ihrer Rolle im Absetzungsverfahren vom August 1400 vgl. Alois Gerlich, Habsburg-Luxemburg-Wittels-

Baldus setzte sich in mehreren seiner Consilia nach 1395 mit dem Umfang der Herrschaftsgewalt des Visconti-Herzogs auseinander. Wichtig war für Baldus – gerade angesichts der in Deutschland erhobenen Kritik an Wenzels Handeln –, daß die Anerkennung des Vikariats von 1380 und die Herzogserhebung von 1395 durch den König keineswegs unerlaubte Veräußerungen von Reichsrechten darstellten, sondern rechtlich einwandfreie Bestellungen eines Amtsträgers mit einer genau angebbaren Amtsgewalt (‚imperium') durch den Princeps. Gerade gegenüber der intensiv von Kanonisten und Legisten am Beispiel der Konstantinischen Schenkung und der Krönungseide erörterten Frage über einen noch erlaubten Umfang der Veräußerung von Kronrechten kam den Erörterungen des Baldus natürlich eine wichtige legitimierende Funktion bei der Sicherung der Herrschaftsgrundlagen und der Herrschaftsbefugnisse des Visconti-Herzogs zu. Die Situation des als Usurpator offen angefeindeten und nach Meinung des Lehrers Bartolus von Sassoferrato als ‚Tyrannen' geltenden Visconti war ähnlich rechtlich unklar wie die des 1385 von den portugiesischen Cortes nach dem Tode Ferdinands I. zum neuen König gewählten Avis-Ordensgroßmeisters Johann I. Auch hier hat Baldus in zumindest zwei Gutachten in portugiesischen Konflikten des neuen Königs die Kontinuität der Königswürde hervorgehoben, auch wenn er dabei die Verfügungsmöglichkeiten des regierenden Königs einschränken mußte.[15]

---

bach im Kampf um die deutsche Königskrone. Studien zur Vorgeschichte des Königtums Ruprechts von der Pfalz, Wiesbaden 1960, S. 302 ff.; Heinz Thomas, Deutsche Geschichte des Spätmittelalters 1250–1500, Stuttgart 1983, S. 332 ff.; Helmut G. Walther, Der gelehrte Jurist als politischer Ratgeber. Die Kölner Universität und die Absetzung König Wenzels 1400, in: Die Kölner Universität im Mittelalter (Miscellanea Mediaevalia 20) Berlin/New York 1989, S. 467–487; Walther, Problem (wie Anm. 13) S. 18 ff.

[15] Vgl. Walther, Gegner (wie Anm. 10) S. 127 ff.; ders., Die Legitimität der Herrschaftsordnung bei Bartolus von Sassoferrato und Baldus de Ubaldis, in: Rechts- und Sozialphilosophie des Mittelalters, hg. v. Erhard Mock und Georg Wieland (Salzburger Schriften zur Rechts-, Staats- und Sozialphilosophie 12) Frankfurt am Main u. a. 1990, S. 115–139, hier: S. 124 ff. (Dauer der Institutionen und politischer Wandel in den Consilia des Baldus, speziell für den Visconti und König Johann I. von Portugal). Die beiden Gutachten für Johann I.: Baldus de Ubaldis, Consilia, Bd. I, Venedig 1575, cons. 271, fol. 81 va–82 ra, und Bd. III, Venedig 1585, cons. 159, fol. 45 rb–46 va; dazu Canning, Baldus (wie Anm. 14) S. 215 ff.; Walther, Gegner (wie Anm. 10) S. 129 f.; Walther, Legitimität (wie in dieser Anm.) S. 129 f. Zu den parallel zum letzteren Consilium des Baldus bei den Bologneser Doktoren des Zivilrechts für Johann I. eingeholten Gutachten vgl. Thomas M. Izbicki, A Bolognese consilium on Portuguese politics [zuerst 1982], wieder in: ders., Friars and Jurists. Selected Studies (Bibliotheca Eruditorum 20) Goldbach 1977, S. 181*–187*; Baldus, Cons. I (wie in dieser Anm.) cons. 328, fol. 102 rb–103 rb. Zur Textsituation der offenbar von Baldus mehrfach überarbeiteten Visconti-Consilia zuletzt Kenneth Pennington, The Authority of the Prince in a Consilium of Baldus de Ubaldis [zuerst

Mit seiner juristischen Autorität leistete Baldus auch in einem seiner Consilia für Giangaleazzo Visconti einen bemerkenswerten Beitrag zum Problem, wie Dauerhaftigkeit der rechtlichen Fundamente und politischer Wandel vereinbar seien. In diesem Consilium geht Baldus der Frage nach, welche Folgerungen sich für das Verhältnis von Vikariatsgewalt und Herzogsgewalt aus der Erhebung Giangaleazzos vom bloßen *vicarius perpetuus in quadam civitate imperii et eius pertinentiis, territorio et possessionibus* zum *dux in nonnullis terris, provinciis et earum dioecesibus*[16] ergeben.

Selten berief sich Baldus an anderer Stelle so dezidiert auf seinen Lehrer Bartolus von Sassoferrato wie hier, als er den Umfang der kaiserlichen Gewalt des Princeps beschrieb. Wenzel hätte Giangaleazzo stattdessen durchaus auch zum König des vakanten Arelatischen Reiches erheben können: *Item utrum vocetur rex vel vocetur dux, nihil ad rumbum; quia non facio vim in nomine, sed in qualitate regiminis et magnitudine potestatis.*[17]

Auch mit den ‚nomina' des Princeps sei es so eine Sache. Die Titel ‚dominus totius mundi' und ‚deus in terris', wie sie in den Digesten und Novellen enthalten seien, würden zwar von der ‚Historia scholastica' des Petrus Comestor und dem Matthäus-Evangelium bestätigt. Wenn die Novelle 69 Justinians dem Kaiser dann die Beherrschung aller Provinzen zwischen Sonnenaufgang und Sonnenuntergang zuschreibe, so sei doch diesem älteren normativen Anspruch die andersartige Erfahrung der Gegenwart entgegenzuhalten:

> Nun aber haben sich die Ordnungsgefüge der Welt verändert, wie es Aristoteles in seinem Werk über Himmel und Welt sagt; nicht aber in der Weise, daß die Welt neu geschaffen und dann zerrüttet würde, sondern nur ihre Ordnungsgefüge. Deshalb gibt es nichts Dauerndes unter der Sonne. Die Ursache der Zerrüttung ist von sich aus die Zeit, wie im 4. Buch der Physik [des Aristoteles] zu lesen ist.

Freilich strebt Baldus mit solchen Erwägungen keine Relativierung des Wertes aller Institutionen an und will diese gar zum Prinzip seiner politischen Theorie erheben. Vielmehr benutzt er solche Überlegungen zum natürlichen

---

1992], in überarbeiteter Form wieder in: Ders., Popes, Canonists and Texts, 1150–1550 (Variorum Collected Studies 412) Aldershot/Brookfield 1993, Nr. XXI, S. 1–9 und S. 492–515.

16 Baldus, Cons. I (wie Anm. 15) cons. 328, fol. 102 rb. Zu diesem Consilium Canning, Baldus (wie Anm. 14) S. 73 und S. 223; Pennington, Prince (wie Anm. 10) S. 215 ff.

17 Baldus, Cons. I (wie Anm. 15) cons. 328, fol. 102 vb; Baldus beruft sich ausdrücklich auf Bartolus als Autorität, bevor er seine ‚solutio' anbietet: *Sciendum est, quod Bartolus dicit, quod si aliquis habet temporalem iurisdictionem, non requiritur consensus eius, secus si habet perpetuam, ut ipse notat in l. 1 § et fin, post operis ff. ‚De no.* [*ve*] *ope.* [*ris*] *nun.* [*tiatione*] [= D.39.1.1. und 17] (ebd., fol. 102 vab). Vgl. Bartolus a Saxoferrato, In primam partem Digesti Novi Commentaria, Venedig 1585, fol. 19 rv.

Prozeß der Korrumpierung alles Irdischen durch die Zeit, um zeigen zu können, daß das Imperium nicht allein nach diesen Maßstäben innerweltlich-natürlichen Geschehens zu beurteilen sei, sondern letztlich nach übernatürlichen, nach den heilsgeschichtlichen Qualitäten des Reichs. Typisch ist deshalb der interpretatorische Umgang mit Justinians 6. Novelle, in der die Sempiternität des römischen Imperiums behauptet wird. Baldus akzeptiert diese Aussage erst, wenn sie durch das Heranziehen heilsgeschichtlicher Begründungen ergänzt wird:

Freilich mag es immer ein Imperium geben, wie der Epilog der 6. Novelle sagt. Doch bleibt es nicht im gleichen Zustand erhalten, weil es in fortwährender Bewegung und verwirrender Bedrängnis besteht. Und das geht auch schon aus der Verwandlung der vier führenden Reiche hervor, unter denen es zwei von größerer Bedeutung gab, nämlich zuerst das der Assyrer und endlich das der Römer. Von diesem sagt Augustin im 8. Kapitel des 10. Buches von ‚De civitate Dei', daß es bis zum Ende dieses Weltalters dauern werde und vom Kaiser in weltlichen Dingen, vom Apostelnachfolger aber in geistlichen regiert werden soll.[18]

Die politische Theorie der spätmittelalterlichen Legisten reagiert sehr wohl auf die gegenüber Justinians Zeiten veränderten Rahmenbedingungen für ihre juristische Tätigkeit als Kommentatoren: Die universalen Ansprüche des Princeps, die gefaßt wurden als ‚dominus universalis' bzw. ‚deus in terris' in der Terminologie des ‚Corpus Juris Civilis', bestritten die meisten Könige zumindest dahingehend, daß daraus praktische Konsequenzen für sie nicht resultierten. Den Souveränitätsanspruch ihrer Herrscher kleideten deshalb Legisten und Kanonisten in die Formel *rex in temporalibus superiorem non recognoscens est imperator in regno suo*. Die päpstliche Dekretalengesetzgebung und ihre kanonistische Kommentierung trieben den Prozeß der Entuniversalisierung der Kaisergewalt voran. Clemens V. zog im Konflikt zwischen Heinrich VII. und König Robert von Neapel die Konsequenz und reduzierte nach kanonistischem Ratschlag die Kaisergewalt sogar auf einen engen ‚districtus imperii'. Umgekehrt steigerten die Päpste den eigenen universalen Leitungsanspruch ihres Amtes, so daß sie zumindest subsidiär auch Gewalt

---

[18] BALDUS, Cons. I (wie Anm. 15) cons. 328, fol. 103 ra: *Nunc autem dispositiones mundi mutatae sunt, ut ait Aristoteles in Coeli et Mundi; nun utique mundus generabitur et corrumpetur, sed dispositiones ipsius, et nihil perpetuum sub sole: Corruptionis enim causa per se est tempus, IVo Physicorum* [...] *Licet imperium semper sit, in Auth. ‚Quomodo oporteat episcopos', § fin.* [Nov. 6, Epilog]. *Tamen non eadem statu permanet, quia in continuo motu et perplexa tribulatione insistit. Et hoc apparet in mutatione quatuor principalium regnorum, inter quae* [!] *duo praeclariora constituta sunt, Assyriorum primum, Romanorum postremum, ut ait Augustinus libro X c. 8 ‚De civitate Dei', quod debat durare usque in finem huius saeculi, et per imperatorem regi in temporalibus, per apostolicum regi in spiritualibus.*

'in temporalibus' zu ihrer 'plenitudo potestatis in spiritualibus' beanspruchten.

Eine Erosion der umfassenden Jurisdiktion des Kaisers bedeutete freilich bereits der Anspruch der italienischen Kommunen des 13. Jahrhunderts und dann im 14. Jahrhundert auch ihrer Signori auf ein autonomes 'merum et mixtum imperium'. Zwar erkannte die Mehrheit der italienischen Legisten die Aufgabe des Princeps als Urheber der 'leges scriptae' und damit als Garanten eines 'ius commune' an, bestritt aber besonders in politischen Konflikten dem Kaiser ein direktes Weisungsrecht zumindest gegenüber denjenigen Städten, die sich (wie z. B. Florenz) vom Imperium exemt erklärten und damit für sich eine ähnliche souveräne Stellung beanspruchten wie die Könige Westeuropas und Siziliens.[19]

In der Frage, ob denn nun mit der 'lex regia' die Gesetzgebungskompetenz des Volkes unwiderruflich auf den Princeps transferiert worden sei, trat Baldus massiv für diese Unwiderruflichkeit ein, weil er unter anderem darin die Legitimität der Konstantinischen Schenkung begründet sah. Andererseits übernahm er wie Bartolus aus der älteren legistischen Lehrtradition die Vorstellung, daß der 'populus Romanus' trotz dieser 'lex legia' keinesweg darauf verzichtet habe, auch weiterhin auf dem Weg der 'consuetudo' und der aus ihr erwachsenden statutarrechtlichen Fixierung solcher Gewohnheiten partikular gültiges Recht zu setzen. Wie bei seinem Lehrer Bartolus spielt dabei der Konsens des 'populus' die entscheidende Rolle als Grundlage der Gewohnheitsrechtsbildung. Für die Fixierung der Gewohnheit in Statutenform setzt Baldus eine ausdrückliche Konsenshandlung voraus; die anschließende schriftliche Fixierung der Statuten ist nicht bloßer Ausdruck dieses Konsenses, sondern eine zusätzliche gesetzliche Bewehrung der Konsenshandlung. Konsens vollzieht sich aber für Baldus im Rahmen und in den Formen der korporationsrechtlichen Ordnung des 'populus'. Seine Argumentation erweist ihn dabei als Erben der kanonistischen Lehre von der rechtlichen Fiktion, daß eine Korporation als Einzelperson aufgefaßt werden könne.[20]

Baldus greift hierfür nicht nur die bei Johannes Andreae fixierte Lehre von der 'persona repraesentata' auf, sondern geht noch einen Schritt weiter, indem er Gedanken der aristotelischen Philosophie in das juristische Konzept einbezieht: Der Mensch könne nämlich auf dreifache Weise verstanden werden. Zunächst auf natürliche Weise als ein aus Seele und Körper zusammengesetztes Wesen, zum zweiten auch als wirtschaftlicher Körper, wie ihn der

---

[19] Vgl. Walther, Legitimität (wie Anm. 15) S. 124 ff.; ders., Imperiales Königtum (wie Anm. 10) S. 65 ff.; Pennington, Prince (wie Anm. 10) S. 202 ff.; Canning, History (wie Anm. 10) S. 162 ff.

[20] Vgl. Walther, Legitimität (wie Anm. 15) S. 126.

Pater familias und der Klosterabt darstellten; zum dritten könne er aber auch als ein ‚corpus civile seu politicum' angesehen werden, wie es der Bischof einer Stadt oder deren Podestà durch ihre ‚preeminentia' seien. Wenn der Mensch aber in Bezug auf die Gemeinschaft (‚congregatio') betrachtet werde, dann werde aus dem natürlichen Menschen der politische und aus den vielen vereinigten Menschen werde das Volk. Diese menschliche Existenzform konkretisiert sich für Baldus im Status des ‚civis'. Als solcher ist diese politische Form des Menschen Mitglied im korporativen ‚populus', der nach der Methode der ‚fictio iuris' dann nur als ‚una persona' supponiert wird. Als korporative Persönlichkeit (‚persona universalis') besteht sie also aus verschiedenen natürlichen Körpern und besitzt doch nur den ‚intellectus unius personae'. Daher kann man dieser nur dem Namen nach bestehenden einzelnen Person, entsprechend den Regeln der Vernunft (‚intellective'), nur einen einzigen Körper zubilligen. Der Name dieser Person bezeichnet also gleichzeitig sowohl ein Individuum, eine Korporation als auch manchmal das Haupt letzterer.[21]

Baldus war aber niemals ein prinzipieller Gegner der Signorie wie sein Lehrer Bartolus, der diese mit einer Tyrannis gleichsetzte. Baldus verzichtete konsequent darauf, die Legitimität der Unabhängigkeit einer Stadt mit der Existenz eines ‚populus liber' zu verknüpfen. Anders als bei Bartolus ist der Begriff der Freiheit bei Baldus völlig auf die äußere Unabhängigkeit gerichtet. Ein legitimes politisches Gemeinwesen definiert sich nach Baldus aus seiner inneren Ordnung, wenn diese eine ‚respublica' und einen ‚fiscus' aufweist. Bei deren Existenz läßt sich für Städte ablesen, *si vivunt in propria libertate et absolute proprio regimine.*[22]

---

[21] Vgl. Baldus, Commentaria in Codicem, Turin 1576, ad C.6.26.2, no. 1, fol. 85 v: *Est quaedam persona universalis, quae unius personae intellectum habet, tamen ex multis corporibus constat ut populus, ut ff. ‚de fideiuss.', l. ‚mortuo'* [D.4.2.9.1]; *et haec persona similiter loco unius habetur et individuum corpus reputatur, ut supra ‚de episcopis et clericis', Auth. ‚causa quae fit cum monacho'* [= Auth. post C.1.3.32 = Nov. 79 (Coll. VI.7)]. *Patet ergo, quod hoc nomen persona quandoque ponitur pro singulari quandoque pro universali quandoque pro capite sive praelato, ut extra ‚de praeb.', c. ‚de multa'* [X.3.5.28]. Vgl. außerdem Walther, Legitimität (wie Anm. 15) S. 126 f.; zur Konzeption des ‚populus' bei Baldus unter Benutzung der aristotelischen Definition des Menschen als ‚animal civile' bzw. ‚politicum' Canning, Baldus (wie Anm. 14) S. 185–197.

[22] Zur Tyrannenlehre von Baldus und Bartolus Walther, Legitimität (wie Anm. 15) S. 126 f. Vgl. zuletzt die Kontroverse zwischen Canning, Baldus (wie Anm. 14) S. 81 f., und Pennington, Prince (wie Anm. 10) S. 204–215, über die schwerverständliche Passage des Baldus ad C.1.19.7 und ihre Bedeutung für die Begrenzung der Herrschaftsgewalt des Princeps. Sie ist wiederum verknüpft mit einem offensichtlich später noch überarbeiteten Consilium des Baldus für Giangaleazzo Visconti [Baldus, Cons. I (wie Anm. 15) cons. 326 und 327, fol. 100 ra–102 ra], in dem er sich mit Schranken der Herrschaftsgewalt des Princeps durch bestehende Lehensverhältnisse befaßt, die der Legitimität von Wenzels Erhebungsakt des Visconti in der Herzogstand von 1395

In der besonderen Situation nach 1395 setzte Baldus bewußt seine Autorität als führender Jurist Italiens zur Stabilisierung der Herrschaft der Visconti-Signorie ein. Indem Baldus den neuen herzoglichen Titel Giangaleazzos wie auch schon das vorhergehende Vikariat von 1380 auf die Amtsgewalt des Princeps zurückbezieht, zeigt er immanent, welche notwendige Funktion im System des römischen ‚ius commune' für den gelehrten Juristen die Position des Kaisers noch immer besitzt. Damit unterscheidet er sich von Versuchen französischer und unteritalienischer Legisten, römisches Recht als ‚ius commune' ohne einen Princeps zu etablieren. Gerade diese fortdauernde herrschaftsstabilisierende Funktion des Kaisertums verband die ansonsten doch so unterschiedlichen Lehren des Bartolus und des Baldus und ließ sie im 15. Jahrhundert in gleicher Weise für die deutschen Juristen interessant und attraktiv werden.[23]

Die Bemühungen des Baldus um ein neuartiges Fundament für eine geschlossene politische Theorie, um ein austariertes Gleichgewicht zwischen dem kaum zu leugnenden historischen Wandel und einer für die Fortgeltung des römischen Rechts notwendigen Dauer von Institutionen, sind nicht zu übersehen: Baldus entscheidet sich für die Konstituierung der Dauer auf einer abstrakten Ebene, die sich für ihn als Konsequenz aus der Transpersonalität der Korporation ergab. Das ‚nomen intellectuale' einer Korporation muß von ihm deshalb auch von der ‚persona' als bloßer ‚fictio iuris' (Innocenz IV.) zur ‚persona repraesentata' (Johannes Andreae) verschoben werden. Baldus erklärt ausdrücklich den intellektuellen Akt im Prozeß der Konstituierung der ‚persona repraesentata' als entscheidend. Die erwünschte Dauerhaftigkeit der Personenverbände wird damit durch politische Theoriebildung zur Konsequenz der Prämisse eines nach Aristoteles als ‚animal politicum' bestimmten Bürgers. So wie die ‚respublica' die unsterbliche ‚persona repraesentata' des Regnums unter korporativem Aspekt darstellt, erhält auch der Princeps eine unsterbliche Form seiner Amtsgewalt (‚imperium') zugewiesen in Form der ‚dignitas'. Alle drei Begriffe als ‚nomina intellectualia', also die ‚respublica', die ‚dignitas' und der ‚fiscus', als ‚persona incorporalis'

---

entgegenstehen könnten. Zur Überlieferung in den Drucken vgl. Kenneth Pennington, The Consilia of Baldus de Ubaldis [zuerst 1988], überarbeitet wieder in: ders., Popes (wie Anm. 15) Nr. XX, S. 1–12, hier: S. 7 f., Edition des Textes des Gesamtconsiliums nach der autographen Handschrift des Baldus in Bibl. Vat., Barb. lat. 1408, fol. 174–179; vgl. Pennington, Authority (wie Anm. 15) Nr. XXI, S. 492–515.

[23] Vgl. Helmut G. Walther, *Regnum magis assimilatur dominio quam simplici regimini*. Zur Attraktivität der Monarchie in der politischen Theorie gelehrter Juristen des 15. Jahrhunderts, in: Sozialer Wandel im Mittelalter. Wahrnehmungsformen, Erklärungsmuster, Regelungsmechanismen, hg. v. Jürgen Miethke und Klaus Schreiner, Sigmaringen 1994, S. 383–399, hier: 390 ff.

der ‚dignitas', können deshalb nach Meinung von Baldus nicht sterben, da ihre Existenz auf die menschliche Vernunft als Zeichensetzer zurückgeht: *Significatio quae est quoddam intellectuale.*[24]

In seinen Visconti-Consilia wie in anderen politischen Gutachten begründete Baldus mit seiner politischen Theorie von der ‚respublica' als ‚quoddam intellectuale' stets die besondere Position des Herrschers im Gemeinwesen mit seiner Stellung als Repräsentant der ‚dignitas'. Mochte dies um 1400 in der Periode ständischer Kämpfe um Teilhabe an weltlicher Herrschaft und in der Phase des Aufschwungs der Konziliarbewegung für die politischen Interessen dieser Bewegungen sogar als kontraproduktiv gelten können: Mit seiner Verbindung von politischer Anthropologie auf aristotelischer Grundlage und Beharren auf der Notwendigkeit des Princeps zur Wahrung der Ordnung des ‚ius commune' lieferte Baldus nicht nur der Signorie in Italien wichtige Argumentationshilfe, sondern trug auch zur wachsenden Popularisierung monarchischer Herrschaftsformen im 15. Jahrhundert bei.[25]

III

Nach seiner Königswahl 1440 weigerte sich Friedrich III., das Privileg des Vorvorgängers Siegmund für Nürnberg als ständigen Aufbewahrungsort der Reichsheiltümer zu bestätigen; er verlangte vielmehr 1442 die Überführung der Heiltümer über Regensburg nach Wiener Neustadt. Der Nürnberger Rat wies dieses Ansinnen zurück, widersetzte sich sogar offen einem eindeutigen königlichen Mandat und versuchte, die Kurfürsten dafür zu gewinnen, sich für das Verbleiben der Heiltümer in der Stadt einzusetzen. Wie schon in einigen vorangehenden Fällen begnügten sich die Nürnberger auch jetzt nicht damit, rechtliche Unterstützung bei ihren eigenen Ratskonsulenten einzuholen, als die sie seit 1420 mit Dienstvertrag namhafte juristische Doktoren sich verpflichteten.

---

[24] Vgl. Walther, Gegner (wie Anm. 10) S. 129 ff., und ders., Legitimität (wie Anm. 15) S. 129 f. Schlüsseltext ist Baldus, Cons. III (wie Anm. 15) cons. 159, fol. 45 va–46 va, eines der Gutachten des Baldus für König Johann I. von Portugal in dessen Konflikt mit Manuel (II.) Pessanha um die erbliche Admiralswürde des Königreiches; vgl. oben S. 250 mit Anm. 15.

[25] Vgl. Canning, Baldus (wie Anm. 14) S. 41 ff., und Walther, Legitimität (wie Anm. 15) S. 131 (Baldus im Großen abendländischen Schisma); James H. Burns, Lordship, Kingship, and Empire. The Idea of Monarchy 1400–1525 (The Carlyle Lectures 1988) Oxford 1992, bes. S. 124 ff., und Walther, Attraktivität (wie Anm. 23) S. 392 und S. 398.

Der Rat entschied sich 1443 in dieser heiklen Angelegenheit vielmehr für gewiß kostspielige Gutachten von Paduaner Doktoren. Sechs der renommierten dortigen Universitätslehrer erstellten die erbetenen Consilia.[26]

Das erste Gutachten stammt von Antonio Roselli. Dieser damals als *utriusque iuris monarcha* bekannte Jurist zerpflückt in ihm ganz im Sinne seiner Lehre von einer umfassenden Amtsgewalt des Princeps, wie er sie gleichzeitig in seiner politiktheoretischen Hauptschrift ‚Monarchia' entfaltete, die Auffassung, daß der Kaiser für die Aufkündigung eines Privilegs die Zustimmung der Kurfürsten benötige. Angesichts der offenkundigen politischen Divergenzen zwischen der Mehrheit der Kurfürsten und Friedrich III., ob die Mainzer Akzeptation von 1439 und damit die Neutralität gegenüber den konkurrierenden Päpsten und Konzilien beibehalten werden sollte, schien eine solche Taktik gegenüber den Forderungen des Reichsoberhauptes dabei durchaus vorteilhaft zu sein. Wir wissen nicht, ob der seit 1440 aus seinem Nürnberger Dienstvertrag geschiedene Ratskonsulent Dr. Gregor Heimburg dem Nürnberger Rat gutachterlich empfohlen hatte, es im Widerspruchsverfahren mit einer Argumentation über den notwendigen Konsens der Kurfürsten zu versuchen. Doch würde dies gut zu den damals vertretenen Ansichten Heimburgs passen, der ja bis zum Frankfurter Reichstag 1442 die Kurfürsten in ihrer Konzilspolitik gegenüber Eugen IV. und Friedrich III. als Bevollmächtigter und Rat vertreten hatte. Ihm wäre auch die Argumentation mit der auf das Reich angewendeten Korporationstheorie zuzutrauen, die die Kurfürsten zur *pars corporis principis* stilisierte.

Roselli distanzierte sich von diesem auf ein Kurfürstenkönigtum hinauslaufenden Konzept. Seit der Absetzung Wenzels im August 1400 existierten tatsächlich im Reich solche Vorstellungen. Sie waren von gelehrten Räten der Kurfürsten durch Übertragung der kanonistischen Korporationstheorie auf das durch die Goldene Bulle Karls IV. 1356 neu gefaßte Verhältnis von Wählerkollegium und römischem König als Rechtstheorie formuliert worden.[27]

---

[26] Vgl. Helmut G. Walther, Die Rezeption Paduaner Rechtswissenschaft durch die Aufnahme Paduaner Konsilien in die Nürnberger Ratschlagbücher, in: Consilia (wie Anm. 13) S. 207–224, hier: S. 215–219 (Heiltumskonflikt und Paduaner Consilia); Hartmut Boockmann, Gelehrte Juristen im spätmittelalterlichen Nürnberg, und Helmut G. Walther, Italienisches gelehrtes Recht im Nürnberg des 15. Jahrhunderts, [beide] in: Recht und Verfassung im Übergang vom Mittelalter zur Neuzeit, Teil I, hg. v. Hartmut Boockmann, Ludger Grenzmann, Bernd Moeller und Martin Staehelin (Abhandlungen der Akademie der Wissenschaften in Göttingen. Phil.-hist. Klasse. Dritte Folge 228) Göttingen 1998, S. 199–214 und S. 215–229 (zur Rolle der Ratskonsulenten).

[27] Vgl. Walther, Rezeption (wie Anm. 26) S. 215 ff., ausführlich zu Rahmenbedingungen und

Der Paduaner Jurist Roselli akzeptierte eine solche Beschränkung der Amtsgewalt des Reichsoberhauptes nicht. Aber er wies den Nürnbergern geschickt einen anderen Ausweg, um den drohenden Verlust der Reichsheiltümer zu verhindern, ohne seine juristische Grundposition vom Kaiser als Monarchen aufzugeben: Der gleichermaßen als Kanonist ausgewiesene Roselli verwies darauf, daß es sich bei den Heiltümern, wie die Vorgänge der Überführung nach Nürnberg 1424 deutlich bestätigt hätten, selbstverständlich um Gegenstände handle, die als Reliquien dem Sakralbereich zugehörten. Sie fielen deshalb auch in den Rechtsbereich der Kirche. Die von Siegmund seinerzeit wegen der Hussitengefahr in Böhmen gewollte Sicherstellung der Heiltümer in Nürnberg sei von Papst Martin V. ausdrücklich schriftlich gebilligt worden. Siegmunds Entscheidung sei damals um des *bonum publicum imperii, ad perpetuam utilitatem imperii et honorem* getroffen worden. Sie sei mit der schriftlichen Bestätigung durch den Papst zum Vertrag (*contractus*) geworden. Nur *ex necessitate* könnte der Kaiser jetzt eine neue Verfügung über den Verbleib der Heiltümer treffen. Denn die zum Vertrag mit dem Papst als dem *superior* in Sakraldingen gewordene Entscheidung Siegmunds sei auch für seine Nachfolger in Normalfällen bindend.

Fazit: Nicht die Kurfürsten, sondern den Papst müßten die Nürnberger hier ins politische Spiel bringen. So waren die Nürnberger schon 1424 auf Betreiben ihres damaligen Ratskonsulenten Dr. Konrad Konhofer verfahren, der an der päpstlichen Kurie ein entsprechendes Privileg Martins V. für Nürnberg als ewigem Aufbewahrungsort der Heiltümer bewirkt hatte. Rosellis Consilium entsprach den Interessen des Auftraggebers, ohne die Amtsgewalt des Princeps als Oberhaupt des Reiches grundsätzlich einschränken zu müssen. Auch jetzt scheint die Strategie von 1424 wieder verfangen zu haben: Konrad Konhofer war übrigens auch als nunmehriger Pfarrer von St. Lorenz noch immer als juristischer Ratgeber Nürnbergs tätig, wenn auch von ihm in diesem Konflikt kein direktes Votum überliefert ist. Angesichts der fortbestehenden Neutralität des Reiches zwischen Basel und Eugen IV. bestand kaum Gefahr, daß sich der Papst in der Heiltumsfrage kurzfristig zugunsten Friedrichs III. entscheiden werde.[28]

Obwohl die bei Paduaner Juristen zu erwartende Präferenz für eine Allgewalt des Princeps für die Nürnberger Auftraggeber in diesem Fall nicht günstig schien, konnten diese mit den Gutachten aus Padua letztlich doch sehr

---

Inhalt der Consilia Rosellis und seiner Paduaner Kollegen (Überlieferung: Staatsarchiv Nürnberg, Akten des Losungsamtes SI L 133, Nr. 3b).

28 Vgl. Martin Weigel, Dr. Conrad Konhofer (†1452). Ein Beitrag zur Kirchengeschichte Nürnbergs, in: Mitteilungen des Vereins für Geschichte der Stadt Nürnberg 29 (1928) S. 169–297, hier: S. 199ff. und 248f. (Tätigkeiten in der Heiltumsfrage).

zufrieden sein. Die Paduaner Gutachten boten eine gangbare Alternative in der Heiltümerfrage zum bislang vom Rat favorisierten Setzen auf eine Unterstützung durch die Kurfürsten. Die Lehre vom weitreichenden ‚dominium' des Princeps stand den Interessen des Rats nicht entgegen, weil die kaiserliche Amtsgewalt durch das Recht der Kirche effektiv beschränkt wurde, konnte in dieser Situation sogar indirekt zum Vorteil Nürnbergs genutzt werden. Die Argumente der Paduaner Konsiliatoren bestärkten deshalb die Nürnberger in ihrem auf die juristische Ebene verlagerten Widerstand gegen die Forderung Friedrichs III. und eröffneten ihnen zugleich aussichtsreiche prozeßrechtliche Auswege. So konnte der Rat eine mögliche rechtliche Auseinandersetzung vor dem kaiserlichen Hofgericht jederzeit mit einer Verlagerung an die päpstliche Kurie konterkarieren. Freilich verzichtete Friedrich letztlich auf eine prozessuale Auseinandersetzung mit den Nürnbergern, wenngleich wahrscheinlich ebenfalls aus politischen, nicht aber aus rechtlichen Erwägungen.

Die besoldeten deutschen Rechtskonsulenten des Nürnberger Rats des 15. Jahrhunderts griffen im übrigen willig die Paduaner Tradition des Verständnisses der Lehren von Bartolus von Sassoferrato von der legitimen Autonomie einer *civitas* auf, um sie ihrerseits auf die Rechtsverhältnisse der fränkischen Reichsstadt anzuwenden. Nürnberg wurde somit in den Konsilien seiner reichsstädtischen Rechtskonsulenten der 2. Hälfte des 15. Jahrhunderts die Rolle der ihre politische Autonomie erfolgreich behauptenden italienischen Kommunen des 14. Jahrhunderts übertragen.[29]

Anders als bei dem italienischen Juristen Roselli werden bei den deutschen Juristen des 15. Jahrhunderts Kaiser und Reich jedoch nicht einfach identisch gesetzt. Obwohl ihnen das monarchische Konzept der Legisten des 14. Jahrhunderts durch Bartolistae an italienischen Universitäten des 15. Jahrhunderts vermittelt wurde, legten die deutschen Juristen in ihrer Funktion als Rechtskonsulenten der Städte den Akzent bei der Interpretation der kaiserlichen Machtfülle (*frye gewalt*) auf eine Begrenzung. Bilden in Italien die autonomen *civitates* eine Schranke der kaiserlichen Amtsgewalt, so wird sie in Deutschland dadurch begrenzt, daß sie die dort traditional autonomen Herrschaftsordnungen im engeren Reichsgebiet zu respektieren hat.[30]

---

[29] Vgl. WALTHER, Rezeption (wie Anm. 26) S. 217 ff. (Argumentation der übrigen fünf Consilia) und S. 222 f. (Ausbildung einer „Nürnberger" Reichsrechtsinterpretation).

[30] Zutreffend schon EBERHARD ISENMANN, Reichsrecht und Reichsverfassung in Konsilien reichsstädtischer Juristen (15.–17. Jahrhundert), in: Die Rolle der Juristen bei der Entstehung des modernen Staats, hg. v. ROMAN SCHNUR, Berlin 1986, S. 545–628, hier: S. 565 und 594 ff.: „Die kaiserliche ‚plenitudo potestatis' erscheint so, überspitzt formuliert, im Dienst der Unterta-

Die 1443 im Gutachten der Paduaner Juristen benutzte Argumentation im Streit der Nürnberger um die Reichsheiltümer zielte auf ein prozeßrechtlich aussichtsreiches Vorgehen der Nürnberger. Hier lag der Vorteil ihres Ratschlags gegenüber dem auf der Grundlage einer korporativ beschränkten Souveränität des Reichsoberhaupts argumentierenden Vorschlag Gregor Heimburgs.[31] Doch waren Gutachten aus Padua nicht immer einfach die besseren und praktikableren. Die wesentlich teureren Ratschläge der italienischen Rechtsdoktoren waren keineswegs immer den deutschen Rechtsverhältnissen angemessen. Dies erwiesen deutlich die Gutachten, die die Nürnberger 1451 aus Padua einholten, um ihre Rechtsposition für Verhandlungen in der Auseinandersetzung mit dem Markgrafen Albrecht Achilles von Brandenburg-Ansbach zu stärken. Was Antonio Roselli und seine Kollegen bezüglich der Illegitimität der Fehde angesichts des im ‚Corpus Juris Civilis' festgelegten kaiserlichen Gerichtsbarkeitsmonopols ausführten, ließ die deutsche Rechtstradition völlig außer acht. Gleichfalls blieb in den Paduaner Consilia völlig das besondere Verhältnis König Friedrichs III. zu den Reichsfürsten, insbesondere zu Albrecht Achilles, unberücksichtigt. Kein Wunder, daß die Nürnberger sich schließlich bei der juristischen Argumentation im schiedsgerichtlichen Verfahren am Königshof lieber auf die prozeßrechtlichen Ratschläge ihrer deutschen Konsulenten Gregor Heimburg und Martin Mair verließen.[32]

---

nen, welche die derogierende und dispensierende Rechtsmacht des Kaisers in Anspruch nehmen" (ebd., S. 595).

[31] Vgl. Walther, Rezeption (wie Anm. 26) S. 218 f. Die von Isenmann, Reichsrecht (wie Anm. 30) in ihrer argumentativen Funktion hervorgehobene Berufung der Paduaner auf den Grundsatz eines zum Vertrag gewordenen Herrschaftsprivilegs, das die Handlungsfreiheit des Princeps beschränkt, wurde von den Nürnberger Ratskonsulenten in ihre eigene Konsiliartätigkeit übernommen (ebd., S. 579 ff.). Sie sind hier Rezipienten und Nutznießer der von Baldus de Ubaldis im vorhergehenden Jahrhundert entwickelten Lehre von der Bindung des Herrschers an Verträge, da diese auf dem Naturrecht gründeten. Diese Vorstellung wurde speziell von den Paduaner Juristen des 15. Jahrhunderts als ‚herrschende Lehre' propagiert. Vgl. Pennington, Prince (wie Anm. 10) S. 206 ff.

[32] Vgl. Isenmann, Reichsrecht (wie Anm. 30) S. 606 ff. (Paduaner Gutachten zur Legitimität des Fehderechts 1450/51). Zu den unterschiedlichen Prozeßstrategien der Nürnberger Konsulenten in den schiedsgerichtlichen Auseinandersetzungen um die Beilegung des Markgrafenkrieges vgl. Paul Joachimsen, Gregor Heimburg, Bamberg 1981, S. 129 ff.; Rainer Hansen, Martin Mair. Ein gelehrter Rat in fürstlichem und städtischem Dienst in der zweiten Hälfte des 15. Jahrhunderts, Diss. phil. Kiel 1992, S. 16–58; Christine Reinle, Ulrich Riederer (ca. 1406–1462). Gelehrter Rat im Dienste Kaiser Friedrichs III. (Mannheimer Historische Forschungen 2) Mannheim 1993, S. 224 ff. (unbekanntes Gutachten Heimburgs vom April 1450, Staatsarchiv Nürnberg, Reichsstadt Nürnberg, A-Laden-Akten S 1 L1 Nr. 14, fol. 39 v) und S. 245 f. (Nürnberger Prozeßstrategie von November 1450).

Dennoch ergab sich eine direkte Beziehung zwischen Nürnberger Politik und der Paduaner Rechtswissenschaft. Letztere beeinflußte die Konsiliartätigkeit in Nürnberg nicht bloß wegen der traditionellen Bevorzugung Paduas als Studienort durch Nürnberger Rechtsstudenten aus der Führungsschicht und wegen des konstanten Rückgriffs des Nürnberger Rates auf einheimische und stadtfremde Juristen als Rechtskonsulenten, die in Padua studiert und promoviert hatten. Schon die Tatsache, in Krisensituationen Paduaner Rechtslehrer als zusätzliche Konsulenten zu bemühen, zeigt ein engeres Beziehungsgeflecht zwischen Nürnberger Rat und Paduaner Juristen an.[33]

Bei einer systematischen Untersuchung der für politische Prozesse und Konflikte Nürnbergs erstellten Nürnberger Ratskonsilien des 15. Jahrhunderts ergibt sich folgende Bilanz:

1. Der Rat folgte immer stärker den von seinen Konsulenten vorgeschlagenen prozessualen Wegen, was auch für die Streitfälle von großem politischen Gewicht gilt. Die daraus resultierende Juridifizierung politischer Konflikte und die prozessuale Form einer Beilegung vor dem kaiserlichen Kammergericht oder Schiedsgericht wird geradezu zum Kennzeichen der reichsstädtischen Politik Nürnbergs im ausgehenden 15. Jahrhundert

2. Der Ratsbeschluß von 1454, mit dem bewußt gelehrte Juristen von einer politischen Entscheidungstätigkeit im Rat selbst ausgeschlossen wurden, ist als Reaktion auf die spürbare Abhängigkeit der Nürnberger Ratsoligarchie vom juristischen Rat zu werten. Deshalb wurde es jetzt auch für alle graduierten Juristen aus Nürnberger Ratsfamilien unmöglich, einen Sitz im Rat ihrer Heimatstadt zu erlangen. Konsequent war aber auch die Ratspraxis, bis zu fünf ständige juristische Ratskonsulenten gleichzeitig unter Dienstvertrag zu nehmen; denn die Ratspolitik in Nürnberg war im ausgehenden 15. Jahrhundert nun nicht mehr ohne die Hilfe solcher gelehrter Juristen erfolgreich zu betreiben; nur mit Hilfe des juristischen Rats dieser Konsulenten konnte die Führungsschicht der Stadt ihre Stellung im politischen Gefüge des Reiches behaupten.[34]

---

[33] Vgl. Walther, Rezeption (wie Anm. 26); ders., Italienisches Recht (wie Anm. 26).

[34] Vgl. ders., Le città imperiali tedesche nel Quattrocento: Il loro ruolo ed portanza nella formula „Kaiser und Reich", in: Principi e città alle fine del Medioevo, hg. v. Sergio Gensini (Centro di Studi e Ricerche 6) Pisa/San Miniato 1996, S. 147 f. Demnächst auch die Untersuchung Helmut G. Walther, Die Spiegelung der Alltagspraxis der Nürnberger Ratskonsulenten in den städtischen Ratschlagbüchern [im Druck].

IV

Lübeck war 1226 im Privileg Friedrichs II. als ‚civitas imperii' und damit offiziell nicht mehr als königliche, sondern als Reichsstadt tituliert worden. Sie verdankte diese neue Stellung nicht zuletzt der dauerhaften Königsferne der Ostseeregion. Friedrich II. hatte zuvor sogar zugunsten des dänischen Königs Waldemar II. auf die Zugehörigkeit Lübecks und Nordelbiens zum Reich verzichtet, war aber nun 1226 angesichts der Neuordnung der Machtverhältnisse nach der entscheidenden Niederlage des Dänenkönigs gegen seine verbündeten deutschen fürstlichen und städtischen Gegner zu einer erweiterten Bestätigung des Lübeckprivilegs seines Großvaters Barbarossa bereit. Im fernen Borgo San Donnino verfügte die kaiserliche Kanzlei nicht über die nötigen regionalen Detailkenntnisse, um die von den verbündeten Lübecker Ratsherren und Herzog Albrecht von Sachsen-Lauenburg vorgelegte Fälschung des großväterlichen Diploms zu durchschauen. Das im Privileg von 1226 verkündete Reichsrektorat zum Schutz der Stadt reizte in der Folgezeit zwar mehrfach deutsche Territorialherren wie auch die dänischen Könige, die Position des Rektors als Ausgangspunkt für Machtgewinn in Nordelbien und im Ostseeraum zu nutzen. Die Lübecker verstanden es jedoch sowohl gegenüber den Brandenburger Markgrafen während des Königtums Wilhelms von Holland und Rudolfs von Habsburg als auch gegenüber dem 1307 von Albrecht I. für Nordelbien privilegierten dänischen König Erich VI. Menved, ihre errungene Unabhängigkeit erfolgreich zu behaupten.

Auch als Vorort der Hanse seit der zweiten Hälfte des 14. Jahrhunderts blieb Lübeck in der dem Nordosten des Reichs traditional eigenen Stellung der Königsferne. Durch die politische Umbruchsituation in Brandenburg und der Ostseeregion war zwar der Besuch Kaiser Karls IV. im Oktober 1375 in der Travestadt erklärbar, verlor dadurch aber keineswegs den Charakter des Ungewöhnlichen. Vielmehr bekräftigte diese ungewöhnliche Abweichung vom herrscherlichen Itinerar augenfällig die Stellung Lübecks im Reichsgefüge, die der Kaiser im Jahr zuvor mit dem Privileg für die Bürgermeister, als Reichsvikare den Landfrieden wahren zu helfen, festgeschrieben hatte. Der aus jener Zeit stammende Türknauf des Lübecker Rathauses, der den Kaiser inmitten der sieben Kurfürsten zeigt, verdeutlicht die Position, die der Lübecker Rat seiner Stadt im Reich zuerkannte: Dem durch die acht fürstlichen Herrschaftsträger symbolisierten Reich bewußt als dessen Stadt zugehörig und damit berechtigt zu sein, im Namen des Reiches zugunsten der eigenen Interessen zu handeln.[35]

---

[35] Vgl. ERICH HOFFMANN, Lübeck im Hoch- und Spätmittelalter: Die große Zeit Lübecks, in:

Weder die neue Akzentuierung des Reichsbegriffs im 15. Jahrhunderts mit ihrer Konzentration auf die deutsche Nation als der entscheidenden Trägerin des Imperiums und den aus solchen Vorstellungen resultierenden Geschichtskonstruktionen als Legitimationsentwürfen, noch andererseits die Hervorkehrung des gemeinen Nutzens als Legitimationsgrundlage für in Zusammenhang mit tatsächlichen oder geplanten Reichskriegen definierte und eingeforderte Leistungen zugunsten des Reichs bewirkten faktisch eine größere Reichsnähe Lübecks. Dabei zeigte sich Lübeck nach dem Zeugnis seiner Stadtchroniken durchaus von der Bedrohung der „deutschen Lande" durch Herzog Karl den Kühnen betroffen.[36]

Daß Lübeck sich mit Gesandten und Syndici dagegen plötzlich seit dem 2. Drittel des 15. Jahrhunderts recht häufig am Hofe Friedrichs III. zeigte, hängt vielmehr mit den Reformen im Prozeßwesen zusammen, die unter König Siegmund begonnen und unter Friedrich III. fortgesetzt wurden. Die verschärfte Anwendung der Acht und die Verschriftlichung des Gerichtsverfahrens machten es auch für so weit vom habsburgischen Herrschaftszen-

---

Lübeckische Geschichte, hg. v. Antjekathrin Grassmann, Lübeck 1988, S. 79–339, hier: S. 115 ff. (Lübeck 1226/27), S. 127 ff. (Lübecks Verhältnis zu den Brandenburger Markgrafen und König Erich Menved); Helmut G. Walther, Kaiser Friedrich Barbarossas Urkunde für Lübeck vom 19. September 1188, in: Zeitschrift für Lübeckische Geschichte 69 (1989) S. 11–48; Hartmut Steinbach, Die Reichsgewalt und Niederdeutschland in nachstaufischer Zeit (1247–1308) (Kieler historische Studien 5) Stuttgart 1968; Thomas Vogtherr, Rudolf von Habsburg und Norddeutschland. Zur Struktur der Reichsherrschaft in einem königsfernen Gebiet, in: Rudolf von Habsburg 1273–1291. Eine Königsherrschaft zwischen Tradition und Wandel, hg. v. Egon Boshof und Franz-Reiner Erkens, Köln/Weimar/Wien 1993, S. 139–163; Wolf-Dieter Mohrmann, Der Landfriede im Ostseeraum während des späten Mittelalters (Regensburger historische Forschungen 2) Kallmünz 1972, hier: S. 95 ff.; Erich Hoffmann, Der Besuch Kaiser Karls IV. in Lübeck im Jahre 1375, in: Nord und Süd in der deutschen Geschichte des Mittelalters, hg. v. Werner Paravicini (Kieler Historische Studien 34) Sigmaringen 1990, S. 73–95.

36 Vgl. Peter Moraw, Reichsreform und Gestaltwechsel der Reichsverfassung um 1500 [zuerst 1992], wieder in: ders., Über König und Reich. Aufsätze zur deutschen Verfassungsgeschichte des späten Mittelalters, Sigmaringen 1995, S. 277–320; Eberhard Isenmann, Kaiser, Reich und deutsche Nation am Ausgang des 15. Jahrhunderts, in: Ansätze (wie Anm. 10) S. 145–246, bes. 163 ff. (Reich als ‚Pflichten- und Lastengemeinschaft'); Karl-Friedrich Krieger, König, Reich und Reichsreform im Spätmittelalter (Enzyklopädie deutscher Geschichte 14) München 1992, bes. S. 36 ff. und S. 102 ff. (zum Strukturwandel des Reichs); Barbara Hoen, Deutsches Eigenbewußtsein in Lübeck. Zu Fragen spätmittelalterlicher Nationsbildung (Historische Forschungen 19) Sigmaringen 1994, S. 94 ff. (Karls des Kühnen Bedrohung der „deutschen Lande") und S. 172 ff. (Reichsbild der Stadtchronistik); Thomas Vogtherr, „Wenn hinten, weit in der Türkei ...". Die Türken in der spätmittelalterlichen Stadtchronistik Norddeutschlands, in: Europa und die osmanische Expansion im ausgehenden Mittelalter, hg. v. Franz-Reiner Erkens (Zeitschrift für historische Forschung. Beiheft 20) Berlin 1997, S. 103–125 (Reichsbewußtsein in der Lübecker Chronistik).

trum entfernte Städte wie Lübeck nun erforderlich, mit gelehrten Prokuratoren und Syndici bei den am Kammergericht anhängigen Verfahren präsent zu sein. Seit 1433 besoldete der Lübecker Rat in ununterbrochener Reihe Syndici. Der dritte, der zwischen 1458 und 1464 tätige Doctor juris der Universität Erfurt Simon Batz, schrieb seinem Rat im Herbst 1463 vom Kaiserhof nach Hause, daß sich die Zeiten geändert hätten: Leider hätte der Rat in Lübeck der Klage des Nürnberger Kaufherrn Michael Heider vor dem königlichen Landgericht in Nürnberg seinerzeit nicht genügend Beachtung geschenkt und deshalb seinen Vorgänger im Amt, Dr. Arnold Somernat aus Bremen, viel zu spät zum Prozeß abgesandt, so daß nun die kaiserliche Acht wohl nicht mehr zu verhindern sei.[37]

Seit 1455 sind briefliche Berichte der Lübecker Syndici von ihren Aufenthalten in Prozeßangelegenheiten am Kaiserhof erhalten. Dabei machten die Lübecker die gleiche kostspielige Erfahrung wie die Nürnberger Prozeßbevollmächtigten: die von den politischen Umständen heraufbeschworene Ungewißheit, ob die Prozesse vor dem Kaiser, besonders aber vor dem Kam-

[37] Zu politischen Konflikten und Rechtsweg vgl. INGEBORG MOST, Schiedsgericht, Rechtliches Rechtsgebot, Ordentliches Gericht, Kammergericht. Zur Technik fürstlicher Politik im 15. Jahrhundert, in: Aus Reichstagen des 15. und 16. Jahrhunderts, Göttingen 1968, S. 116 ff.; KARL-FRIEDRICH KRIEGER, Rechtliche Grundlagen und Möglichkeiten römisch-deutscher Königsherrschaft im 15. Jahrhundert, in: Das spätmittelalterliche Königtum im europäischen Vergleich, hg. v. REINHARD SCHNEIDER (Vorträge und Forschungen 32) Sigmaringen 1987, S. 465–489; PETER MORAW, Die Hofgerichtsbarkeit, in: Deutsche Verwaltungsgeschichte, Bd. I: Vom Spätmittelalter bis zum Ende des Reichs, Stuttgart 1983, S. 46 ff.; FRIEDRICH BATTENBERG, Reichsacht und Anleite im Spätmittelalter. Ein Beitrag zur Geschichte der höchsten Gerichtsbarkeit im Alten Reich, besonders im 14. und 15. Jahrhundert, Köln/Wien 1986; PAUL-JOACHIM HEINIG, Kaiser Friedrich III. (1440–1493). Hof, Regierung und Politik (Forschungen zur Kaiser- und Papstgeschichte des Mittelalters. Beihefte zu J. F. Böhmer, Regesta Imperii 17) Köln/Weimar/Wien 1997, Teil 1, S. 95 ff. (alle zu Hofgericht und Kammergericht) – Fiskalisierungspolitik: ULRICH KNOLLE, Studien zum Ursprung und zur Geschichte des Reichsfiskalats im 15. Jahrhundert, Diss. jur. Freiburg im Breisgau 1965; EBERHARD ISENMANN, Reichsfinanzen und Reichssteuern im 15. Jahrhundert, in: Zeitschrift für historische Forschung 7 (1980) S. 1–76 und S. 129–218, hier: S. 38 ff.; ‚Verwissenschaftlichung' durch gelehrte Juristen: PETER MORAW, Gelehrte Juristen im Dienste der deutschen Könige des späten Mittelalters (1273–1493), in: Die Rolle der Juristen (wie Anm. 30) S. 77–147, bes. S. 113 ff. und S. 127 ff.; PAUL-JOACHIM HEINIG, Gelehrte Juristen im Dienst der römisch-deutschen Könige des 15. Jahrhunderts, in: Recht und Verfassung (wie Anm. 26) S. 167–184; INGRID MÄNNL, Die gelehrten Juristen im Dienst der Territorialherren im Norden und Nordosten des Reiches von 1250 bis 1440, und KLAUS WRIEDT, Gelehrte in Gesellschaft, Kirche und Verwaltung norddeutscher Städte, in: Gelehrte im Reich (wie Anm. 5) S. 269–290 und 437–452; in Lübeck: GERHARD NEUMANN, Lübecker Syndici des 15. Jahrhunderts in auswärtigen Diensten der Stadt, in: Hansische Geschichtsblätter 96 (1978) S. 38–46; DERS., Erfahrungen und Erlebnisse Lübecker Syndici und Prokuratoren in Österreich zur Zeit Kaiser Friedrichs III. (1455–1470), in: Zeitschrift für Lübeckische Geschichte 59 (1979) S. 29–62 und S. 54 ff. (zur Klage Michael Heiders).

mergericht, überhaupt zum anberaumten Termin stattfinden würden. Der sog. ‚Preußische Prozeß' war schon seit 1428 am Hof des römischen Königs anhängig, als damals Danziger Schiffe von Kriegsschiffen des wendischen Hansequartiers gekapert worden waren. Erst Ende der 1460er Jahre ging der Prozeß vor dem Kammergericht zu Ende: auch jetzt mit einer „gütlichen Einigung", also nur mit einem Vergleich ohne Urteil des Kaisers. Immerhin gelang es den Lübecker Syndici Simon Batz und Johannes Osthusen, das in den Folgen so schwer kalkulierbare Achtverfahren vor dem Kammergericht wegen der Klage des Nürnbergers Michael Heider schließlich doch abzuwenden. Der Lübecker Rat war zu der Einsicht gelangt, am Kaiserhof als dem Sitz des Kammergerichts - eines sich fiskalisch für das Reichsoberhaupt als sehr effektiv erweisenden, für die Betroffenen aber in den Auswirkungen nicht zu unterschätzenden neuen Herrschaftsinstruments Friedrichs III. - möglichst stetig präsent sein zu müssen, um Schaden für Lübeck und die von ihm vertretenen Hansestädte abzuwenden. Der Rat der Ostseestadt wurde dadurch enger an das neue staatliche Züge nach dem Muster des römischen Rechts annehmende Reich gebunden. Lübecks Position blieb trotz seiner Lage im traditionell königsfernen Nordosten des Reichs und den auf Nord- und Ostsee konzentrierten Handelsinteressen gerade wegen dieser wirtschaftlichen Verbindungen auch auf die neue politische Leistungsgemeinschaft „Heiliges Römisches Reich deutscher Nation" ausgerichtet, weil der Rat der Stadt den wirtschaftlichen Nutzen Lübecks im „Gemeinen Nutzen" des Reichs wiederfand.[38]

Nicht immer war es freilich auch für Nürnberg als einer so bedeutenden Reichsstadt in einer Landschaft mit traditioneller Herrschernähe einfach, ihr „Reichsbewußtsein" in politischen Konflikten zum eigenen Vorteil umzusetzen. Konflikte mit dem Kaiser waren kaum zu vermeiden; in den ständigen Konflikten mit Reichsfürsten war das Reichsoberhaupt selbst in einem Schiedsverfahren schwer zu einem Urteil zu bewegen; schon gar nicht war vom gegnerischen Reichsfürsten ein Akzeptieren eines ungünstigen königlichen Urteilsspruchs zu erwarten. Der Ausgang des Markgrafenkrieges gegen Albrecht Achilles bot dafür ein beredtes wie paradigmatisches Zeugnis.

Aber wie sehr bereits der Prozeß des Verfassungswandels des Reichs zu ersten staatlichen Strukturen dieses traditionalen personalen Herrschaftsverbandes von allen Seiten als irreversibel angesehen wurde, zeigt sich daran, daß auch Markgraf Albrecht Achilles trotz allen Ausspielens seiner Standes-

---

[38] Vgl. Neumann, Erfahrungen (wie Anm. 37) pass.; Peter Moraw, Nord und Süd in der Umgebung des deutschen Königtums im späten Mittelalter, in: Nord und Süd (wie Anm. 35) S. 51–70.

vorrechte, um Vorteile in den prozessualen Verfahren am Kaiserhof zu erlangen, sich doch auch als Fürst ebenfalls gelehrter Juristen als Räte bedienen mußte. Dem Rat seiner Juristen verdankte er es im übrigen, daß ein für ihn nachteiliger Prozeßverlauf nach den Regeln des römischen Rechts verhindert wurde. Die Pfälzer Kurfürsten waren in dieser Hinsicht mit der „Verwissenschaftlichung" ihrer Politik vorausgegangen und banden schon seit einem halben Jahrhundert systematisch alle Doktoren der Universität Heidelberg mit einem Treueeid an sich, um sich auf diese Weise deren Fähigkeiten als gelehrte Räte zu sichern.[39]

Wenn der Fiskal des Kaisers nun ständig auch Mitglieder aus den königsfernen Regionen des Reiches mit Prozessen nach römischem Recht am Kammergericht überzog, so war dies für die gerade unter Friedrich III. in ihren privilegierten Rechtspositionen bedrohten Frei- und Reichsstädte ein Anlaß dafür, den Nutzen ständigen Rates von gelehrten Juristen als Konsulenten und Syndici zu schätzen. Unter den gelehrten Räten in Fürsten- und städtischen Diensten waren die Juristen eine durch ihre weitgehend bürgerlich-nichtadlige Herkunft sozial geprägte Gruppe, die auch aufgrund ihrer durch die Ausbildung an den in- und ausländischen Universitäten geformten Denkmuster recht homogen handelte. Die doppelte Gefahr, von diesen Spezialisten abhängig und zugleich im eigenen sozialen Status bedroht zu werden, witterten Angehörige der städtischen Oligarchien wie Fürsten in gleicher Weise, auch wenn die gelehrten Juristen keineswegs einen sozialen Sprengsatz darstellten, der die traditionale ständische Ordnung zu erschüttern drohte.

Je deutlicher diese Gruppe nicht nur prosopographisch, sondern – soweit möglich – in ihrer praktisch juristischen Tätigkeit als Konsiliatoren und Syndici erfaßt wird, um so deutlicher zeichnet sich bei ihr – ungeachtet einer zwischen stärkerer monarchischer oder ständischer Ausrichtung schwanken-

---

[39] Vgl. Walther, Italienisches Recht (wie Anm. 26) S. 225 f.; konstante Verbindung zwischen Pfälzer Kurfürst und Heidelberger Universität: Jürgen Miethke, Der Eid an der mittelalterlichen Universität. Formen seines Gebrauchs, Funktionen einer Institution, in: Glaube und Eid, hg. v. Paolo Prodi (Schriften des Historischen Kollegs 28) München 1993, S. 49–67, hier S. 66 f. – Ein schönes Beispiel dafür, wie sehr der gelehrte Jurist aus der Perspektive der nicht zur städtischen Führungsschicht Gehörigen bereits zu den festen Bestandteilen der ‚alten Ordnung' zählte, bietet die Forderung der Braunschweiger Aufständischen von 1488 nach Beseitigung des ‚Doktors'. Als Syndikus amtierte damals der Leipziger Legist Dr. Johannes Seeburg. Mit der Restaurierung des alten Rats in Braunschweig gab es nach drei Jahren wieder einen städtischen Syndikus. Dazu Hartmut Boockmann, Die Lebenswelt eines spätmittelaltelichen Juristen. Das Testament des doctor legum Johannes Seeburg, in: Philosophie als Kulturwissenschaft. Studien zur Literatur und Geschichte des Mittelalters. Festschrift für Karl Stackmann, Göttingen 1987, S. 287–305, hier: S. 305.

den Lehre - eine relativ homogene Diskursebene ab, auf der die Konsulenten miteinander verkehrten und ihre Argumente austauschten. Das Kuriosum, daß auf den königslosen Reichstagen bald nur noch tagelang die gelehrten Räte ganz wie bei universitären Disputationen lange Darlegungen der gelehrten Vertreter der Basler und der päpstlichen Seite anhörten, verliert an Kuriositätscharakter, wenn man berücksichtigt, daß auf diese Weise die traditionelle politische Ordnung des Sacrum Imperium nun von Angehörigen der deutschen Nation ohne Fürstenrang entsprechend der von ihnen erlernten juristischen Theoreme verfassungsrechtlich umgedeutet wurde, diese Umdeutung von ihresgleichen als Rezipienten des Vortrags verstanden und akzeptiert und als neues Verhaltensmuster in Lösungen für praktisch-politische Konflikte der Reichsstände umgesetzt wurde.[40]

So schwer in der täglichen Praxis im einzelnen der politische Einfluß der Juristen als Ratgeber am Hofe auch nachzuweisen sein wird, auf abstrakter Ebene ist die Bedeutung der Theorie spätmittelalterlicher gelehrter Juristen bereits auf diese Weise zu bilanzieren.

---

[40] Vgl. Hartmut Boockmann, Zur Mentalität spätmittelalterlicher gelehrter Räte, in: Historische Zeitschrift 233 (1981) S. 295–316; Walther, Attraktivität (wie Anm. 23) S. 397 f.; Isenmann, Kaiser (wie Anm. 36) S. 218 ff.

Islamic and European political thought

A comparative overview, 700–1650

by

Antony Black

My project is to compare political thought in the Islamic world and in Europe during pre-modern times, from the seventh to the seventeenth centuries A.D. The purpose is to identify and, as far as possible, explain the principal similarities and differences. This will enable us to understand better the character of each and what was peculiar to each. It will throw light upon what factors led to the development of the two traditions through an examination of what was present in the one but absent in the other.

This is, so far as I know, the first attempt at a detailed comparison either of European and Islamic political thought or of any two such distinct traditions. For the most part scholars in each field have worked as if unaware of the phenomena, at least in any detail, in the other field. Some attempts at comparison have been made by Islamicists, such as Hodgson and Makdisi, but their understanding of what was happening in the West turns out to have been based on a very partial reading.[1] It seems truly remarkable that no such systematic comparison has ever been undertaken before. Any natural scientist would recognize the need to compare two partially similar phenomena. Since Aristotle, comparison has been a methodological norm, but among modern social scientists only Max Weber has seriously undertaken it. The reason may be that academic spheres of discourse and research agenda become self-perpetuating, getting stuck inside arbitrarily imposed departmental boundaries as entrenched interests. In any case this is a continuation of the work of Max Weber, of whom the social sciences in the twentieth century have so far proved themselves to be unworthy heirs. He has been revered

[1] See Marshall G.S. Hodgson, The Venture of Islam: Conscience and History in a World Civilization, vols I-III, Chicago 1974 – by far the best introduction, and much more than an introduction, to the study of Islam –, here: vol. II, pp. 329–361; George Makdisi, The Rise of Colleges: Institutions of Learning in Islam and the West, Edinburgh 1981.

but his ideas have not critically been developed. What was *sui generis* about the European notion of the state (*civitas*, *respublica*, *regnum*)? When did a distinctive mode of political thought develop in Europe?

What I am looking at are conceptions of what counts as legitimate authority, of what norms ought to be applied in public behaviour: ideas concerning caliphate and sultanate, kingship, tribe and nation. What qualifies or disqualifies a person for public power? How may public power be acquired? What sanctions may be used against unjust government? Underlying this are more fundamental questions, such as: what types of argument were regarded as valid in discussing such questions? What were the *genres* of political thought?

A comparative study poses unique methodological problems, which can only, if at all, be solved as one proceeds. I am inspired by Durkheim's view that societies present their rules and authority to their members in distinctive ways through religious or secular languages. Impersonal and inter-generational authority can be 'represented' in different ways. One may ask to what extent different concepts in two civilizations occupied the same intellectual space or fulfilled the same function. For example, one might suggest that Sunni *Shari'a*-mindedness and Shi'ite eschatology performed the same social and political functions as *der Staat*, with very different consequences. One can say that the *Shari'a* occupied a space which in the West was occupied by theology, Stoic and Aristotelian ethics, canon and civil law.

Ideas in both cultures have to be comprehended and, as far as possible, explained in their own terms; in particular it is essential to avoid reliance upon Western categories when discussing Islam. One needs a 'decolonization' of concepts.[2] One may use some common terms (e.g. "polity", "law") without doing violence to the sources. But one must not assume that concepts such as "feudalism", "the Renaissance", "state", "city-state", "corporation" can be applied to the Islamic world.

Genres of political thought

I. *Fiqh*

The importance of *genres*, or the kind of language games being played, in understanding intellectual history has recently been re-emphasized. In the

[2] See ANTONY BLACK, Decolonization of concepts, in: Journal of Early Modern History 1 (1997) pp. 55–70.

Islamic world we find *fiqh*, that is the study and exposition of the *Shari'a*, the revealed way, including doctrine, ethics, law. Islam does not divide theology from ethics and law, nor any of these from political thought. Islamic society came to endow jurisprudence, as a particular type of knowledge, with supreme and exclusive authority, eventually referring to it as knowledge (*'ilm*) *tout cour*. The *'Ulama*, those with this knowledge, came to be regarded very widely as *the* social authorities. The tests applied included: (a) Is the chain of reporters continuous and are they otherwise known to be reliable individuals? (b) Are the reported acts or statements consistent with the *Quran* and authenticated *hadith* (narratives concerning the Prophet)? A great deal depended upon oral history and story-telling. What stands out is the disjointed, the deliberately unsystematic character of the *hadith*. Each is considered as an isolated saying or action, coming directly from God. There are no external epistemological criteria for checking the correctness of such knowledge. This may be called monotheistic anecdotalism or occasionalism. As Hodgson pointed out, this was not (as Weber thought) "tradition" as opposed to "rationality" but a specific kind of rationality, which used defined methods, such as consensus or analogy, to argue from data (revelation) to a conclusion (how to live).[3]

II. Advice for kings (*Nasihat al muluk*)[4] and books of discipline or government (*siyasat nama*)

Such books on how to rule appeared from the eighth century. These were advice books containing prudential or managerial ethics, including the virtues required in a ruler and the characteristics of a good ruler. Their prudential aspect (e.g. let people see generosity; the organization of the secret service; be severe and kind, and so you will rule long and be famous) marks them off from the European *Fürstenspiegel*. They were greatly influenced by prototypes from Iran and India. Sometimes they look Machiavellian-realist but they never say that the ruler should depart from the basic norms of the *Shari'a*. Rather, there was a synthesis between this Iranian tradition and Islamic values, notably on the question of justice. Iranian royal history and folk stories are quoted side by side with the *Quran* and *hadith*. Here was a fusion between Iranian (and partly Indian ideas) and Islam. From the ele-

[3] See Hodgson, Venture (as in note 1) vol. I, pp. 35–38 and 64 f., note 109; vol. II, pp. 93 f.

[4] See s. v. "Nasihat", in: The Encyclopaedia of Islam, vol. VII, ed. Clifford E. Bosworth et al., Leiden 1993, pp. 984–988 (this is an invaluable reference work on authors and topics).

venth century on this *genre* was adopted by Turko-Mongol authors, who introduced features of their own political culture, for example the concept of the people's law (*yasa*).

Both of these *genres* I and II were narrative as opposed to syllogistic or discursive. They rely upon specific examples; while the *Nasihat* are composed in chapters, they present little or no continuous argument and do not lead up to general conclusions.

III. Philosophy (*falsafa*)

It is well known that the religious language of Christianity was shaped from the start by Greek as well as Hebrew prototypes, but that Greek philosophy flourished in the Arabic-speaking world long before it made an impact on medieval Germanic thought. This was not quite philosophy as we know it. It was, rather, a constructivist rationalism in the neo-Platonic tradition, arguing by reason from certain supposed givens to cosmic order, monotheism and so forth.[5] That is, the Moslem-Arabic thinkers took over Plato rather than Socrates. Its influence on Islamic thought was limited to few people. *Falsafa* as a whole fell out of favour from c. 1100 onwards, having been systematically discredited by the greatest philosopher-theologian of them all: al-Ghazali (d. 1111).

One may contrast Europe, where philosophy became part of the mainstream and entered general intellectual discourse. One might say that medieval Europe from the twelfth century took up the project of ancient Greek philosophy where Aristotle had left off. In the Islamic world, religion (the *Shari'a*) was a rigid constraint. Logic was incorporated into theology but natural science was frowned upon, except for astrology. A great exception was Ibn Khaldun (1332–1406). He united all three of these *genres*. He sought to revive Islamic values by understanding the laws of social history. I see him as having undertaken a fundamentally Aristotelian project of constructing systematic knowledge – in the manner of the *Politics* (which he did not know at first hand) but in a field which neither Aristotle nor anyone else had dealt with, namely "human civilization" (*umran*). His work was thus a vast development from Aristotle – but in a thoroughly Islamic spirit. Recent scholarship has, I think, demonstrated that Ibn Khaldun was a sincere believer.[6]

---

[5] See History of Islamic Philosophy, vols I–II ed. Seyyed Hossein Nasr and Oliver Leaman, London 1996.

[6] See Ibn Khaldun, The Muqaddima, an Introduction to History, vols I–III, trans. by F. Rosenthal, 2nd edn, Princeton 1967; Muhsin Mahdi, Ibn Khaldûn's Philosophy of History: a

In each culture there was interaction between genres: in Islam, between *fiqh* and advice literature. The philosophers' logic was introduced into religious thought. In Europe we see the use of a multiplicity of *genres*, most obviously in the conciliarists Nicholas of Cusa and Juan de Segovia, who used theology, law, Aristotle and Cicero side by side to make the same points.[7]

Some Preliminary Conclusions

First, let us note some possible parallels, for example between what Shi'ites said about the imam and what papalists said about the pope or between the realist strand in advices for kings and Machiavelli. These may, when seen in their wider cultural context, be little more than coincidences.

Secondly, one may note some parallel and more or less simultaneous moves in political culture. During the late eleventh century the Sunni revival and the reconstitution of Islamic order under the Saljuks, with the development of a closer relationship between the sultan and the *'ulama*, coincided with the Investiture Controversy, which also led to a new, though very different, religio-political structure of society in the West: the desacralization of kingship and the formation of the clergy as a separate order in society. Again, the caliph Nasr (1190–1220) – in the age of Innocent III – attempted to reconstitute a territorial state for the caliph, cultivated diplomatic alliances within the Islamic world and also attempted to recruit the allegiance of rulers through their common membership of the religious guilds (*futuwwa*).[8] One may see a certain parallel here with the attempts of the Western papacy to firm up its territorial independence and to engage in diplomatic relationships all over Europe, and also in its attempt to forge an alliance between the papacy and the new orders of friars. It is possible that such parallel developments, while clearly independent of each other in their immediate origins, were inspired by similar needs to systematize the common Judaeo-monotheistic culture in response to contemporary pressures, which, though different in each society, were similar in their urgency. It is very difficult to conceive how there could have been any influence in such cases between the two societies.

Study of the Philosophic Foundation of the Science of Culture, London 1957; Hamilton A.R. Gibb, The Islamic background to Ibn Khaldun's political theory, in: idem, Studies on the Civilization of Islam, Princeton 1962, pp. 166–175.

7 See Antony Black, Council and Commune: the Conciliar Movement and the Fifteenth-Century Heritage, London 1979.

8 See Angelika Hartmann, an-Nasir li-Din Allah (1180–1225): Politik, Religion, Kultur in der späten Abbasidenzeit, Berlin 1975; s. v. "futuwwa", in: Encylopaedia of Islam (as in note 4).

The differences seem much more striking

(1) Sacred and Secular Power. Christianity left a space for secular political authority, which was able to be legitimized without being absorbed into the sacred system. Islam set out to establish an all-embracing religious polity with a code of religious ethics and law – the *Shari'a* – which embraced all aspects of human life, including economics, in considerable detail. In the Islamic world religious and political authority ideally went together in the caliphate but this 'imperial' project failed. In practice, sacred and secular power came to be divided between the *'ulama* and the sultan. In Europe they were also divided but on the basis of agreed principles, which derived from the revealed texts ("render unto Caesar [...]"). Political authority was openly acknowledged in Christendom as a distinct and legitimate category. This had very far-reaching results.

(2) Universal and local polity. Europe developed territorial kingdoms and city-states with legitimate independence – sovereign states. In Islam the perception of an all-embracing religious community (*'umma*) made it much more difficult to develop territorial entities based on statehood or nationhood or at least to have these regarded as legitimate. They thus tended to be inherently unstable.

(3) Theories as to the origin and authorization of political authority developed much earlier in Islam, deriving especially from Plato. The argument typically went as follows. Human beings require the division of labour; this requires them to live in association; this inevitably leads to conflict; therefore, they need a law to regulate disputes – the *Shari'a*; and lastly, a law needs a coercive power to enforce it – the sultan. One may here compare the broad argument of both Marsiglio and Hobbes.

Some Islamic political arguments came from Iran and were never transmitted to Europe, notably the conception of a religio-political economy. This argument (the "circle of power") stated that religion depends upon coercive power (sultan); this, in turn, depends upon the army; this depends upon prosperity; and this depends upon justice. You cannot get people to produce food unless tenure of property is secure and they are not subjected to arbitrary taxation. Prosperity depends upon justice; and, to complete the circle, justice itself depends upon religion.[9]

---

[9] See Ann K.S. Lambton, State and Government in Medieval Islam, Oxford 1981, p. 137.

(4) Constitutional theory:

(a) *Widerstandsrecht* – how to deal with unjust governments. Islam originally had a strong theory of the right of resistance. This gradually gave way to a theory of quietism. Europe's tradition of non-resistance was counterbalanced by constitutionalism and the idea of legal checks upon monarchical power.

(b) The development of representative institutions appears to have been peculiar to Europe.

(c) European feudalism differed fundamentally from the Middle Eastern system of the *Iqta'* (Turkish *Timar*).[10] This was held at the will of the ruler and could be reassigned by the ruler upon the death or disgrace of the tenant. This shows how crucial was the argument concerning the security of property from intervention by the ruler.

(d) Succession. Under Islamic law inheritance was shared equally between all sons, which made political succession more problematic than in Europe, where male primogeniture became the norm.

(e) The political role of cities. In Europe cities were corporate bodies with defined powers of self-government, as were even villages in some cases. Islamic cities had neither a sense of corporate identity nor formal legal incorporation nor any powers of self-government. Here we see the importance of the concept of the corporation as a legal person.

(5) Social factors: Family and lineage. Europe developed its own system based upon the nuclear family. In Islamic countries the extended family, lineage and tribe remained much more important components of society, even up to today. Women were more excluded from public places and from public life.

(6) Moral concepts. The concept of natural law known by natural reason and of a corresponding category of humanity, as distinct from the otherwise omnipresent distinction between believers and unbelievers, marked out Europe from Islam. Europe was also more moralistic before Machiavelli, with the prudential element much less prominent.

(7) Aristotle's *Politics* was the only work of the ancient, Platonic, Aristotelian legacy not known in Islam; but the Roman legacy was entirely absent. There was no knowledge of Roman republicanism, Cicero or (virtually) of the Roman law. These gaps in Islam's ancient legacy may partly, but only partly, account for the absence there of a concept of republicanism. Chardin, the seventeenth-century French traveller in Iran, noted that, when the Ira-

---

10 See Ira M. Lapidus, A History of Islamic Societies, Cambridge 1988, pp. 148–152 – a superb overview.

nian authorities wished to communicate with the United Provinces, they referred to its sovereign as the "king of Holland". That is, they had no republican language.

Perhaps the overriding difference was that in Europe during the Middle Ages there was a development towards rationalist modes of thought, while in Islam the mystical element in epistemology was increasingly emphasized. Here one may compare two of the most original religio-philosophical thinkers of the period, one from each culture: Al-Ghazali (d. 1111) and Thomas Aquinas (d. 1274). Each sought to consolidate the position of religious belief by allying it with certain new intellectual projects, while ruling out others. Al-Ghazali's synthesis was between religious orthodoxy and Sufism.[11] He decided to reject philosophy, which he understood only too well, as a valid, independent mode of understanding or guide to life. Aquinas' synthesis, on the other hand, was between religious orthodoxy and Aristotelian philosophy. He, broadly speaking, decided to reject mysticism as a valid, independent mode of understanding or guide to life.

The fourteenth century may be seen as the moment when political thought, as also philosophy and science, began to take off in the West, in such a way as to leave the Islamic world behind in a condition of apparent stagnation. Here one may note the major thinkers Marsiglio of Padua and William of Ockham, while on the Islamic side there was Ibn Khaldun. What is interesting is that none of these three thinkers, had much impact upon political theory in their own culture prior to c. 1500. The main difference between Europe and Islam in this period was, rather, the great number of lesser thinkers in Europe, who were developing a considerable variety of political ideas, from absolute monarchy to parliamentary constitutionalism.

Finally, in the West political philosophy, often known simply as "political science", was coming to be recognized as a form of mental and practical activity distinct from others, a discipline in its own right, a distinct category – as also was the state itself. Perhaps we should see European and Islamic political cultures as constituting two very different paths out of tribal society, leading, very roughly, in the one case towards the nation state, in the other towards informal groups and a kind of sustained universalism.

[11] See John S. Trimingham, The Sufi Orders in Islam, Oxford 1971.

The participants of the colloquium 'Political Thought and the Realities of Power in the Middle Ages / Politisches Denken und die Wirklichkeit der Macht im Mittelalter'

(Göttingen, 26. und 27. September 1996)

Antony Black, Dundee; Michael Borgolte, Berlin; Joseph Canning, Bangor; Janet Coleman, London; Jean Dunbabin, Oxford; Caspar Ehlers, Göttingen; Egon Flaig, Göttingen; Johannes Fried, Frankfurt/Main; Natalie M. Fryde, Darmstadt; John Gillingham, London; Dieter Girgensohn, Göttingen; Bernhard Jussen, Göttingen; David E. Luscombe, Sheffield; Rosamond McKitterick, Cambridge; Jürgen Miethke, Heidelberg; Peter Moraw, Gießen; Otto Gerhard Oexle, Göttingen; Magnus Ryan, Oxford; Klaus Schreiner, Bielefeld; Martial Staub, Göttingen; Hanna Vollrath, Bochum; Helmut G. Walther, Jena.

Veröffentlichungen des Max-Planck-Instituts für Geschichte

135: Werner Rösener (Hg.)
Jagd und höfische Kultur im Mittelalter
1997. 590 Seiten mit 29 teilweise farbigen Abbildungen und 32 Seiten Tafeln, Leinen.
ISBN 3-525-35450-9

134: Stefan Esders
Römische Rechtstradition und merowingisches Königtum
Zum Rechtscharakter politischer Herrschaft in Burgund im 6. und 7. Jahrhundert
1997. 528 Seiten mit 2 Abbildungen, Leinen. ISBN 3-525-35449-5

133: Otto Gerhard Oexle / Werner Paravicini (Hg.)
Nobilitas
Funktion und Repräsentation des Adels in Alteuropa
1997. 464 Seiten und 24 Tafeln mit teilweise farbigen Abbildungen, Leinen
ISBN 3-525-35448-7

132: Reiner Prass
Reformprogramm und bäuerliche Interessen
Die Auflösung der traditionellen Gemeindeökonomie im südlichen Niedersachsen 1750 -1883
1997. 436 Seiten mit 8 Tafeln, 16 Tabellen, 7 Abbildungen und 5 Karten, Leinen
ISBN 3-525-35447-9

131: Mack Walker
Der Salzburger Handel
Vertreibung und Errettung der Salzburger Protestanten im 18. Jahrhundert
Aus dem Englischen von Sabine Krumwiede. 1997. 214 Seiten mit 8 Abbildungen und 3 Karten, Leinen. ISBN 3-525-35446-0

130: Hartmut Lehmann (Hg.)
Säkularisierung, Dechristianisierung, Rechristianisierung im neuzeitlichen Europa
Bilanz und Perspektiven der Forschung
1997. 335 Seiten mit 7 Tabellen, Leinen
ISBN 3-525-35445-2

129: Martin Gierl
Pietismus und Aufklärung
Theologische Polemik und die Kommunikationsreform der Wissenschaft am Ende des 17. Jahrhunderts
1997. 644 Seiten mit 19 Abbildungen und 3 Graphiken, Leinen
ISBN 3-525-35438-X

128: Enno Bünz
Stift Haug im Würzburg
Untersuchungen zur Geschichte eines fränkischen Kollegiatsstiftes im Mittelalter (Studien zur Germania Sacra 20). Zwei Teilbände. 1998. Zusammen VI, 1103 Seiten und 8 Seiten mit 4 Abbildungen und 4 s/w Karten, Leinen. ISBN 3-525-35444-4

127: Michael Maurer
Die Biographie des Bürgers
Lebensformen und Denkweisen in der formativen Phase des deutschen Bürgertums (1680-1815)
1996. 712 Seiten, Leinen
ISBN 3-525-35441-X

Veröffentlichungen des Max-Planck-Instituts für Geschichte

145: Bernhard Jussen / Craig Koslofsky (Hg.)
Kulturelle Reformation
Sinnformationen im Umbruch 1400-1600
1999. 387 Seiten mit 51, teils farbigen Abbildungen, Leinen. ISBN 3-525-35460-6

144: Christoph Auffarth
Mittelalterliche Eschatologie
Religionsgeschichtliche Untersuchungen
1999. Ca. 275 Seiten, Leinen
ISBN 3-525-35459-2

142: Michaela Hohkamp
Herrschaft in der Herrschaft
Die vorderösterreichische Obervogtei Triberg von 1737 bis 1780
1998. 283 Seiten mit 9 Abbildungen, Leinen. ISBN 3-525-35457-6

141: Otto Gerhard Oexle / Andrea von Hülsen-Esch (Hg.)
Die Repräsentation der Gruppen
Texte – Bilder – Objekte
1998. 480 Seiten mit 121 teilweise farbigen Abbildungen, Leinen.
ISBN 3-525-35456-8

140: Ulrich Meyer
Soziales Handeln im Zeichen des „Hauses"
Zur Ökonomik in der Spätantike und im früheren Mittelalter
1998. 373 Seiten, Leinen
ISBN 3-525-35455-X

139: Christoph Anz
Gilden im mittelalterlichen Skandinavien
1998. 326 Seiten, Leinen
ISBN 3-525-35454-1

138: Reinhard Blänkner / Bernhard Jussen (Hg.)
Institutionen und Ereignis
Über historische Vorstellungen und Praktiken gesellschaftlichen Ordnens
1998. 407 Seiten, Leinen
ISBN 3-525-35453-3

137: Thomas Schilp
Norm und Wirklichkeit religiöser Frauengemeinschaften im Frühmittelalter
Die Institutio sanctimonialium Aquisgranensis des Jahres 816 und die Problematik der Verfassung von Frauenkommunitäten
Studien zur Germania Sacra, Band 21.
1998. 242 Seiten, Leinen
ISBN 3-525-35452-5

136: Robert Mandrou
Die Fugger als Grundbesitzer in Schwaben, 1560-1618
Eine Fallstudie sozioökonomischen Verhaltens am Ende des 16. Jahrhunderts
Studien zur Fuggergeschichte, Band 35.
Übersetzt von Eckart Birnstiel. 1997. 206 Seiten mit 13 Karten, 18 Tabellen und 8 Grafiken, Leinen. ISBN 3-525-35451-7